Provinz als Denk- und Lebensform

Neue Forschungen zur ostmittel- und südosteuropäischen Geschichte

New Researches on East Central and South East European History

Recherches nouvelles sur l'histoire de l'Europe centrale et orientale

Herausgegeben von Harald Heppner
und Ulrike Tischler-Hofer

Band 7

PETER LANG
EDITION

Harald Heppner / Mira Miladinović Zalaznik (Hrsg.)

Provinz als Denk- und Lebensform

Der Donau-Karpatenraum im langen 19. Jahrhundert

PETER LANG
EDITION

Bibliografische Information der Deutschen Nationalbibliothek
Die Deutsche Nationalbibliothek verzeichnet diese Publikation in der Deutschen Nationalbibliografie; detaillierte bibliografische Daten sind im Internet über http://dnb.d-nb.de abrufbar.

ISSN 1867-013X
ISBN 978-3-631-66569-5 (Print)
E-ISBN 978-3-653-05969-4 (E-Book)
DOI 10.3726/978-3-653-05969-4

Peter Lang Edition ist ein Imprint der Peter Lang GmbH.

Peter Lang – Frankfurt am Main · Bern · Bruxelles · New York · Oxford · Warszawa · Wien

Diese Publikation wurde begutachtet.

www.peterlang.com

Vorwort

Provinz gab es ‚schon immer', aber erst dank welcher Rahmenbedingungen begann man den Diskurs darüber zu eröffnen? Kann man die Denkansätze und Wertmaßstäbe, die mit der Formel „Provinz" verknüpft sind, europa- oder gar weltweit miteinander vergleichen? Der vorliegende Band enthält zwar keine umfassenden und endgültigen Antworten auf diese Fragen, möchte aber doch den Anstoß geben, in den Kulturwissenschaften den *provincial turn* auf breiterer Basis zu vollziehen, da der Gegenstand einerseits seit Generationen ein ‚heißes Thema' darstellt und andererseits mit bloß einer Disziplin nicht bewältigt werden kann.

Ausgangspunkt für diese Publikation war eine halb geschichts-, halb literaturwissenschaftliche Tagung der Kommission für Geschichte und Kultur der Deutschen in Südosteuropa in Laibach (Ljubljana) im Herbst 2013, doch konnte das Herausgeberduo zusätzliche Beiträge hinzufügen, die das Thema wesentlich ergänzen bzw. bereichern. Das Konvolut setzt sich aus drei stofflichen Blöcken zusammen, die jeweils unterschiedliche Blickrichtungen aufgreifen und von Fachleuten unterschiedlicher Disziplinen getragen werden. Obwohl jeder der Texte auf einen sehr spezifischen Blickwinkel ausgerichtet ist, decken die in dem Sammelwerk enthaltenen Aussagen dennoch einen größeren stofflichen und räumlichen Horizont ab und regen zu weiterführenden Fragen an.

Der Dank gilt zunächst den Autorinnen und Autoren, weil sie bereit waren, ihre jeweilige Expertise zu Verfügung zu stellen. Hernach gilt es den Geldgebern und dem Verlag Reverenz zu erweisen, weil dieser Band das Licht der Welt erblicken kann. Schließlich ist aber auch dem Publikum zu danken, wenn es sich in dieses Kompendium vertieft, denn in und zwischen den Zeilen ist so manche Erkenntnis enthalten, die es lohnt in sich aufzunehmen.

Graz /Ljubljana im Mai 2015

Harald Heppner
Mira Miladinović Zalaznik

Inhalt

Harald Heppner

Aufstieg zur Provinz Essayistische Überlegungen zum Donau-Karpatenraum

Einleitung

Die Kategorie Provinz zählt zu den wichtigsten Phänomenen der modernen Entwicklung und ist dennoch bislang weder zum Gegenstand systematischer Erforschung noch Deutung geworden. Dafür gibt es mehrere Gründe: 1. Provinz ist eine sowohl objektiv verwendete begriffliche Größe, die der Zustandsbeschreibung dient, als auch eine subjektiv angewandte Größe zur Therapie gegenüber Sachzwängen; 2. Provinz ist weder mit einzelnen Fakten noch angreifbaren Gegenständen in Deckung zu bringen, sondern bildet sich vornehmlich in abstrakten Zusammenhängen ab; 3. Provinz fungiert in der Regel nicht als Thema der Selbst-, sondern der Fremddarstellung sozialer, kultureller und politischer Konstellationen. Demzufolge stellt die Erforschung dieses Phänomens keine kleine Herausforderung dar, weil es keine zentralen Quellenkategorien gibt, die womöglich ‚nur' darüber Erkenntnisse liefern, und weil sich das Fundament der Forschung als zwar vielgliedrig, aber unvernetzt erweist.

Einen möglichen Ansatz hierfür liefern die Studien zum Beziehungsgeflecht zwischen Zentrum und Peripherie, was die Gefahr in sich birgt, alles Periphere der Kategorie Provinz zuzuordnen: Dieser Weg kann der kritischen Überprüfung nicht standhalten, denn alles Zentrale schließt Provinzielles nicht aus und nicht alles Periphere enthält automatisch nur Provinzielles.

Der Ansatz der so genannten Area Studies, der von konkreten Räumen ausgeht, ist gleichfalls nicht ausreichend, um Aspekten von Provinz als Teilphänomen regionalhistorischer Profilbildung auf die Spur zu kommen, denn in jenem Ansatz dominiert das jeweils Spezifische des Fallbeispiels, weshalb komparatistische Fragestellungen eher nur am Rande wenn überhaupt auftauchen.

Einen weiteren Ansatz stellen die Literaturwissenschaft und die Kunstgeschichte dar, die künstlerisches Tun in der Einbettung von Mensch, Raum und Zeit untersuchen und dabei auch Horizonte und Qualitäten analysieren, aber alle nichtkünstlerischen Faktoren zwangsläufig im Hintergrund belassen und daher auch nur Teilantworten geben können. Auch die aus der Literaturwissenschaft hervorgegangenen Cultural Studies, die sich darum bemühen, all das ans Licht zu bringen, was unsere Bildregie von Mensch, Raum und Zeit in ihrem Wirkungszusammenhang ausmacht, haben bislang noch keinen „Provincial turn“ vollzogen, woraus zu entnehmen wäre, dass der vorliegende Forschungsgegenstand im Begriffe sei, ein gebündeltes Interesse an sich zu ziehen.

Um der Fragestellung näher zu kommen, erscheint es zweckmäßig, eine Hypothese aufzustellen und sie ausführlich zu begründen. Der erste Teil der Hypothese besteht in der Frage nach der Zeitlichkeit des Phänomens und lautet: Provinz als Kategorie tritt erst dann in Erscheinung, wenn es zu einem wie immer gearteten ‚Dialog‘ von Strömungen gekommen ist, um die ‚Welt‘ entweder zu verändern oder zu bewahren. Der zweite Teil der Hypothese zielt auf die Lokalisierung ab und lautet: Provinz ist eine räumliche Variable, denn sie kann sich zwar mit einer Region (im Sinne von „Provincia“) decken, doch hängt ihre Lokalisierung vom jeweiligen Kontext ab; in jedem Fall sind zumindest ein größerer und ein kleinerer Horizont einander gegenüber gestellt. Der dritte Teil der Hypothese betrifft die mentale Dimension und lautet: Provinz stellt eine Wert-Kategorie dar, die den jeweiligen Zeitgenossen bewusst oder unbewusst dazu dient, Überschaubarkeit und Zuversicht in einer sich (zumindest subjektiv empfunden) rasch ändernden Welt zu bewahren oder wiederherzustellen, wodurch Provinz automatisch einem polarisierenden Diskurs ausgesetzt ist.

Ausgangslage

Um den „Aufstieg zur Provinz“ im Donau-Karpatenraum als Beispiel von Provinzialisierungsprozessen rekonstruierbar zu machen, bedarf es des Rückgriffs auf die Zeit zu Ende des 17. bzw. zu Anfang des 18. Jahrhunderts. Es erhebt sich die Frage, was konkret und umfassend die einzelnen Länder (Provinzen) definierte und was sich dazu eignet, deren jeweilige Befindlichkeit zu messen? Die österreichischen Erbländer und die Länder der ungarischen Krone verfügten zu jener Zeit über ein hohes Maß an Selbstüberlassenheit (nicht Selbständigkeit!) aus folgenden Gründen: 1. Es gab noch keine von außen bzw. oben stammenden Faktoren, die die Ambition und Durchsetzungskraft gehabt hätten, das historisch gewachsene und auf vielen Gewohnheiten aufbauende Profil der genannten Länder namhaft zu ändern; 2. die Bewohnerschaft der jeweiligen Gebiete war weitgehend immobil und von feudalen und konfessionellen Traditionen geprägt, woraus sich ableiten lässt, dass es weder die Möglichkeit noch den Bedarf der Einheimischen innerhalb einer Provinz gab, sich als geschlossene Gemeinschaft zu begreifen und einen gemeinsamen innovativen Willen zu entwickeln; 3. die im 16. und 17. Jahrhundert im westlichen Europa aufkeimenden Kräfte transkontinentaler Kommunikation, der um Säkularisierung bemühten wissenschaftlich-philosophischen Erkenntnis und des nach Globalität strebenden ökonomischen Marktes waren noch zu wenig ausgeprägt, um die Verhältnisse zwischen Alpen und Karpaten einem strukturellen Wandel zu unterziehen. Die jeweilige Region wurde durch das spezifische Land- bzw. Staatsrecht, die Stände und die Zugehörigkeit zu einer Herrschaft (Habsburger oder Osmanen) definiert, während die konfessionelle Lage (wenn man auch den Krypto-Protestantismus in den Alpenländern einbezieht) sich nirgendwo als einheitlich erweist. Maßgeblich für die Befindlichkeit der Menschen innerhalb der jeweiligen Provinz war ein Bündel von Gewohnheiten, die nur dann und wann von externen Faktoren beeinträchtigt wurden (Naturkatastrophen, Versorgungsengpässe, kriegerische Konflikte). Zu diesen älteren Gewohnheiten gesellten sich die Auswirkungen des seit dem 16. Jahrhundert zunehmenden Absolutismus von Seiten des Wiener Hofes hinzu, ohne die aus früherer Zeit bestehende, im Vergleich zu später hochgradige Autonomie der Provinzen schon zu beseitigen. Eine spezielle Situation bestand zweifellos im dreigeteilten Ungarn, weil hier das von den Osmanen eingebrachte islamische Element im Mittelteil als auffälliger Fremdfaktor fungierte, doch hatten sich die davon betroffenen Zeitgenossen an ihn soweit angepasst, dass für die Türken ‚die Uhren' noch nicht abgelaufen wären, wenn es nicht infolge des Konflikts zwischen Konstantinopel und Wien ab 1683 zu einer neuen Rahmensituation gekommen wäre. Die Kontaktnahme einzelner Provinzen untereinander beruhte auf singulären Anlässen (außer die relativ enge Achse Ungarn-Siebenbürgen und, etwas schwächer, Ungarn-Kroatien), ohne eine neuartige Nachhaltigkeit zu erzeugen, und auch der reale Einfluss der habsburgischen Herrschaft endete bei den leitenden Organen und gebildeten Kreisen der einzelnen Länder und drang nicht bis zu den Grundherrschaften, d. h. bis zum einzelnen Dorf durch. Auch der Einfluss von Seiten des ‚Auslandes' (Italien, Deutsches Reich etc.) blieb auf die Übernahme einzelner künstlerischer, wissenschaftlicher oder technischer Ideen und Praktiken beschränkt und führte zu keinem systemischen Wandel der tradierten Lebensverhältnisse und Denkmuster.

Mit dem ausgehenden 17. und frühen 18. Jahrhundert begann sich das Blatt jedoch zu wenden. Auch wenn der Anpassungsprozess an die Parameter der Modernisierung (Merkantilismus, aufgeklärter Absolutismus, Säkularisierung usw.) weit mehr als 100 Jahre, d. h. mindestens sechs Generationen in Anspruch nahm, entstand eine grundlegend neue Situation: Der Zeitgeist änderte sich und auch die Entwicklungsmechanismen änderten sich; beides führte zwar nur schrittweise, aber irreversibel zu einer Situation, die sich die Altvorderen nie hätten vorstellen können. Allerdings ist die räumliche Diversität innerhalb des Donau-Karpatenraumes zu berücksichtigen: Obwohl im Detail eine grobe Vereinfachung, hatten die nordwestlicher gelegenen Länder den Vorteil des kürzeren Weges zur Reichsresidenz bzw. zum westlichen ‚Ausland' und umgekehrt, wogegen Süd- und Ostungarn (ab den 1770-er Jahren auch Galizien und die Bukowina) kraft ihrer peripheren Lage im Hintertreffen waren.

Der Wandel, der zum Aufstieg der Provinzen zur Provinz führte, ging keinesfalls nur vom Kaiserhof bzw. von den führenden Kreisen der Reichszentrale aus. Obwohl sich dieser Eindruck in den zeitgenössischen politischen Interaktionen bzw. in den dazu gehörigen Aktenflüssen auffällig widerspiegelt und aus der Sicht der Länder bzw. Ständeverwaltungen Wien in der Tat der wichtigste Ansprechpartner wurde, erhielten die Zeitgenossen Impulse, die überwiegend nicht in Wien erfunden wurden, sondern von anderswo kamen, aber vorwiegend über den Kanal der kaiserlichen Kanzleien nach ‚unten' gelangten. Demnach stellt sich die Frage, worin die Kernelemente dieses Wandels bestanden, der in Hinblick auf den Schauplatz in irreführender Weise als Übergang vom feudalen zum bürgerlichen Zeitalter verstanden wird.

Ein zentrales Element stellten die Veränderungen des organisatorischen ‚Betriebssystems' dar, nämlich die verdichtete Vernetzung, weshalb auch jenseits des beträchtlichen Zuwachses an Bürokratie und Administration ab der Mitte des 18. Jahrhunderts tendenziell ‚alle mit allem' zu tun bekamen: Wissen, Praktiken und Gegenstände gerieten – gezielt oder zufällig – an neue Abnehmer bzw. Empfänger (z. B. Zeitungen, Bücher, Lexika, Atlanten, Almanache, Verordnungsblätter); Menschen tauchten zielgerichtet und nicht mehr zufällig an Örtlichkeiten auf, wo sie vorher nie gewesen waren (z. B. Forscher, Vermesser, Touristen); geographische Distanzen schrumpften nicht nur wegen des in Verbesserung begriffenen Transport- und Postwesens, sondern auch infolge der Abnahme der Scheu gegenüber Fernem, Fremdem und daher Anderem.

Ein zweites wichtiges Element war der Wechsel im geistigen ‚Betriebssystem'. Auch wenn es von den Alpen bis hinter die Karpaten bis weit ins 19. Jahrhundert dauerte, ehe dieser Wandel irreversibel vollzogen war, setzte er dennoch schon im späten 18. Jahrhundert ein: die historisch gewachsene Vielfalt an Maßen, Normen und Bräuchen unterlag der Vereinheitlichung nicht mit dem Zweck, den jeweiligen Bewahrern etwas wegzunehmen, sondern um die allgemeine Überschau- und Steuerbarkeit zu erhöhen. Die religiöse Unterweisung wurde im Interesse säkularen und praxisnahen Wissens sukzessive zurückgestuft. Hiermit nahm auch die vorwiegend mündlich weitergegebene Tradition zugunsten der Empirie und neuer Kodifikationsformen ab, d. h. zugunsten der Ordnung der ‚Welt' auf der Basis abstrakter und wissenschaftlich definierter Begriffe und Systeme. Zu den neuen geistigen Fundamenten des Zeitalters gehörte auch die Zuwendung zur Dimension des Historischen: Altes konnte und sollte eine neue Rolle übernehmen, um das Spektrum der Gestaltung, aber auch Legitimierung zu erweitern (Klassizismus, Denkmalkultur, Geschichtsforschung, „nationale Wiedergeburt").

Das dritte wesentliche Element des Wandels bezieht sich auf die Zeitgenossen selbst. Die um Regulierung, Disziplinierung, Aufklärung und Vernetzung bemühte Politik gleichwie die in dieselbe Richtung wirkenden Zeitströmungen (Anreize, Sachzwänge) unterschieden in ihrer Adressierung immer weniger zwischen Führungskräften und Nichtführungskräften, sondern förderten den Übergang der im 18. Jahrhundert noch sehr heterogenen Einwohnerschaft von Krain bis zur Bukowina zu einer in Homogenisierung begriffenen Gesellschaft, die bis 1918 zwar nur teilweise der Verbürgerlichung, aber unzweifelhaft der Provinzialisierung unterlegen ist.

Der Aufstieg zur Provinz im Donau-Karpatenraum ist ein komplexes Thema, das personelle, ideelle, materielle, organisatorische, funktionale und temporale Aspekte enthält.

Personelle Aspekte

Die wichtigste Komponente für den Aufstieg der in Betracht kommenden Regionen zur Provinz ist die soziale Dimension, da es ohne Menschen keinen in eine solche Richtung zielenden Prozess gegeben hätte. In diesem Zusammenhang stellt sich die Frage, welche demographischen Veränderungen für den in Betracht zu ziehenden Zeitraum vorliegen, die zur Provinzialisierung beigetragen haben. Dabei kommen zumindest fünf Faktoren in Betracht: 1. Die Bevölkerung (wenngleich nicht in allen habsburgischen Ländern in gleichem Maß und in derselben generativen Schichtung) hat ab der zweiten Hälfte des 18. Jahrhunderts dank bevölkerungs-, wirtschafts- und gesundheitspolitischer Maßnahmen schrittweise beträchtlich zugenommen und hiermit zweierlei Folgen nach sich gezogen: Die innovativen Prozesse betrafen insgesamt immer mehr Menschen, deren Erwartungshaltung von Generation zu Generation stieg, und forderten den Zeitgenossen ab, sich gegenüber der Dynamik, aber auch deren zeitweiligen Flauten mental zu positionieren; 2. Es wuchs ab der zweiten Hälfte des 18. Jahrhunderts auch die Mobilität der Bevölkerung, wodurch allein schon innerhalb regionaler Horizonte viel mehr Vernetzung erfolgte als zuvor (z. B. die Einbindung immer größerer Mengen von Soldaten in regionalen und interregionalen Einsätzen, der Zuzug in die Städte bzw. industriellen Betriebsregionen, die Zunahme der Versorgungserfordernisse, die Partizipation an politischen Ereignissen usw.); 3. Die Binnenmigration innerhalb des Donau-Karpatenraumes, die in der zweiten Hälfte des 18. Jahrhunderts allmählich stieg, erfolgte zwar unauffällig, bewirkte bis in die zweite Hälfte des 19. Jahrhunderts jedoch eine namhafte Umverteilung von Mensch und Kultur im Raum, d. h. erfolgte mittels Ortswechsels von einer Provinz bzw. einem Kronland in ein anderes (Paradebeispiel die „Wiener Tschechen"). Die größte Rolle spielte dabei der Anreiz zu wirtschaftlichem bzw. sozialem Aufstieg; 4. Zusätzlich förderte den Provinzialisierungsprozess im Donau-Karpatenraum auch die Immigration, die sich aus zwei Richtungen entwickelte: Einerseits waren es Personen aus westlicher Richtung (hauptsächlich Kolonisten aus dem Deutschen Reich, später aus den Ländern des Deutschen Bundes), andererseits waren es Personen aus östlicher bzw. südöstlicher Richtung (Polen, Russland, Balkan). Zum einen brachten die Immigranten ihre Kultur in ein größeres Ganzes ein, während sie zum anderen danach trachteten, das mitgebrachte Erbe zu bewahren (z. B. die jüdische und die orthodoxe Kultur) oder bereit waren oder wurden, sich zugunsten der Sicherung ihrer Zukunft in die örtlichen Gegebenheiten einzupassen; 5. Nicht zu unterschätzen sind auch die im Lauf des 19. Jahrhunderts stark zunehmenden Reisetätigkeit von Einheimischen und Nichteinheimischen (z.B. Sommerfrische, Kuraufenthalte, Forschungsaufenthalte), denn alle jene Begegnungen verdichteten die meist unbewusst bleibende, aber allgemeine Wahrnehmung, unter neuartigen Konditionen stehende „Zeit"-Genossen zu sein.

Ideelle Aspekte

Die ideelle Komponente ist für das vorliegende Thema die zweitwichtigste, weil sie zum Ausdruck bringt, welche Bewusstseinsinhalte und -entwicklungen im Rahmen der Provinzialisierung maßgeblich geworden sind. Die sich über die Generationen verdichtenden Impulse und Sachzwänge zugunsten des Abschieds aus vormodernen Daseinsformen haben zwei Reaktionsmuster nach sich gezogen, die gleich kommunizierenden Gefäßen funktioniert haben: Die Bereitschaft zur Öffnung für Neues und Unbekanntes und die Bewahrung des Misstrauens gegenüber der Moderne, die als Störfaktor erschien.

Die Öffnung zu Neuem schlug sich auf vielerlei Weise nieder und enthielt die Bereitschaft, konkrete Errungenschaften des von außen/oben kommenden Fortschritts zu übernehmen oder in abgewandelter Form zu kopieren oder auch selbst mitzugestalten. Im Rahmen dieses ab der zweiten Hälfte des 18. Jahrhundert anlaufenden Vorganges gelangten Denkweisen und Praktiken ‚unter die Leute', die sich infolge dessen irgendwann als ‚in der Moderne angekommen' verstehen konnten. Ein auffälliger Faktor ist allerdings die stark steuernde Hand des Staates, die den Bewohnern des Donau-Karpatenraumes sukzessive Vieles aufnötigte, um Innovation in der Provinz zu verankern.

Die gegenläufige Variante der Reaktion auf die Modernisierung zielte darauf ab, Modernisierung nur selektiv zu anzunehmen und daher auf ein überschaubares und erträgliches Maß zu reduzieren, um vormodernen Denkmustern und Lebensformen ein Überleben zu sichern. Dieses Phänomen ist als ein Kernelement des Provinzialismus einzustufen und kann auf verschiedenen Ebenen geortet werden. Je mehr Veränderungen ineinander zu wirken begannen und die Ungewissheit gegenüber der Zukunft für das Individuum gleichwie für die Gesellschaft immer mehr an Schärfe zunahm, umso mehr bedurfte es der Rettungsanker, die mentalen Halt bieten sollten. Die unterste Ebene betraf das Festhalten an tradierten Eigenheiten auf der Ebene einzelner sozialer Gruppen innerhalb gemischter Siedlungsverbände. Eine andere kollektive Maßnahme der Gegensteuerung gegen Anonymisierung und Entgrenzung stellte die Aufwertung des jeweiligen (Kron) Landes dar, das nun für die jeweilige Bewohnerschaft zur verbindlichen „Heimat" hochstilisiert worden ist. Als aus dem Erbe der Aufklärung erwachsenes Orientierungsmodell zugunsten der Schaffung überschaubarer Horizonte kann auch die Idee der Nation gedeutet werden, deren Konzept – wenngleich in ihrer Umsetzung ein Ruf nach Zuwachs von Anhängern –die Exklusion aller ebenso einheimischen Nichtdazugehörigen einschloss. Dass die Kategorie Provinz als Synonym für ein im Vergleich zu etwas Größerem kleineres Gegenstück auch auf gesamtstaatlicher Ebene zur Anwendung kam, belegen die 1914–1918 erneut propagierten Vokabel „Indivisibiliter et Inseparabiliter", die das obrigkeitliche Bemühen um eine mentale und betriebliche Abschottung von der mehr als nur politischen Außenwelt offenbaren.

Die ideelle Entwicklung im Donau-Karpatenraum zugunsten der Provinzialisierung kennzeichnen dreierlei strukturell plausible Komponenten: 1. Mit der gegen Ende des 19. Jahrhunderts beobachtbaren Zunahme der ‚Erfindung' von Traditionen bekam die Frage nach dem Eigenen und Ursprünglichen steigende Aktualität, und es verwundert nicht, wenn die Vorreiter dieses Trends (Heimatdichter, Nationalideologen, Kulturpolitiker) angesichts der Erfordernis, möglichst viele Menschen ansprechen zu wollen, Antworten traditionalistischen Zuschnitts lieferten, wonach das ländlich-beschauliche Dasein am meisten Unverfälschtheit bzw. Originalität repräsentiere und die jeweilige ‚Volksseele' auf diesen Grundlagen wurzle; 2. Es kam zur Aufwertung des Bodens nicht nur als ökonomische Realie (Agrarfrage, Agrartechnik etc.), sondern auch als ideeller Wert: Scholle und Heimat wurden zu Metaphern bodenverwurzelter Selbstvergewisserung, aber auch zum Gegenstand national argumentierter Umverteilungskämpfe; 3. Das Gegenelement zur Kategorie Provinz, d.h. die so genannte „große weite Welt" galt gemäß deren Ambivalenz für eine Minderheit fortschrittsorientierter Zeitgenossen als der Ort der Zukunft und Sehnsucht, während sie für die Mehrheit als Quelle des Unglücks erschien, was rechtfertige, als gegenläufiges Leitbild eine überschaubare und traditionsorientierte, d. h. provinzielle Welt zu bevorzugen.

Materielle Aspekte

Dass aus der Bevölkerung im Donau-Karpatenraum wegweisende Impulse zum materiellen Fortschritt hervorgegangen sind, belegen zahlreiche Beispiele, wie z. B. der in Laibach (Ljubljana) 1857 verstorbene gebürtige Böhme Josef Ressel (1793–1857) mit der Erfindung der Schiffsschraube oder der für die Fahrrad-Industrie der innerösterreichischen Länder wichtige Handwerker und Unternehmer Janez Puch aus der Umgebung von Pettau (Ptuj) (1862–1914), doch sind solche Fälle an individuelle Leistungen gebunden und nicht aus einem Umfeld erklärbar, wo automatisch unternehmerischer Geist, Weltoffenheit und Kreativität wirkungsvoll mit materieller Potenz verquickt waren. Der je nach Kronland zwar unterschiedliche, bis 1918 insgesamt aber hohe Anteil an im Agrarsektor gebundener Bevölkerung lässt die Aussage zu, dass die meisten Betroffenen über provinziell geprägte Lebensverhältnisse in der Regel nie hinauskamen, außer jene große Zahl von Menschen am Ende des 19. und zu Beginn des 20. Jahrhunderts, die aus materieller Not nach Übersee auswanderten.

Diejenigen gesellschaftlichen Kreise, die vom dem vor allem ab der Mitte des 19. Jahrhunderts einsetzenden materiellen Aufschwung am meisten profitierten, waren solche, die dem öffentlichen oder privaten Dienstleistungssektor zuzuordnen sind und – mehrheitlich entweder vom Land oder aus städtischen Unterschichten stammend – als Verwaltungs- und Postbeamte, Soldaten, Gendarmen, Eisenbahner, Richter, Lehrer usw. zur Verfestigung des Gesamtstaates beitrugen. Die Muster materiellen Aufstiegs von der Peripherie bis nach Wien (bzw. ab den 1850-er Jahren auch nach Budapest und Prag) machen anschaulich plausibel, wie eine betriebliche, aber auch mentale Vernetzung erfolgte, bei der der Provinz eine tragende Funktion zukam. Auch die für die späte Zeit der Donaumonarchie typische und proportional nicht geringe statistische Kategorie der Haus- und Grundbesitzer kann als Argument herangezogen werden, das Vorhandensein kleinräumig-statischer Denk- und Lebensformen zu illustrieren.

Organisatorische Aspekte

Es ist daher kein Wunder, wenn die komplexen Organisationsprozesse innerhalb des Donau-Karpatenraumes von der Reformära des 18. Jahrhunderts bis 1914 Komponenten enthalten, die den Prozess der Provinzialisierung begünstigt haben.

Aus dem breiten Spektrum seien vier Beispiele hervorgehoben: 1. Die im Lauf der Generationen zwar mehrmals abgeänderte Gliederung der Administration von ganz unten bis nach ganz oben gehörte von Anbeginn des Betrachtungszeitraums an zu den gewohnten Lebensumständen im Alltag und führte den Zeitgenossen vor Augen, dass alles unterhalb der Reichsresidenz den Hauptanteil des Ganzen ausmache; 2. Während das Straßensystem ob der Pluralität der Teilräume nicht denselben Gesetzlichkeiten folgte, waren zumindest die Hauptrouten der Eisenbahnlinien letztlich auf Wien bzw. Budapest ausgerichtet: Wer in entfernter gelegene Kronländer oder gar ins Ausland reisen wollte, war nahezu immer gezwungen, den Weg über einen der beiden zentralen Destinationen zu nehmen; 3. Die Modernisierung in den Provinzen führte zu einer Vervielfältigung von Zentren, die zwar unterhalb von Wien, Budapest oder Prag rangierten, aber dennoch Repräsentationssymbole der Moderne wurden. Jene Zentren (Graz, Laibach, Agram/Zagreb, Fünfkirchen/Pécs, Preßburg/Bratislava etc.) lagen zwar in der Provinz, konnten angesichts ihrer Ausstattung aber trotzdem den Bedarf nach höherem Flair befriedigen (z. B. Stadt-, Landes- bzw. Nationaltheater, Schulen, Museen); 4. Obwohl der Sprachenstreit auf politischer Bühne in den letzten Jahrzehnten der Donaumonarchie fallweise hohe Wogen verursachte, war die Sprachpraxis im ‚kleinen' Alltag davon ziemlich unbeeinflusst, denn die in allen gemischtsprachigen Gebieten über Generationen praktizierte Mehrsprachenkompetenz führte zu einer Fülle gegenseitiger Anreicherungen im Sprachschatz, die integrative Effekte nach sich zogen.

Funktionale Aspekte

Unter Berücksichtigung der genannten Faktoren, die für die Entwicklung im Donau-Karpatenraum eine Rolle spielten, setzte sich der Provinzialisierungsprozess aus zwei Komponenten zusammen, die auf verschiedenen Wurzeln fußten und nicht zeitgleich einsetzten. Die ältere Komponente geht auf die Mitte des 18. Jahrhunderts zurück, als die führenden Kreise der „Monarchia austriaca" erkannt hatten, dass es unumgänglich notwendig sei, zugunsten des Zusammenhaltes des Länderkomplexes vereinheitlichende und modernisierende Maßnahmen zu setzen. Damit dieses Ziel verwirklichbar wurde, bedurfte es eines konsistenten Willens von Seiten der Obrigkeit, der Formulierung von Leitbildern und Zielvorgaben und der Gewinnung gesellschaftlicher Kräfte, die bei der Umsetzung eines solchen multiplen Vorhabens mitwirken könnten und wollten. Der keinesfalls nur, aber doch in hohem Maß über politische Steuerung in mehreren Schüben erfolgende Modernisierungsprozess bezweckte folglich die Vereinheitlichung der habsburgischen Provinzen auf einem höheren Entwicklungsniveau als ursprünglich. Wäre es den Machthabern darum gegangen, die Unterentwicklung der Länder so viel als möglich zu bewahren, um leichter herrschen und auf die Provinz heranblicken zu können, verlören die unzähligen, um Innovation bemühten Verordnungen, Erlässe, Aufrufe etc., mit denen die Untertanen und späteren Staatsbürger seit Kaiserin Maria Theresia bedacht wurden, jeglichen Sinn. Die Verwirklichung des Modernisierungsanspruchs hatte die Vereinheitlichung, d.h. die Provinzialisierung von oben daher zur logischen Folge – die angestrebte Verschmelzung von Zentrum und Peripherien zugunsten eines organischen Ganzen.

Die jüngere Komponente der Provinzialisierung erwuchs aus der Reaktion der Mehrheit der von diesem Modernisierungsanspruch betroffenen Bevölkerung, die den herausfordernden Perspektiven für den mündigen Bürger bzw. die mündige Bürgerin bzw. für die dem Zeitgeist entsprechende Idee der ‚Civil Society' nicht folgen konnte oder wollte und erst ab der Mitte des 19. Jahrhunderts gestalterischen Einfluss bekam. Angehörige dieser Mehrheit begingen – aus welchen Gründen im einzelnen auch immer – den Fehler, oben (arriviert) mit vorn (fortschrittlich) zu verwechseln, d. h. zu glauben, wer sich innerhalb der Provinz nach oben gearbeitet oder gar den Aufstieg aus der Provinz bis in eine der Metropolen geschafft habe, sei der Provinz räumlich und konditionell entkommen, anstatt – einerlei, ob man am Dorf, in der Klein- oder in der Großstadt lebte – sich nach den Kriterien der Modernisierung zu richten, d. h. kosmopolitisch und rational zu denken, Bildung zu einem Lebensziel zu erheben und demokratisch so zu handeln, damit Einzel- und Gemeinwohl in ein sinnvolles Gleichgewicht geraten und der Gegensatz zwischen Arm und Reich gemildert werde.

Stellt man die beiden einander ergänzenden Komponenten des Provinzialisierungsprozesses einander gegenüber, zeigt sich: Die gesellschaftliche, wirtschaftliche und kulturelle Fortgeschrittenheit innerhalb des Donau- und Karpatenraumes auf einem nach und nach immer höheren quantitativen und qualitativen Niveau bedingte nicht zwangsläufig einen höheren Grad an Fortschrittlichkeit innerhalb der so genannten k. u. k. Gesellschaft.

Temporale Aspekte

Da der Betrachtungszeitraum etliche Generationen umfasst, stellt sich die Frage nach dem Rhythmus der Entwicklung, d. h. nach deren Tempo bzw. Phasen. Die erstgenannte Komponente nahm, wie schon angedeutet, einen anderen Verlauf als die zweite. Jene erste setzte ansatzweise bereits zur Zeit des Entstehens des so genannten „Einrichtungswerks des Königreichs Ungarn" (1688/90) ein und endete 1914, als der Kriegsausbruch keine ‚normale' Politik mehr zuließ. Den Rhythmus dieses Prozesses allein mit der wechselnden Dynamik der Wiener

Regierung zugunsten von Neuerungen zu verknüpfen, erscheint nicht sinnvoll, da die Progression im Donau-Karpatenraum nicht allein von der Obrigkeit abhing, sondern von vielen Individuen und Personengruppen, die auch selbst-initiativ dazu beitrugen, den Übergang von vormodernen zu moderneren Lebensformen zu vollziehen. Mit einiger Sicherheit lässt sich allerdings behaupten, dass die Revolution von 1848/49 und die Periode des Neoabsolutismus (1849–1861) eine Zäsur darstellten, als die öffentliche Hand hinfort nicht mehr umhin kam als mit der ‚Gesellschaft' zusammenzuarbeiten.

Die zweitgenannte Komponente der Provinzialisierung, die als Abwehrreaktion gegenüber dem zunehmenden Druck der Moderne interpretiert werden muss, hing vom Zusammenspiel zweier Faktoren ab – vom intellektuellen Rüstzeug der Bevölkerung und vom Ausmaß der für jede Generation zunehmenden mentalen Anforderungen. Obwohl der ‚Kampf' gegen den Analphabetismus schon ab den 1770-er Jahren einsetzte, war jener in den einzelnen Provinzen um 1900 noch immer recht hoch, was als Indikator dienen mag, dass trotz allen Aufschwungs im niederen, mittleren und höheren Schulwesen die Fähigkeit des Großteils der Bevölkerung, bis zum Ersten Weltkrieg mental ‚mitzukommen', begrenzt blieb. Der von den Agenda des Fortschritts ausgehende Druck setzte jedoch Generationen früher ein (teilweise schon im Reformzeitalter Maria Theresias und Josefs II.), vor allem aber ab der Zeit des so genannten Vormärz, dessen Verlauf sich bei näherer Betrachtung als keineswegs so stagnativ erweist wie oftmals behauptet wird. Dennoch nahm die Belastung durch die ‚Auswüchse' der Moderne (Industrialisierung, Urbanisierung, Säkularisierung, Nationalisierung, Normierung, Internationalisierung usw.) erst ab den 1860-er Jahren soweit zu, als nun auch entlegene Landstreifen unentrinnbar in den Sog dieser Entwicklung gerieten. Es liegt daher nahe anzunehmen, dass die Blütephase der zweiten Komponente der Provinzialisierung im Donau- und Karpatenraum erst gegen Ende des 19. Jahrhunderts eintrat und zur ersten Komponente asynchron verlief.

Ausblick

Der erste Teil der Hypothese, wonach Provinz erst entstehen könne, wenn es zu einem verdichteten Aufeinandertreffen von ‚oben' und ‚unten' am Hintergrund von ‚alt' gegen ‚neu' komme, scheint begründbar zu sein; dennoch bleibt offen, wie die Chronologie der Provinzialisierung im Donau-Karpatenraum zu konzipieren wäre, wenn man sich auf die Ebene unterhalb des Gesamtraumes begibt, da die divergierenden Verhältnisse und Abläufe im Raum zwischen der Grafschaft Görz und dem Herzogtum Bukowina ziemliche Unterschiede aufweisen. Der zweite Teil der Hypothese, wonach Provinz nicht eindeutig lokalisierbar sei, mag ebenso zutreffen; eine konkretere Beweislage hierfür bestünde, wenn einerseits all die Mentalkomponenten aus vormoderner Zeit, die sich in den rasch anwachsenden Großstädten noch Generationen lang erhalten konnten, näher erforscht würden, und andererseits alle innovativen bzw. progressiven Faktoren in den Provinzen miteinander verglichen würden. Der dritte Teil der Hypothese, wonach der zeitgenössische oder posthume Umgang mit dem Begriff Provinz ein Element des gesellschaftlichen Diskurses gewesen sei, ist aus vielen publizistischen und künstlerischen Quellen bekannt. Von vordringlicher Bedeutung erscheinen daher nicht Maßnahmen zur Widerlegung der Hypothese, sondern vertiefende Forschungsmaßnahmen zugunsten des Phänomens Provinz. Aus der Fülle möglicher Konzepte seien an dieser Stelle vier Varianten angedeutet.

Die erste Variante betrifft die traditionelle Diskursanalyse zum Thema Provinz, bei der es nicht allein zu klären ankommt, welche Kreise ab wann und worauf begründet Provinz zum Thema der Betrachtung gemacht haben, sondern auch, welche Generation welche Ursachen der Provinzialisierung namhaft machte, aber auch, wie daraus ableitbare Willensbildungen auf den Ebenen individueller, lokaler, regionaler und nationaler Gestaltung (Provinzialität überwinden oder bewahren) zum Tragen kamen oder, wenn nicht, warum nicht. Derartige Reflexionen haben nicht nur in Zeitungen und der politischen Publizistik, sondern auch in der Kulturkritik und da und dort auch in den Protokollen der Gemeinderats-, Landtags- und Reichsratssitzungen sowie in der Fülle der Memoirenliteratur Sedimente hinterlassen und bedürften einer für den Donau-Karpatenraum vernetzten Erforschung, um die regionalen, nationalen und generativen Besonderheiten herausfinden zu können.

Die zweite Variante steht in Zusammenhang mit den so genannten Governmentality Studies, d. h. jenem Zweig der Kulturwissenschaften, der sich mit Problemen beschäftigt, die daraus erwachsen, wenn vorwiegend politische und kulturelle Phänomene aus historischen Gründen aus der Brille einer Obrigkeit oder gegenüber einer Obrigkeit untersucht und gedeutet werden, ohne sich derartiger Fokussierung bewusst zu sein, weshalb sie zu dekonstruieren wären. In der Zeit vor, aber auch nach 1918 gab und gibt es die Tradition der Reichsgeschichtsschreibung (Franz Krones, Hugo Hantsch, Robert A. Kann, Jean Bérenger), mittels derer versucht wurde, den Werdegang der Habsburgermonarchie aus der Vogelperspektive zu erfassen, wodurch alle gegenläufigen Komponenten gar keine oder nur marginale Berücksichtigung erhielten. Das historiographisch stärkere Gegenlager stellen all die National- bzw. Nachfolgestaaten-Geschichten dar, die ihre Legitimität damit begründen, die Ebene der unterhalb der Gesamtherrschaft bestehenden Länder, Völker und Kulturen als das Hauptsächliche und vielleicht sogar Eigentliche einzustufen. Würde man auf der Basis breit angelegter und regional vergleichender quantitativer und qualitativer Untersuchungen herausfinden, wie viele und welche Menschen welcher Generation, welcher sozialen und ethnischen Herkunft als Trägerschicht für Provinz als Denk- und Lebensform in Betracht zu ziehen sind, würde man die Geschichte des Donau-Karpatenraumes wohl umschreiben müssen, denn dann verlören die Kategorien Oben und Unten an Bedeutung und die Komponenten Provinz und Nichtprovinz erhielten einen strukturierenden Stellenwert.

Die dritte Variante zielt auf den kulturwissenschaftlichen Zweig der so genannten Colonial (nicht nur Postcolonial) Studies ab. Jener Blickwinkel dient dem Zweck herauszufinden, welche Erkenntnisse erwachsen, wenn man die Frage nach der Bedeutung realer oder virtueller ‚kolonialer' Denkstrukturen stellt, wodurch tradierte und unreflektiert gebliebene Sichtweisen zum Vorschein kommen. In diesem Fall geht es um den zeitgenössischen Habitus, bei dem die Gegensatzpaare Provinz/Nichtprovinz und Überlegenheit/Unterlegenheit miteinander verknüpft werden. Aus dem Blickwinkel Preußen-Deutschlands bzw. des Deutschen Kaiserreiches gehörten die Donaumonarchie als Ganzes und daher auch deren Länder zur Peripherie des eigenen Horizonts – aus Gründen der starken katholischen Tradition des ‚Südens', aus Gründen der Vorherrschaft innerhalb des deutschen Machtraumes und aus Gründen der nichtdeutschen Bevölkerungsmehrheit im Vielvölkerstaat. Die norddeutsche Vorstellung, die Deutschen Österreich-Ungarns seien ‚Provinz-Deutsche', erlangte spätestens während des Ersten Weltkrieges Geschichtswirksamkeit, hat jedoch wohl einen Vorlauf aus der Zeit der österreichisch-preußischen Kriege im 18. Jahrhundert. Die wachsende Außenwirkung Deutschlands als politische, wirtschaftliche, technische und auch geistige Macht hat im Lauf des 19. Jahrhunderts bei den innerhalb der Donaumonarchie lebenden ‚Deutschen' bekanntlich nicht nur die Verbundenheit zur deutschen Nation gefördert, sondern auch bewirkt, dass Vorstellungen der Überlegenheit von reichsdeutscher Seite übernommen und gegenüber einheimischen Nichtdeutschen zur Anwendung gebracht worden sind. Inwieweit dabei die Entwicklungsmechanismen der Provinzialisierung eine Rolle gespielt haben, ist eine vorläufig offene, aber wichtige Frage für das Verhältnis von Deutschen und Nichtdeutschen im so genannten ‚dunklen' 20. Jahrhundert (Mark Mazower).

Die vierte Variante betrifft die Intellectual History, jenen Zweig der historischen Forschung, der es in weiten Teilen Europas bislang noch zu keiner Tradition gebracht hat und der sich darauf konzentriert, das Zusammen- und Wechselspiel zwischen Vordenkern, der Rezeption von deren Botschaften in der jeweiligen Gesellschaft und den sich daraus ergebenden Konsequenzen zu ergründen und hiermit in den Kontext der vorliegenden Fragestellung passen. Die reformpolitischen Ideen in der Habsburgermonarchie des 18. Jahrhunderts gehen auffällig stark auf ‚Ausländer' zurück (z. B. Franz Stefan und sein lothringischer Expertenkreis, Josef von Sonnenfels, Johann Christoph von Bartenstein, Friedrich Wilhelm Graf Haugwitz, Gerhard van Swieten), doch je mehr die Konsequenzen des daraus erwachsenden Wandels leitende Mitarbeiter auf Staats- und Landesebene benötigten, stammten jene nicht mehr von außen, sondern in beträchtlichem Maß auch aus peripheren Gebieten der Habsburgermonarchie und verfügten nicht zwangsläufig über denselben Horizont wie ihre Vorgänger. Dennoch hat die k.u.k. Provinz nach und nach eine Reihe namhafter Persönlichkeiten hervorgebracht, die zu führenden Köpfe ihrer Zeit wurden, z. B. Ernst Mach, Joseph Schumpeter, Siegmund Freud, Karl Kraus und Adolf Loos aus Mähren, Ludwig Gumplowicz und Leopold von Sacher-Masoch aus Galizien oder den späteren Chemie-Nobelpreisträger Fritz Pregl aus Krain. Im Gegensatz zu Berlin, Königsberg und vielen anderen akademischen Lehr- und Forschungsstätten innerhalb Deutschlands konnte die universitäre Ausbildung innerhalb der Habsburgermonarchie ihren konservativen Anstrich nie überwinden, was u. a. auch an der starken Rolle der Kirchen lag, die trotz wachsender Säkularisierung auf regionaler und lokaler Ebene bis zum Ersten Weltkrieg großen Einfluss behielten (z. B. die katholischen Bischöfe bei den Slowenen und Kroaten, die evangelischen Bischöfe bei den Siebenbürger Sachsen, die orthodoxen Metropoliten bei Serben und Rumänen). Eine wichtige Voraussetzung, die begründet, warum Intellectual History innerhalb Europas so unterschiedliche Wege nahm, fehlt nicht nur, aber auch im Donau-Karpatenraum, und trägt zur Begründung fest verankerter provinzieller Verhältnisse an jenem Schauplatz bei – die lange Tradition der nicht nur operativen, sondern auch geistigen Verbundenheit mit den Weltmeeren, wie dies die Profilbildung Englands und der Niederlande belegen.

Dingräume

Irmgard Sedler

Standesgewand – Nationalkostüm – Modetracht. Der Kleiderwandel im siebenbürgischen Hermannstadt im 18. und frühen 19. Jahrhundert zwischen ständisch-nationaler Emblematik und nationsübergreifender bürgerlicher Modekleidung

Standesgewand

Am Ende des 17. Jahrhunderts hatte sich der politische Status Siebenbürgens von einem kleinen, selbständigen und selbstbezogenen Fürstentum zum Teilstück einer europäischen Großmacht gewandelt, deren Bezugspunkt Wien war. Mit dem neuen Provinzstatus Siebenbürgens setzte spätestens ab Mitte des 18. Jahrhunderts ein grundlegender Wandel im Selbstverständnis der siebenbürgisch-sächsischen Eliten ein und zog sich – oft als schmerzhaft empfunden – über fast ein Jahrhundert hin. Dieses neue Selbstverständnis war geprägt vom Verlust der wirtschaftlichen Führung und politischen Selbstbestimmung. In der Folge strebten die siebenbürgischen Patriziergeschlechter finanziell ertragreiche Beamtenpositionen im neuen Staatsgefüge an, um damit den Ansprüchen der gewohnt elitären Lebensweise den materiellen Hintergrund zu sichern. Das Ziel war die Aufnahme in den österreichischen Beamtenadel, auch wenn dieser Status oft nur ein moderates und zeitlich begrenztes Einkommen sicherte. Einige Familien gingen in dieser Zeit auch Verbindungen mit dem ungarischen Adel ein.[1]

In seinem Repräsentationsgehabe definierte sich dieses sächsische Patriziat schon seit über drei Jahrhunderten sowohl innerhalb der eigenen siebenbürgisch-sächsischen Gesellschaft als auch nach außen hin über sein Standesgewand, welches in seiner Materialpracht und Ästhetik der Gewandformen jenen des un-

---

1 Beispielhaft hierfür ist die Familie von Brukenthal: Die Nachfahren des Michael von Brukenthal (1716–1773) heirateten in die ungarischen Adelsfamilien Teleki, Vesseleny und Barcsay ein.

garischen Adels nicht nachstand. Während die weibliche Patriziertracht höfisch-elitäre Kleiderformen westlicher Mode des 14.–16. Jahrhunderts konservierte, setzte das Männergewand in Anlehnung an die Kleidergewohnheiten des ungarischen Adels und der polnischen Szlachta neu an.[2]

Die kostümgeschichtlichen Wurzeln der weiblichen Patriziertracht reichen bis ins westeuropäische Mittelalter. Die Gewandkomposition zeigt die im Mittelalter elitär modische Doppelanordnung von „Cotte"[3] und „Surkot"[4] in der Variante eines spätestens seit der Renaissance mit feinster Faltenstickerei verzierten Hemdkleides, über das man den „Seggel/Seytel"[5], ein seidenes Trägerkleid mit samt- und goldbordierten Kanten und Säumen, anlegte. Hemd und „Seggel" waren beides einteilige, vom Hals bis zum Knöchel reichende Gewänder mit nur geringer Taillenmarkierung Eine Zierschürze in unterschiedlicher zeitmodischer Abwandlung und jahreszeitlich bedingte, verschiedene Mantelformen („Krauser Mantel"[6] und

---

2 Vgl. Marius Zmuda, Identität und Abgrenzung. Die polnische ‚SLACHTA' auf der Suche nach ihrem Platz in Europa. 1648–1688. Magisterarbeit an der Universität zu Münster, Münster 2003.

3 Die Cotte, altfrz., bis ins 15. Jahrhundert die allgemeine Bezeichnung für das Kleid der Frau, das eng anliegende Hemdgewand mit einschließend. Siehe Ingrid Loschek, Reclams Mode- und Kostümlexikon, Stuttgart 1987, 156.

4 Der Surkot, Surcot, mhd. sorkôt, im Sinne von ‚über der Cotte zu tragen'; im 13. und 14. Jahrhundert ein höfisches Hängerkleid mit tiefen Ärmelausschnitten („Höllenfenstern"), über dem Körper anliegenden Kleid/Hemdgewand zu tragen. Siehe Loschek, Mode- und Kostümlexikon, 445–446; auch Ulrich Lehnart, Kleidung & Waffen der Spätgotik. Bd. II. 1370–1420, Wald-Michelbach 2003, 50–51.

5 Der Seggel, urkundlich auch Seytel, Sittelen; sächs. für einen Tragmiederrock in der Nachfolge des offenen Surkot. Zur Ausstattung des aus kostbarsten Textilien angefertigten Seggel Goldbrokat, Seiden, Lampas) gehören die vom Goldschmied gefertigten Miederschließen aus Edelmetall. Ein am Rücken in Falten gefasster „Schweif", sächs. Šwif, sorgte in Andeutung einer Schleppe für den nötigen Raum zu einem „majestätischen" Schritt. Siehe Irmgard Sedler, Die Landler in Siebenbürgen. Gruppenidentität im Spiegel der Kleidung von der Mitte des 18. bis zum Ende des 20. Jahrhunderts, Marburg 2004, 223; vgl. auch Friedrich Müller, Deutsche Sprachdenkmäler aus Siebenbürgen. Aus schriftlichen Quellen des zwölften bis sechzehnten Jahrhunderts, Bukarest 1986, 176–179.

6 Der Mantel, krauser, eine engplissierte Tuchpelerine mittelalterlicher Modeherkunft. Diese steht in direkter Verbindung zur Husseke, wie es auch der frühe Name Hasek (um 1505) für Siebenbürgen belegt. Siehe das „Testament der Ursula Meister Paulin" bei Müller, Sprachdenkmäler, 177 und 178.

„Kürschen"[7]) ergänzen die statuarisch wirkende Tracht. Das Kennzeichen der unverheirateten jungen Frauen stellte der „Borten"[8], in seiner aufwändigsten Art als Perlenborten[9], dar. Schließlich fand noch das „Fazzoletto"[10] der italienischen Renaissancetracht im 16. Jahrhundert Eingang in die Patriziertracht beider Geschlechter.

Unverzichtbares Accessoire dieses oberschichtigen Frauengewandes bildete ein besonderer Schmuck, dessen Komponenten vom Typ her und dementsprechend auch in ihrer modischen Ausformung die Wurzeln ebenfalls im mittelalterlichen Adelsgewand deutscher wie französischer Prägung hatten. Zu dem „Brustheftel"[11] aus Edelmetall und dem Gürtel in seiner Ausformung als

---

7 Die Kürsche(n), mlat. cursina, ahd. cursina, mhd. kürsener, Pelzumhang bzw. -pelerine; in der siebenbürgischen Patriziertracht als prestigeträchtiges Übergewand in kurzer und langer Mantelform vorhanden. Siehe Siebenbürgisch-Sächsisches Wörterbuch, Bd. 5 K, Bukarest-Berlin 1975, 409–410. Das SSWB führt u. a. einen Beleg von 1686 an, wo es heißt „blaubremigte kirschnen sollen nur selbige tragen, deren Haußvätter besondere Ämter innehaben", hier 410.

8 Der Borten, sieb.-sächsisch Bîrten. Kopfschmuck, der den Ledigenstand der weiblichen Trägerin kennzeichnete. Der B. hat die Form einer versteiften, mehr oder minder hohen, kreisförmig gefügten „Borte". Der sächsische Kopfputz mittelalterlicher Herkunft hat sein Pendant in der ungarischen párta. Bei den Patrizier- und Bürgertöchtern als unverzichtbares Accessoire in der Öffentlichkeit. Der B. hat in der ländlichen Kirchentracht bis heute überlebt. Material und Höhe der Bortenröhre galten als Indiz für die gesellschaftliche Schicht, der die Trägerin angehörte. Siehe Siebenbürgisch-Sächsisches Wörterbuch, Bd. 1/5, Straßburg 1917, 683–686.

9 Emil Sigerus, Der Perlenborten. In: Brigitte Stephani (Hg.), Emil Sigerus. Volkskundliche und kunstgeschichtliche Schriften, Bukarest 1977, 87–88.

10 Das Fazzoletto, ital. für „kleines Taschentuch"; siebenbürgisch-sächsisch Šnezəldach; (Schnupftuch); „Ein taffend leinwandt Schnupftuch mit carmensin Seiden geneth und mit Gold ausgefüllet" findet sich 1702 im Nachlass des Mühlbacher Stadtpfarrers Schuller. Zitiert nach Ludwig Klaster, Die Kleidertracht des Pfarrhauses im Unterwald (1683–1743). In: Siebenbürgische Vierteljahrschrift. Korrespondenzblatt des Vereins für Siebenbürgische Landeskunde (1934), 109–128; vgl. auch Loschek, Mode- und Kostümlexikon, 184. Das ursprünglich von beiden Geschlechtern getragene Ziertuch überlebte als Stecktuch in der weiblichen Kirchentracht der Sächsinnen.

11 Das Heftel, der Fürspan, sächs. det Hiəfteln, Brustschmuck aus Edelmetall mit reicher Verzierung in Form einer Scheibenfibel, ursprünglich zum Zusammenhalten des Obergewandes an Brust und/oder Schulter dienlich. Die erhaltenen Exemplare belegen eine stilistische Zeitspanne von der Frühgotik bis zum Barock. Die Beliebtheit des Schmuckes spiegelt auch die Bezeichnung „Heftelmacher" für speziell auf den Schmuck des Patriziergewandes spezialisierte Goldschmiede in den siebenbürgisch-sächsischen Städten. Siehe Siebenbürgisch-Sächsisches Wörterbuch, Bd. 4 H – J, Bukarest-Berlin

Spangen- und Gliedergürtel[12] aus gotischer Zeit kamen im ausgehenden 16. Jahrhundert „Bockelnadeln"[13] zur Befestigung des komplizierten Kopfschmuckes hinzu. Nach der Reformation wandelten sich zudem die konfessionell überflüssig gewordenen Rosenkränze, hier „Betschnüre"[14] genannt, zum kostbaren Halsgehänge.

Das elitäre Männerkleid des siebenbürgischen ersten Standes orientierte sich ab dieser Zeit an den osmanischen Bekleidungsgewohnheiten, wie sie im Kontext der damaligen türkischen Oberherrschaft in Ostmitteleuropa über die Vermittlung polnischer wie ungarischer Adelskreise auch in Siebenbürgen hoffähig wurden.[15] Es beeindruckt durch imposante, vom Schnitt her statuarisch wirkende Über- und Obergewänder (das erwähnte „Feltschi" und das „Mente"[16], auch

1972, 116–117; auch Horst Klusch, Siebenbürgische Goldschmiedekunst, Bukarest 1988, 25–29.

12 Der Gürtel zum Seggel, sächs. Girkəl, zeigt überwiegend zwei Varianten mittelalterlicher Herkunft, wobei sich jedem Typ mehreren Spielformen zuordnen lassen: 1) Der Spangengürtel, sächs. Špongelän Girkel als „ein beschlagen goldt gürttell" (16. Jh.) bzw. als ein kostbares textiles oder ledernes Gürtelband mit aufgesetzten „durchbrochenen und geschmolzenen Kesselspangen" (17. Jh.) und gegossenen Senkeln; 2) als Platten-/ Gliedergürtel (17. und 18. Jh.), der sich leichter einer Schnebbentaille anpassen lässt als der Hüft- oder Taillengürtel mit Spangen. Vgl. Siebenbürgisch-Sächsisches Wörterbuch, wie Anm. 18, 341–342; vgl. auch Ulrich Lehnart, Kleidung & Waffen der Spätgotik. Bd. II. 1370–1420, Wald-Michelbach 2003, 42–44.

13 Die Bockelnadel, sächs. Bockelnôlt, Šlijernôlt, Prunknadel mit aufwändig verziertem, Perlen und Edelstein geschmücktem Kopf zum feststecken des Bockelschleiders. Steht in der Tradition der Hörnerhauben-Agraffe. Siehe Siebenbürgisch-Sächsisches Wörterbuch, wie Anm. 17, 665; vgl. auch Victor Roth, Geschichte des deutschen Kunstgewerbes in Siebenbürgen, Strassburg 1908, 118–119.

14 Sächs. de Bêtschen. Siehe hierzu Siebenbürgisch-Sächsisches Wörterbuch, Bd. 1 (Batschebierch – Beute), Strassburg 1913, 570. Vgl. auch das „Testament der Ursula Meister Paulin", wie Anm. 12, hier 176. Der Begriff „Perle", sächs. Parl, tritt in früheren Jahrhunderten häufig nur in Bezug auf die einzelne Perle, das konkrete Material auf, welches Gürtel, Hefteln, Bockelnadeln, Borten, Kleidern, Hemdgewänder zierte. Erst seit dem 17. Jahrhundert sind Perlenketten als solche überliefert. Vgl. das Siebenbürgisch-Sächsische Wörterbuch Bd. N–P, Bukarest-Köln-Weimar-Wien 2002, 278–279.

15 Siehe hierzu Lajos Gecsény, ‚Turkish Goods' and ‚Greek Merchands' in the Kingdom of Hungary in the 16th and 17th Centuries. In: Acta Orientalia Academiae Scientiarum Hungaricae 60/1 (2007), 55–71.

16 Das Mente, Übergewand zum Dolman in der ungarischen und polnischen Magnatentracht bzw. in der siebenbürgisch-sächsischen Patriziertracht. Knöchellanges Repräsentationsgewand mit Pelzbesatz, das meist offen oder als Überwurf getragen wurde. Es überdauerte die Zeitmode u. a. in der Amtstracht der evangelisch-lutherischen Pfarrer

„Mentö/Mentok"), welche über einen ursprünglich wadenlangen, kostbar gegürteten Leibrock (Dolman)[17] getragen wurden. Zur Samt-, Pelz- und Seidenqualität dieser Gewänder mit Verschlüssen aus Edelmetall passten Zobelhüte mit Böden aus englischem Tuch und „Tschismen"[18] (Stiefel) nach orientalischem Schnitt aus Saffianleder. Im Zusammenspiel von Modeelementen ganz unterschiedlicher Jahrhunderte – wie „Quetsche"[19], „Bockelhaube"[20], Schleiertuch und barocke Zierbänder – festigte sich im 17. Jahrhundert im urbanen sächsischen Raum ein

---

in Siebenbürgen. Siehe Siebenbürgisch-Sächsisches Wörterbuch Bd. 6 M, Bukarest-Köln-Weimar-Wien 1998, 170–171.

17 Der Dolman, sieb.-sächsisch də Daləmån auch Daləmûn, ungarisch dolmány, in der zweiten Hälfte des 16. Jahrhunderts nach dem westlichen Modegeschmack abgewandeltes Obergewand der polnischen und ungarischen Adelstracht bzw. der siebenbürgisch-sächsischen Patriziertracht. Den vom Leibrock des Sultans (Kaftan) inspirierten, ursprünglich knöchellangen, am Oberkörper eng anliegenden Rock zierte ein kostbarer, farblich kontrastierender Schnurgürtel; seit dem 18. Jahrhundert ein oberschenkelkurzes, tailliertes Gewand von militärischem Schnitt, das Eingang in die ungarische Nationaltracht gefunden hat. Siehe Siebenbürgisch-Sächsisches Wörterbuch Bd. II/2, Strassburg 1911, 55; vgl. auch Loschek, Mode- und Kostümlexikon, 166.

18 Die Tschismen, von ung. csizma, „Stiefe".

19 Die Quetsche, sieb.-sächsisch Kwätš, zeigt sich hier als ein mittels Drahtgestell in Form gebrachter Wulst, als eine Schrumpfform und ein Relikt der im 14. und 15. Jahrhundert modischen, elitären Hörnerhaube. Die häufigsten Belege für ihre Präsenz im Kontext der Hermannstädter Patriziertracht sind aus dem 17. Jahrhundert überliefert. Sie hierzu: Siebenbürgisch-Sächsisches Wörterbuch Bd. 9 Q–R, Bukarest-Köln-Weimar-Wien 2006, 12. Quetsche/Hörnerhaube und Schleiertuch, in der Bockelung vereint, hatten schon im 14. Jahrhundert zusammengefunden.

20 Die Bockelhaube, auch Sternhaube, sieb.-sächsisch Bockelhouw bzw. Štärnhouw, bewahrt im Zusammenhang der siebenbürgischen Patriziertracht eine weit ältere Modeform als etwa die gleichnamige Haube der Augsburgerinnen im 18. Jahrhundert, auf die meistens in der Literatur verwiesen wird. Die siebenbürgische Bockelhaube ist zweigeteilt: Ein „Stern" aus konzentrischen Kreisen, mit Gold- oder Silberfäden gestrickt, bedeckt den Scheitel; diesem angefügt, umschließt ein netzartiges Unterteil Hinterkopf und Schläfen. Dieses in roter Seide gehaltene Teil ist in Sprangtechnik gefertigt. Siehe unter „Bockelhaube" und „Bockeln" im Siebenbürgisch-Sächsischen Wörterbuch Bd. 1/5 (Beute–Brett), Strassburg 1917, 663–665. Demgegenüber zeigt sich die Augsburger Bockelhaube des 17. und 18. Jahrhunderts als eine modisch neuere Haubenvariante. Sie hat die typische Form einer Visierhaube und hat in dieser Gestaltung auch in den Kopfputz der reichen Augsburger Jüdinnen Eingang gefunden. Siehe hierzu Friedrich Nicolai, Beschreibung einer Reise durch Deutschland und die Schweiz im Jahre 1781. Nebst Bemerkungen über Gelehrsamkeit, Industrie, Religion und Sitten. Bd. 9, Berlin-Stettin 1795, 120.

unverwechselbarer Kopfputz, „Bockelung"/Schleierung[21] genannt, der bald als typisch patrizisch und nachher als allgemein sächsisch gelten sollte. Da die bald symbolische Bedeutung an sich band, sicherte sie sich einen Platz im ritualisierten Umgang mit dieser Tracht.

Mit dem Verlust an politischer Selbstverständlichkeit und der Akzeptanz des Provinzstatus innerhalb des Habsburgerreiches veränderte sich auch das Kleiderverhalten der führenden Familien: Für die noblen Hermannstädterinnen wurde nun das höfische Kleid des Wiener Rokoko zum modischen Vorbild. Anfänglich wurde dieses Vorbild noch auf die überlieferte Gewandkomposition (Hemd und Seggel, Schürze, Bockelung, Heftel und Gürtel) der weiblichen Patriziertracht projiziert, die man spielerisch in Schnitt und Materialien bis an die Grenzen ihrer Erkennbarkeit ausreizte, um dem neuen Frauentyp – eine im hochherrschaftlichen Salon die Honneurs machende Gesellschaftsdame – gerecht zu werden. Dieser neue elitäre Status verlangte von den bis dahin biederen, im öffentlichen Auftreten stets zurückhaltenden sächsischen Patrizierinnen eine Umstellung: Es hieß nun zu musizieren, geistreiche und gepflegte Konversation zu führen, ein kokett elegantes Auftreten zu lernen, vollendete Manieren bei Diner und Souper zu zeigen – das alles musste auf die Atmosphäre eines gesitteten Müßiggangs ausgerichtet sein, für den die Dame des Hauses verantwortlich war. Die steife Patriziertracht aus dem 17. Jahrhundert war dieser neuen Haltung nicht mehr adäquat. Ab dem letzten Drittel des 18. Jahrhunderts galt das überlieferte Gewand in den höchsten sächsischen Kreisen von Hermannstadt (Sibiu) bei aller zeitmodischen Ausreizung nur noch als *alte sächsische* Tracht, die zwar innersächsisch in ritualisierten Kleidungszusammenhängen (Taufe, Konfirmation, Hochzeit, Begräbnis) immer noch zu tragen Pflicht war, darüber hinaus aber in der neuen, höfisch-wienerisch geprägten städtischen Gesellschaft höchstens als regionalspezifische Antiquität und Legitimation ehemaliger sächsischer Größe vorgeführt wurde, und die Ortsfremden zum Staunen verführte.

Johanna Catharina von Herrmann, geborene von Seulen, berichtet am 31. Mai 1791 in einem Brief an ihre Schwägerin Susanna Catharina von Heydendorff, geborene von Hannenheim, von ihrem standesgemäß *sächsischen* Auftritt anlässlich einer Kindstaufe im Hause des Patriziergeschlechts Wayda in Hermannstadt und dem anschließenden Besuch bei Baron Samuel von Brukenthal: *Ich erschien im Segel, geschleiert, mit des Herr Vater seinem Gürtel, Brustgehäng*[22],

21 Sieb.-sächsisch det Gebokelsel/ det Geschlïejertse. Siehe hierzu Siebenbürgisch-Sächsisches Wörterbuch Bd. 3 G, Bukarest-Berlin 1971, 56 bzw. 184.

22 Gemeint ist die Herkunft des teuren Geschmeides, das sie wohl von ihrem Vater zur Hochzeit geschenkt bekommen oder aber geerbt hatte.

war den Abend in die Gesellschaft des Baron Brukenthal eingeladen, so ging ich in meinem ganzen Staat hinauf. Ich kann Ihnen nicht beschreiben genug, wie gut es der alte ehrwürdige Herr aufnahm, zeigte also gleich den Gantukusen [?] *und dem Graf Salpäri* [?] *die uralte sächsische Tracht. Sie gefiel ihnen recht wohl, Letzterer wunderte sich über Abkommung der Tracht.*[23] Die zitierte Briefstelle illustriert den angesprochenen Wandel im gesellschaftlichen Leben der Hermannstädter Patrizierinnen. Waren die Möglichkeiten des Repräsentierens für die Frauen auch in den besten Familien noch bis um die Mitte des 18. Jahrhunderts auf die Teilnahme an den erwähnten Familienfeiern und auf den Kirchgang reduziert, wo man mehr oder weniger unter seinesgleichen blieb, so ließ das neue gesellschaftliche Leben nach Wiener Modell mit seinen vielen Abendgesellschaften die Frauen ihre neue Rolle auskosten. Man schuf sich in der Konsequenz schon ab 1750 eine sächsische Variante der Wiener Hofkleidung, indem man den „Seggel" über ein kuppelförmiges oder aber breit-eckiges Panier oder „Demipanier"[24] drapierte, um ihm die gewünschte Silhouette zu verpassen. Zugleich modellierte ein Korsett mit tief heruntergezogener Verschnürung nach der Art einer robe à la française den Oberkörper und die Hüften, und zwängte die Trägerin in eine „Schnebbentaille"[25], zu der kein Spangengürtel mehr passte, sondern ein Gliedergürtel diesen zu ersetzen hatte. Schließlich wich auch die „Bockelung" (der aufwändige unverwechselbare Kopfputz) einer Tändelei aus Schleiergespinst, Goldbändern und Schmucknadeln, die dem Lebensgefühl des Spätbarock und des Rokoko näher waren.[26]

Die Porträtgalerie im Brukenthalmuseum führt am Beispiel einiger Hermannstädter Standesporträts diesen schrittweise sich vollziehenden Modewandel der Patriziertracht zu einer nur noch im Ansatz als typisch sächsisch empfundenen Standeskleidung im altbewährten Gefüge von Hemd, „Seggel", Schleier und Gürtel vor. So ließ sich Agnetha Dobosi (1708–1791), die Tochter des Transmigranten-Inspektors und königlichen Hofrats in Hermannstadt, Martin Wan(c)

---

23 Zitiert nach Seraphin, Briefe, 534.

24 Der Panier, Reifrock des 18. Jahrhunderts. Vgl. Ingrid Loschek, Reclams Mode- und Kostümlexikon, Stuttgart 1982, 391–393. Im Jahr 1787 verbot Joseph II. das Tragen des Reifrockes am Wiener Kaiserhof.

25 Schnebbe, auch Schneppe, d. i. eine vorne spitz in den Rock hineinreichende Verlängerung des Mieders.

26 Das Ersetzen des tradierten Goldschmuckes durch modische Wiener Accessoires und dessen Folgen für die heimische Goldschmiedekunst thematisiert Georg Adolf Schuller, Hermannstadt um die Mitte des 18. Jahrhunderts. Ein kulturgeschichtliches Bild. In: Archiv des Vereins für siebenbürgische Landeskunde 34 (1907), 276–379, hier 299.

kel von Seeberg, in einer ausgeprägt barocken Gewandschöpfung porträtieren.[27] Hierzu trägt sie ein Mieder mit „Planchette“ (Blankscheid), welche eine extrem verschlankende Schnürung mit tief gezogener „Schnebbentaille“ garantierte. Da der „Seggel“ die vorgeschriebene modische Silhouette nicht herzustellen vermochte, kam ein zweigeteiltes Obergewand zum Einsatz: Das Mieder mit üppiger „Bouillonstickerei“[28] am „Stecker“[29] wird mit einem Kuppelrock ergänzt. Diese Kombination ist eine genuin sächsische Variante der höfisch-barocken „Grande parure“. Die alte Patriziertracht zeigt sich nur noch in der Zusammenstellung der einzelnen Bekleidungselemente – weiße Hemdsärmel zum dunklen Mieder, Schürze und Gürtel. Auch das alte typische Geschmeide aus vergoldetem, edelsteinbesetztem Silber (Heftel, Gliedergürtel, Bockelnadeln) ist hier zu Gunsten eines üppigen Perlenschmuckes verschwunden, der zwar noch zur alten Form des Gliedergürtels zusammengefügt ist, aber als ausgesprochen spielerische Variante eines solchen bezeichnet werden muss.

Einen Schritt weiter in der Auflösung der alten Patriziertracht geht die ganz dem Geist des Rokoko verschriebene Robe der Anna Maria Filtsch (1752–1806), deren auffällig aparte Erscheinung keinen Geringeren als Joseph II. verzaubert haben soll. Die Hermannstädter Pfarrerstochter hatte den Gubernialsekretär Johann Michael Soterius (1742–1794) geehelicht, der später zum Gubernialrat aufstieg und vom Kaiser geadelt wurde (die Familie durfte sich mit dem Adelsprädikat „von Sachsenheim“ schmücken). Ein als Halbfigur um 1770/75 angefertigtes Bildnis[30] zeigt die junge Frau in einem Kleid, das nur noch die Anmutung eines Patrizierkostüms ist und bei dem nur noch die weißseidenen Ärmel in der

---

27 Unbekannter Maler: Bildnis der Agnetha Dobosi. Öl auf Leinwand, 95 x 77 cm, Sibiu/ Hermannstadt, Muzeul Naţional Brukenthal, Galeria der Artă (Gemäldegalerie des Brukenthalmuseums). Siehe Baron Brukenthalisches Museum in Hermannstadt. Führer durch die Gemäldegalerie. 6. Auflage, Hermannstadt 1909, 158; vgl. auch Zoltán Seebergi Sasváry, A Seebergi Wanckel és a Seebergi Sasváry család története. 7. Agnetha Wanckel v. Seeberg (1708–1791) és férje Dobosi Sámuel (1694–1759), Budapest 2004.

28 Bouillonstickerei, reliefartig erhabener Stickereidekor aus spiralförmig über einen Kern, die sogen. Seidenseele, gewickeltem Gold- oder Silberdraht.

29 Miedereinsatz, charakteristisch für die höfische Mode des 18. Jahrhunderts; üblicherweise ein über ein Stück dreieckigen Hartkarton gezogener Stoff, der reich verziert die vordere Öffnung des Mieders ausfüllte. Der Stecker verdeckte die Schnürung oder aber er bildete eine Unterlage hierfür, um die Schnürung optisch hervorzuheben.

30 Unbekannter Maler: Porträt der Anna Maria Soterius von Sachsenheim. Öl auf Leinwand, 77 x 67 cm, nicht datiert (1775/80), Gemäldegalerie des Brukenthalmuseums, Inv.-Nr. 1383.

Kombination mit dem dunklen Mieder und ein hauchdünner Schleier über einem goldenen Bockelband auf das ‚Sächsische' anspielen.

Auch wenn man in den elitären sächsischen Kreisen Hermannstadts bis zum Ende des 18. Jahrhunderts gänzlich auf das Patrizierkleid als Repräsentationsgewand zugunsten der vom Rokoko geprägten Wiener Hofmode verzichtete, so geschah dies, durch verschiedene Anpassungen verzögert, erst allmählich. Manchmal blieb das Patrizierkleid bei der jüngeren Generation tragefähig, während die ältere dieses schon abgelegt hatte. Das zeigt das Beispiel der jungen Sophia Katharina Binder von Sachsenfels, verehelichte von Brukenthal (1757–1785), der Lieblingsnichte der gleichnamigen Ehefrau des Gouverneurs Samuel von Brukenthal. Sie lässt sich um 1780 als Patrizierin in einer überaus kostbaren Tracht porträtieren[31] – das Hemd gänzlich aus „Valenciennes"-Spitzen, Gold-Spitzen als Miederverzierung, dazu „Patzel"[32] und Halskette und zusätzlich noch das tradierte „Schneckenheftel" des 17. Jahrhunderts als Brustschmuck. Auch umspielt in der Tradition der „Bockelung" ein Gazeschleier, mit „Bockelnadeln" über einem golddurchwirkten Kopfband fixiert, das streng nach hinten gekämmte Haar.

Von Anna Maria Hutter von Huttern (1752–1831) sind zwei Darstellungen erhalten: Die eine, ganzfigürliche, stammt von der Hand Johann Martin Stocks und zeigt die 35-jährige Bürgermeistersgattin[33] [b]*ey meiner Abreise nach Klausenburg 1787.*[34] Ganz Standesperson posiert sie in einer „Parure" aus kostbarer schwerer Seide. Diese bevorzugt bei der „Jupe-Manteau-Kombination" die den englischen Einfluss verratende, einheitliche Farbigkeit. Die tief gezogene „Schneppe" ist ein charakteristisches Rokoko-Element. Auch die leicht gepuderten Haare sind zu einer typischen, dem Adel vorbehaltenen Spätrokoko-Hochfrisur gesteckt.

31 Unbekannter Maler: Porträt der Sophia Katharina von Brukenthal. Öl auf Leinwand, 55,5 x 43,5 cm, nicht datiert (1780/85). Nachträgliche Beschriftung auf der Rückseite *SOPHIE VON SACHSENFELS/ UXOR CAROLI VON BRUKENTHAL N. (1)757 O. (1)785.* Gemäldegalerie des Brukenthalmuseums, Inv.-Nr. 526. Siehe Julius Bielz, Porträtkatalog der Siebenbürger Sachsen, Hamburg 1936, 13, Kat.-Nr. 147.

32 Das zierliche zeitmodisch im Louis Seize-Stil gehaltene „Patzel" ersetzte im 18. Jahrhundert das altmodische Heftel.

33 Ihr Gatte war Michael Georg Hutter von Huttern, Hermannstädter Bürgermeister zwischen 1797 und 1811.

34 Johann Martin Stock: Anna Maria Hutter von Huttern. Öl auf Kupfer, 42,2 x 34 cm, signiert u. li., datiert 1787. Gemäldegalerie des Brukenthalmuseums, Inv.-Nr. 1140; abgebildet in: Elena Popescu, Johann Martin Stock. Ein Vertreter des siebenbürgischen Barock in europäischen Sammlungen, Hermannstadt/Sibiu 2000, Kat.-Nr. 6 und Umschlag.

Standesgemäß leicht gepudert sind auch Gesicht und Dekolleté. Der Verzicht auf Schmuck zugunsten eines natürlichen Rosengestecks am Ausschnitt verrät schon den Übergang zu den neuen Kleidersitten im Zeichen der klassizistischen ‚Natürlichkeit'. Es ist dies eine der letzten Gewandausformungen im Zeichen höfischer Mode und neuadligen Standesbewusstseins in Siebenbürgen.

Ein zweites, dreiviertelfigürliches Porträt[35], das etwa 1775/80 von Franz Anton Bergmann gemalt wurde, zeigt Anna Maria von Huttern diesmal im *sächsischen Nationalkostüm*. Die Kleidung ist demselben Spätrokoko-Empfinden verpflichtet – die gleiche Silhouette mit extremer, schneppenverlängerter Taillenschnürung und Kuppelrock-Panier; dazu der unverzichtbare Miederstecker. Typisch für die ‚sächsische' Komponente sind die „Bockelung" und der Gliedergürtel. Das zeitmodische Element ist durch ein „Fichu-Halstuch" gegeben. Am Bild der neuen Kleidersitte, die sich um 1780 bei der Elite durchgesetzt hatte, lässt sich die kulturelle Orientierung der Hermannstädter Peripherie am übermächtigen Zentrum Wien erkennen, die zum Ende des 18. Jahrhunderts fast alle Lebensbereiche erfasst hatte: sowohl bei den Nachkommen des siebenbürgisch-sächsischen Patriziats als auch bei dem in der Garnisonsstadt Hermannstadt stationierten österreichischen Militäradel – zwei im ausgehenden 18. und im 19. Jahrhundert um gesellschaftlich-kulturelle Hegemonie in Hermannstadt konkurrierende Gruppen.

Ein anderes Kleiderverhalten zeigten die Repräsentanten des ungarischen Adels im siebenbürgischen Landtag, die zeitweilig[36] in Hermannstadt tagten. Das westeuropäische Rokokokostüm wurde auch von ihnen angenommen, ohne dass jedoch die ungarische Magnaten-Tracht verdrängt worden wäre. Im Gegenteil, die Magnaten-Tracht erfuhr in dieser Zeit und verstärkt noch in der Reformära am Beginn des 19. Jahrhunderts jene national-symbolische Überfrachtung, die sie im Zuge der allmählichen Orientierung der Ungarn auf einen zukünftigen ungarischen Nationalstaat zum Politikum auch am Wiener Hof werden ließ. In diesem Zusammenhang steht auch die von Carl von Heydendorff in einem Brief vom 23. Januar 1785 zitierte Bemerkung eines österreichischen Offiziers, dass

---

35 Gemäldegalerie Brukenthalmuseum. Franz Anton Bergmann: Bildnis der Anna Maria Hutter von Huttern. Öl auf Leinwand, 89 x 74 cm, nicht signiert, nicht datiert (1775/80). Gemäldegalerie des Brukenthalmuseums, Inv.-Nr.1140. Siehe Daniela Moroşan, Doi pictori transilvăneni în colecţia Brukenthal. Două portrete, un personaj: Anna Maria Hutter von Huttern. Restaurare, conservare, expoziţii. In: Brukenthal. Acta Musei 4 (2010), 907–914.

36 Das Siebenbürgische Gubernium hatte zwischen 1711 und 1790 seinen Sitz in Hermannstadt. In der Folge unterhielten die der Gubernialverwaltung angehörigen ungarischen Adligen hier Wohnungen bzw. verlegten gar ihren Wohnsitz hierher.

nach den Demütigungen des ungarischen Adels durch die Aufständischen des Horea[37] *die in Maros-Vásárhely befindlich geweste ungrische Damen, welche sich teutsch getragen,* [...] *ingesamt die teutsche Hauben abgelegt und den ungrischen Kopfputz aufgesetzt haben* [sollen].[38]

In Hermannstadt waren die Salongesellschaften im neu erbauten Palais[39] des Freiherrn Samuel von Brukenthal[40] über zwei Jahrzehnte lang tonangebend. Im Hause des Gouverneurs von Siebenbürgen (1774–1787) trafen sich ungarische Magnaten, adelige österreichische Militärs und Hermannstädter Patrizier. Der Freiherr selbst sowie seine Frau Sophia Katharina (1725–1782), geborene von Klocknern, führten regelmäßig die neueste Wiener Hofmode vor, auch war Sophia von Brukenthal die erste, die in Hermannstadt gänzlich auf das Tragen der Patriziertracht verzichtete. Hierüber berichtet der Kronstädter Senator und Stadtrichter Georg Michael von Herrmann (1737–1801) am 17. März 1787 an seinen Schwager Michael von Heydendorff: *Die Frau von Ahlefeld*[41] *und die Frau von Brukenthal gehen eben damit um, sich deutsch zu kleiden und bieten ihre sächsische Kleider um den halben Preis feil. Der Damast gehört also auch unter die alte Mode, und die Armenier*[42] *erklären sich im Voraus, dass sie zwei 17-er von der Elle*

---

37 Es handelt sich um den Aufstand meist rumänischer Leibeigenen gegen den ungarischen Adel in Siebenbürgen zum Ende des Jahres 1784. Ihr oberster Anführer war ein Bauer namens Horea.

38 Brief Carl von Heydendorffs an General Karl Freiherr von Enzenberg (1725–1810), damals Statthalter und Militärverwalter der Bukowina. In: Seraphin, Briefe, 279–564, hier 282.

39 Die Bauzeit des Brukenthalischen Palais am Großen Ring erstreckte sich über die Jahre 1778 bis 1788.

40 Heinrich Benedikt, Brukenthal, Samuel Freiherr von (Art.). In: Neue Deutsche Biographie 2 (1955), 646–647.

41 Ehefrau des Gubernialregistrators Johann Michael Gottlieb von Ahlefeld (1736–1792), Spross einer angesehenen Apothekerfamilie in Hermannstadt. Vgl. auch Siebenbürgische Familienwappen. Album von Otto Dahinten. In: Siebenbürgische Familienforschung 2 (1988), 49–93, hier 53.

42 Seit dem ausgehenden 16. und noch bis ins frühe 19. Jahrhundert war der Stoffhandel, vor allem jener mit orientalischen Luxusgütern, in Siebenbürgen in den Händen der Griechen und Armenier. In diesem Zusammenhang bürgerte sich unter den Sachsen auch der Begriff „Zaddergrāch" (Stoff- oder Fetzengrieche) für die fliegenden Stoffhändler ein. In Hermannstadt etablierte sich im 18. Jahrhundert eine griechische Kompanie. Siehe Siebenbürgisch-Sächsisches Wörterbuch Bd. 3 G, Bukarest-Berlin 1971, 306–307; vgl. auch Lajos Gecsény, ‚Turkish Goods', 55–71; auch Mária Pakucs-Willcocks, Sibiu–Hermannstadt. Oriental Trade in Sixteenth Century Transylvania, Köln-Weimar-Wien 2007, 74–100.

nachschlagen wollten, wenn man sie nur von dieser Ware befreiete.[43] Das als Halbfigur angefertigte Repräsentationsbildnis[44] der Sophia Katharina von Brukenthal stellt sie wirkungsvoll in der Pose einer Wiener Hofdame dar. Sie trägt das höfische Galahabit der „Grande parure" aus schwerer roter Atlasseide, bestehend aus Manteau, Stecker, Jupe, darunter Korsett und Reifrock. Dazu passen die gepuderten, zur Rokoko-Hochsteckfrisur geordneten Haare. Diesem gesellschaftlich wichtigen Vorbild sollte bald die ganze vornehme Damenwelt des sächsischen Neuadels folgen.

Die adligen ungarischen Damen brachten nach Hermannstadt neue Schmuckformen und -accessoires mit, die auch bei den sächsischen Damen den alten Patrizierschmuck zunehmend verdrängten: *Die Gräfin Banfiin hat zwei überaus kostbare diamantene Armschnallen und 4 eben dergleichen Ringen an der Hand und Fingern, und in denen Ohrwatscheln als eine neue Mode goldene Ketten, welche ihr fingerbreit ausgenommen wie den Indianerinnen bis fast auf die Schultern hingen*[45], berichtet Michael von Heydendorff d. Ä. nicht ohne Ironie seiner Gattin nach Mediasch (Mediaş).

Nationalkostüm

Im Bereich der Männerkleidung verlief der Prozess des Ablegens der Patriziertracht zu Gunsten eines zeitmodischen Habits nicht so gradlinig wie in der Damenmode. Das äußere Auftreten der in politischen Ämtern tätigen Siebenbürger Sachsen hatte Rücksicht zu nehmen auf das jeweilige Milieu, in dem sie agierten. Die politische wie kulturelle Fokussierung der Siebenbürger Ungarn auf einen zukünftigen ungarischen Nationalstaat ließ die ehemalige Standestracht ihrer Magnaten zum symbolträchtigen Bild der Nationaltracht gerinnen. Diese wurde auch am Wiener Hof bedeutungsträchtig vorgeführt. Da die Ungarn auch im siebenbürgischen Landtag die bestimmende Nation waren, galt das ‚ungarische' Gewand oder, wie es im Sprachgebrauch jener Zeit hieß, *ungrische Kleid*, dem

---

43 Julius Groß (Hg.), Georg Michael Gottlieb von Herrmann und seine Familie. Kronstädter Kultur- und Lebensbilder. In: Archiv des Vereins für siebenbürgische Landeskunde 22 (1889), 93–260, hier 223.

44 Unbekannter Maler: Porträt der Sophia Katharina von Brukenthal. Öl auf Leinwand, 100 x 75 cm, um 1775. Gemäldegalerie des Brukenthalmuseums, Inv.-Nr. 516. Vgl. auch Bielz, Porträtkatalog, 12, Kat.-Nr. 145.

45 Brief des Michael von Heydendorff d. Ä. aus Hermannstadt an seine Frau Susanna Catharina in Mediasch, vom 2. Juli 1786, zitiert nach Seraphin, Briefe, 325.

die alte sächsische Patriziertracht kostümgeschichtlich eng verwandt war, hier als ein Muss.

Auch in der Siebenbürgischen Hofkanzlei in Wien erschien man in der *ungrischen* Magnatentracht, will heißen der mit dieser beinahe identischen ‚sächsischen' Patriziertracht, erst recht, nachdem 1784 die Siebenbürgische Hofkanzlei aufgehoben und mit der Ungarischen vereinigt worden war (1792 wieder getrennt). Bei Hof galt die Ordre, im höfischen Habit zu erscheinen, in der Wiener Öffentlichkeit zeigte man sich hingegen in zeitgemäßem bürgerlichen Gewand, in Hermannstadt ganz bewusst im Patrizierkleid oder aber im höfischen österreichischen Festkleid in der Entourage der adligen österreichischen Militärs, seltener in der modischen *teutschen* Tracht bürgerlicher Prägung – je nachdem, wo man sich gerade aufhielt oder welche Zugehörigkeit man signalisieren wollte.

Am Kleiderverhalten des bereits erwähnten Michael Heydendorff des Älteren (1730–1821), ehedem Bürgermeister von Mediasch und nunmehr Appellationsrat bei der Kaiserlichen Gerichtstafel in Hermannstadt, und dem seiner Söhne Michael des Jüngeren (1769–1857), Bürgermeister von Mediasch, und Johann Peter (1765–1836), Major in der adligen ungarischen Leibgarde in Wien und häufiger Gast in der Siebenbürgischen Hofkanzlei, lässt sich der Umgang mit den unterschiedlichen Arten von Kleidung exemplarisch belegen. Zudem fallen auch die generationsbedingten Abweichungen im Kleiderverhalten auf. Michael d. Ä. war mit der Patriziertracht aufgewachsen, als *ungrische* Tracht legte er sie während des Landtages im ungarischen Klausenburg an, wo er sich an deren Pracht und ungebrochener gesellschaftlicher Anerkennung in den ungarischen adligen Kreisen erfreute. Am 19. Dezember 1790 schreibt Michael der Ältere von hier aus an seine Frau in Mediasch: *Nun will ich dir meine dermalige ganze hiesige Lebensart beschreiben.* [...] *Du kannst dir nicht vorstellen wie prächtig hier der Gubernator*[46] *ist. Diesen Abend waren weniger nicht als 100 Cavaliers und mehr als 50 Damen da.* [...] *Die Cavaliers sind alle uniformiert*[47] *mit kostbaren Federbuschen und Forgo.*[48] *Ich will dir nur den einzigen Simon Kemény beschreiben, wie seine Uniform ist.* [...] *Gelbe Csiszma, rote Hosen, blauer Dollman mit doppelte(n) runden silber(n)en Knöpfe(n), silberschnüren Gürtel mit goldene(n)*

46 Graf Georg Bánffy, Freiherr von Losoncz (1747–1822), Gouverneur von Siebenbürgen 1787–1822.

47 Die ungarische Militäruniform dieser Zeit entstand als Nationalsymbol in engster Anlehnung an die Magnatentracht. Die nachfolgende Beschreibung passt auf die Offiziersuniform eines Husarenregiments der Zeit (evtl. des Graf von Hadik-Regiments).

48 Forgo, ung. für eine diamantbesetzte Agraffe, die den obligaten Federbusch, Accessoire der ungarischen Magnatentracht, fasst.

Knöpfe(n), blauen kurzen Hungern-Pelz[49] *mit schwarzem Lammfell verbrämt. Eine sammtene Kiba*[50] *mit einem kostbaren alten Forgo.*[51] Über sich selbst vermerkt Michael von Heydendorff am 27. Dezember 1790: *Ich trage* [hier in Klausenburg/Cluj] *die schwarze(n) Kleider*[52] *nicht; alle Tage trage ich das rötliche Mente und an Gallatagen das mit Gold, immer mit dem Dollman. Die grüne(n) Kleider habe ich noch nur einmal zum Gubernator in der Gesellschaft angehabt. Ich trage auch den Wolfspelz* [...].[53]

Vier Jahre zuvor hatte sich der Gubernialrat in Hermannstadt neue Kleider anfertigen lassen – überwiegend traditionelle, der Patriziertracht zugehörige, jedoch auch eine Weste zur höfischen Rokokotracht. Seiner Frau nach Mediasch schrieb er: *Ich habe mir ein anders Tuch genommen; der Pelz wird mit Creditor gefüttert. Ich muss mir Dollman und niedre Schuhe*[54] *machen lassen. Es kommt mich dieser Motten-Gefräß mitsamt einer seidenen Weste, die ich auch haben muss, beinahe auf 120 Gulden, das Bräm von unangelassenem Ma(r)der allein auf Rh[einische] fl. 24.* [...] *Ich habe so viel* [als] *möglich vom Izekutz*[55] *genommen und nicht bezahlet, bis du nicht hereinkommst, weil du den Preis besser verstehst wie ich. Mein hiesiger blauer Gürtel schicket sich auf die Farbe, welche grünlich ist, nicht; schicke mir meinen roten herein, vielleicht kann ich ihn brauchen. Wenn*

---

49 Hungern, für ‚ungarischen' Pelz, die geschrumpfte Form eines „Mente", welches nur noch über der linken Schulter getragen und durch Verschnürung gehalten wurde.

50 Kiba, wohl Kalpak/Kolpak, türkisch für hohe (Pelz-)Mütze. Über ungarische und polnische Vermittlung in die Husarenuniform des 17. und 18. Jahrhunderts übernommene zylindrische Pelzmütze mit einem überhängenden oberen Boden aus Samt oder Seide. Die adligen ungarischen Offiziere trugen hierzu eine edelsteinbesetzte Agraffe mit Reiherbusch.

51 Seraphin, Briefe, 488.

52 Schwarze Kleider – gemeint ist die ‚sächsische' Patriziertracht, die kostümgeschichtlich bis auf die Farbwahl mit der „ungarischen" übereinstimmte. In den siebenbürgischen Städten hatte sich das schwarze Habit in den Patrizierkreisen vor allem ab der zweiten Hälfte des 18. Jahrhunderts etabliert. Vgl. z. B. das Porträt des Martin Closius (1687–1752?), Stadtrichter und Bürgermeister von Kronstadt, in: Arta germană din Transilvania în colecţia Muzeului de Artă Braşov. Deutsche Kunst aus Siebenbürgen im Bestand des Kunstmuseums Kronstadt. [Ausstellungskatalog], Braşov/Kronstadt 2011, 52.

53 Seraphin, Briefe, 490.

54 Niedere Schuhe – gemeint sind Schnallenschuhe.

55 Itzekutz, bekannter armenischer Händler und Bankier in Hermannstadt. Als schillernde Figur aus Otto Fritz Jickelis Roman „Auf der Großen Bach" (Bukarest 1957) bis heute im Bewusstsein der Hermannstädter präsent.

nicht, so werde ich wenigstens zu einem Gallatag einen Gürtel von deinem Herrn Vater[56] *borgen müssen.*[57]

Michael von Heydendorff d. Ä. hat die *teutsche* Tracht, also die zeitmodische bürgerliche Kleidung, wie wahrscheinlich alle protestantischen Hermannstädter und Kronstädter Patrizier seiner Generation nie oder nur ganz selten angelegt – zeigten sich doch in ihr hauptsächlich die aus der Monarchie ab 1730 in die siebenbürgische „Haupt- und Hermannstadt" hereinströmenden Katholiken meist niederer bürgerlicher Herkunft, die bei der Vergabe der Beamtenstellen den protestantischen Sachsen gegenüber bevorzugt wurden. Für diese gab es im einheimischen Patriziat nur Verachtung. Es verwundert daher nicht, dass Michael von Heydendorff sich über das ‚deutsche' bürgerliche Gewand despektierlich äußerte, als es darum ging, seinen Sohn Peter für eine Hochzeit auszustaffieren, und er annehmen musste, dass dieser wohl nicht in einer umgearbeiteten ‚ungarischen' Patriziertracht des Vaters dort erscheinen wolle: *Es ist mir recht, dass man dem Johann Peter aus meinem Sommerkleid ein Kleid machen lasse und mit Kinikel*[58] *oder auch Felbel*[59] *auf das wohlfeilste verbräme; nur dass es ihm zum Wachsen gerichtet werde, denn hernach kriegt er in diesem Sommer kein andres. Auch meine rote(n) Hosen können ihm zurecht gemacht werden* [...] *Wenn man sie aber nicht machen kann* [die Ärmel], *so muss man ihn deutsch oder wie masquiert? auf die Hochzeit schicken* [...].[60]

Am Kleidungsverhalten von Johann Peter von Heydendorff lässt sich die ganze Bandbreite der Situationen nachvollziehen, die von einem Siebenbürger Sachsen im Dienste der Monarchie stets neue, andere situationsspezifische Trachten erforderten. Als junger Sekretär des Gouverneurs von Brukenthal, frisch von Hermannstadt bzw. Mediasch nach Wien gekommen, fehlten dem jungen Heydendorff nicht nur das weltmännische Auftreten, sondern auch wichtige Teile der höfischen Kleidung, deren Pracht ihn dort blendet. Das St. Stephans-Fest in der Hofburg beschreibt er im November 1787 in einem Brief an seine Mutter mit den Worten: *Es war zum ersten Mal, dass ich in des Kaisers Zimmern herumging und ich muss es gestehen, ich ging leise und fürchtete mich, da ich aus Mangel an Schnallen(schuhen) bloß in Stiefeln hinaufgegangen war, von*

---

56 Gemeint ist der Gubernialrat Stephan Hann von Hannenheim (1711–1795).

57 Seraphin, Briefe, 328–329.

58 Kinikel, Hasenbräm.

59 Felbel – Falbel, Besatz oder Bordüre an Kleidungsstücken aus gefältelter kostbarer Spitze oder teurem Stoff.

60 Brief des Michael von Heydendorff d. Ä. von Hermannstadt an seine Frau Susanna Catharina in Mediasch vom 12. Februar 1783, zitiert nach Seraphin, Briefe, 189–190.

Jemandem angeredet zu werden.[61] Bereits im Januar des Folgejahres bewegte er sich auf der Hochzeit von Erzherzog Franz, dem späteren Kaiser, viel gewandter, auch scheint er keine Probleme mehr mit der höfischen Garderobe gehabt zu haben: *Der Erzherzog Franz war im weißen Domino* [...]. *Alles war en masque, in Dominos oder Venetianer-Mantel.* [...] *so fing ich denn auch an zu tanzen.*[62] Nach seiner Berufung 1790 in die Reihen der ungarischen Leibgarde bei Hofe gewannen für Johann Peter die ausgehtaugliche ungarische Militäruniform bzw. deren ziviles Pendant in der Form sächsische Patrizier-/ungarische Magnaten-Tracht an Bedeutung.

Welche Symbolkraft die Kleidung hatte, zeigt eine Schilderung Michael von Heydendorffs d. J., der sich 1792 als Mitglied einer sächsischen Deputation in Wien aufhielt. Die siebenbürgisch-sächsischen Würdenträger waren gekommen, um die 1790 zwar wiederhergestellten, aber durch immer neue kaiserliche Gesetzesvorschläge bedrohten Rechte der sächsischen Nation geltend zu machen[63] und waren wohl deswegen bei Hofe missliebig aufgefallen, was der junge Heydendorff als Spott am ‚deutschen' Gewand spürt und beschreibt: *Der Herr von Rosenfeld und Tartler sind bei der Deputation durch ihre deutsche(n) Kleider ausgezeichnet und auch manchen Neckereien ausgesetzt. Um nicht in den nämlichen Fall zu kommen, habe ich mir hier einen ungrischen Pelz so wohlfeil, als nur möglich ist, bestellt.*[64]

Mode-Tracht

Im Hin- und Herwechseln zwischen überlieferter Standestracht und zeitmodischem ‚deutschen' Gewand bürgerlicher Prägung geht die Haltung der Heydendorff-Söhne eindeutig in Richtung Modekleidung im Zeichen des bürgerlichen

---

61 Brief des Johann Peter von Heydendorff vom 16. November 1787 aus Wien an seine Mutter Susanna Catharina in Mediasch, zitiert nach Seraphin, Briefe, 375.

62 Brief des Johann Peter von Heydendorff vom 8. Januar 1788 aus Wien an seinen Vater in Mediasch, zitiert nach Seraphin, Briefe, 383.

63 Johann Friedrich von Rosenfeld (1739–1809), der damalige Hermannstädter Bürgermeister, der Landtagsabgeordnete Johann Tartler (1753–1825) und der Gubernialrat Johann Michael Soterius von Sachsenheim gehörten laut Trausch zur Delegation, deren Mission erfolglos und für von Rosenfeld sogar „verderblich" verlief – er wurde 1796 seines Amtes enthoben. Siehe Joseph Trausch, Schriftsteller-Lexikon oder biographisch-literärische Denk-Blätter der Siebenbürger Deutschen Bd. 3, Kronstadt 1871, 121f. (unveränderter Nachdruck Köln-Wien 1983).

64 Brief Michael von Heydendorff d. J. aus Wien vom 26. Februar 1792 an seinen Vater in Hermannstadt. Zitiert nach Seraphin, Briefe, 498.

Zeitgeschmacks. So fand man sich vor allem für das Auftreten in der Wiener (und Hermannstädter) Öffentlichkeit am besten gerüstet, wobei auch darauf geachtet wurde, dass man modisch nicht nachhinkte. So schrieb Johann Peter von Heydendorff am 25. September 1790 aus Wien an seine Mutter in Hermannstadt: *Vorgestern war außerordentliche Redoute. Vor unser Corps wurden* [...] *20 Billets herausgeschickt, ich aber konnte mir aus Mangel an deutschen Kleidern keines nehmen und war also auch nicht auf dem Ball. Nun war es mir leid, dass ich meine deutschen Kleider nicht mitgebracht habe. Doch – sie wären ja so nicht nach der jetzigen Mode zugeschnitten gewesen, und dieses muss nun einmal sein. Ich bitte Sie demnach, hochverehrte Frau Mutter, mir wenn möglich meine zurückgelassenen Kleidungsstücke zu veräuß*ern und das dafür Eingelöste sodann zur wiederumigen Anschaffung anderer gütigst heraufzusch*icken* [...].[65]

Die positive Einstellung des jungen siebenbürgischen Patriziersohnes gegenüber der neuen bürgerlichen Lebenslust und deren Zelebration im öffentlichen Stadtraum, übertrug sich mit der für eine Provinzstadt gebührenden Zeitversetzung bald auch nach Hermannstadt. Hier fokussierte seit 1775 der von Philipp Collignon unterhaltene Tanzsaal in den Räumlichkeiten des Gasthofs Römischer Kaiser in der Heltauergasse die jugendliche Geselligkeit. 1788 machte Heydendorffs Cousine die Erfahrung: *Im allgemeinen herrschet* [in Hermannstadt] *überall Missmut; nur beim Collignon und im Comödienhause*[66]*, wo an den Tagen, wo keine Comödie ist, Ball gegeben wird, hängen die Himmel voller Geigen.*[67]

Die neuen Kleidersitten setzten sich bei der jungen Generation schnell durch, was von der Elterngeneration pragmatisch akzeptiert wurde. Am 29. Dezember 1786 schreibt Georg von Herrmann an seinen Schwager Michael von Heydendorff: *In der Zeit, da die neue Handhabung der Gerechtigkeit jedermanns Auge auf sich ziehet, beschäftigt sich der Polizei-Director mit dem Fasching* [...] *Meine*

---

65 Zitiert nach Seraphin, Briefe, 465.

66 Gemeint ist das 1787 von Martin Hochmeister eingerichtete Theater im „dicken Turm" der ehemaligen Stadtbefestigungsanlage. Einen zeitgenössischen Überblick über die Theaterverhältnisse in der Stadt liefert Peter Kriegsch, Nachrichten von dem Zustande der Schaubühne zu Hermannstadt im Großfürstenthum Siebenbürgen bis zum Jahre 1789, Hermannstadt 1789. Siehe hierzu auch Julius Bielz, Das deutsche Theater in Hermannstadt, Kronstadt 1939; Eugen Filtsch, Geschichte des deutschen Theaters in Siebenbürgen. Ein Beitrag zur Kulturgeschichte der Sachsen. Hermannstadt 1888; auch András F. Balogh (Hg.), Deutsches Theater im Donau-Karpatenraum, Klausenburg-Heidelberg 2008 (Klausenburger Beiträge zur Germanistik 4).

67 Brief der Susanna von Herrmann vom 3. Februar 1788 an ihre Tante Catharina von Heydendorff in Mediasch, zitiert nach Groß, Georg Michael Gottlieb von Herrmann, 224.

Tochter, die gegenwärtig in Mediasch ist, kleidet sich nunmehr mit der Hutterischen[68] *um, ich sahe es selbst ein, da dass die sächsische Tracht mit der deutschen neumodischen sich immer mehr zusammen kreuzte und doppelten Aufwand erforderte. Alle Frauenzimmer unter 14 Jahren bleiben schon bei dem ersten deutschen Anzuge.* […] *Ich hielte es für schicklicher dem Strome der Mode zu folgen, als dass ich mich dem Aufwande von 100 Ducaten, die ein Perlborte erfordert hätte, aussetzen sollte.*[69]

Hermannstadt hatte sich ab der zweiten Hälfte des 18. Jahrhunderts zu einer quirligen Provinzstadt entwickelt, deren Weichen ab 1785 eindeutig in Richtung einer bürgerlichen, urbanen Gesellschaft standen. 1785 lebten in Hermannstadt 10.818 Einwohner. Fünf Jahre später waren es – auch infolge des Zuzuges von „Fremdnationalen" nach dem Konzivilitätsreskript von 1781 – schon 15.000.[70] Mit der Zugehörigkeit zum reformabsolutistischen Beamtenstaat und dem neuen österreichischen Verwaltungssystem hatte sich auch hier im Laufe der Zeit ein rationalistisch motivierter Ordnungszustand durchgesetzt, dessen Ziel es war, das Wirtschaftsleben und die Stadtgesellschaft aus dem Zwang der starren Zunftregulative und Nachbarschaftsordnungen[71] und der überkommenen kirchlichen Traditionen zu befreien. Die Regularien hinsichtlich der Disziplinierung von Arbeits- und Freizeitgestaltung kamen als Anordnungen des Magistrats an die Öffentlichkeit. Sie betrafen die zeitliche Eingrenzung des Nachtlebens[72], die Trennung von Arbeit, Andacht und Vergnügen im Zusammenhang mit einer staatlich gelenkten säkularisierten Freizeitpolitik[73], die Beanspruchung und

---

68 Möglicherweise ist damit die hier bereits erwähnte Anna Maria Hutter von Huttern (1752–1831) gemeint.

69 Zitiert nach Groß, Georg Michael Gottlieb von Herrmann, 223. Mit „Perlborte" ist der Perlenborten, der kostspieligste Kopfputz der unverheirateten Patrizierin, gemeint. Siehe hierzu Emil Sigerus, Der Perlenborten. In: Brigitte Stephani (Hg.), Emil Sigerus. Volkskundliche und kunstgeschichtliche Schriften, Bukarest 1977, 87–88.

70 Sigerus, Chronik, 31–35.

71 Vgl. Hans-Achim Schubert, Nachbarschaft und Modernisierung. Eine historische Soziologie traditionaler Lokalgruppen am Beispiel Siebenbürgens, Köln-Wien 1980 (Studia Transylvanica 6).

72 Verbot der Ausschank alkoholischer Getränke nach dem Zapfenstreich (1722), Einfangen aller „Nachtgrassanten" ohne Unterschied ihrer gesellschaftlichen Stellung und deren Einsperren und Ausstellen im „Narrenhäusel" (1724), bezahlte Nachtwächter auf den Straßen (1757), Sperrstunde für Gast- und Kaffeehäuser (1793). Siehe hierzu Sigerus, Chronik, 24–35.

73 Zu der von Joseph II. am 25. Februar 1783 erlassenen neuen Gottesdienstordnung für Wien, wo es u. a. um die Reduzierung der Zahl der Messen im Sinne wirtschaftlicher

Umgestaltung des öffentlichen Raumes im Sinne bürgerlich-urbaner Repräsentation (Schleifung der mittelalterlichen Befestigungsanlagen, Straßenhygiene[74], Promenaden- und Alleengestaltung), einer neuen Wohnkultur[75], neuen Formen der Geselligkeit in säkularen Formen der Öffentlichkeit – dieses hauptsächlich nach Wiener Vorbild[76] in Theater und Ballhäusern[77], Lesegesellschaften, Promenaden, öffentlichen Gärten.

Es darf jedoch nicht vergessen werden, dass diese Modernisierungstendenzen im Kontext eines fortschreitenden Verlustes sächsischer politischer Autonomie stattfanden: 1784 hatte der Kaiser durch einen Reformprozess von oben u. a. die sächsische Nationsuniversität aufgelöst (1790, kurz vor seinem Tod, nahm er diese Reform zwar zurück, doch konnte der alte Status quo nicht mehr wiederhergestellt werden); 1792 erfolgte die Verlegung des Landesguberniums nach Klausenburg, was zur Folge hatte, dass der zeitweilig in der Stadt lebende und in der Gesellschaft mit tonangebende ungarische Hochadel (Banffy, Teleki, Bethlen, Adam, Kemény u. a.) seine Hermannstädter Wohnsitze veräußerte und wegzog. Mit der Auflösung des Hermannstädter Königsrichteramtes, dem letzten Amt

wie arbeitsmoralischer Aspekte geht, siehe Hans Hollerweger, Die Reform des Gottesdienstes zur Zeit des Josephinismus in Österreich, Regensburg 1976 (Studien zur Pastoralliturgie 1), 311.

74 Sigerus, Chronik, 27–30.

75 Der Wohnungsbau in Hermannstadt erhielt erst ab 1807 mit der Errichtung einer großen Kaserne vor dem Heltauer Tor wichtige Impulse. Bis dahin hatten die staatlich verordneten Einquartierungen des österreichischen Militärs in Privathäusern die Bürger extrem belastet, die Preise der Häuser niedrig gehalten und das Interesse der Bürger an Veränderungen gebremst. Vgl. Emil Sigerus, Vom alten Hermannstadt, Bd. 3, Hermannstadt 1928, 1–25; auch Schuller, Hermannstadt, 286–289.

76 Vgl. Gerhard Tanzer, Spectacle müssen seyn. Die Freizeit der Wiener im 18. Jahrhundert, Wien-Köln-Weimar 1992.

77 Das erste Theater in Hermannstadt bzw. in Siebenbürgen wurde 1769 im Hause des Barons Lambert von Möhringer eingerichtet, mit dem „Theatral Wochenblatt" erschien 1778 die erste deutsche Zeitung in Siebenbürgen, ihr folgte 1784 die „Siebenbürgische Zeitung"; 1787 wurde das sich zu einem gesellschaftlichen Zentrum entwickelnde „Comödien Haus" des Martin Hochmeister eingerichtet, dessen Konzession das Recht auf Redouten und „masquierte Bälle" mit beinhaltete. Hierzu ein österreichischer Reisender 1828: „Ich sah […] die Zauberflöte", für ein Provinzial-Theater wider alle meine Erwartung gut dargestellt, „Stille Wässer sind betrüglich", wo die Baronin unter aller Kritik gespielt wurde […]. Das Theater selbst ist ziemlich groß, sehr schön dekorirt mit zwei Gallerien und einem bei 400 Menschen fassenden Parterre versehen" (Adalbert Joseph Krickel, Fußreise durch den größten Theil der österreichischen Staaten in den Jahren 1827, 1828 bis Ende Mai 1829, Wien 1830, Bd. 2, 60).

ständischer Privilegiertheit der Sachsen am 2. Dezember 1796 erfuhr dieser Prozess einen ersten markanten Höhepunkt.[78] Solches brachte einerseits den Verlust der Vorbildfunktion ständischer Kultur und Kleidersitten in der Stadt mit sich; andererseits aber ließ es die sächsische Stadtgesellschaft – ehemaliges Patriziat und Mittelschicht – noch lange bei den alten, lieb gewonnenen ‚sächsischen' Kleidersitten verharren. Das nunmehr verstärkt politisch polarisierte Verhältnis der Nationalitäten (Ungarn und Siebenbürger Sachsen) zueinander bedingte zugleich, dass die ehedem als ungarisch/sächsisch wahrgenommene Patriziertracht nunmehr immer deutlicher als rein *sächsisches Nationalkostüm* wahrgenommen und mit nationaler Symbolik und Kodierung aufgeladen wurde. Dies ist mit einer der Gründe für das Verharren der Handwerk und Gewerbe treibenden sächsischen Mittelschicht bei den altertümlichen Kleiderformen[79], welche sich im Verständnis der Sachsen um die Mitte des 19. Jahrhunderts dann zu einer urbanen Bekenntnistracht wandelte und in entsprechend ritualisierten Zusammenhängen unter dem Namen *sächsische Bürgertracht* zu neuem sinnstiftenden Einsatz kam.

Modegeschichtlich ist daher die Zeitspanne 1790–1820 für Hermannstadt wie auch für die anderen siebenbürgisch-sächsischen Städte höchst spannend. Das endgültige ‚Aus' höfisch-ständischer Bekleidungssitten fällt in diese Zeit: Aufklärung und Wiederentdeckung der Antike, ein neuer Sinn für Natürlichkeit finden auch in Hermannstadt ihre Anhänger. Symbolisch lässt sich der neue Geist am Ablegen der Perücke, einem Wahrzeichen höfischer Kultur, festmachen. Noch 1772 hatten sich die Perückenmacher in Hermannstadt für eine eigene Zunft stark gemacht (die ihnen vom Magistrat jedoch erst 1782 genehmigt wurde), doch schon 1797 bedurfte es restriktiver Maßnahmen hinsichtlich neu auszubildender Lehrjungen. Die Perückenmacher wechselten in den neuen Stand der Friseure, auch in die neu aufkommende Branche der „Frauenzimmerfriseure". Um 1806 war das höfische Accessoire schließlich aus den Offiziers- und Amtstrachten verschwunden, da *alle Offizi(e)re und Beamten ihre Haarzöpfe abschafften.*[80] Erst zwei Jahre später geschah dies auch im preußischen Heer.

---

78 Siehe hierzu Konrad Gündisch, Siebenbürgen und die Siebenbürger Sachsen. München 1998 (Studienbuchreihe der Stiftung Ostdeutscher Kulturrat 8), 124–126.

79 Am 26. Juni 1829 konstatiert der erwähnte Wiener Reisende Adalbert Joseph Krickel: „An Sonn- und Feiertagen versammelt sich die schöne Welt auf die ... Promenade. [die] alten Sachsen, besonders die Frauen, halten sich noch zu dem [Kleider]Schnitte ihrer Vorfahren" (Krickel, Fußreise, 149).

80 Emil Sigerus, Die Perücke. In: Stephani, Emil Sigerus, 89–96, hier 96. Gemeint ist hier die weiße Zopfperücke.

Bis zu einer Kleidung rein bürgerlichen Stilempfindens sollte es allerdings eine rund drei Jahrzehnte umfassende Zeit des Übergangs geben, in der die Zeitmode unter dem Einfluss Englands (der sogenannten Englischen Mode) und des Directoire- und Empire-Stils sich zwar deutlich manifestierte, im handwerklich-mittelständischen Milieu aber zugleich ästhetisch eigenwillige Kombinationen mit der ‚sächsischen Bürgertracht' einging. Im halböffentlichen Raum des urbanen Tanzsaals kam die ehemals standesbedingte soziale Grenzziehung erstmals zum Verschwimmen, hier konnte sich die Jugend – ursprünglich noch ausnahmslos die betuchte – dem neuen Lebensgefühl hingeben. Johann Peter von Heydendorff bezeichnete sich 1787 in einem solchen Zusammenhang erstmals als *Städter*, als Stadtbewohner im modischen bürgerlichen Gewand: *Gestern Abend war ich beim Col*[l]*ignon als Städter; das Muhmchen*[81] *und die Hutterische erschienen zum erstenmal en Allemande* [...].[82] Ausdruck dieses neuen Lebensgefühls war ein neuer Tanz, der „Langaus" (Walzer) – Johann Peter von Heydendorff schreibt am 3. März 1790 an seinen Bruder vom *magnifique Langaus*[83] –, den die Ballbesucher bis zum Exzess auskosteten, so dass der Magistrat sich im Februar 1791 gezwungen sah, diesen auf öffentlichen Bällen zu verbieten.[84] Hierzu ein zeitgenössischer Kommentar eines Hermannstädter Arztes: *Es ist nicht allzu lange, dass eine aus der Hölle herstammende Erfindung eines Tanzes, den man Langaus nennet, unter uns ist bekannt worden. So* [...] *soll der Erfinder derselben ein wahnsinniger Franzos gewesen sein, und man versichert, dass er im Taumel dieser Leidenschaft den Hals gebrochen habe.* [...] *Es ist zu verwundern, dass dieser verwünschenswürdige Sanct Veitstanz so viele Liebhaber und Liebhaberinnen hat finden können.*[85]

Zu der neuen Bewegungsfreiheit passten auch eher die reifrockfreien „Chemisen" der englischen Mode mit hoch gesetzter Taille, großzügigem Dekolleté und schlanker Silhouette. Hierfür gibt es wenige schriftliche Belege, und wenn, so wird das Modegewand nicht direkt beim Namen genannt: *Die Damen vom ersten Rang*[86] *treiben es so hoch als möglich mit ihrem Aufputz und erscheinen in*

---

81 Gemeint ist Susanna von Herrmann, die Kusine und Jugendliebe Johann Peter von Heydendorffs.

82 Brief vom 22. Januar 1787 an seinen Bruder Michael, zitiert nach Seraphin, Briefe, 361.

83 Zitiert nach Seraphin, Briefe, 377.

84 Sigerus, Vom alten Hermannstadt, Bd. 3, 35.

85 Zitiert nach Seraphin, Briefe, 430–431.

86 Gemeint sind Patriziertöchter und -ehefrauen, Frauen und Töchter des österreichischen Militäradels.

weiß-seidenen Kleidern.[87] Offenbar hat sich in den öffentlichen Sammlungen in Hermannstadt nur ein einziges Chemisen-Kleid (weißer Batist) aus dieser Zeit erhalten.[88] Die Beliebtheit der neuen Mode belegen jedoch eindeutig die Werke der in Hermannstadt tätigen Porträtmaler Johann Martin Stock (1742–1800), Franz Anton Bergmann (1750–1816), Anselm Wagner (1766–1806) und Franz Neuhauser (1763–1836) – die meisten im Besitz des Hermannstädter Brukenthalmuseums. Ein aussagekräftiges Beispiel für die stilistische Rezeption des Empire in Siebenbürgen liefert das von Bergmann gemalte Bildnis[89] der Maria Theresia Deitel. Es zeigt eine Dame in einem weißseidenen Abendkleid mit hochgebundener Taille, freiem Dekolleté und – ungewöhnlich für die Provinzmode – kurzen Ärmeln. Die hoch getürmten Haare bedurften keines Zierrats mehr.

In konservativen, national geprägten sächsischen Kreisen und bei der älteren Generation, vor allem aber bei der wohlhabenden Mittelschicht, scheute man den radikalen modischen Wandel und lenkte vielmehr die Impulse des Zeitgeschmacks auf die nunmehr als *sächsische Bürgertracht* empfundene traditionelle Kleidung. Darauf fokussierten gleich mehrere zeitmodische Neuerungen der Jahrhundertwende. Sie betrafen Farben und Schnitte, Strukturen, Silhouette und Accessoires. Das Ganze speiste sich aus unterschiedlichen Quellen und fand hier zu einem Gewand – männliches wie weibliches – zusammen, das sich zwar modisch gab, doch gleichzeitig als ein modisch moderater bürgerlicher Gegenentwurf zu der Extravaganz der den Körper umfließenden, die Damen mit durchscheinenden Stoffen mehr ent- als verhüllenden Mode des Empires/Directoires verstanden wurde, die – wie der Name besagte – als Modestil des Adels empfunden wurde.

Zum einen setzte sich bei Frauen und Männern die Vorliebe für die Farbe Schwarz durch, deren Wertschätzung über das englische Bürgertum allmählich in ganz Europa Nachahmung gefunden hatte. Die Frauen legten den farbigen barocken „Seggel" aus Brokat ab. Überhaupt hatte der „Seggel" in seiner Beschaffenheit als Tragmiederrock mit Schweif (um 1770 als Watteau-Falte gestaltet)

87 Brief des Georg Michael Gottlieb von Herrmann vom 3. Februar 1788, zitiert nach Groß, Georg Michael Gottlieb von Hermann, 224.

88 Das Kleid gehört zur kostümgeschichtlichen Sammlung des Brukenthalmuseums.

89 Franz Anton Bergmann: Porträt der Maria Theresia Deitel. Öl auf Leinwand, 73,4 x 52 cm, signiert u. datiert 1815. Gemäldegalerie des Brukenthalmuseums, Inv.-Nr. 1767. Siehe Iulia Mesea, Arta germanilor din Transilvania. Secolele XVIII–XIX / Die Kunst der Deutschen aus Siebenbürgen. 18.–19. Jahrhundert. Ausstellungskatalog, Kunstmuseum Temeswar-Alba Iulia 2012, Kat.-Nr. 13.

ausgedient. An seine Stelle trat das zweigeteilte Obergewand aus Mieder und Taillenrock nach Wiener Vorbild, wobei sich das Mieder schrittweise der „Schnebbentaille" bzw. des Schnürleibs entledigte, dafür aber die hoch gerutschte Taille im Empire-Geschmack ornamental betonte. Die neue Art des Taillen- oder Gurtrockes kam erstmals über die Vermittlung von Kronstadt (Braşov) und nicht, wie das bei früheren Modeimporten die Regel gewesen war, über Hermannstadt nach Siebenbürgen und wurde hier unter der Bezeichnung „Kroner Kittel" bekannt. Als Ergänzung hierzu trug man die „Kroner Haube", eine von Kaiserin Maria Theresia selbst getragene schwarze Haube in zeitmodisch abgewandelter Form.[90] Ein schwarzer Taillenrock mit einem schwarzen bzw. dunklen Mieder, dessen Ausschnitt und hin und wieder die Unterkanten mit breiter Pelzverbrämung abgesetzt waren[91], gehörten zur neuen Struktur des weiblichen Obergewandes. Das Auffälligste am neuen ‚sächsischen' Frauengewand dieser Zeit war jedoch das „Fichu" in all seinen Variationen. Das ehemals bürgerliche Hals- und Brusttuch fand um 1780 in Frankreich Eingang in die höfische Kleidung, um das freizügige Dekolleté der Empire-Kleider am Hofe tagsüber zu bedecken.[92] Zehn Jahre später war es zum unerlässlichen Modetuch avanciert und auch in Siebenbürgen hochbegehrt.

Die größtenteils das städtische Bürgertum zeigenden Porträtgalerien dieser Zeit verraten dann auch die schrittweise sich vollziehende Adaptation der bürgerlichen ‚sächsischen' Repräsentationstracht an den neuen stilistischen Formwillen. Exemplarisch hierfür steht das im Törzburger Museum (Muzeul Bran) aufbewahrte Porträt[93] einer jungen Frau (vermutlich einer Kronstädterin) in Bürgertracht, deren Silhouette noch dem Rokoko verhaftet bleibt, in der Struktur der Gewänder und in der Farb- und Stoffwahl jedoch schon der neuen Mode huldigt. Das schwarze, pelzverbrämte und extrem taillierte Mieder läuft an den Unterkanten in Andeutung einer „Schnebbe" noch spitz zu, betont gleichzeitig aber auch die

90 Siehe Sedler, Die Landler in Siebenbürgen, 100 und 219.

91 Diese Miederform hat bis ins 20. Jahrhundert hinein beinahe unverändert in der Agnethler Bürgertracht überlebt.

92 Zum Fichu siehe Ingrid Loschek, Accessoires. Symbolik und Geschichte, München 1993, 73–75.

93 Unbekannter Maler: Frau mit Rose. Öl auf Leinwand, 78 x 58 cm, nicht datiert (1750/1795). Gemäldegalerie Muzeul Bran, Inv.-Nr. C 989. Siehe Radu Popica (Hg.), Portretele Patriciatului Săsesc. Un capitol de artă transilvăneană. Bildnisse sächsischer Patrizier aus Kronstadt. Ein Kapitel siebenbürgischer Kunst, Ausstellungskatalog, Muzeul de Artă Braşov/Kunstmuseum Kronstadt 2013, Kat.-Nr. 77.

ornamentale Spitzenborte auch die Brustpartie im Sinne einer hochgerutschten Empire-Taille.

Ein ästhetisch gelungenes Ensemble modisch-‚sächsischer' Kleidung am Ende des 18. Jahrhunderts zeigt sich am Sonntagsstaat einer Schäßburger Bürgersfrau. Das Johann Martin Stock zugeschriebene Gemälde präsentiert die Gemahlin des Tischlermeisters Wolf[94] als Halbfigur im Sonntagsstaat mit braunseidenem, pelzverbrämtem Mieder (Leibel), dessen hoch versetzte Taille eine geklöppelte Goldspitze markiert; ein „Musselin-Fichu", stofflich passend zu den üppigen Hemdsärmeln, ist vorne mittig in das Mieder gesteckt. Mit einem seitlich eingesteckten „Fichu" aus zartem Voile zeigt sich eine andere Schäßburgerin. Die Gattin des Gewerbetreibenden Wolf[95] hatte zudem 1793 die „Bockelung" zugunsten einer schwarzen „Kroner Spitzenhaube" abgelegt und vermochte so der altertümlichen Bürgertracht eine wohltuende Note diskreter Eleganz zu verleihen. Schließlich präsentiert das Bildnis[96] von Anna Maria Elisabeth Roth (1773–1835), Lehrer- und Pfarrersfrau in Mediasch, Mutter des bekannten Schulreformers und evangelischen Pfarrers Stephan Ludwig Roth, eine (nach dem Schnitt des Mieders zu urteilen) etwas konservativere ‚sächsische' Bürgertracht, allerdings kombiniert mit einem auffälligen Accessoire, einem üppigen „Fichu" in Form eines vorne über Kreuz gelegten Brusttuches, das hinten in der Taille gekreuzt ist, was ausgesprochen bürgerlich, explizit der englischen Mode der Zeit verpflichtet ist.

Auch im Bereich der Männertracht entwickelte das allmählich gesellschaftlich tonangebende Bürgertum im Zuge der Aufklärung Sinn für eine Kleidung, die im Widerpart zur höfischen bzw. patrizierischen Mode mehr Bewegungsfreiheit und eine weniger steife, natürlichere Haltung versprach. Da zugleich aber die ‚national-sächsische' Komponente im Laufe der ersten Hälfte des 19. Jahrhunderts

94 Johann Martin Stock: Die Gemahlin des Tischlermeisters Wolf. Öl auf Leinwand, 76,5 x 57,5 cm, nicht signiert, nicht datiert (um 1795). Gemäldegalerie des Brukenthalmuseums, Inv.-Nr. 1133. Siehe hierzu Bielz, Porträtkatalog, Kat.-Nr. 995; auch Popescu, Johann Martin Stock, Kat.-Nr. 24.

95 Johann Martin Stock: Die Gattin des Gewerbetreibenden Wolf aus Schäßburg. Öl auf Leinwand, 75,2 x 55,2 cm, nicht signiert, nicht datiert (um 1795). Gemäldegalerie des Brukenthalmuseums, Inv.-Nr. 534. Siehe hierzu Bielz, Porträtkatalog, Kat.-Nr. 1001; auch Popescu, Johann Martin Stock, 147, Kat.-Nr. 25.

96 Johann Martin Stock: Anna Maria Elisabeth Roth. Öl auf Leinwand, 87 x 72 cm, nicht signiert, nicht datiert (vor 1800). Inschrift auf der Rückseite: Anna Maria Elisabetha uxor Stephani Gottlieb Roth. Gemäldegalerie des Brukenthalmuseums, Inv.-Nr. 543. Siehe Bielz, Porträtkatalog, Kat.-Nr. 740; auch Popescu, Johann Martin Stock, Kat. Nr. 27.

an Gewicht gewann, wurde der aus England importierte neue Kleiderstil sowohl auf das bürgerliche Modegewand als auch auf die letzten Ausläufer der Bürgertracht projiziert. Die Jahrzehnte vor und nach 1800 zeigen dementsprechend ein buntes Kostümbild. Auf der einen Seite verharrten viele Angehörige des so genannten Ersten Standes noch einige Zeit bei der höfischen Tracht – die Männer bei Habit, Seidenweste, Jabot, Kniehose, Seidenstrümpfen, Schnallenschuhen und Zopfperücke, wie es etwa die bildliche Darstellung[97] des jungen Johann Michael Joseph Baron von Brukenthal (1781–1859) zeigt oder auch das Bildnis[98] des 25-jährigen Johann Michael Soterius Sachs von Sachsenheim d. J. (1775–1838), der zu jener Zeit „Generalperceptor“ (Kämmerer) des Guberniums war. Andererseits spielte in dieser Zeit auch die Uniform eine wichtige modisch-ästhetische Rolle gerade in den Kreisen des neuen Adels, so dass sie ihren Träger auch als Gesellschaftskleid auszeichnete. Exemplarisch sei in diesem Zusammenhang auf das ebenfalls von Stock gefertigte Bildnis[99] des Samuel Joseph Seuler von Seulen (1752–1799) hingewiesen, der 1790 in der Uniform eines Hauptmanns im k. u. k. Infanterieregiment Lattermann posiert.

Das Kostümbild der Zeit ergänzen die letzten modischen Ausläufer der ehemaligen Patriziertracht in Hermannstadt bzw. in Siebenbürgen, die nach 1820 ihre Funktion als Repräsentationstracht im urbanen Bereich endgültig verlieren sollte (Erst zu Beginn des 20. Jahrhunderts wurde sie als sächsische Bekenntnistracht der städtischen Bevölkerungsschichten revitalisiert). Ihre Träger waren überwiegend Personen, die in öffentlichen Ämtern standen oder aber ältere Stadtpersönlichkeiten, die sich im Kleiderstil nicht mehr umzustellen vermochten, jedoch noch modische Resonanzbereitschaft zeigten. An zwei Bildnissen aus der Zeit um 1800 lässt sich dieses Phänomen verfolgen; beide zeigen die Spannweite individueller Gestaltung.

---

97 Johann Martin Stock: Porträt Johann Michel Joseph Baron von Brukenthal. Öl auf Kupfer, 49 x 38 cm, signiert u. re., datiert 1799. Gemäldegalerie des Brukenthalmuseums, Inv.-Nr. 1126. Siehe Bielz, Porträtkatalog, Kat.-Nr. 823 und 115; auch Popescu, Johann Martin Stock, Kat.-Nr. 37 und 38.

98 Johann Martin Stock: Porträt Johann Michael Soterius Sachs von Sachsenheim d. J. Öl auf Kupfer, 43 x 31 cm, signiert u. re., datiert 1799. Gemäldegalerie des Brukenthalmuseums, Inv.-Nr. 1296. Siehe auch Popescu, Johann Martin Stock, Kat.-Nr. 38.

99 Johann Martin Stock: Samuel Joseph von Seulen. Öl auf Leinwand, 3,5 x 70,5 cm, Inschrift: [...] Grenadiers Hauptmann des / Lattermannischen Inf. / S. Regmts./ gemalt den 20. Decebr. 1790....] vom Joh. Mart. Stock / 7burger Sachse. Gemäldegalerie Muzeul de Artă Braşov (des Kunstmuseums Kronstadt), Inv.-Nr. 242. Siehe Popica, Portretele Patriciatului Săsesc, Kat.-Nr. 53.

Das eine Gemälde[100] von 1794 ist ein Bruststück: Auf ihm posiert ein wohlhabender Bürger namens Johann Georg Graef. Das Spezifische dieser noch als Patriziertracht zu wertenden Kleidung ist ein eng anliegendes Obergewand, bei dem die typische Dolman-Verschnürung durch zwei Reihen Silberknöpfe ersetzt ist. Das gleiche gilt auch für das „Mente", dessen üppige Pelzverbrämung ihr Pendant in der Miederverbrämung der Frauentracht hat. Dazu trägt der Bürger seine Haare lang und in natürlicher Haarfarbe. Dem gegenüber zeigt sich der Mediascher Bürgermeister Andreas Traugott Krauss von Ehrenfeld (1762–1816) im Alter von 46 Jahren mit gepuderter Titusfrisur und „Jabot", das zu dem Traditionsgewand mit seiner altertümlichen Leibbinde bzw. Schnurgürtel ungewohnt wirkt.[101] Die klassizistische Note dieser Gewandung liegt hauptsächlich im Zusammenspiel von Schwarz (Kleiderstoff) und Gold (Posamenten).

Sich im englischen Tuch, d.h. im „Franc à l'anglais" malen zu lassen, war ein Zeichen demonstrativer Präsentation des neuen bürgerlichen Selbstbewusstseins. Das Bildnis[102] des in Schäßburg (Sighişoara) lebenden Predigers Johann Gottlieb Fabritius belegt, dass der Wandel im Zeichen der Bürgerlichkeit auch die sonst traditionell konservativen Kreise des Klerus erreicht hatte. Der Prediger trägt den bürgerlichen Tuchrock, dazu ein Seidenhemd mit Eckenkragen und „Jabot". Am interessantesten sind hier die in ihrer natürlichen Farbe belassenen, nur ganz leicht in grauen Strähnen gepuderten Haare, welche zur topmodischen „Oreilles de chien"-Frisur geschnitten wurden. Die Haarmode mit kurzem Oberkopf und seitlich herabhängenden „Hundeohren" galt im revolutionären Frankreich gar als politisches Bekenntnis einer säkularen, bürgerlich fortschrittlichen Gesinnung.

Um 1820 hatte sich die bürgerliche Kleidung im Zeichen ‚europäischer', grenzübergreifender Mode auch in Hermannstadt und den anderen südsiebenbürgischen Städten (vor allem in Kronstadt) endgültig zum Bild der neuen urbanen Bürgergesellschaft mit ausgeprägt säkularer Identität verfestigt. Auch wenn die wirtschaftliche Entwicklung der Provinz Siebenbürgen und implizit

---

100 Johann Martin Stock: Porträt Johann Georg Graef. Öl auf Leinwand, 74 x 56 cm, signiert und datiert 1794. Gemäldegalerie des Brukenthamuseums, Inv.-Nr. 1297. Siehe auch Popescu, Johann Martin Stock, Kat.-Nr. 28.

101 Franz Anton Bergmann: Der Bürgermeister Andreas Traugott Krauss von Ehrenfeld. Öl auf Leinwand, 92,6 x 68,2 cm, signiert u. re., undatiert. Gemäldegalerie des Brukenthalmuseums, Inv.-Nr. 1932. Siehe auch Mesea, Arta germanilor, Kat.-Nr. 11.

102 Johann Martin Stock: Johann Gottlieb Fabritius. Öl auf Kupfer, 56,8 x 37,5 cm, signiert o. re., datiert „1796 d. 10. May", Gemäldegalerie des Brukenthalmuseums, Inv.-Nr. 1477. Siehe Popescu, Johann Martin Stock, Kat.-Nr. 36.

Hermannstadts in den Folgejahrzehnten im Vergleich zu anderen Provinzen deutlich verzögert verlief[103], behielt die Stadt ihren ungebrochenen Ruf als wichtiges Handels- und Gewerbezentrum. Die gewachsene Mobilität brachte nach 1820 verstärkt vor allem katholische deutschsprachige, bürgerliche Bevölkerung aus anderen Provinzen des Habsburgerreiches in die Stadt, die für wirtschaftliche Impulse sorgte. Zudem stellte in dieser Zeit der Zuzug vor allem rumänischer Bevölkerung nach Hermannstadt neue Weichen. 1829 erreichte die Stadt eine Gesamtbevölkerung von knapp 18.500 Personen.[104] Die zunehmende ethnische wie kulturelle Pluralität, die die urbane Identität der Stadt kräftig zu nuancieren vermochte, war zugleich gerade im Bereich des Kleidungsverhaltens Impulsgeber für vielfache Angleich- und Austauschprozesse.

Im öffentlichen Raum, wo sich die unterschiedlichen Ethnien und sozialen Klassen besonders nah begegneten, wurden Kleidung und Verhalten doppelt wichtig: Zum einen grenzte sich die ‚gute Gesellschaft' (die sächsische wie auch die aufstrebende rumänische) über das gleiche, Ethnien übergreifende zeitmodische Gewand nach unten ab. Mişu Popp (1827–1892), einer der ersten akademischen Maler rumänischer Herkunft, hat eine Porträtgalerie rumänischer Persönlichkeiten des Spätbiedermeier und der Gründerzeit hinterlassen[105], deren elegant-ästhetischer Kleidungsstil höchsten Ansprüchen genügte. Zum anderen überließ man der ländlichen Bevölkerung die Repräsentation des Nationalen. Mit Aufhebung der Kleiderordnungen – das letzte Luxusgesetz[106] war 1806 in Hermannstadt verabschiedet worden – waren die Barrieren für die kostümliche Entfaltung bei der ländlichen wie kleinbürgerlichen Bevölkerung aufgehoben: Anstelle des „Nationalcostüms" etablierten sich allmählich die Nationaltrachten.

---

103 Über die Gründe vgl. Gerald Volkmer, Gründerzeit im Karpatenbogen – das siebenbürgische Burzenland und die Herausforderungen der Industrialisierung 1867–1918. In: Jahrbuch des Bundesinstituts für Kultur und Geschichte der Deutschen im Östlichen Europa Bd. 21 (Gründerzeit), München 2013, 27–66.

104 Gemäß Sigerus, Vom alten Hermannstadt, 38.

105 Vgl. Elena Popescu, Mişu Popp (1827–1892). Reprezentant al academismului românesc. Pictura religioasă şi pictura laică, Sibiu 2007.

106 Sigerus, Vom alten Hermannstadt, Bd. 3, 36.

Abbildungen 1: „Buckelheftel“. Stilistisch geprägt vom Übergang von der Gotik zur Renaissance. Goldschmied Michael Letz (letztes Drittel 16. Jahrhundert) in Hermannstadt. Derzeit verschollen. Silber, vergoldet, Almandine. Aufnahme Emil Sigerus 1911.

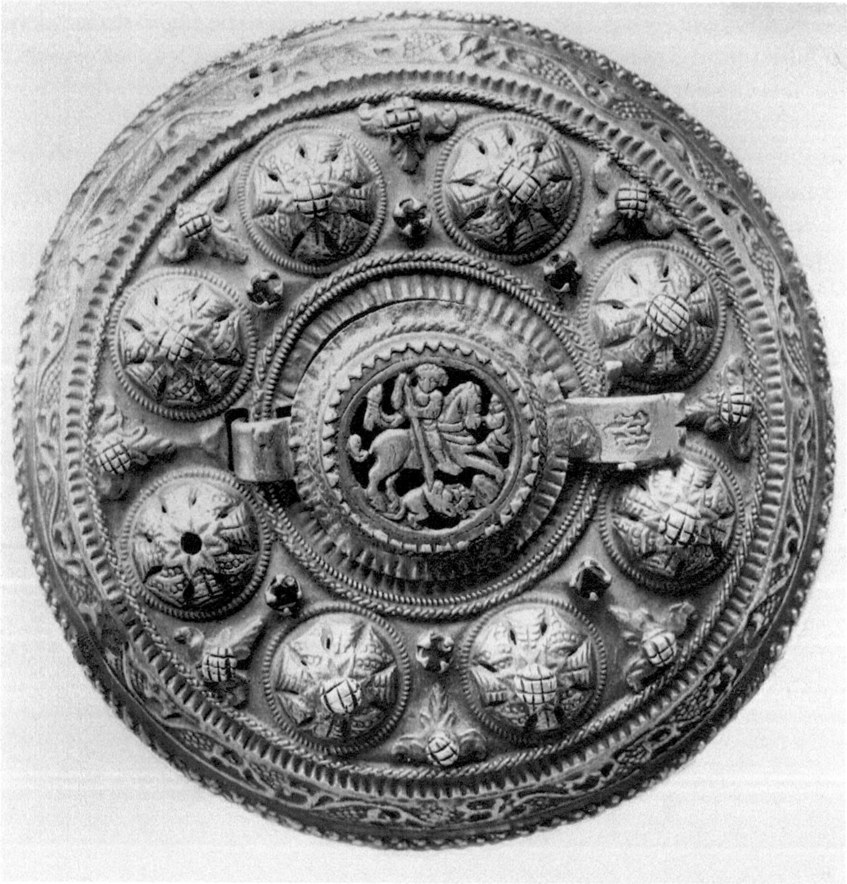

Abbildungen 2: Jeremias Stranovius d. Ä.: Eva Germana von Armbrustern (1635–1680). Öl / Leinwand, 200 x 150 cm, datiert 1680. Brukenthalmuseum Hermannstadt (Sibiu).

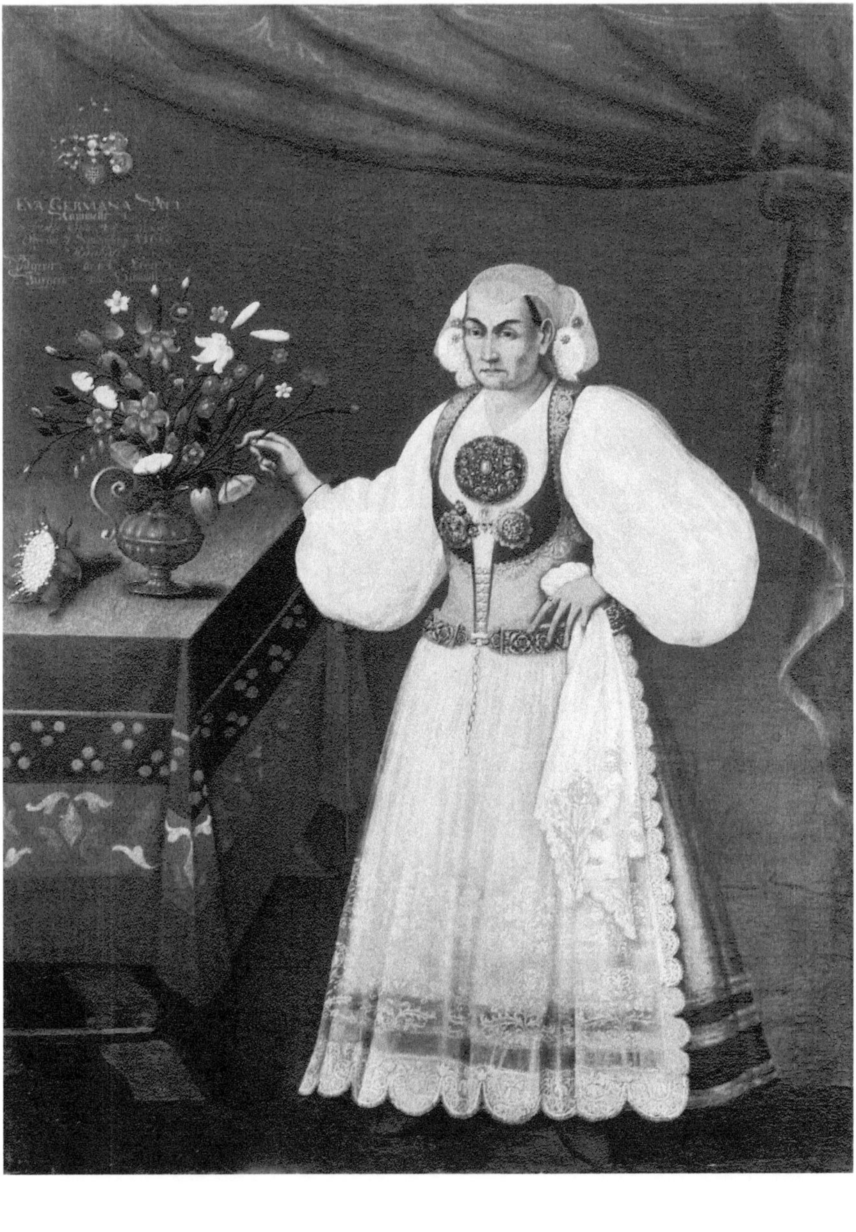

Abbildungen 3: Jeremias Stranovius d. Ä.: Sachsengraf Mathias Semriger (1628–1680). Öl / Leinwand, 208 x 128, datiert 1680. Brukenthalmuseum Hermannstadt (Sibiu).

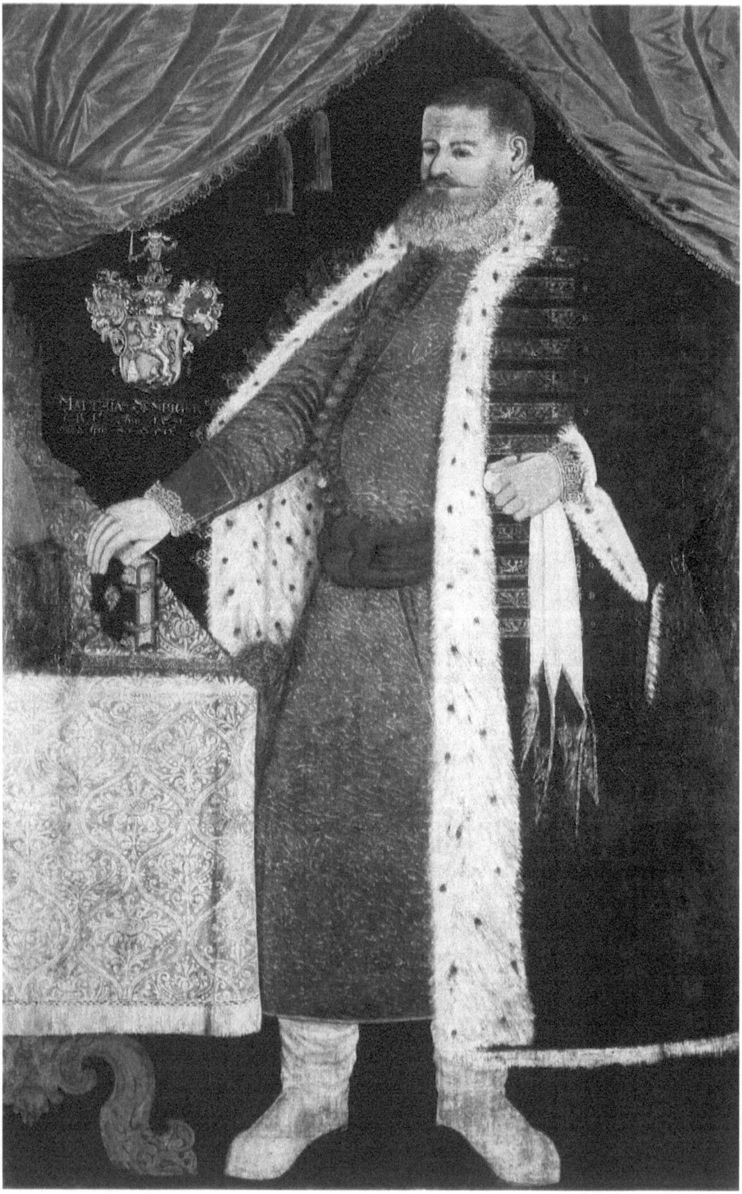

Abbildungen 4: Unbekannter Maler: Agnetha Dobosi (1708–1791). Öl / Leinwand, 95 x 77 cm, nicht datiert (1740/50). Brukenthalmuseum Hermannstadt (Sibiu).

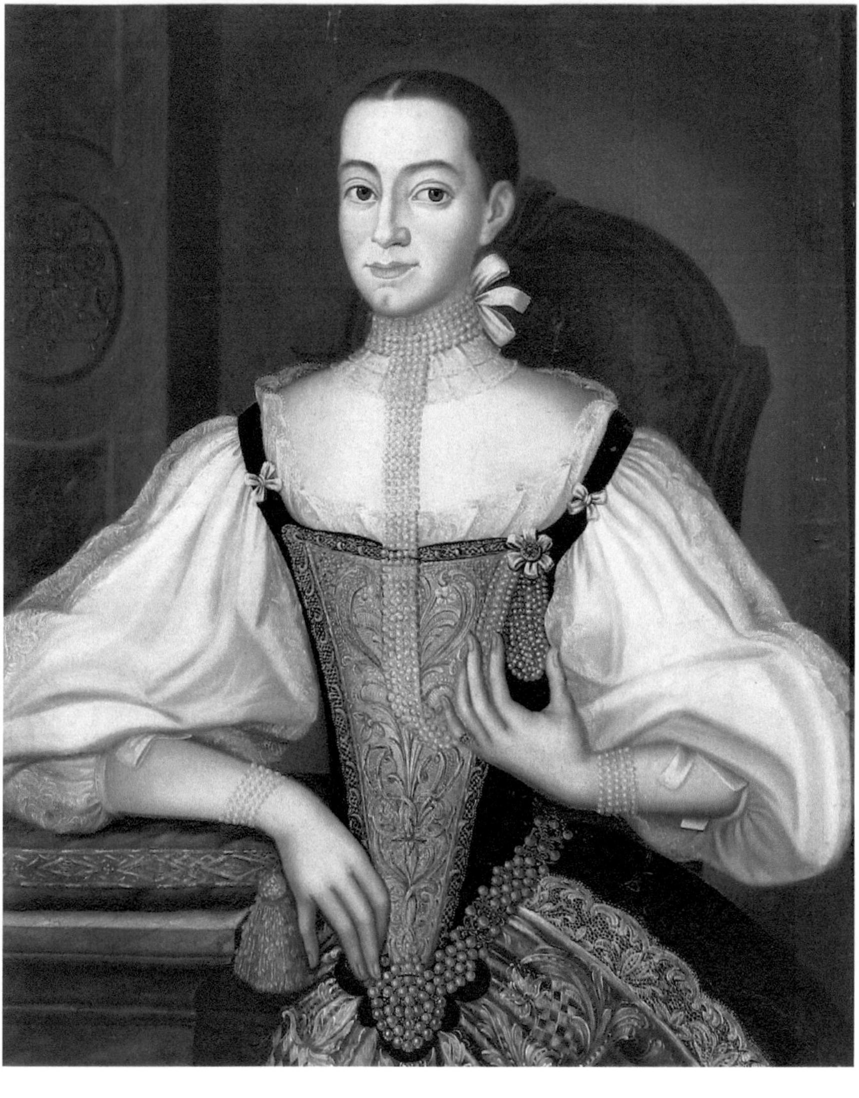

Abbildungen 5: Unbekannter Maler: Samuel Dobosi (1694–1759). Öl / Leinwand, (1740 / 50). Brukenthalmuseum Hermannstadt (Sibiu).

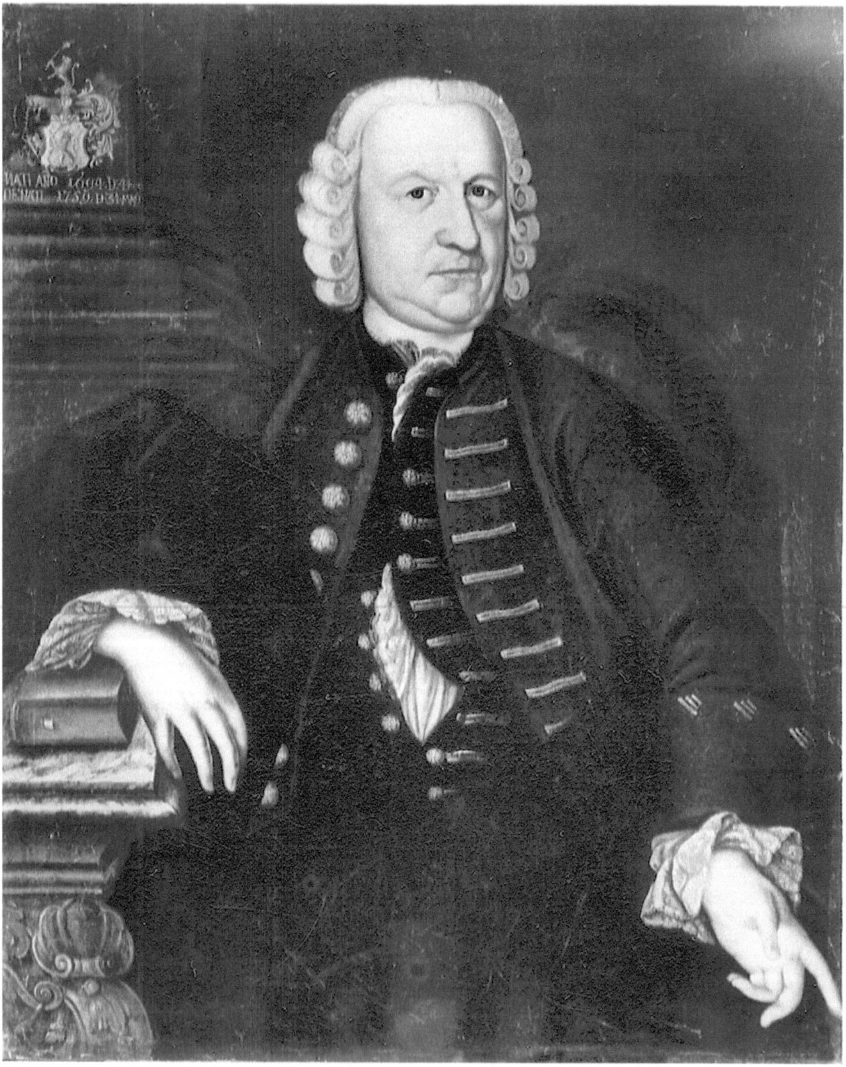

Abbildungen 6: Unbekannter Maler: Sachsencomes Simon Edler von Bausznern (1677–1742), Öl / Leinwand, nicht datiert (um 1735/40). Brukenthalmuseum Hermannstadt.

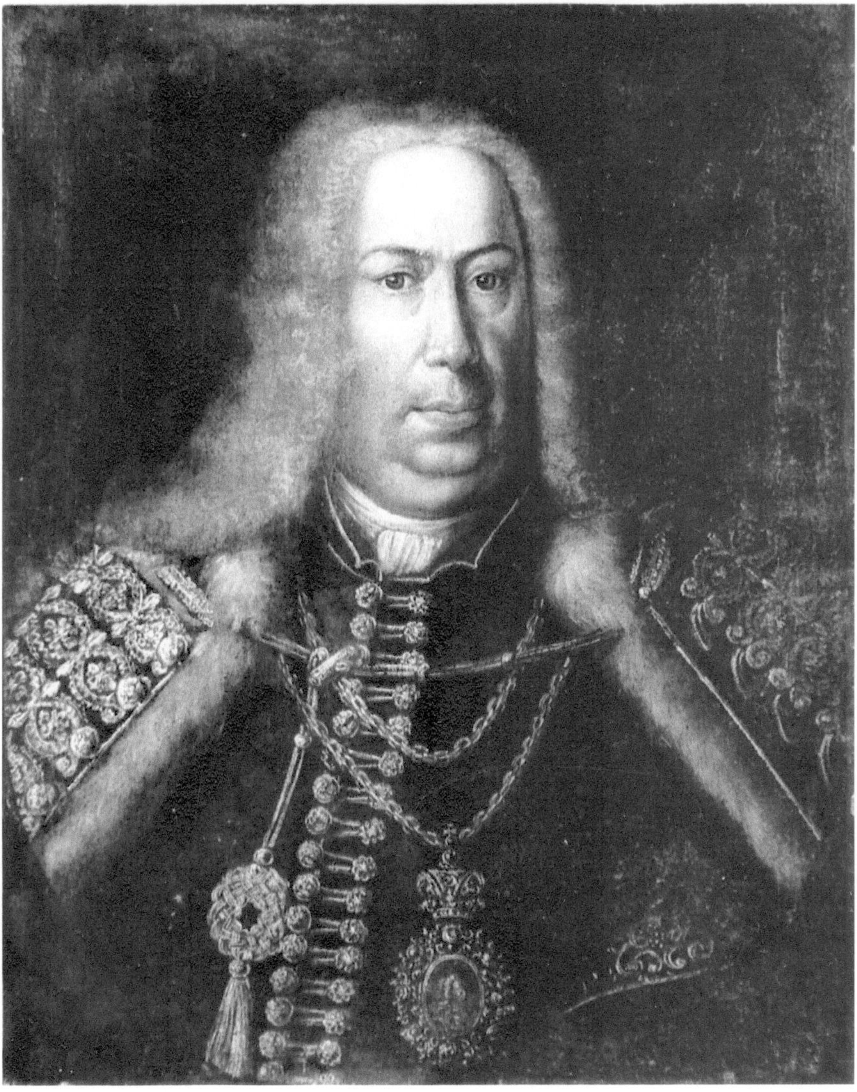

Abbildungen 7: Unbekannter Maler: Anna Maria Soterius von Sachsen (1752–1806). Öl / Leinwand, 77 x 67 cm, nicht datiert (1775/80). Brukenthalmuseum Hermannstadt (Sibiu).

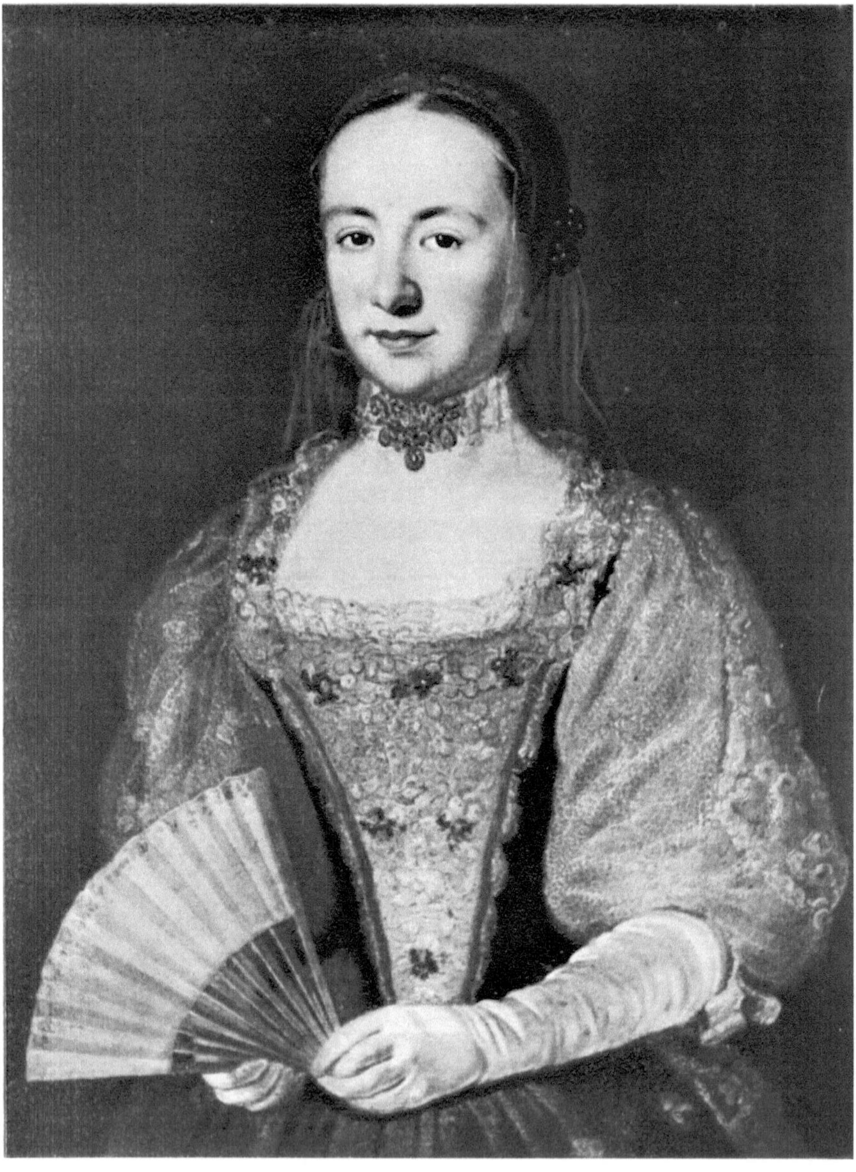

Abbildungen 8: Unbekannter Maler: Sophia Katharina von Brukenthal (1757–1785). Öl / Leinwand, 55,5 x 43,5 cm, nicht datiert (um 1780). Brukenthalmuseum Hermannstadt (Sibiu).

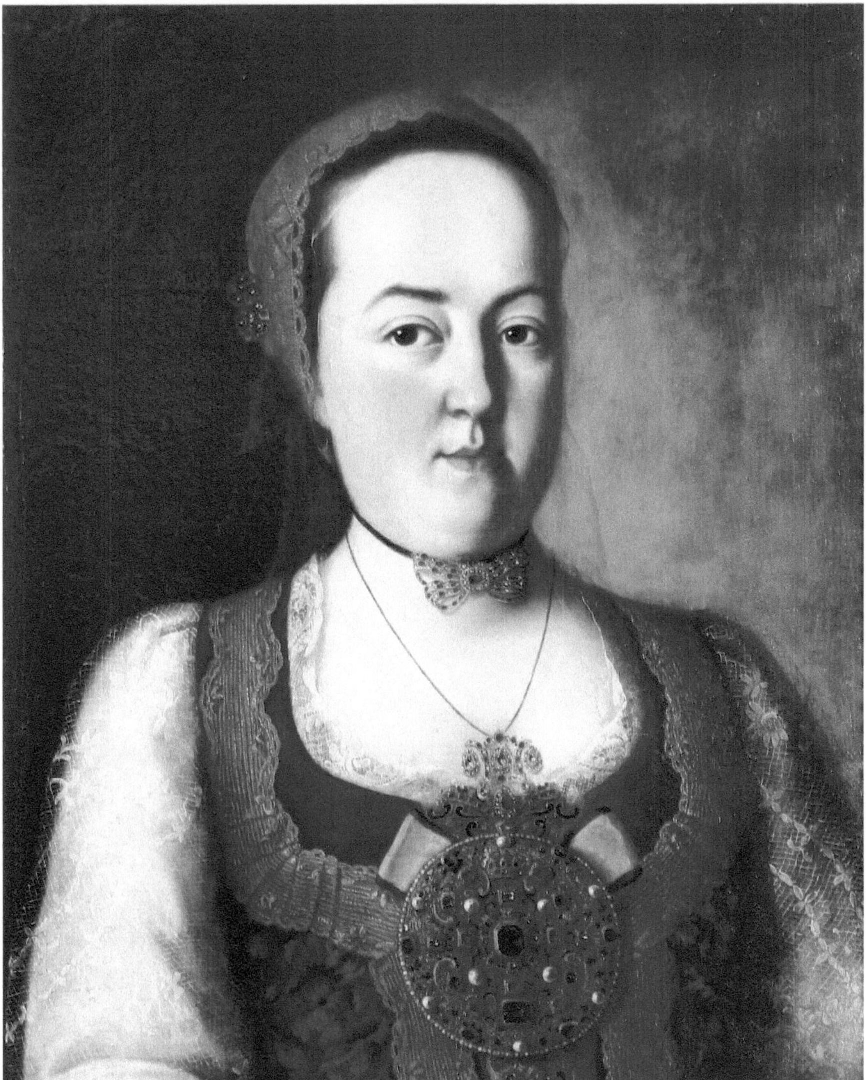

Abbildungen 9: Johann Martin Stock: Anna Maria Hutter von Huttern (1752–1831). Öl / Kupfer, 42,2 x 34 cm, datiert 1787. Brukenthalmuseum Hermannstadt (Sibiu).

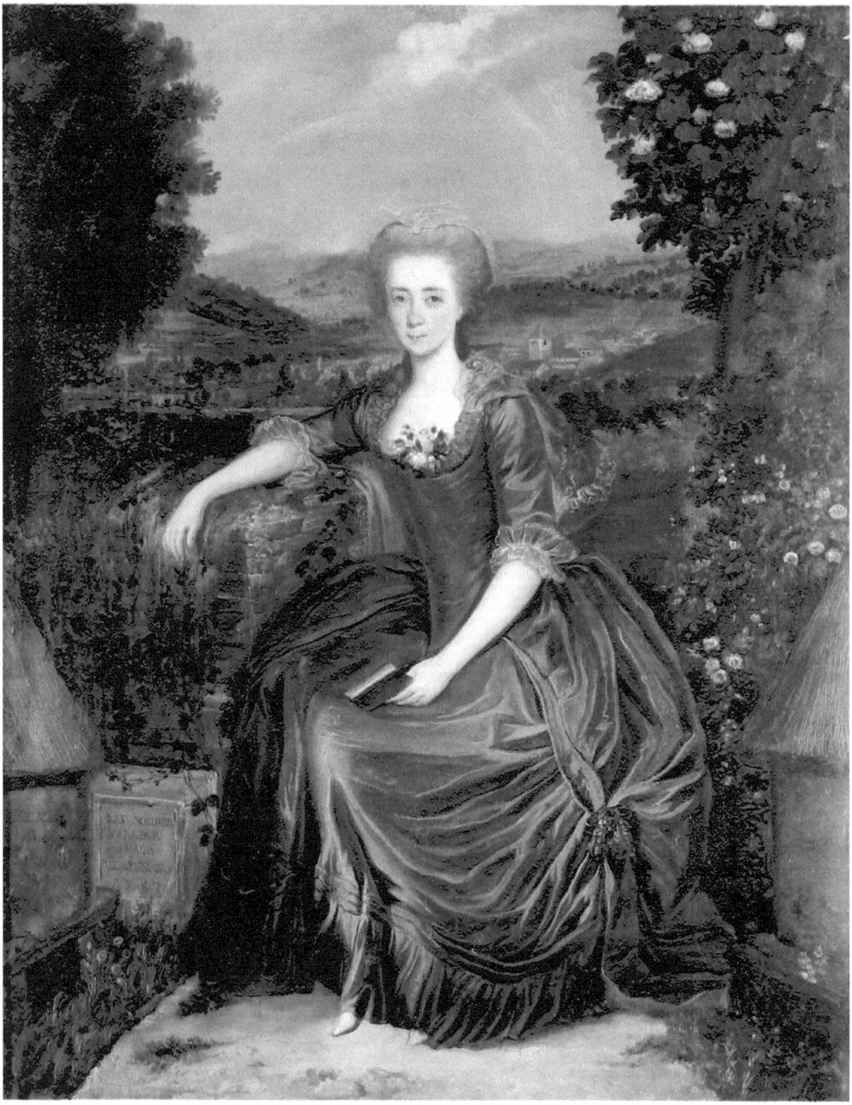

Abbildungen 10: Franz Anton Bergmann: Anna Maria Hutter von Huttern (1752–1831). Öl / Leinwand, 89 x 74 cm, nicht datiert (1775/80). Brukenthalmuseum Hermannstadt (Sibiu).

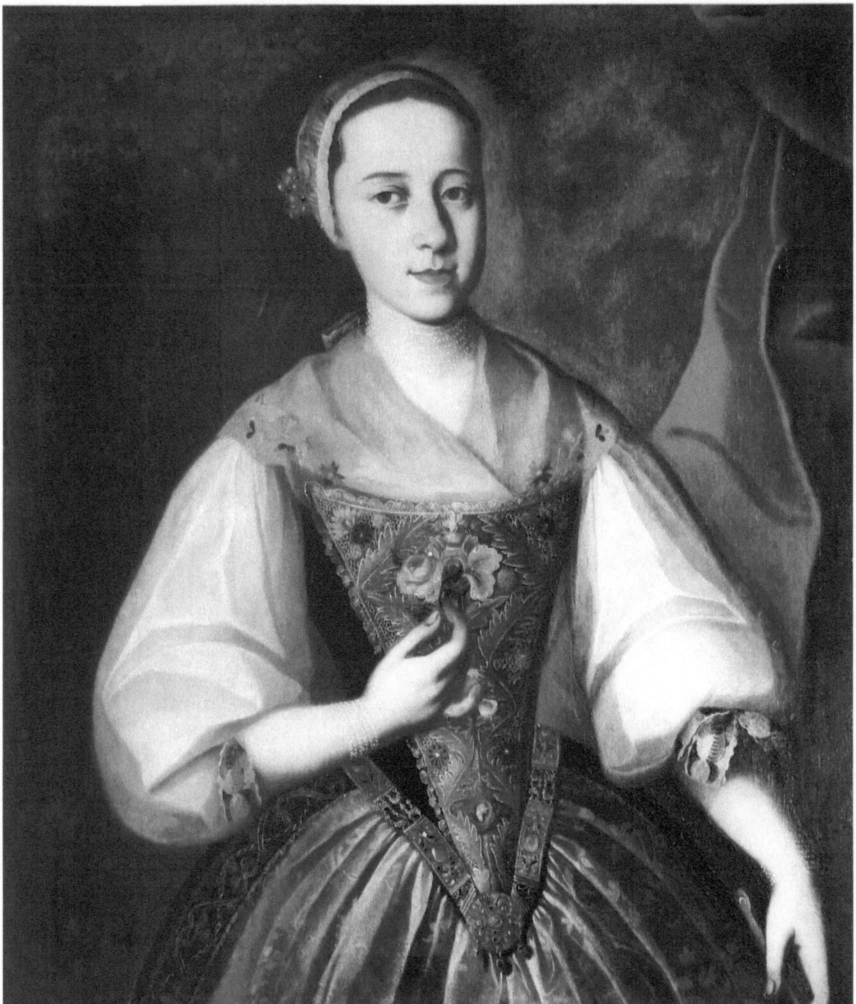

Abbildungen 11: Johann Martin Stock: Die Gemahlin des Tischlermeisters Wolf. Öl / Leinwand, 76,5 x 57,5 cm, datiert 1798. Brukenthalmuseum Hermannstadt (Sibiu).

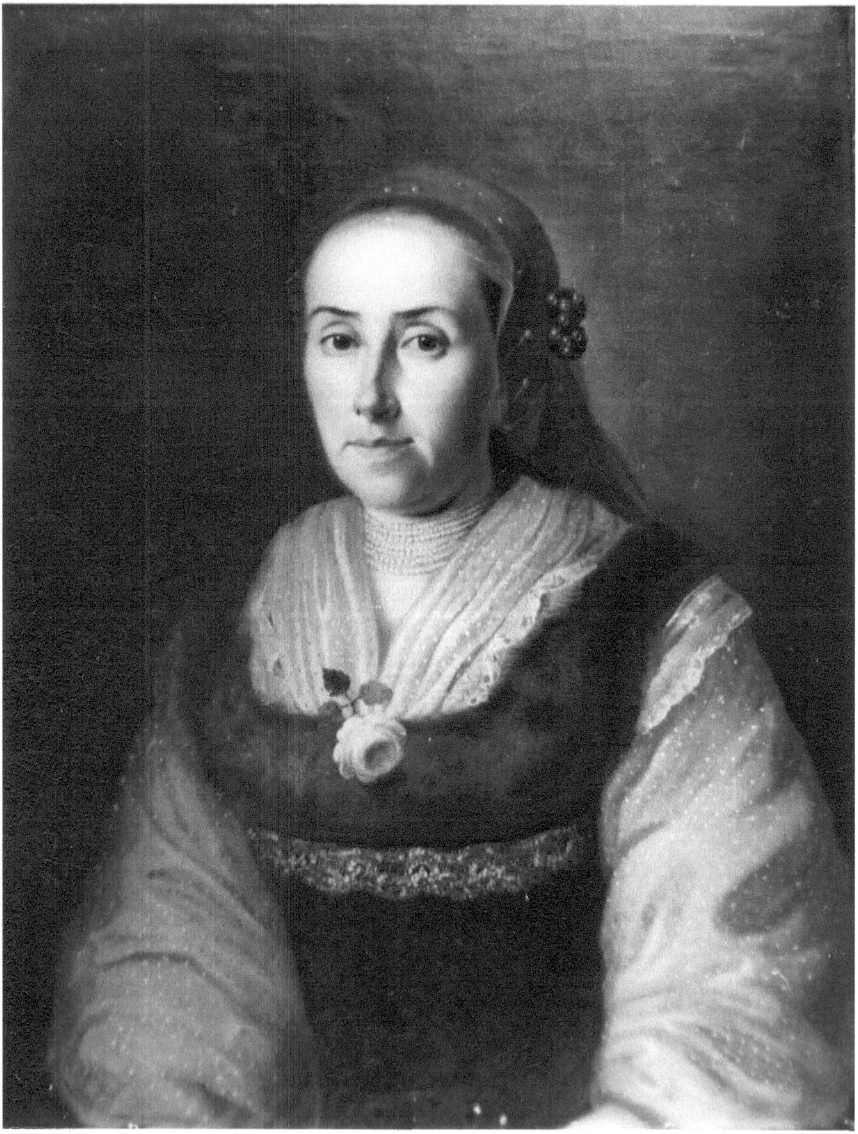

Abbildungen 12: Unbekannter Maler: Georg Michael Gottlieb von Herrmann (1737–1801). Photographie eines verschollenen Gemäldes von 1798. Veröffentlicht in Archiv des Vereins für siebenbürgische Landeskunde 22/1 (1889), o. Seitenzahl.

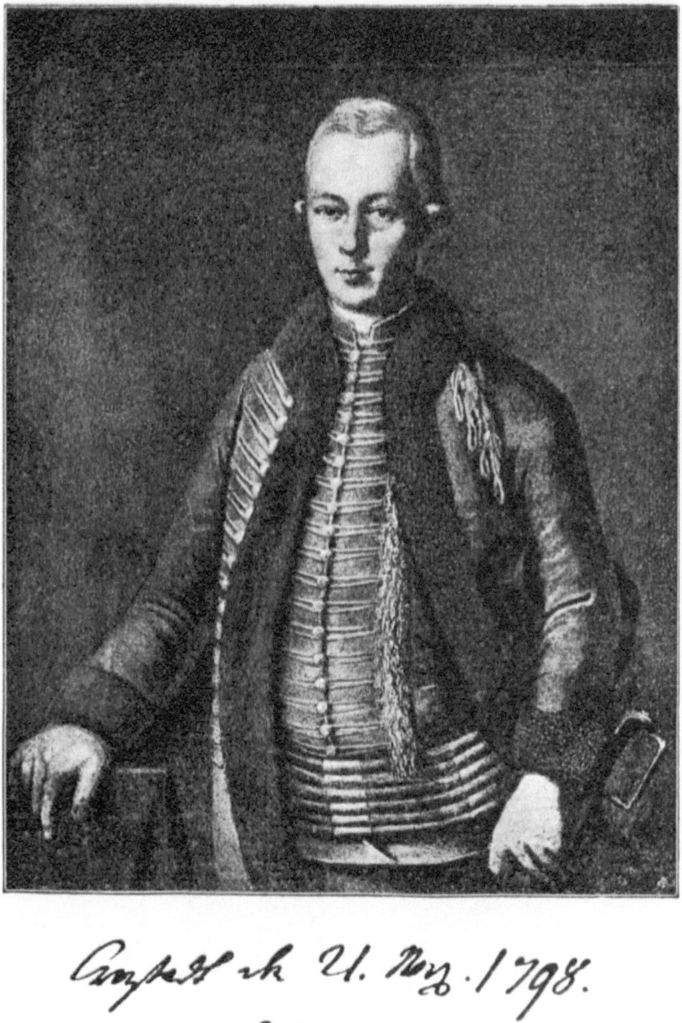

Abbildungen 13: Johann Martin Stock: Johann Gottlieb Fabritius. Öl / Kupfer, 56,8 x 37,5 cm, datiert 1796. Brukenthalmuseum Hermannstadt (Sibiu).

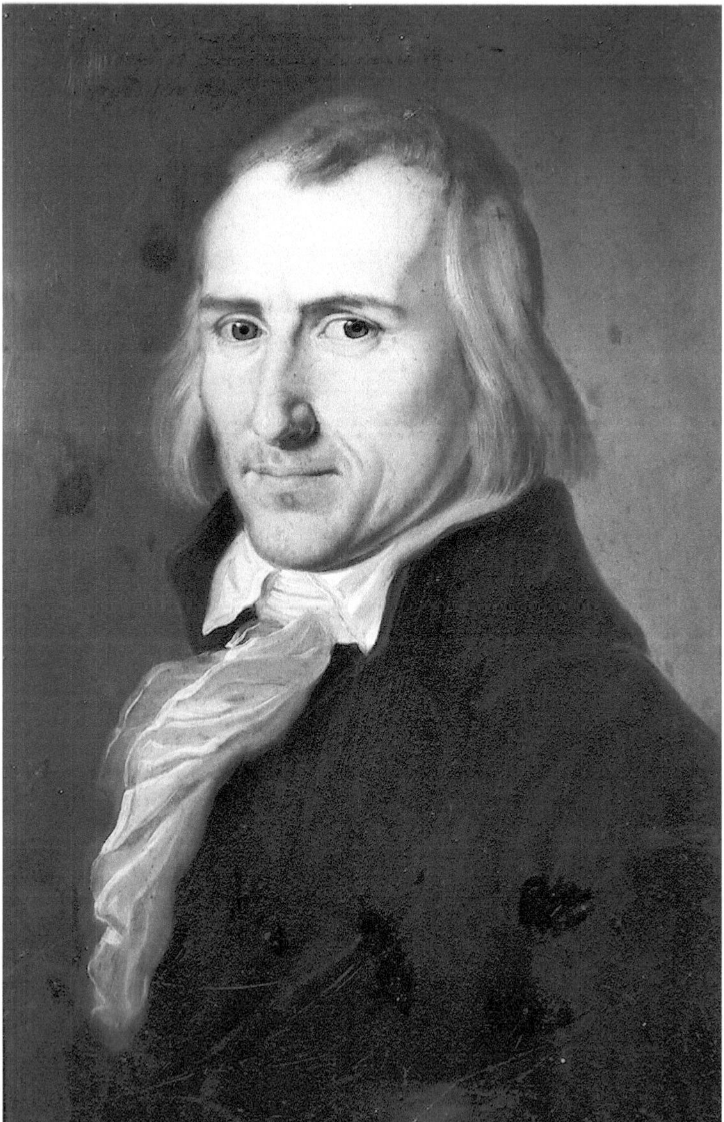

Maja Lozar Štamcar

Schreibmöbel im dynamischen 19. Jahrhundert: Zwischen Wien und Ljubljana/Laibach

Einleitung

Die geographische Offenheit des slowenischen Siedlungsraums sorgte im Laufe der Jahrhunderte auch für jegliche andere Offenheit wie auch für außerordentlich stürmische historische Ereignisse. Die Identität der Bevölkerung formte sich aufgrund des ununterbrochenen Ineinanderfließens und Zuzuges von kleineren und größeren Gruppen oder auch Individuen durch die Aufnahme von Gedankenwelten ihrer Nachbarn von nah und fern. Die Zuzügler brachten einerseits ihr eigenes, in verschiedenen Sprachen artikuliertes Schaffen mit sich, andererseits wirkten ihr Temperament und ihre Überzeugungen auf ihr gemeinsames, in den Bergen und Tälern zwischen den Alpen, der Adria und der Pannonischen Ebene angesiedeltes Zuhause. So wie anderswo in Europa ebenso wurden auch im slowenischen ethnischen Gebiet die privaten und geschäftlichen Beziehungen von der Entwicklung des Gewerbes und Handels sowie der Politik, Wissenschaft und Kunst begünstigt. Die Intensität der Beziehungen war seit je her abhängig von den Aufzeichnungen, die nicht nur Entfernungen im Raum überbrückten, sondern auch ihre in diversen Zeiten lebenden Verfasser und Leser miteinander in Berührung brachten. Jahrhunderte lang waren des Schreibens und Lesens allein kirchliche und geistige Macht-, Wirtschafts- und Kultureliten samt ihren Angestellten kundig, doch brachte es die Entwicklung des Abendlandes im 18. Jahrhundert mit sich, dass man es nicht nur als gerecht, sondern auch als außerordentlich nützlich erachtete, eine möglichst hohe Bevölkerungsanzahl beiderlei Geschlechts zu alphabetisieren. Somit konnte sich die Obrigkeit einerseits direkt an die Menschen wenden, wodurch sie in der Gesellschaft präsenter wurde, andererseits gelangte dadurch auch das in verflossenen Jahrhunderten festgehaltene Wissen an mehr Menschen. Die aufklärerische Politik bewirkte in den 1770-er Jahren in der Habsburgermonarchie die Einführung der allgemeinen Schulpflicht für Kinder aller Stände, weswegen im slowenischen ethnischen Gebiet bis zum Ende des 19. Jahrhunderts die Alphabetisierung fast vollständig erreicht wurde. Ein immer größer werdender Anteil der Jugend besuchte Mittel- und höhere Schulen wie auch Universitäten, und die Bildung nahm einen wohltuenden Einfluss auf die allseitige Entwicklung des innovativsten Wirtschaftssegments, der Industrie und der Finanzinstitutionen.

In den politischen Turbulenzen jenes Jahrhunderts nahm auch das Nationalbewusstsein deutlich zu, was sich in Verbindung mit politischen Parteien und dem Aufblühen nicht nur in der deutschen und slowenischen Presse widerspiegelte, sondern auch in der fachwissenschaftlichen und schönen Literatur. Ausgezeichnete Postverbindungen, vor allem seit dem Ausbau der Telegraphen- und Eisenbahnverbindungen um die Mitte des 19. Jahrhunderts, begünstigten ein lebhaftes Anwachsen privater und geschäftlicher Korrespondenz. Mittels der Briefe entwickelten die Schreibkundigen und Gebildeten ein breit verzweigtes und effektives System an Fernkontakten. Eine sich stetig verbessernde künstliche Beleuchtung (Petroleum-, Gas- und Elektrobeleuchtung) brachte eine Verlängerung der Arbeitsstunden mit sich, während technische Erfindungen wie z.B. die Schreibmaschine oder das Telefon eine größere Gründlichkeit und Wirksamkeit von Arbeitsprozessen begünstigten. Wegen der starken Zunahme von Büros und Arbeitszimmern auch im häuslichen Bereich wuchs die Nachfrage an Schreibmöbeln daher beträchtlich an.

Besonders gegenüber Wien (slow. Dunaj) als Stadt an der Donau entwickelten die Slowenen im 19. Jahrhundert eine ganz besondere Beziehung. Da sie in ihren angestammten Ländern seit Jahrhunderten in einem toleranten Umfeld der Kohabitation mit Menschen aller Richtungen lebten, wurden sie in der quirligen Landesmetropole schnell heimisch. Gemeinsam mit anderen Völkern slawischer, germanischer, romanischer, ungarischer und sonstiger Wurzeln bildeten sie eine multilinguale Großstadt, wohin durch die Steuern nicht nur ein materiell und finanziell außerordentlicher Reichtum strömte, sondern auch, was noch kostbarer war, die auf allen Schaffensgebieten talentiertesten Zeitgenossen. In so einem Umfeld konnten in allen gesellschaftlichen Bereichen zahlreiche, in der Welt relevant gewordene Konzepte generiert werden. Wissensbegierige vom Lande, erst recht Städter und Adelige, konnten geistige und seelische Nahrung in heimischen Klöstern und Schlössern finden. In den Städten Graz, Ljubljana (Laibach), Klagenfurt, Görz (Gorica, Gorzia) und Triest (Trieste, Trst) gab es Standes- und Jesuitenschulen, Gymnasien, Lyzeen und (Kunst-)Gewerbeschulen, wo man sich bilden lassen konnte. Obwohl die Zeitgenossen auch von den Kultur- und Wissenschaftszentren in Norditalien, Bayern und anderswo angezogen wurden, stellte für Ljubljana in jener Periode Wien das zweitwichtigste slowenische Zentrum dar, das auch wegen eines weitverzweigten, durch freigebige Landsleute ermöglichten Stipendiensystems für die weniger begüterte, aber talentierte Jugend zugängig war wie es z.B. das angesehene Knafl-Stipendium seit dem 17. Jahrhundert ermöglichte.

An der Wiener Universität und in anderen Bildungsstätten wurden slowenische Lehrer, Professoren, Schüler und Studenten von den Innovationen der Medizin, der Rechts- und Naturwissenschaften sowie der Humanistik fasziniert, die sie in jener dynamischen Zeit intensiv aufnahmen. Gleichzeitig wandten sie sich in dieser hedonistischen Stadt dem Genuss der Musik Haydns, Mozarts, Beethovens, Strauss' und Mahlers ebenso zu wie der kultivierten Geselligkeit in den Cafés. Am Übergang vom 18. zum 19. Jahrhundert entwickelte sich Wien zu einer weltmännischen Metropole der Eleganz und der Künste. Die Nüchternheit des Klassizismus zeigte sich auf allen Gebieten des Geistes, am augenscheinlichsten wohl in der Architektur, an den Fassaden und im Inneren, und so entwickelten sich Schreib-Kommoden, -tische und Sekretärs zu typischen klassizistischen Möbelstücken mit grundlegend neuen Formen. Schließlich konnten die Wiener Slowenen aus nächster Nähe auch jene Ereignisse verfolgen, die den Italienern, Ungarn und Deutschen in den 1860-er Jahren eigene Staaten bescherten. Die Slowenen nahmen ihre eigene Heimat und deren Bedürfnisse aus dieser Distanz daher oft klarer als die Landsleute wahr und bemühten sich noch eingehender um deren Wohlstand und Anerkennung.

Die Möbelstile Empire, Biedermeier und Historismus

Während der kurzen Existenz der Illyrischen Provinzen[1] im Rahmen des Napoleonischen Kaiserreichs mit Ljubljana als deren Hauptstadt (1809–1813) registrierten die Slowenen zum ersten Mal, was eigene Staatlichkeit bedeuten könnte. Der feinste französische Ausfuhrartikel war der aus dem Klassizismus hervorgegangene imperiale Kunststil (das Empire), der noch mächtigere Herrscher aus der Vorzeit, als es die römischen Kaiser waren, mit einbezog, nämlich die altägyptischen Pharaonen. Napoleon, der sich für einen neuzeitigen Pharao hielt, gefielen mächtige Sphinxe, Obelisken, Pyramiden, Adler, viel Gold, Scharlach und Himmelsblau. Die zunehmende Beschaffbarkeit von Holz aus Übersee (vor allem das beliebte rötliche Mahagoniholz), die Maschinen zum Schneiden von Fournier, die Bearbeitung von Oberflächen zum Herstellen von Hochglanz durch Schellack, die technologisch vervollständigten Metallmechanismen zum Staffeln und Schließen, die Verbreitung neuer Formen und Motive mittels Bücher mit Graphikvorlagen, der Katalogverkauf von Möbelbeschlägen aller Art und von anderen Bestandteilen, all das ermöglichte nicht nur den Pariser, sondern auch den Wiener Tischlermeistern einen großen unternehmerischen Aufschwung.

1 Irena Žmuc/Gregor Moder (Hg.), Napoleon rezhe Iliria vstan. Ob 200-letnici ustanovitve Ilirskih provinc, Ljubljana 2009.

Trotz des Kriegszustands und der Besetzung Wiens in den 1790-er Jahren und den ersten Jahrzehnten des 19. Jahrhunderts adoptierte die österreichische, weitgehend übernational orientierte Elite diesen im Grunde englischen, doch von den Franzosen vor allem in der angewandten Kunst propagierten Stil. Mit ihrer besten Einrichtung, deren Ausschmückung im Unterschied zum französischen Empire eher in den griechisch-römischen als ägyptischen Motiven haften blieb[2], belieferten Dutzende von Wiener Möbelunternehmen nicht nur den Hof und die Aristokratie, sondern auch das wohlhabende Besitzbürgertum in der Residenz, im Kaiserreich und anderswo innerhalb und außerhalb Europas.[3] Darunter befand sich auch das bekannteste Möbelunternehmen jener Zeit, das unter der Leitung des Kunstbildhauers Joseph Ulrich Danhauser[4] stand. Der angesehenste neue Schreibmöbeltypus war der Sekretär, ein einfacher aufrecht hochgestellter Quader mit einer senkrechten umklappbaren Platte und einem typisch französischen Namen. Schreiner konnten sich im Zeichnen an der Wiener Kunstakademie üben[5], deren Professor und in den Jahren 1820–1828 auch Leiter der anerkannte klassizistische Maler aus Görz, Franc Kavčič, war. Der Begründer des Wiener Technischen Kabinetts, des Vorgängers des Technischen Museums, Stephan von Keess, meinte 1823: *Im Allgemeinen behaupten Sachverständige, daß die Wiener Möbel an Geschmack der Arbeit und Schönheit der Formen mit den französischen den strengsten Vergleich aushalten, den englischen in Ansehung der Solidität aus den meisten Werkstätten nachstehen, in Ansehung der zierlichen Arbeit aber selben den Rang abgewinnen.*[6] Einen Sekretär in der Form einer Lyra, die in erster Linie für die Wiener Variante des Empire-Sekretärs kennzeichnend ist, soll 1809 in Ljubljana im erzbischöflichen Palais, wo er residierte, der Gouverneur der Illyrischen Provinzen, Marschall Auguste de Marmont, benutzt haben.[7]

2 Christian Witt-Dörring, Auf der Suche nach den Wurzeln der Moderne. Das Wiener Empire- und Biedermeiermöbel – Zeuge einer ausgestorbenen Materialsprache. In: Parnass, 18/14 Sonderheft Möbel (1998), 38–47.

3 Heinrich Kreisel/Georg Himmelheber, Die Kunst des deutschen Möbels. 3: Klassizismus, Historismus, Jugendstil, München 1973, 83–85, 90–96.

4 Gestochen von Jakob Hyrtl nach den Entwürfen von Joseph Franz Danhauser (Sohn Joseph Ulrichs), Wiener Meuble-Formen. Vgl: http://sammlungen.mak.at/sdb/do/detail.state?obj_id=132180&obj_index=2&returnstate=search (10.2.2014).

5 Gabriele Fabiankowitsch/Christian Witt-Dörring, Genormte Fantasie. Zeichenunterricht für Tischler. Wien 1800–1840, Ausstellungskatalog, Museum für angewandte Kunst, Wien-Köln-Weimar 1996.

6 Stefan von Keess, Darstellung des Fabriks- und Gewerbewesens im österreichischen Kaiserstaate, vorzüglich in technischer Beziehung, 2, Wien 1823, 96.

7 Erhalten in der Privatsammlung von Josip Zadnikar in Kamnik (Slowenien).

Das Empire ging stilistisch unmerklich in das Biedermeier über bzw. diese beiden Kunstrichtungen wurden einige Jahrzehnte parallel gepflegt. Der ersterwähnte Stil war wegen seiner reichen Verzierungen erheblich teurer, während der zweite einfacher und daher kostengünstiger war.[8] Das Biedermeier ist an sich der kunsthistorische und Möbelstil ganz Mitteleuropas der 1830-er, 1840-er und 1850-er Jahre, wobei es sich um einen genuin in Wien entwickelten Stil handelt. Wohlhabende Schichten in Krain, Kärnten und der Steiermark kauften die Empire-Biedermeier-Möbelstücke in der Residenz, mehrheitlich jedoch in der Regel bei sich zuhause. Der hier bereits erwähnte Keess formulierte es 1823 wie folgt: *In Steyermark und Illyrien* [Krain] *gibt es allenthalben Tischler, welche diese Länder mit ordinären und feineren Einrichtungsstücken zur Genüge versorgen.*[9] Unter den ersten in diversen Laibacher Inventar-Nachlässen namentlich erwähnten „Sekretärs" befindet sich im Jahr 1806 (neben dem „Rollkasten", d.h. einem Schreibtisch aus Kirschbaum mit Rollo) *ein Sekretär aus der türkischen Baum-Hasel, mit Beschlag* aus dem Hause des Grafen Seifried Auersperg.[10]

In der ersten Hälfte des 19. Jahrhunderts wirkten in Ljubljana ortsfest zwanzig bis fünfundzwanzig in Zünften organisierte Tischlermeister, wodurch von den regionalen Handwerk- und Industrieausstellungen Impulse für die Möbelentwicklung ausgingen. Im Jahr 1838 gab es in Klagenfurt, im Jahr 1841 in Graz und im Jahr 1844 in Ljubljana jeweils eine Ausstellung dieser Art.[11] Im Laibacher Stadtmuseum wird ein vierkantiger Sekretär mit vergoldeten Kariatiden aufbewahrt, der entweder einer Wiener oder einer Laibacher Werkstatt entstammt. Der vermögende Žiga Sigismund Zois ließ für sein Laibacher Haus am Rann, wo sich der freigeistige Kreis slowenischer Aufklärer und Patrioten regelmäßig traf, ein ganz besonderes Möbelstück anfertigen: Krankheitshalber war er nämlich auf einen Rollstuhl, den er selbst entworfen hatte, angewiesen, welcher auch ein Schreibbrett hatte. Janez Bleiweis, der Politiker und seit 1843 Redakteur der slowenischen Landwirtschaftszeitung

---

8 Witt-Dörring, Auf der Suche, 42–43.

9 Keess, Darstellung, 95.

10 Maja Lozar Štamcar, Pisalno pohištvo v 18. stoletju na Slovenskem. In: Miha Preinfalk (Hg.), Neznano in pozabljeno iz 18. stoletja na Slovenskem. Zbornik Simpozija Slovenskega društva za preučevanje 18. stoletja, Ljubljana 2011, 100–119, hier 114; vgl. auch: http://ezb.ijs.si/fedora/get/ezmono:sd18z11/VIEW/#head1: Maja Lozar Štamcar, Pisalno pohištvo v 18. stoletju na Slovenskem (29.1.2014).

11 Maja Lozar Štamcar, Pohištvo iz upognjenega lesa. In: Matija Žargi/Mateja Kos (Hg.), Gradovi minevajo, fabrike nastajajo. Oblikovanje v 19. stoletju na Slovenskem, Ljubljana 1991, 51–55.

„Kmetijske in Rokodelske Novice", soll einen mit Nussfurnier versehenen Schreibtisch mit Jalousie und feinen hohen, eleganten Beinen benutzt haben.[12]

Abbildung 1: Klassizistischer Schreibtisch von Dr. Janez Bleiweis. Narodni muzej Slovenije, Foto T. Lauko.

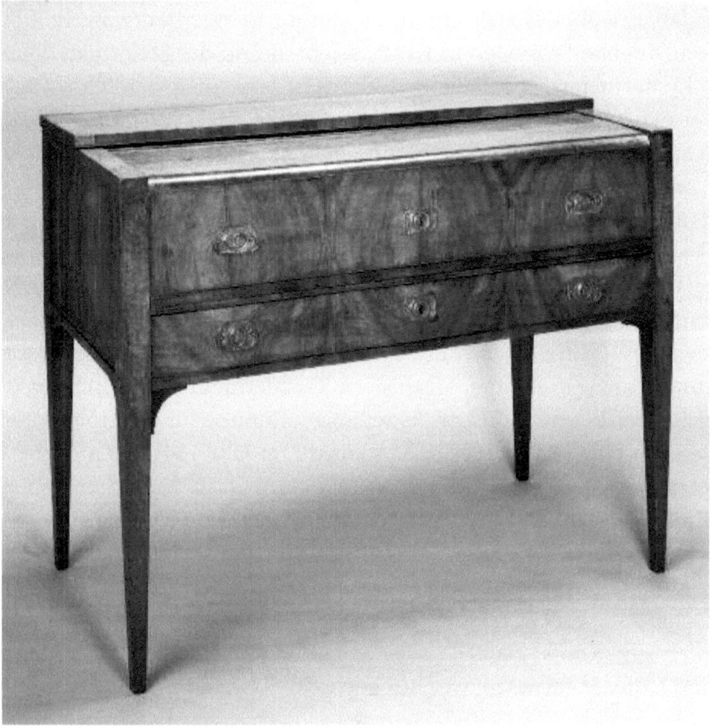

Im Laibacher Lyzeum wirkten zwei Freunde des größten slowenischen Dichters Dr. France Prešeren, die Gelehrten Matija Čop und Miha Kastelic; Letzterer benutzte einen einfachen Biedermeier-Sekretär, dezent verziert mit hermischen Pilastern.[13]

12 Narodni muzej Slovenije (im Folgenden NMS) Inv. Nr. N 4211. Majda Žontar/Beba Jenčič (Hg.), Dr. Janez Bleiweis in njegov čas, Kranj 1996, 11.

13 Fotonegative auf Glas, NMS Inv. Nr. N 19064–5. France Koblar, Stoletnica Kranjske čbelice. In: Dom in svet, 43/9–10 (1930), 288–289.

Abbildung 2: Biedermeier-Sekretär von Miha Kastelic.
Fotografie auf Glas, Narodni muzej Slovenije.

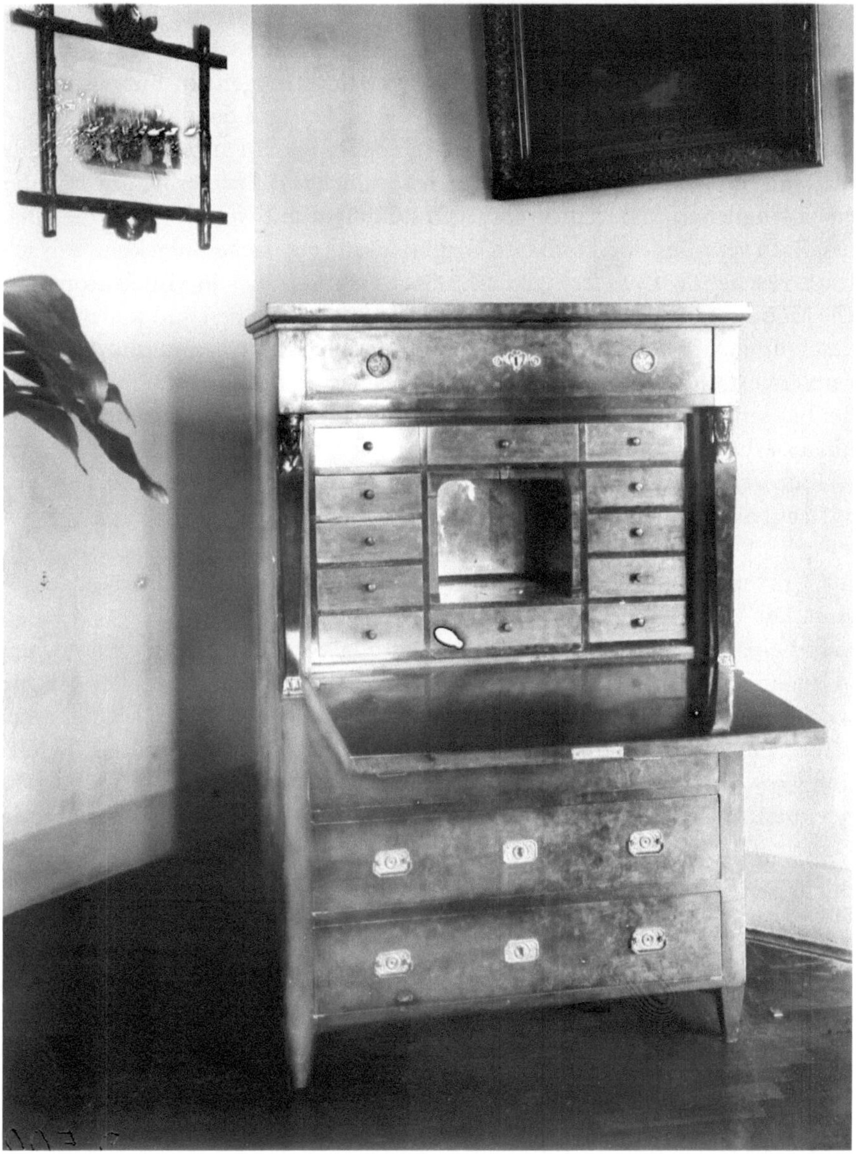

Der Dichter Prešeren soll laut Überlieferung sowohl ein hohes Schreibpult als auch den allermodernsten Schreibtisch mit Aufsatz und mit im Stil des Zweiten Rokoko gewundenen Beinen benutzt haben. Bereits in den 1830-er Jahren riefen Paris und Wien in der Innenarchitektur wieder das schwungvolle Rokoko ins Leben.[14] Einem Wunsch der vermögenden Bürger gemäß, sich auch im Besitz von prunkvoller neobarocker und dem zweiten Rokoko nachempfundener Innenarchitektur dem Adel möglichst anzugleichen, konnte man nur infolge der Entwicklung von maschineller Holzverarbeitung und der erschwinglichen Materialien entgegen kommen, mit welchen man die einst händisch verarbeiteten kostbaren Originale sehr gut nachahmen konnte. Nach französischem Vorbild fertigten zahlreiche Fabriken auch in Mitteleuropa solche Möbelstücke an. Schreibtische mit gewundenen Beinen und wellenförmig geschnittenen Platten, einfach oder mit Rokoko-Schnitzereien und Intarsien verziert, erfreuten sich nach wie vor einer gewissen Beliebtheit und waren daher bei den Wiener Möbelunternehmen bis über das Ende des 19. Jahrhunderts hinaus erhältlich.

Eine grundlegende Veränderung nicht nur auf wirtschaftlicher, sondern auch auf allen anderen Ebenen brachte die Eisenbahn mit sich, die europaweit ausgebaut wurde. Die Hauptverkehrsader Wien-Triest verband zunächst Wien mit Graz und wurde 1849 bis nach Ljubljana und 1857 bis nach Triest ausgebaut. Die Geschwindigkeit des Transports von Waren, Menschen und Ideen nahm ebenso schnell zu wie der Verbreitung von Informationen zwischen Wien und Ljubljana. Die Bevölkerungszahl in der Habsburger Monarchie wuchs an, und so zählte bis Ende des 19. Jahrhunderts Österreich-Ungarn 50 Millionen Einwohner. Im slowenischen Siedlungsgebiet lebten anderthalb Million Slowenen und Angehörige anderer Ethnien. Der Bedarf an persönlichen oder besitzausweisenden Dokumenten wuchs an, es gab auch mehr anstehende Gerichtsfälle. Die Quantität der Akten steig genauso wie die Staats-, Landes- und ländliche Bürokratie an. Die Zentralisierung der Verwaltung und die Standardisierung der Verfahren führten zur Zunahme des Papierverbrauchs und anderer Schreibutensilien wie auch der Schreibmöbel, die ausdrücklich für Bürobedarf auf Nachfrage angefertigt wurden. Thonet gehörten zu den ersten in Europa, die bereits 1873 anfingen, besondere Schreibtischstühle aus Bugholz mit einheitlicher Rückenlehne und Armlehnen zu verkaufen.

14 Marianne Zweig, Das zweite Rokoko. Möbel und Hausrat 1830 bis 1860, Wien 1924; Eva B. Ottillinger/Lieselotte Hanzl, Kaiserliche Interieurs. Die Wohnkultur des Wiener Hofes im 19. Jahrhundert, Wien-Köln-Weimar 1997, 10; Rainer Haaff, Louis-Philippe Möbel. Bürgerliche Möbel des Historismus, Stuttgart 2004.

Auf slowenischem Boden fertigte man Möbel aus Bugholz zunächst in Maribor (Marburg) und am Pohorje (Bacherngebirge) an, später auch in Vrhnika (Oberlaibach), in Ljubljana u. s. w. In der Zeit bis zum Ersten Weltkrieg war auf diesem Gebiet die Bahovec-Stuhlfabrik am erfolgreichsten, die auch im Interesse des Exports in den Nahen Osten erhebliche Investitionen tätigte.[15] Die Stuhlfabriken boten zu Ende des 19. Jahrhunderts am slowenischen Markt den ursprünglichen Thonet-Stühlen nachempfundene Schreibstühle an. Während dessen begannen die konkurrierenden Unternehmen Thonet und mehr noch J. & J. Kohn[16] bei der Anfertigung von Schreib- und Büromöbeln mit den ausgezeichnetsten Wiener Architekten/ Designern zusammenzuarbeiten, in erster Linie mit Otto Wagner.

Zwei Jahre nach der Gründung des Deutschen Reiches wurde in der Weltausstellung in Wien (1873) zum ersten Mal die schwere, massive und dunkel gedrechselte Einrichtung aus Eichenholz im so genannten altdeutschen Stil bzw. Gründerzeit-Stil gezeigt.[17] Die Designer ließen sich mittels einer Reihe architektonischer und Zierelemente von der deutschen Renaissance inspirieren, die der maschinellen Anfertigung angepasst wurden. Typisierte Schreibtische wurden unterhalb der Platte, bei der Öffnung für Beine, mit mehreren Läden versehen, die bei den größeren Tischen in zwei massive Blöcke zusammengefügt wurden, während sich die kleineren an gedrechselte Balusterbeine anlehnten. Wegen der maschinellen Anfertigung waren die Schreibmöbel im neuen Stil erschwinglich und gehörten in den nächsten Jahrzehnten zur Standardeinrichtung sowohl zuhause als auch in den Büros.

---

15 Maja Lozar Štamcar, Bentwood Furniture Manufacture in Slovenia. In: Furniture History Society Journal 27 (1992), 112–115.

16 Derek E. Ostergard (Hg.), Bent Wood and Metal Furniture: 1850–1946, New York 1987.

17 Rainer Haaff, Gründerzeit. Möbel und Wohnkultur, Westheim/Pfalz 1992.

Abbildung 3: Arbeitszimmer eines Kunstliebenden, Fotografie auf Glas, Narodni muzej Slovenije.

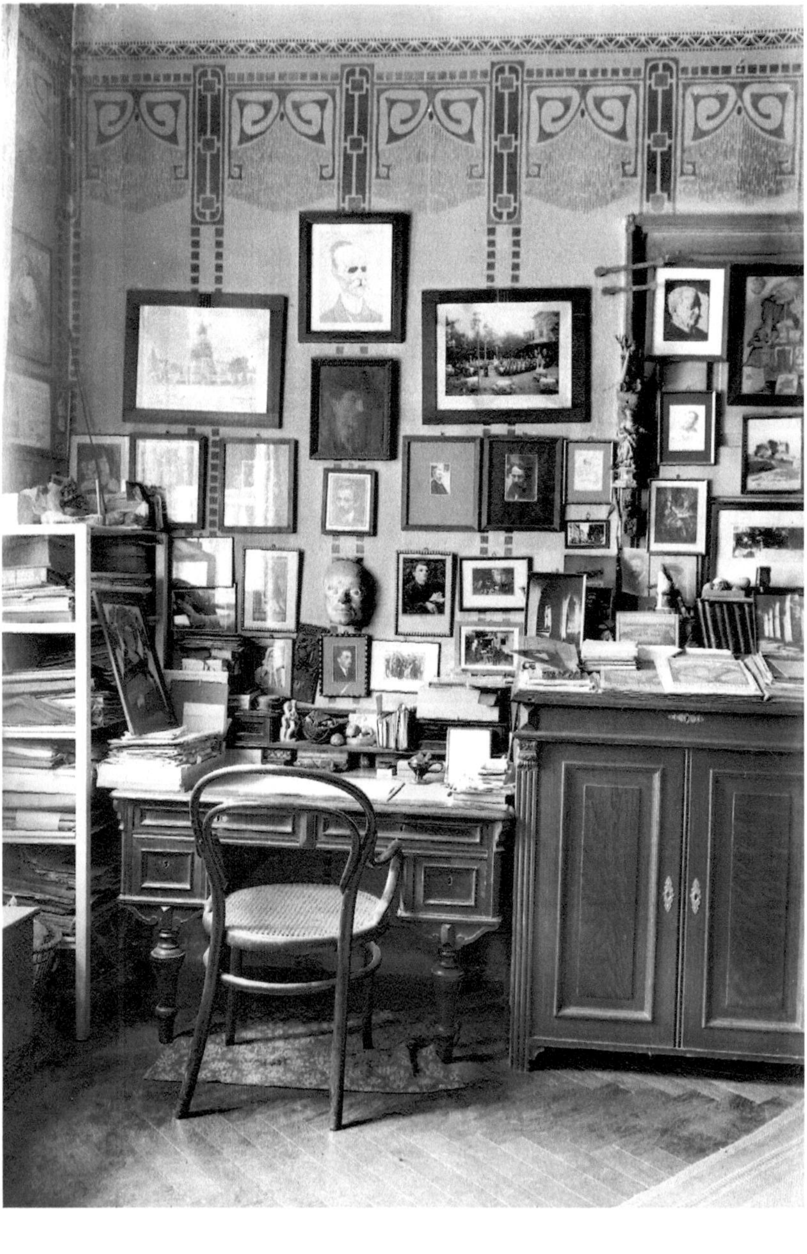

Daher sind sie z.B. auch in Gedächtniszimmern zahlreicher slowenischer Erzähler und Lyriker, die in den letzten Jahrzehnten des 19. und im frühen 20. Jahrhundert tätig waren, zu finden. Im Laibacher Stadtmuseum ist der für den Archivar, Dichter und Politiker Anton Aškerc in der Mathian-Fabrik angefertigte private Schreibtisch mit geschnitztem Monogramm und einer Gänsefeder ausgestellt.[18]

In der Wiener Weltausstellung wurden auch neue Schulschreibmöbel für Kinder und Jugend gezeigt.[19] Man ließ sich bei deren Anfertigung von der Erkenntnis leiten, dass die zwanghafte Haltung auf alten, mitunter ausgedienten Kirchenbänken, auf denen die heranwachsende Jugend äußerst unterschiedlicher Größe viele Stunden (in anbefohlener Ruhe!) zuzubringen hatte, wegen der unangepassten Maße, disproportionierten Sitze und Schreibflächen zu gesundheitlichen Schwierigkeiten führen konnte. Das Ministerium für Kultus in Wien ordnete daher eine spezielle Inneneinrichtung von Schulgebäuden an, bei der die Bänke den Schülern angepasst waren.[20] Mit dieser Frage setzten sich auch Pädagogen vor Ort auseinander.[21]

In den slowenischen Städten und auf dem Lande gab es immer mehr Intellektuelle, Juristen, Ärzte und Lehrer, aber auch Unternehmer und Finanziers, und so wurde das Bürgertum auf allen Gebieten, auch in der Politik, immer bedeutender. Die Entwicklung der parlamentarischen Demokratie und der politischen Parteien in Wien förderte die Stärkung des Nationalbewusstseins. Die slowenische Gesellschaft teilte bis zu diesem Zeitpunkt das gleiche Los im Guten und im Schlechten wie alle Einwohner der Monarchie. Die Erstarkung des Deutschtums rief eine Erstarkung auch des Slowenentums und ein Anwachsen gegenseitiger Reibungen hervor. Im letzten Drittel des 19. Jahrhunderts wurden sowohl von deutscher als auch slowenischer Seite Vereine, Verbände, Parteien und Tagesblätter gegründet. Das Gesprächsklima stimulierte pluralistische Standpunkte, wodurch der hundertjährige Ruhm Wiens zu verblassen begann, während Prag zusehends an Attraktivität gewann: Die

---

18 Josip Wester, Aškerčeva zapuščina, knjižnica in korespondenca. In: Vlado Novak (Hg.), Aškerčev zbornik. Ob stoletnici pesnikovega rojstva, Celje 1957, 64–65.

19 Josip Levičnik, Spominske slike iz svetovne razstave 1873. In: Učiteljski tovariš, 16/6 (1876), 89; 16/7 (1876), 106–108; 16/9 (1876), 136; 16/12 (1876), 184, 16/19 (1876), 297–298.

20 Laibacher Schulzeitung, 1 (1873), 217; Učiteljski tovariš, 15/23 (1875), 360–361.

21 Nova šolska klop, Popotnik. Glasilo Zveze slovenskih učiteljskih društev, 13/24 (1892), 375–376; Anzeigen-Beispiele in Popotnik, 14/5 (1893), 80, 112; 16/19 (1895), 301; 17/12 (1896), 192; Popotnik, 15/20 (1894), 320.

Tschechen nahm man sich als ein verwandtes Volk von Slawen, das allseits erfolgreicher war, zum Vorbild.[22] Ljubljana als slowenische Hauptstadt war nun noch wichtiger als in der Vergangenheit. Gleichzeitig entwickelten sich auch andere Städte wie Maribor, Görz und Triest zu schwungvollen Zentren intellektuellen und nationalen Gärens, in einer engen Beziehung zu Ljubljana stehend.

Wegen der Möglichkeit einer Ausfuhr von Möbeln nach Übersee wurden zwei Möbelzentren entwickelt, eines in Solkan bei Görz und das andere in Ljubljana, wo es traditionell gute Schreinereien gab. Nachdem in Wien in den 1860-er Jahren das Museum für Angewandte Kunst gebaut worden war, erhielt eine Reihe von Slowenen an der dem Museum angegliederten Kunstgewerbeschule ihre Ausbildung, unter ihnen auch später hervorragende Möbelhersteller. Die Regierung unterstützte die Entwicklung des Kunstgewerbes und der Industrie, weswegen sie ein dichtes Netz an (Kunst)Gewerbeschulen errichtete: Etliche Jahre nach der Gründung entsprechender Schulen in Graz und Triest erfolgte dies auch in Ljubljana im Jahr 1888 mit Slowenisch als Unterrichtssprache. Zunächst wurde eine Schule für die sog. Holzindustrie und Frauenhandarbeit[23] errichtet, die bis zum Ersten Weltkrieg die zentrale Ausbildungsstätte für Gewerbe und Kunst in der Region darstellte, deren Professoren und Schüler angesehene Kunstgewerbehandwerker und Künstler waren bzw. wurden. Im Jahr 1895 begann auch der Unterricht in der Abteilung für Korbflechterei, denn in der gesamten zweiten Hälfte des 19. Jahrhunderts gewannen Korbmöbel an Popularität und wirtschaftlicher Bedeutung, ähnlich wie das bei Bugholzeinrichtung der Fall war. In Wien konzentrierten sich die führenden Korbmöbelhersteller, deren erfolgreichste Firma die Prag-Rudniker-Korbwaren-Fabrication war. Die Regierung bemühte sich um die Hebung des Herstellungsniveaus und gründete zu diesem Zweck besondere Schulen für Korbflechterei. Korbmöbel waren meist Sitzmöbel, doch befindet sich in der weidegeflochtenen Garnitur, die vom katholischen Politiker Janez Evangelist Krek benutzt wurde, auch ein Schreibtisch eckiger Form.

22 Josip Vošnjak, Spomini, Ljubljana 1905–1906.

23 Spominska knjiga 1888–1938. Ob 50 letnici izdala Državna tehniška srednja šola Ljubljana, Ljubljana 1938; Gottfriede Fliedl, Kunst und Lehre am Beginn der Moderne. Die Wiener Kunstgewerbeschule 1867–1918, Salzburg-Wien 1986.

Abbildung 4: Geflochtener Schreibtisch von Dr. Janez Evangelist Krek Narodni muzej Slovenije, Foto T. Lauko.

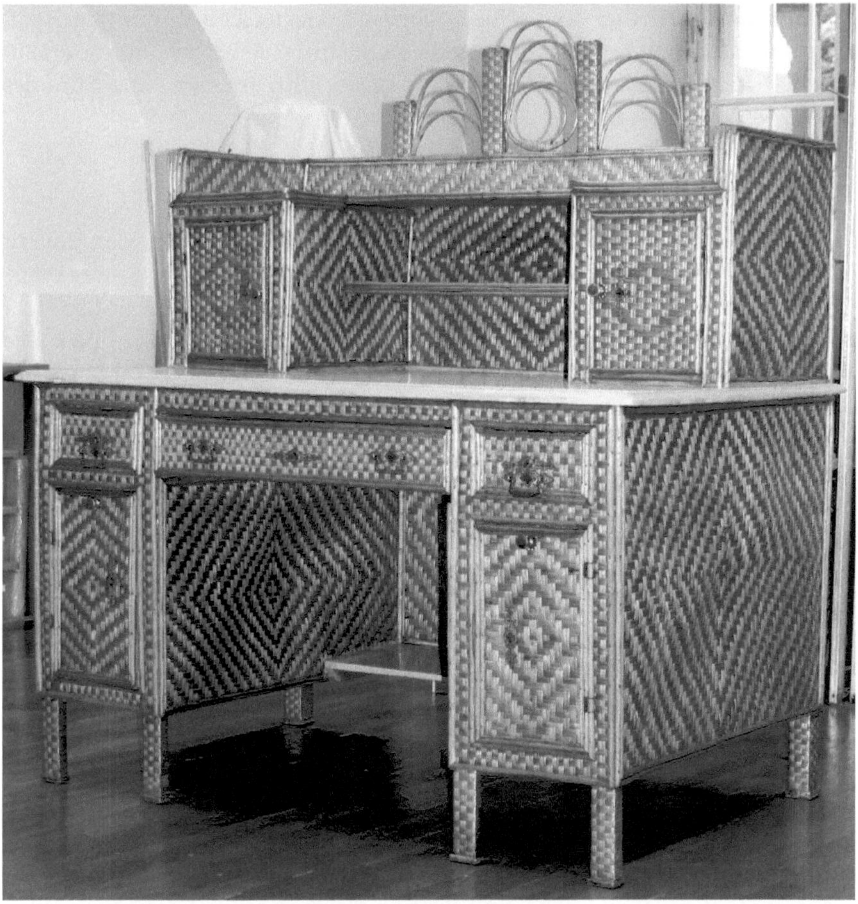

Jener verwendete außerdem einen Lehnstuhl, der einen direkten Einfluss des Wiener Sezessions-Designers Hans Vollmer aufweist, welcher für die Korbwarenfabrikation Prag-Rudniker tätig und an der Wiener Kunstakademie ein Schüler von Josef Hoffmann war. Es stimmt wohl die Vermutung, dass Kreks Korbmöbel in den Laibacher Schulwerkstätten hergestellt wurden, und zwar unter dem Einfluss von Vorlagen, die man von der Mutterhandwerkschule in Wien erhalten hatte.[24] Auch die Abteilung für Schreinerei an der Laibacher Schule stand im engen Kontakt mit anderen Schulen des Landes, nahm an Ausstellungen in nah und fern teil und erhielt dabei so manches Lob. Als im Jahr 1910 das stattliche Gebäude der Kunstgewerbeschule in der Aškerčeva-Straße erbaut wurde, fertigten die jungen Meister die gesamte Einrichtung für das Büro des Schuldirektors selbst an.

Der Möbelstil Sezession

Ljubljana wurde 1895 von einem starken Erdbeben devastiert, was den Ausbau einer modernen Stadtmitte zur Folge hatte. Die Bevölkerung war Kaiser Franz Joseph sowohl für dessen moralische Unterstützung dankbar, die er der Stadt erwies, indem er sie persönlich besichtigte, als auch für die große finanzielle Unterstützung bei der Behebung der durch das Erdbeben verursachten Schäden. Dem Bürgermeister von Ljubljana, Ivan Hribar, ging es jedoch um weit mehr – um den Ausbau eines zweiten Prag, einer modernen Slawen-Metropole, der wirtschaftlichen, politischen und Kulturhauptstadt der Slowenen. Die Stadt erhielt eine moderne Wasserleitung, ferner Kanalisation, Strom, Straßenbahn, Krankenhauskomplex und Friedhof. Mit der Einführung ausschließlich slowenischer Straßenschilder schüttelte die Stadt symbolisch alles Deutsche ab und begann sich des (Süd)Slawischen zu erfreuen. Sehr willkommen waren nun Baufachleute slawischer Herkunft, die (Tschechen, Polen, Kroaten und Slowenen) wie die meisten Deutschen in Wien studiert hatten. Sie alle wurden in der gleichen weltmännischen Kunstumgebung gebildet, was man auch ihrer Arbeit in Ljubljana ablesen konnte. Denkmäler für die wichtigsten Landsleute Valvasor, Trubar und Prešeren wurden aufgestellt, und zentrale öffentliche Gebäude wurden errichtet wie das Volkshaus, das Landhaus, der Landtag, das Theater und der Gerichtshof. Die Möbelfabriken Mathian und Naglas, beide Hoflieferanten der k. u. k. Seestreitkräfte in Pula (Pola), fertigten für sie Büromöbel im einheitlichen Stil an, und zwar im gleichen Stil wie die entworfenen Gebäude selbst, d.h. im historistischen Neorenaissancestil. Den Einrichtungsentwurf für den Hauptsaal des neuen Landhauses, an dessen Bewerb ohne Erfolg auch der damals bereits angesehene Sezessionsarchitekt Joseph Maria Olbrich teilnahm[25], zeichnete ebenso wie das beispielhafte Äußere des Baus selbst der

24 Maja Lozar Štamcar, Pleteno pohištvo v Sloveniji / Wicker Furniture in Slovenia. Viri: Gradivo za materialno kulturo Slovencev 7, Ljubljana 2008.

25 Damjan Prelovšek, Olbrichov projekt deželnega dvorca v Ljubljani. In: Sinteza 18–19 (1970), 23–26.

dem Historismus verpflichtete Wiener Architekt Joseph Hudetz. Im Zentrum der Stadt entstanden entweder Sitze oder Filialen einer Anzahl von Banken, Sparkassen, Versicherungen und Geschäften, aber auch Kirchen. Ebenso baute man mehrstöckige bürgerliche Mehrwohnungshäuser und Vorstadt-Villen mit Gärten, weshalb der Bedarf nach Architekten und Baufachleuten groß war. Der Großteil der privaten Auftraggeber folgte dem Beispiel öffentlicher Gebäude im historistischen Stil und wandte sich vor allem an Grazer Architekten. Die Stadtstraßen zeigten bald ziemlich viele neue historistische Hausfronten, neben denen auch einige Fronten im neuen Sezessionsstil zum Zug kamen, der den neuen Schaffenserfolg Wiens kennzeichnete.

Der Maler Gustav Klimt gründete kurz vor der Jahrhundertwende zusammen mit dem Architekten Otto Wagner, Professor der Kunstakademie in Wien, und dessen Studenten Joseph Maria Olbrich, Josef Hoffmann, Koloman Moser u. a. die Künstlervereinigung „Wiener Secession". Hoffmann und Moser widmeten sich vor allem der Möbel- und Einrichtungsgestaltung und entwickelten die typische Wiener, d.h. geometrische Sezession weiter. Der „Secession" schloss sich auch der Lieblingsassistent von Otto Wagner Jože Plečnik an, der ihm an der Akademie am Lehrstuhl folgen hätte sollen. Da es hierzu nicht kam, wurde Plečnik 1911 mit offenen Armen in die Prager Kunstgewerbeschule aufgenommen. Der kreative und poetische slowenische Architekt mit seinem grundlegend anderen Zugang zur Gestaltung von Raum und Gegenständen in Ljubljana nach dem Erdbeben konnte sich, abgesehen von einigen Aufträgen für Möbeleinrichtung, auf slowenischem Boden zunächst nicht durchsetzen, schuf dafür aber im ersten Jahrzehnt des 20. Jahrhunderts in Wien eine Anzahl architektonischer Meisterwerke wie z.B. das Zacherlhaus und die Heilig-Geist-Kirche.[26] Darüber hinaus widmete er sich auch der Möbeleinrichtung: 1902 stellte er auf der 15. Ausstellung der „Secession" als Symbol intellektuellen Schaffens einen einzigartigen Schreibtisch und Stuhl aus, dem er sowohl Ätherisches als auch Monumentales einzuhauchen verstand.

26 Damjan Prelovšek, L'architecture au temps des impressionnistes slovènes. In: Barbara Jaki (Hg.), Les impressionistes slovènes et leur temps (1890–1920), Ljubljana-Paris 2013, 131–139.

Abbildung 5: Ein Schreibtisch nach den Entwürfen von Jože Plečnik in der Secessions-Ausstellung 1902. In: Kosta Strajnić, Josip Plečnik, Zagreb 1920, Interieur Taf. 5.

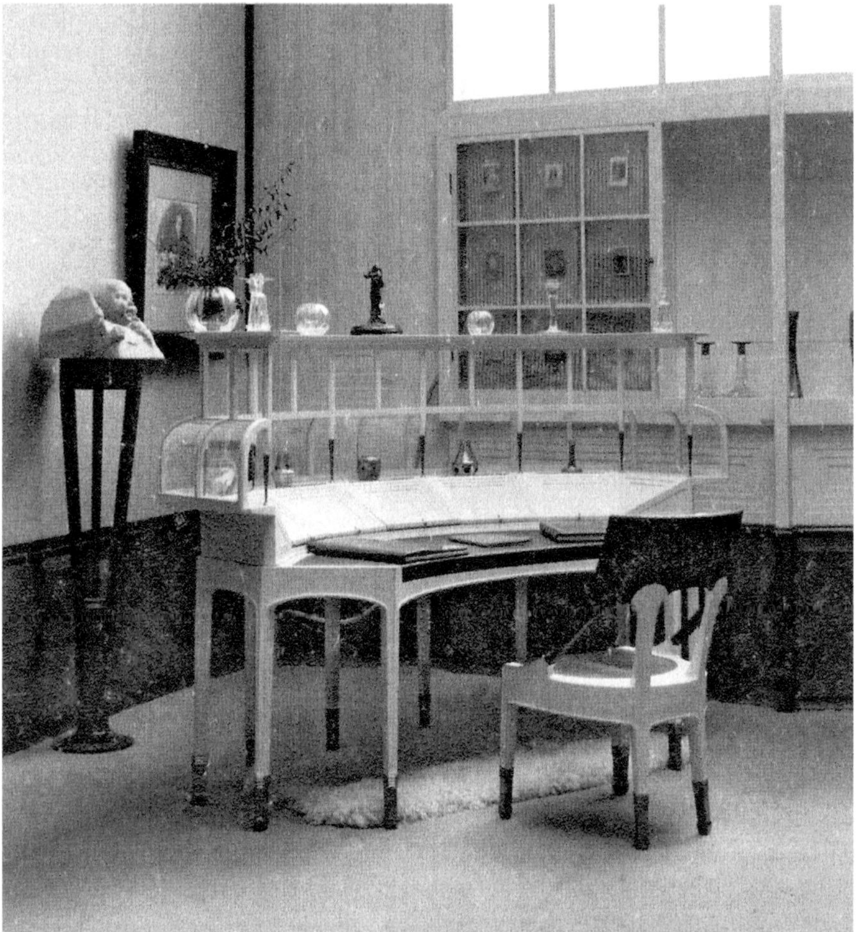

Die gebogene waagerechte Tischplatte, eine mittels schräger Klapptürchen verschlossene Reihe von kleinen Schränken und ein zweistöckiger Glasansatz lehnen an nicht weniger als zehn schlanken Beinen. Der sprichwörtlich überkritische Plečnik war mit diesem Tisch außerordentlich zufrieden, und auch der führende Kunstkritiker Josef August Lux war davon begeistert. Mit der gleichen

Aufgabenstellung versuchte sich damals auch J. M. Olbrich.[27] Aus jener Zeit bekannt sind in erster Linie in eine Art fantastische Tiere verwandelte gebogene Schreibtische des allseitig begabten flämischen Sezessionsarchitekten und Designers Henry van de Velde.

Dem aus dem Karst stammenden, um sieben Jahre älteren Architekten Max Fabiani gelang dreierlei: auf der Wiener Weltbühne gemeinsam mit Professor Wagner die edelste neue sezessions-protomodernistische Architektur vorzustellen, großstädtische Paläste in Triest und die bekanntesten Nacherdbeben-Häuser in Ljubljana zu bauen. In dieser Zeit lehrte er auch, wurde promoviert und erhielt 1910 eine Professur am Lehrstuhl für Architektur und Dekoration an der Technischen Hochschule. Der in Kranj (Krainburg) geborene Architekt Ciril Metod Koch, ebenfalls Absolvent der Technischen Hochschule, war in Ljubljana vor allem wegen seiner Häuserfronten, voller verspielter und bunter pflanzlicher und geometrischer Verzierungen aus kolorierten Keramiktäfelchen, beliebt. Den Lösungen von Koch waren Laibacher Lösungen des Polen Robert Smielowski ähnlich, wie auch jene der beiden Studenten von Wagner, des Kroaten Josip Vancaš und des Tschechen František Krásny. Eine Laibacher Stadtvilla wurde vom tschechischen Kubisten Pavel Janák entworfen.

Alle diese neuen Gebäude in Ljubljana benötigten naturgemäß auch Inneneinrichtungen. Einrichtungen für Wohnungen und Büros wurden auf Vorrat oder gegen Bestellung von einheimischen Möbelfirmen auf dem gesamten slowenischen Siedlungsgebiet angefertigt.[28] In Ljubljana war neben den größten Firmen Mathian[29] und Naglas 1901 auch eine Schreiner-Kooperative in Šentvid (St. Veit) tätig, die mehr als 50 hervorragende Schreiner beschäftigte und auch für das Ausland arbeitete.

---

27 Kreisel/Himmelheber, Die Kunst, Taf. 1111.

28 Maja Lozar Štamcar, Slovenian Taste for Art Nouveau Furniture. In: http://artnouveau.eu/admin_ponencies/functions/upload/uploads/Maja_Lozar_Paper.pdf (29.1.2014).

29 Verkaufskatalog Mathian, um 1910, Schreibmöbel auf den Seiten 25, 26 und 41 (Nr. 359–373) und Schreibstühle (Nr. 390–394).

Abbildung 6: Seite aus dem Verkaufskatalog der Laibacher Möbelfabrik Mathian mit Schreibtischen. Dokumentation, Narodni muzej Slovenije.

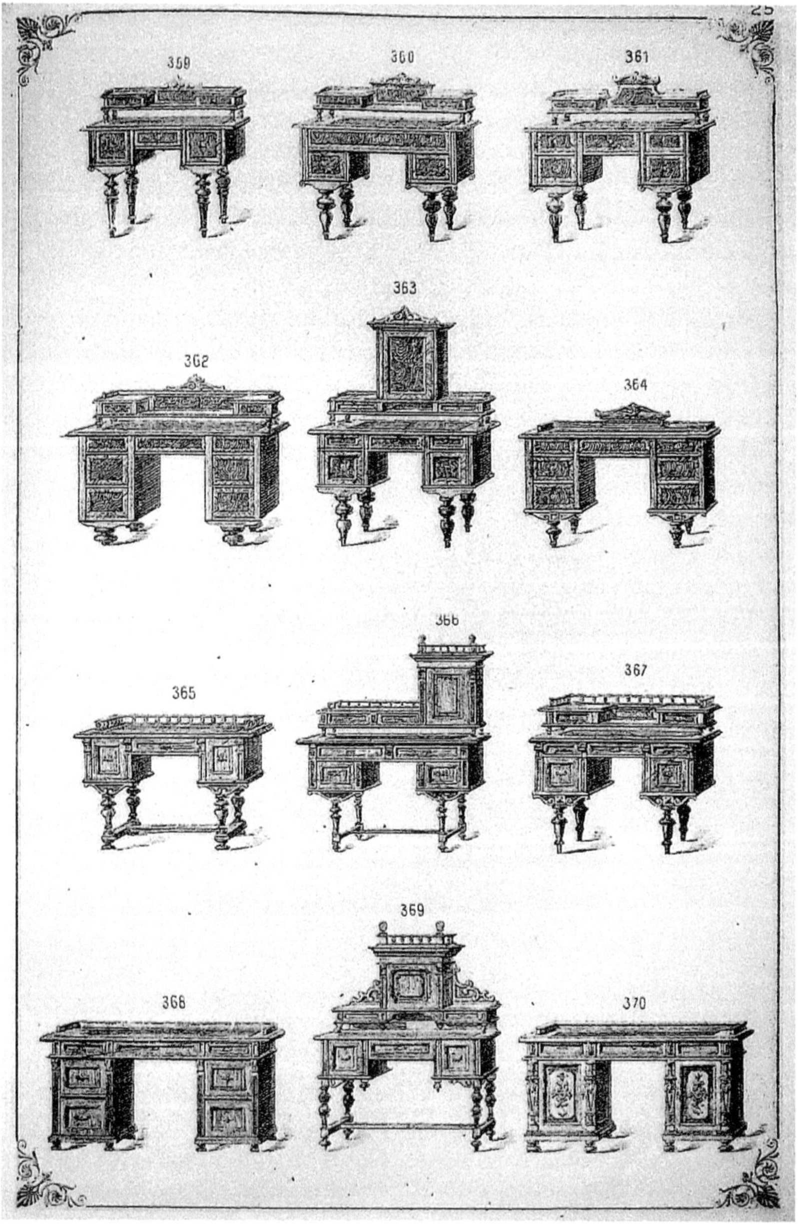

Gedrechselte Schreibtische für den Hausgebrauch wurden zwar immer noch zum Kauf angeboten, doch gesellten sich zu ihnen in einer immer größeren Anzahl glatte, nicht verzierte Blockschreibtische, die bereits auf die vormodernistischen künstlerischen Verschiebungen in Wien hinwiesen. Sie waren als eine Architektur im Kleinen konzipiert, als tektonisch gebaute Tische mit zwei Maßen von Läden bzw. kleinen Schränken, miteinander mittels großer Schreibplatte verbunden. Diese Modelle dienten nicht nur dem mittleren Beamtenstand, sondern auch den Arbeitszimmern der Familienoberhäupter, während ihre kleineren und leichteren Varianten bürgerlichen Hausfrauen vorbehalten blieben.

In Ljubljana gab es auch einige größere Einrichtungsgeschäfte, in welchen die Schreib- und Büromöbel immer an prominenter Stelle standen. Die Firma Dogan gab 1908 einen bescheidenen Verkaufskatalog heraus, wo sie einige kleinere und größere neu-renaissanceartige gedrechselte und neurokokoartige geschnitzte Tische mit gebogenen Beinen und Ansätzen, Pulte und Stühle für Haus und Büro zeigte. Im Verkaufskatalog der Firma Pogačnik wurden im Jahr 1913 neben vereinzelten Schreibmöbelstücken auch komplette Einrichtungen für Zimmer samt Vorhängen und Pflanzen (auch Arbeitszimmer mit Schreibtischen, im Raum meist zentral gelegen) gezeigt.

Abbildung 7: Seite aus dem Verkaufskatalog des Laibacher Möbelgeschäfts Pogačnik mit Arbeitszimmer. Dokumentation, Narodni muzej Slovenije.

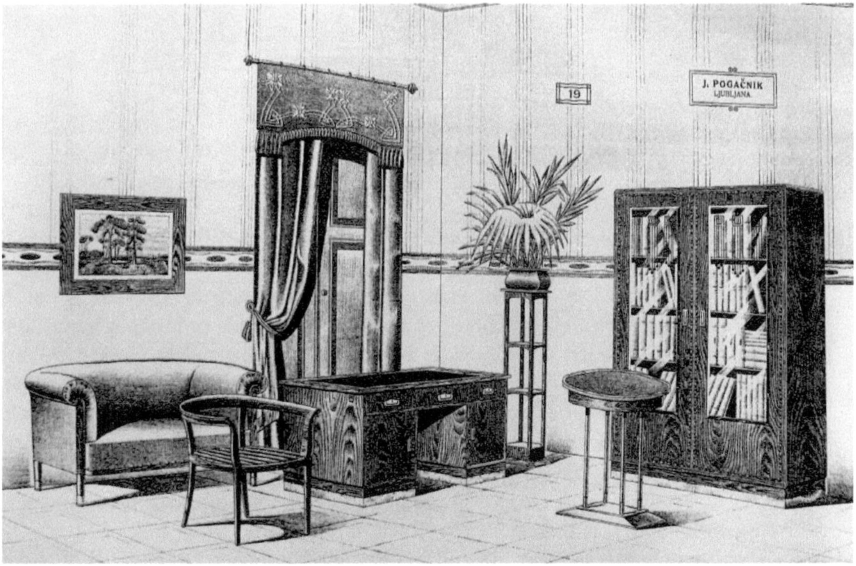

Ein Vergleich mit derartigen Katalogen der Wiener Möbelfabriken und -geschäfte (z. B. mit jenen der Firmen Julius und Josef Hermann, der Familie Haas oder mit den etwas kostengünstigeren und einem ländlichen Markt zugedachten Spezialgeschäften wie z. B. von Heinrich Mers, Ignaz und Josef Herlinger und Alois Stuppeneger aus dem Jahr 1910) zeigt, dass die Laibacher Käufer eine Wahl hatten, entweder in Wien oder zuhause zu kaufen; fallweise konnten sie sich nur in Ljubljana nach Wiener Mustern angefertigte Möbel leisten.

Der ehemalige Laibacher Bürgermeister Peter Grasselli bestellte bei Mathian um 1904 Möbel für sein Wohn- und Arbeitszimmer im modernsten Stil der geometrischen Wiener Sezession. Die sichtbare Struktur des rechteckigen blockartigen Schreibtisches von Grasselli nach dem Prinzip von Gestell und Füllungen wird von den Eckquadraten und haardünnen Einkerbungen in den Rändern noch unterstrichen.[30]

30 Der Schreibtisch ist Teil des Arbeitszimmers, im gleichen minimalistischen Stil gehalten wie das Esszimmer. Des einstigen Laibacher Bürgermeisters Peter Grasselli Zuhause war also äußerst modern eingerichtet (Vesna Bučić, Secesijsko pohištvo iz zapuščine ljubljanskega župana Petra Grassellija. Iz akcesije Narodnega muzeja v letu 1990. In: Argo: Časopis slovenskih muzejev, 31/32 (1991), 3–4). Der Bürgermeister Ivan Hribar verwendete dagegen lieber einen mit gewundenen Pfeilern verzierten Schreibtisch als einen Teil des genau so verzierten Arbeitszimmers, das er sich aus den (neo)barocken Möbeln im Schloss Radeče in Unterkrain einrichten ließ (Gregor Moder, Meščan na gradu: iz zapuščine Ivana Hribarja na gradu Podsreda. In: Argo: Časopis slovenskih muzejev, 44/2, (2001), 111–115), dessen Eigentümer er eine Zeitlang war. Sein Nachfolger, Bürgermeister Ivan Tavčar, benutzte in seinem ländlichen Zuhause in Poljanska dolina zwei Schreibtische aus dem 18. Jahrhundert.

Abbildung 8: Schreibtisch von Dr. Peter Grasselli, Artikel der Fabrik Mathian, Narodni muzej Slovenije, Foto T. Lauko.

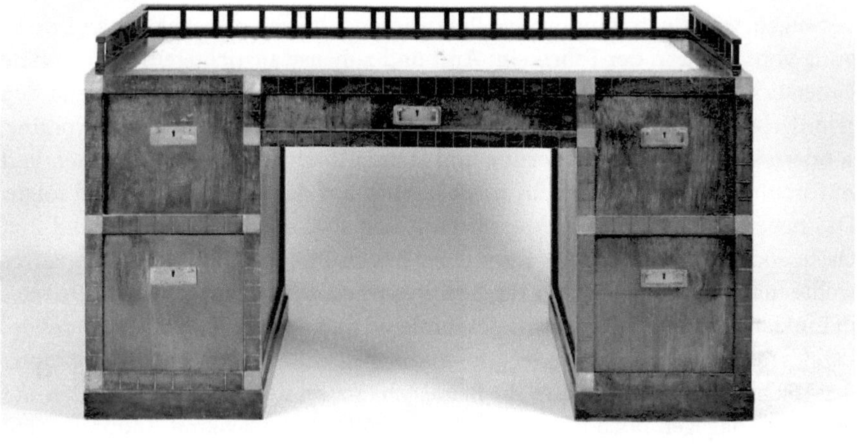

Die glatten Flächen waren nicht nur elegant, sondern auch pflegeleichter. Ein anderer Gesichtspunkt der immer moderner werdenden Handlichkeit stellte ein kombiniertes Stück Möbel dar – ein Schreibtisch für Damen mit Nähmaschine miteinander kombiniert, der 1913 von Ignacij Vok in Ljubljana verkauft wurde.

Die junge Wiener Gemeinschaft von Designern stand im ausgehenden 19. Jahrhundert ganz besonders unter amerikanisch-britischem Einfluss. Der Architekt Adolf Loos hatte 1893 die Weltausstellung in Chicago aufgesucht, hatte sich die Geschäftswolkenkratzer Louis Sullivans angeschaut und dessen Assistenten Frank Lloyd Wright besucht und war nach drei Jahren voller Ideen nach Wien zurückgekehrt. In den USA und in Großbritannien wurde bis dahin ein einfacher zurückhaltender Stil der Wohneinrichtung auf Grund der traditionellen einheimischen ländlichen Einrichtung einerseits, aber unter dem Einfluss des neu entdeckten japanischen Minimalismus andererseits entwickelt. Unter den führenden Namen dieses westlichen Protomodernismus befand sich auch der schottische Architekt und Designer Charles Rennie Mackintosh, der mit seiner Frau Margaret Macdonald und seinen Freunden eng mit den Wiener Kollegen zusammenarbeitete. 1900 haben eckige und schmale, spitzenartig durchbrochene Möbel und andere Gegenstände in der Ausstellung der „Secession" auf die österreichische

Kunstöffentlichkeit einen außerordentlichen Eindruck gemacht. Die Einrichtung Josef Hoffmanns einschließlich seiner Ideen für exklusive Unikat-Schreibtische ging seit jener Zeit vom Quadrat und Rechteck aus.[31] Die USA erreichten bis zur Jahrhundertwende einen ungeahnten wirtschaftlichen Aufschwung auch deswegen, weil sie ihre innovative Praxisbezogenheit an der effektivsten Erledigung von Arbeit in der Fabrik, im Amt und zuhause ausrichteten. Man startete Untersuchungen über die für die Erledigung der Arbeit die nötige Zeit und den erforderlichen Raum, woraus nicht nur das Fließband in den Fabriken hervorging, sondern auch die Rationalisierung und Standardisierung von Büroarbeiten und Büroräumlichkeiten, denen ein frischer Blick auf das Wohnungsumfeld folgte. Das neue Paradigma der Verwendbarkeit und Rationalität von Raum und Zeit fasste auch in Wien Fuß. Als Kern einer neuen Philosophie des Arbeitsplatzes wollte man die Kontrolle über die Beamtenarbeit mit seinem Recht auf Privates in Einklang bringen. In die Büros des mittleren und niederen Beamtenstandes des Landes fanden schnell typisierte, d.h. amerikanische Schreibtische Eingang. Unter der Tischplatte mit dem Raum für Beine gab es zwei Blöcke von Schubläden, auf der Platte dagegen noch eine größere oder kleinere Auflage mit Kammern und neuen Schubläden, die mittels eines einheitlichen Rollos geschlossen wurden. Damals konnte man ihre einfache und haltbare Variante, die mehrere Jahrzehnte in Gebrauch sein konnte, in jedem Büro antreffen. Auch im slowenischen Siedlungsgebiet wurden sie von den meisten Einrichtungsunternehmen angefertigt und zum Verkauf angeboten.[32]

Max Fabiani baute 1900 in Wien zwei Geschäfts- und Wohngebäude, das erste für das Möbelunternehmen Portois & Fix, das zweite für den Kunstverlag Artaria. Für Artaria entwarf er u. a. einen kubischen Schreibtisch für vier Personen mit einer sichtbaren Struktur in einem sachlichen, einfachen, doch in Proportionen wohl überlegten Stil, amerikanisch angehaucht, mit dazugehörigen Stühlen, die von der weiter oben erwähnten Firma Portois & Fix[33]

31 Rainald Franz (Hg.), Josef Hoffmann. Ein unaufhörlicher Prozess. Entwürfe vom Jugendstil zur Moderne, Balingen-Wien 2010, 37, 38.

32 Verkaufskatalog Pogačnik um 1913, 26.

33 Marko Pozzetto, Maks Fabiani – Vizije prostora, Kranj 1997, 135–136; Monika Wenzel-Bachmayer (Hg.), Pariser Esprit und Wiener Moderne. Die Firma Portois & Fix, Wien 2008, 19, 72–73, 88.

Abbildung 9: Der Geschäftsraum des Verlags Artaria samt Einrichtung nach Entwürfen von Max Fabiani. In: Catalogue Pariser Esprit und Wiener Moderne. Die Firma Portois & Fix, Ausstellung vom 8. Juli bis 1. Sept. 2008, Österr. Postsparkasse, Wien, 19.

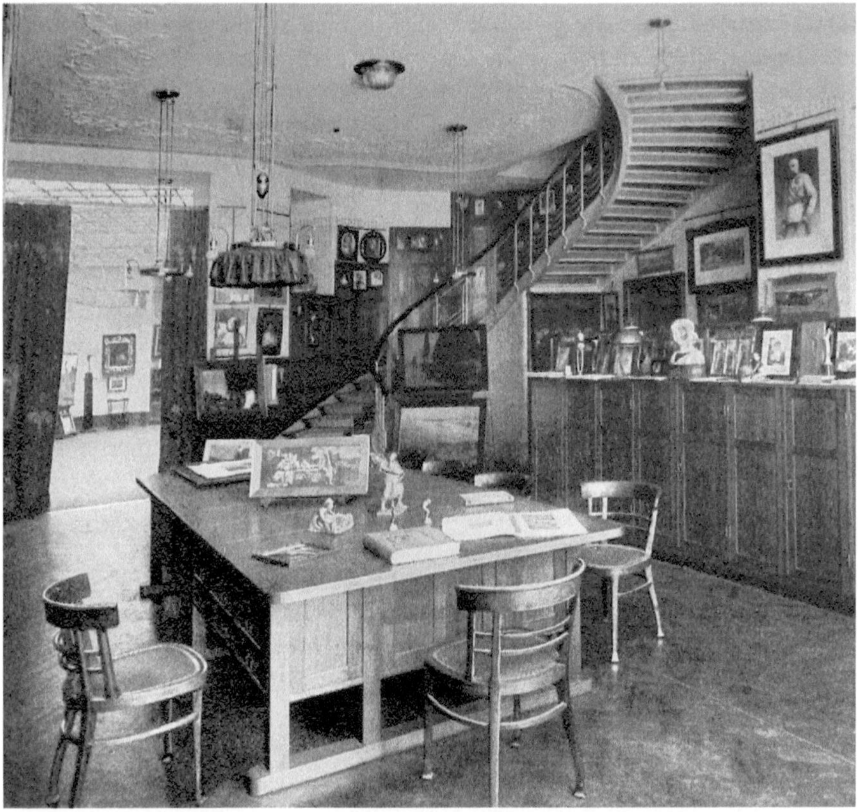

im typisch eleganten Wiener Stil angefertigt wurde. Als der Initiator des Umbaus des Interieurs des Klubs von Ingenieuren und Architekten (Eschenbachgasse), dessen tätiges Mitglied er war, stellte er im Jahr 1911 in die luftigeren und bequemeren Räumlichkeiten u. a. auch einen Doppelschreibtisch mit interessanten Stützen in Form von flachen Balustern auf.[34] Ein Altersgenosse Plečniks, Janez Jager – sowohl in Wien als auch in Ljubljana ein Assistent von Max Fabiani (sogar bei dessen städtebaulichen Plänen – begann schon früh über Möbel (auch

34 Pozetto, Fabiani, 219.

Schreibmöbel) nachzudenken, die man in die innere Architekturhülle der Bauten hätte einbringen können. Nachdem er sich 1902 in Minneapolis in Minnesota niedergelassen und sich dem engeren Kreis der innovativsten amerikanischen Architekten (sog. Prärieschule, von Louis Sullivan und Frank Lloyd Wright angeführt) angeschlossen hatte, gehörten Möbel ebenfalls in den großen Kreis seiner Interessen. Nach dem Ersten Weltkrieg entwarf er ein eigenes System zur Aufbewahrung von Bürokarteien und ließ jenes auch patentieren.

Der nationale Möbelstil

Ungeachtet ihrer Größe befanden sich alle europäischen Nationen in den letzten Jahrzehnten des 19. und in den ersten des 20. Jahrhunderts auf der Suche nach eigenen Wurzeln. Auch die Sezession als ‚erster' Stil, der sich in jenem Raum und jener Zeit unmittelbar an die Natur und Ursprünglichkeit angeschlossen hatte, suchte in den Kunstkodierungen nach Unverfälschtheit und Aufrichtigkeit. Deswegen ließ er sich gerne von überlieferten Formen und Verzierungen der autodidaktischen Meister und Meisterinnen inspirieren, wodurch die Künstler die Anlehnung an folkloristische Motive mit dem Patriotismus, Demokratie und Freiheit verbanden. Es verwundert nicht, dass es am Hintergrund des Patriotismus, aber auch der stürmischen Urbanisierung gang und gäbe war, seine Wohnung folkloristisch, d.h. bäuerlich einzurichten. Wohl aus diesem Grunde wählte der Leiter des Laibacher Turnvereins „Sokol" Viktor Murnik für sich lieber einen dunkel als einen hell gedrechselten Schreibtisch mit einfachen Formen, verziert mit stilisierten eingekerbten Blumen. Vorschläge für das Einkerben, Einschnitzen, Bemalung, Intarsien, Stickereien und Einbrennen wurden sowohl für Handwerker- als auch für Laiengebrauch von Professoren der Laibacher Kunstgewerbeschule entworfen, z.B. von Oton Grebenc, Celestin Mis und Jože Tratnik. Damals wurden in dem sogenannten nationalen bzw. volkstümlichen Stil als dem äußerlichen Ausdruck der Nationalzugehörigkeit zahlreiche Möbelgarnituren und einzelne Möbelstücke angefertigt. Für gewöhnlich handelt es sich dabei um flach geschnitzte symmetrische Blumenmuster, aber auch andere slowenische folkloristische Motive.

An der technischen Fakultät der 1919 gegründeten Universität in Ljubljana bildeten die Professoren Plečnik und Vurnik eine ganze Reihe slowenischer Architekten und Möbeldesigner aus. Zum Vorbild wurde ihnen die Arbeit, wie sie sie in Wien erlebt hatten. Im neuen südslawischen Königreich erwies sich Slowenien auf einmal als der am meisten entwickelte Landesteil. Neue Märkte im Süden des neuen Staates ermöglichten eine schnelle Entwicklung des Handels, des Handwerks und der Industrie, auch der Einrichtungsindustrie, da die vermögende Schicht der Bürgerlichen immer stärker wurde und das Niveau der Wohnkultur hob. Obwohl sich die slowenische Nation 1918 politisch und wirtschaftlich von Wien vollkommen getrennt hatte, blieb das zuvor in Gemeinsamkeit entwickelte kulturelle Umfeld aufrecht. Die alte und neue Generation von begabten und geübten slowenischen Designern und Möbelfabrikanten konnte ihre Fähigkeiten immer wieder unter Beweis stellen, nunmehr in einem Modernismus- und Art-Deco-Stil, der zwischen den beiden Weltkriegen trotz des Studiums von Neuheiten in Deutschland, Frankreich, Italien und anderswo immer noch dem Stil der Wiener Zeitgenossen am nächsten blieb.

In der Zwischenzeit war die Zweimillionenstadt an der Donau (die damals mehr Einwohner als ganz Slowenien hatte) zur Metropole des geschrumpften Österreich mit knapp sechseinhalb Millionen Einwohnern geworden und musste sich eine neue Identität verschaffen. Somit veränderten sich sowohl für Wien als auch für Ljubljana die Umstände nach dem Ersten Weltkrieg grundlegend. Die Kulturbeziehungen wurden schrittweise zwar immer schwächer, doch blieb Ljubljana immer noch ein wenig wienerisch angehaucht wie auch Wien seine slowenischen Spuren bewahrte.

Maja Godina Golija

Die dingliche Welt der Marburger Deutschen von der Mitte des 19. Jahrhunderts bis zum Ersten Weltkrieg

Einleitung

Ende des 19. Jahrhunderts war Slowenien noch ein überwiegend landwirtschaftliches Land, d.h. die Mehrheit seiner Einwohner lebte auf dem Lande und verdiente ihren Lebensunterhalt mit der Landwirtschaft. Nach der Agrarreform und Grundentlastung in der Habsburgermonarchie (1848) wurde den Bauern zwar Land zugeteilt, doch konnten jene ihren Lebensunterhalt wegen der hohen Abgaben für die Landwirtschaft kaum bestreiten. Dies führte zur Zerstückelung des Agrarbodens in kleinere Grundstücke, zur Übersiedlung der Bauern in die Städte, zu industriellen Zentren sowie zur Suche nach Arbeit außerhalb des Heimortes.[1]

Auch der Bau der Südbahn in den Jahren 1846 bis 1857 im slowenischen Siedlungsgebiet beeinflusste die steigende Mobilität der Landbevölkerung, denn nun existierte eine Verbindung zwischen Maribor (Marburg a. d. Drau), Celje (Cilli), Ljubljana (Laibach) und Triest (Trst). Indem die Bahn den Umzug von Landbevölkerung in die Städte und Fabriken auslöste, förderte sie gleichzeitig die Entwicklung der Wirtschaft, vor allem des Handels und der Industrie. Die ersten großen Industriebetriebe mit mehreren Tausenden Angestellten auf slowenischem Boden entstanden im letzten Drittel des 19. Jahrhunderts, doch setzte eine intensivere Industrialisierung erst nach dem Ersten Weltkrieg ein.[2]

Deswegen waren die Städte in Krain und der Untersteiermark am Ende des 19. Jahrhunderts hinsichtlich der Einwohnerzahl noch immer ziemlich klein und von ‚idyllischem' Provinzcharakter. Die Stadtbevölkerung umfasste außer Frauen und Kindern in kleineren Handwerksbetrieben Tätige, Arbeiter in Fabriken und Handwerkwerkstätten, Angestellte im Dienstleistungssektor sowie Dienstboten und Soldaten. Etwas weniger zahlreich waren in den Städten die Adeligen und reichen Bürger, die damals eine gesellschaftliche Elite bildeten und vor allem Eigentümer von Industriebetrieben, Großhandelsunternehmen,

1 Janez Cvirn u. a., Ilustrirana zgodovina Slovencev, Ljubljana 2000, 339.
2 Slavko Kremenšek, Etnološko proučevanje Ljubljane novejše dobe, Ljubljana 1980, 24.

hochrangige Militärpersonen, Anwälte und prominente politische Persönlichkeiten waren.

Obwohl die größte Anzahl städtischer Slowenen in Triest lebte, stellten Ljubljana und Maribor die größten Städte auf slowenischem Boden dar. Laut Volkszählung hatte im Jahr 1880 Ljubljana 26.284 Einwohner und Maribor 17.628 Einwohner. Noch Anfang des 20. Jahrhunderts waren die krainischen und untersteirischen Städte im Vergleich zu anderen Städten der Monarchie relativ klein. Ljubljana als die größte Stadt auf slowenischem Boden war sogar fünfzigmal kleiner als Wien, die Hauptstadt der Österreichisch-Ungarischen Monarchie; Maribor war daher noch kleiner. 1900 zählte die Stadt bloß 24.601 Einwohner, davon 1.343 Soldaten.[3] Noch größer war die Kluft zwischen jenen Städten und den schnell wachsenden Großstädten Westeuropas.

Maribor hatte im Laufe der Jahrhunderte einen zweisprachigen Charakter bekommen, indem in der Stadt Deutsche und Slowenen dominierten, wogegen Angehörige anderer Nationalitäten (z. B. Tschechen, Russen, Serben u. a.) in der Minderzahl blieben. Laut den die Umgangssprache als Kriterium berücksichtigenden Volkszählungen waren im Jahre 1900 nur 17,34 Prozent der Bevölkerung als Slowenisch Sprechende gemeldet, und im Jahre 1910 sank diese Zahl sogar auf nur 13,64 Prozent der Bevölkerung.[4]

Wichtig für Maribor war die Entwicklung ab der Mitte des 19. Jahrhunderts, nachdem die Südbahn bis nach Maribor (1846) und die Trasse nach Kärnten (1863) gebaut worden war und sich hierdurch die wirtschaftliche und politische Lage der Deutschen in Maribor deutlich verbesserte. Neue Industriebetriebe (z. B. die Werkstätten der Südbahn und eine starke Mühlenindustrie) entstanden, und auch der Handel mit Wein und Agrarprodukten erfuhr eine Stärkung. In der Zeit vor dem Ersten Weltkrieg hatten die Deutschen in der Stadt daher die wirtschaftliche Vorherrschaft. Von den direkten Steuern haben die Marburger Deutschen damals 90 Prozent abgeführt, die Slowenen hingegen nur 10 Prozent. Von den Unternehmern waren in diesem Zeitraum 304 in deutscher und nur 48 in slowenischer Hand; unter den Handwerkern standen den 670 Deutschen 172 Slowenen gegenüber.[5] Nach dem Zerfall der Österreichisch-Ungarischen Monarchie verschwand das deutsche Kapital aus

3 Jerneja Ferlež, Prebivalstvo Maribora 1848–1991. In: Studia Historica Slovenica 1/2 (2002), 83.

4 Anton Melik, Slovenija 2 (Štajerska s Prekmurjem in Mežiško dolino), Ljubljana 1957, 405.

5 Bruno Hartman, Kulturni tokovi v Mariboru in njegovem zaledju med vojnama. In: Časopis za zgodovino in narodopisje 1–2 (1983), 235.

Maribor zwar nicht, doch kam es der neuen Obrigkeit nicht zugute, denn im Jahre 1921 setzte sich die Stadtbevölkerung nur mehr aus 21 Prozent Deutschen und 68 Prozent Slowenen zusammen, während den Rest Serben, Kroaten, Tschechen, Slowaken u. a. bildeten.[6]

Die Marburger Unternehmer stammten vor allem aus Tirol, Oberösterreich, Mähren und Kärnten, und mit ihnen waren deutschsprachige Fachleute in die Stadt gekommen. Sie leiteten einige sehr wichtige Betriebe der Mühlenindustrie (Karl Scherbaum und Ludwig Franz), Lederfabriken (Anton Badl), Baufirmen (Alois Kiffmann, Max Czeike und Ubald Nassimbeni), ein Ziegelwerk (Franz Drewuschek und Andreas Tschernitschek), eine Weinhandlung und Brauereien (Tscheligi und Badl) sowie öffentliche Unternehmen der Stadt und die Werkstätten der Südbahn.[7] Die Deutschen waren auch Eigentümer der meisten Geschäfte und Wohnhäuser der Stadt. Daher verfolgte der Stadtrat insbesondere in den letzten drei Jahrzehnten des 19. Jahrhunderts eine deutschnationale Politik, die einige Handlungen auf symbolischer Ebene widerspiegeln, z. B. die Benennung von Straßen nach bekannten deutschen Prominenzen, das Aufstellen von Denkmälern wichtiger deutscher Persönlichkeiten, die Verherrlichung von Josef II. als ‚Germanisierer' und von Bismarck als wichtige alldeutsche Kultpersönlichkeit. Die Stadtregierung grenzte die Verwendung der slowenischen Sprache in der Öffentlichkeit ein, z. B. durch die Beschränkung der Einführung des Unterrichtsfaches Slowenisch für slowenische Schüler in den weiterführenden Schulen der Stadt oder durch das Verbot von Aushängeschildern oder Tafeln in slowenischer Sprache in den Straßen und an den Geschäften.[8]

Deutsche in Maribor waren durch viele familiäre, persönliche und fachliche Bindungen an andere Orte innerhalb der Monarchie gebunden, zum Beispiel an Tirol, die Steiermark, Oberösterreich und Kärnten, wie das Archivmaterial belegt, das im Regionalarchiv Maribor erhalten ist. Zur Festigung dieser Verbindungen, vor allem innerhalb der Steiermark, trug sicherlich auch die damalige Lokalpolitik bei, die seit Anfang der 1880-erJahre eine selbstständige und stärker deutschorientierte Politik der (unter-)steirischen Deutschen betonte. Sie trat mit dem Slogan „Weg von Wien" auf und bemühte sich, den gefährdeten deutschen Besitzstand unabhängig von der Reichshauptstadt zu erhalten. Die Ideologie des Steirertums (Štajerci) betonte die Verquickung der slowenischen Landwirte mit

6 Melik, Slovenija 2, 406.

7 Maja Godina, Iz mariborskih predmestij. O življenju in kulturi mariborskih delavcev v letih 1919 do 1941, Maribor 1992, 17.

8 Filip Čuček u. a., Nemci in Maribor. Stoletje preobratov: 1846–1946, Maribor 2012, 47.

dem deutschen Bürgertum und die Bedeutung eines gesamtsteirischen Landesbewusstseins.[9]

Während die Kontakte mit Wien eher schwächer waren, übte auf die Lebensart und materielle Welt der Marburger Deutschen die nahe gelegene und weit größere Stadt Graz einen stärkeren Einfluss aus. Reichere Marburger Deutsche besuchten regelmäßig Graz aus teilweise geschäftlichen, teilweise privaten Gründen. In Graz kauften sie Möbel, Musikinstrumente, Bekleidung, Accessoires, Maschinen, optische Hilfsmittel und noch v. a. m. Deshalb forderte z. B. der Grazer Musikalienhändler Franz Wiessner in der „Marburger Zeitung" die Einwohner von Maribor oft zu Einkäufen oder zur Ausleihe von Musikinstrumenten in seinen Läden auf (Das gleiche galt auch für den Klavierladen Wagner).[10] Auch der Grazer Händler Ludwig Zwiebach veröffentlichte in dieser Zeitung Werbung für sein reiches Angebot an Kleidung und empfahl den Einkauf von Damenmode.[11] Die Produkte von Wiener Unternehmen und die Angebote von Wiener Läden fand man bei den Marburger Händlern hingegen in geringerem Maße: Johann Lacher verkaufte Möbel der Wiener Hersteller, Carl Petauer verkaufte Kopfbedeckung und Strohhüte aus Wien, während Friedrich Svetl die bei der Wiener Weltausstellung 1873 preisgekrönten Sonnen- und Regenschirme für Herren verkaufte.[12]

Bekleidungskultur

Die Bekleidungskultur orientierte sich dennoch stark am Angebot aus Wien, aber auch an modischen Trends aus Paris und anderen westeuropäischen Städten. Wenn die Bekleidungskultur der bäuerlichen Bevölkerung der Umgebung von Maribor, die slowenisch war, Mitte des 19. Jahrhunderts in den Texten der damaligen Intellektuellen mehrmals als Tracht bzw. „Slowenische Volkskleidung" bezeichnet wurde, folgte die Kleidung des Adels und der Bürger den Modetrends der Metropolen, vor allem jenen aus Wien. In den Texten der damaligen Autoren wurde sie auch als „deutsche" Bekleidung bezeichnet, die der aktuellen Mode folgte und auch in kleineren Städten Eingang fand, vor allem durch Pariser oder Wiener Modezettel bzw. Modegrafiken.[13]

---

9 Ebenda, 48.

10 Marburger Zeitung 69 (1862), 6; ebenda 116 (1874), 4.

11 Ebenda 23 (1896), 8.

12 Ebenda 42 (1874), 4.

13 Angelos Baš, Posebnosti slovenske in nemške obleke na Slovenskem od začetka 19. stoletja do druge svetovne vojne. In: Zgodovinski časopis 46 (1992), 445.

Bis zu den 1890-er Jahren hatte sich die Bauernkleidung aus der Umgebung von Maribor schon stark verändert: Oft wurde sie aus gekauftem Stoff angefertigt, wobei sie im Schnitt, vor allem bei Feiertags- und Hochzeitskleidern, den aktuellen Modetrends folgte. Die Deutschen der Untersteiermark, die in den Städten und Märkten lebten, folgten mit ihrer Kleidung den Modetrends der Metropolen.[14] Auch die Marburger Deutschen richteten ihre Bekleidung nach der aktuellen Mode aus Großstädten, an der sich die regionalen Schneider und Schneiderinnen orientierten. Aus den Metropolen kamen auch die besseren Stoffe und angesehene Modezeitschriften. Wohlhabende Bürger kauften Kleidungsstücke (z.B. Hüte) vor allem in größeren Städten wie Graz oder Wien. Die Zeitungen aus Maribor hielten die Bürger über das Angebot der Grazer Bekleidungsgeschäfte auf dem Laufenden, aber auch über den Verkauf anderer Gegenstände wie z.B. Faschingskostüme. In der „Marburger Zeitung" sind in den Jahren 1862 bis 1913 unzählige Anzeigen enthalten, die zum Einkauf von Kleidung nach Graz einluden, aber auch dazu, die Kleidungsstücke in Wiener Läden zu kaufen.[15] Manche in Wien hergestellten Kleidungsstücke und Schuhe (auch Hüte, Unterwäsche, Handschuhe und Damenschuhe) konnten auch in Marburger Geschäften gekauft werden.[16]

14 Ebenda, 446.
15 Marburger Zeitung 7 (1896), 8; ebenda 56 (1896), 7; ebenda 4 (1910), 11.
16 Ebenda 18 (1896), 9; ebenda 32 (1910), 10.

Abbildung 1: Die Frau aus der Familie Schmiederer-Brunner im Faschingskostüm. Regionalarchiv Maribor, AŠ 26.

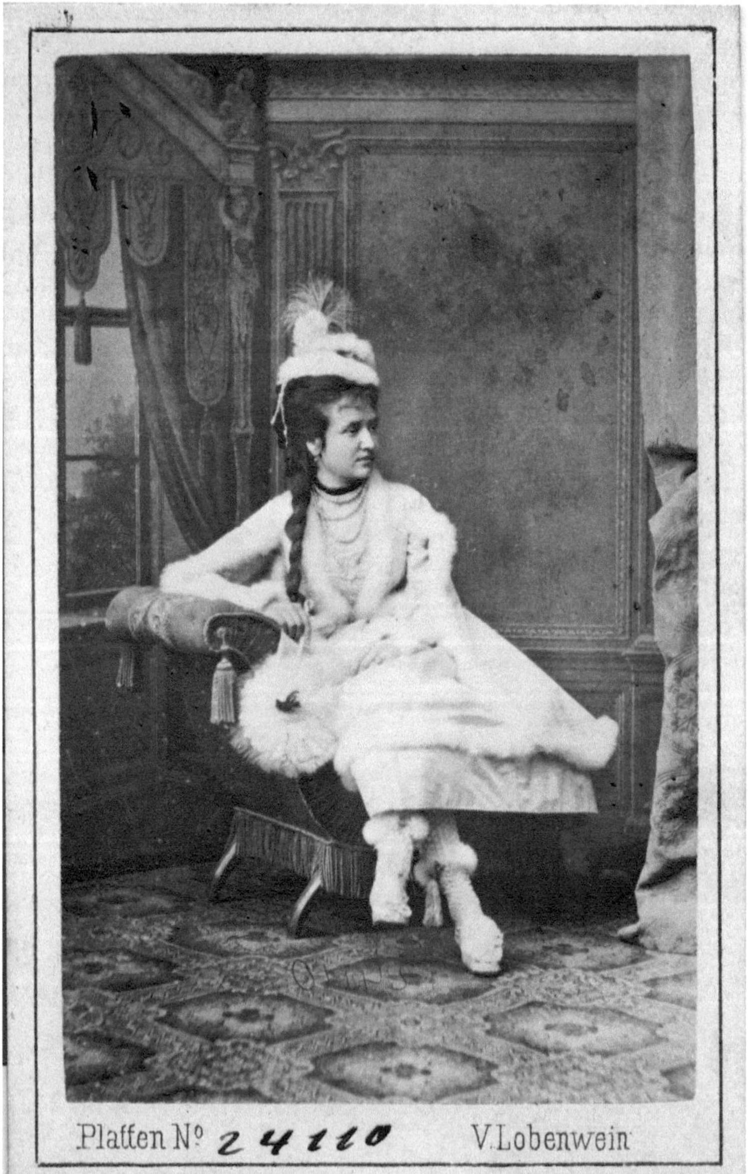

Die Marburger Deutschen trugen als ihre typisch deutsche Tracht vor allem die sogenannte steirische Tracht, die wegen ihrer regionalen Zugehörigkeit bzw. wegen der politischen Betonung des Steirertums immer beliebter wurde. Jene ging als Bekleidungsmodell auf Erzherzog Johann zurück (1782–1859), der gerne Kleider trug, die den Jagdgewändern der steirischen Bauern nachempfunden waren.[17] In der Folge begannen viele Kreise des deutschsprachigen Adels und Bürgertums in der Monarchie dieses Vorbild nachzuahmen. Wie die deutsche Ethnologin und Wissenschaftlerin für Bekleidungskultur Ingeborg Weber Kellermann festgestellt hat, wurde Ende des 19. Jahrhunderts die steirische Herrenbekleidung mit der Lederhose und den Kniestrümpfen aus Wolle sowie das Dirndlkleid bei den Damen zu einem Symbol des Deutschtums, das sowohl zum Salon als auch zu zahlreichen anderen Gelegenheiten ‚passte'.[18] Dieses Ergebnis deckt sich mit der Analyse des Bildmaterials aus Maribor am Ende des 19. Jahrhunderts und am Anfang des 20. Jahrhunderts. Obwohl die Marburger Bürger am häufigsten in Kleidern abgebildet sind, die gemäß dem Schnitt, der Farbe und dem Material den aktuellen Modetrends folgten, gibt es auch Darstellungen, auf welchen sie steirische Tracht angelegt hatten. Diese trugen sie vor allem bei Veranstaltungen und Feierlichkeiten, z.B. bei der Eröffnung der Hütte des „Deutschen Alpenvereins Marburg" im Jahre 1913 oder bei Ausflügen in die freie Natur oder in der Freizeit.[19] Die steirische Tracht war unter der Deutsch sprechenden Marburger Bevölkerung auch noch in den 1930-er Jahren beliebt, als sich die nationalsozialistischen Ideen zu verbreiten und Handlungen nationalsozialistisch gesinnter Personen und Vereine in der Stadt zu verstärken begannen. Lederhosen und gestrickte weiße Kniestrümpfe wurden vor dem Zweiten Weltkrieg daher zu einem Symbol bzw. Charakteristikum der deutschsprachigen Einwohner von Maribor und dienten als ein visuelles Merkmal zur Unterscheidung von der slowenisch-sprachigen Mehrheit, wie aus Fotos und die Erzählungen älterer Einwohner hervorgeht.[20]

---

17 Baš, Posebnosti slovenske, 449.

18 Ingeborg Weber-Kellermann, Beobachtungen zu Tradition, Mode und Innovation am Beispiel eines Trachtstückes. In: Ethnologia Europaea 4 (1970), 182.

19 Maja Godina, Maribor 1919–1941. Oris družabnega življenja, Maribor 1986, 64.

20 Čuček u. a., Nemci, 70.

Abbildung 2: Junge aus der Familie Badl in steirischer Tracht. Regionalarchiv Maribor, AŠ 1.

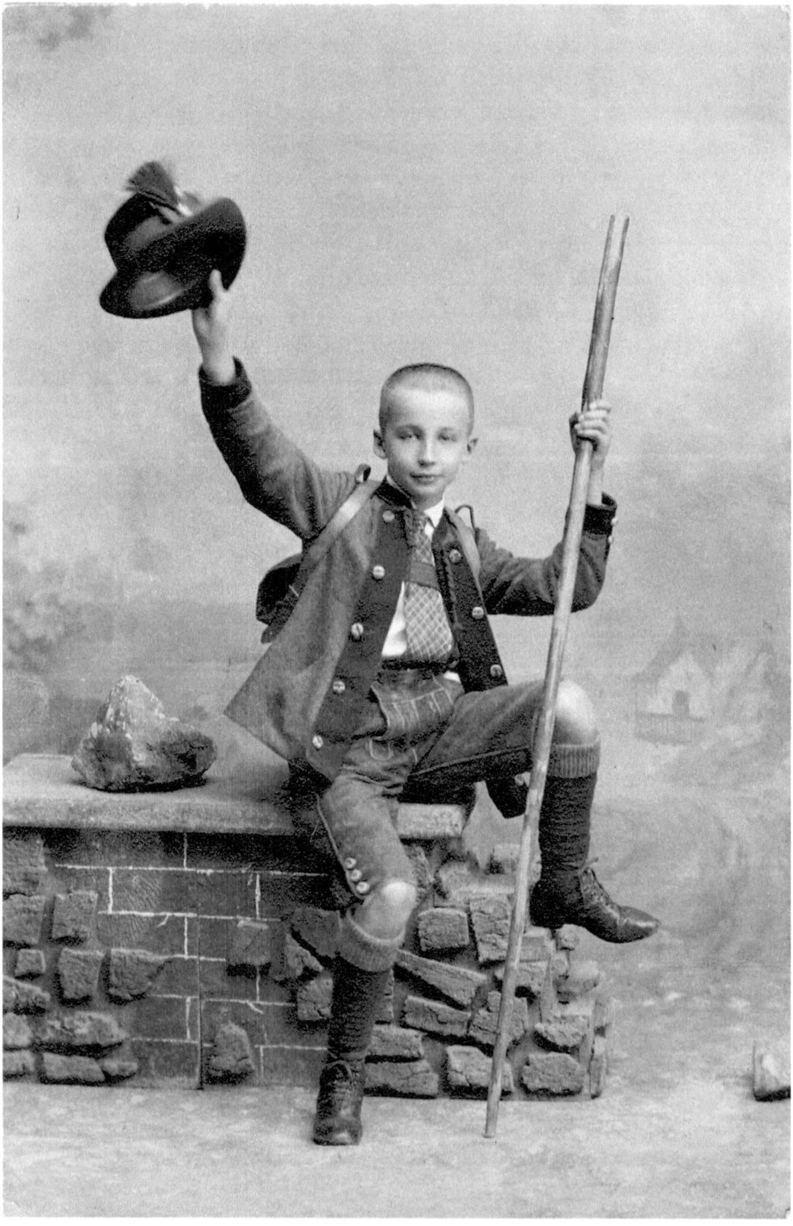

Wohnkultur

Ähnlich wie in der Bekleidungskultur folgten die Marburger Bürger auch in Baukunst und Wohnkultur dem Vorbild der Metropolen. An der Wende vom 19. zum 20. Jahrhundert setzte sich in Maribor der Jugendstil durch, dessen hervorragendster Vertreter Fritz Friedriger war, ein gebürtiger Deutscher aus Siebenbürgen, der von 1894 bis 1920 in der Stadt wirkte. Er entwarf vor allem Wohnhäuser und Villen, aber auch Banken, Handelshäuser, Schulen u. ä.; eines seiner bekanntesten Werke ist die Villa Transsylvania. Er erstellte auch einen Regulierungsplan für die Vorstadt „Magdalensko predmestje", der jedoch nie zur Gänze Umsetzung fand.[21]

Fritz Friedriger war der erste akademisch gebildete, in Maribor wirkende Architekt. Er absolvierte sein Studium bei dem berühmten Teophil von Hansen, der die Wiener Ringstraße gestaltete. Es ist noch immer nicht bekannt, was ihn nach Maribor gebracht hatte, doch sehr wohl, dass vor seiner Ankunft, d.h. bis in die 1890-er Jahre, im baulichen Sinne vor allem einheimische Baumeister wie Adolf Baltzer, Franz Derwuschek, Andrej Černiček und Rudolf Kiffman sowie manche ausländische Architekten, die von reichen Privatkunden beauftragt wurden, die Stadt prägten.[22] Die einheimischen Baumeister führten die damals populären Baustile aus, die in Graz und Wien vorherrschten, und ließen auch in Maribor Gebäude nach dem Vorbild der modernen Architektur bauen. Forscher stellten fest, dass sich ähnlich wie in den anderen Teilen der Monarchie auch wohlhabende Marburger sehr schnell für die neue Wiener Mode begeisterten, nicht nur in Bezug auf die Kleidung, sondern auch in architektonischer Hinsicht.[23]

Die wohlhabenden deutschsprachigen Bürger von Maribor lebten zu Ende des 19. und am Anfang des 20. Jahrhunderts vor allem in bürgerlichen Villen, die in der Nähe des Stadtparks gebaut wurden (heute Tomšič-Allee und unter dem Kalvarienberg). Viele unter ihnen waren Eigentümer mehrerer Immobilien in der Stadt, die sie vermieteten, doch ließen manche in den wohlhabenden Vierteln Villen nur bauen, um sie dann an verschiedene Käufer zu veräußern. Unter diesen ist der deutsche Miteigentümer der Lederfabrik und der Großhändler Anton Badl hervorzuheben, der unter dem Kalvarienberg mehrere Einfamilien-Villen bauen ließ und verkaufte, wobei er in einer davon selbst logierte. Diese hochwertigen bürgerlichen Wohnungen bestanden normalerweise aus einer geräumigen Eingangshalle, einer Küche, einem Esszimmer, einem Salon mit einer Veranda oder

21 Ebenda, 199.

22 Jelka Pirkovič, Fritz Friedriger in mariborske stavbne zadeve. In: Fritz Friedriger in Maribor (1894–1920), Galeriekatalog, Maribor 1999, 5.

23 Pirkovič, Fritz Friedriger, 6.

Terrasse, zwei oder drei Schlafzimmern, einer Toilette, einem Badezimmer sowie einem oder zwei Zimmern für das Personal.[24]

Die Einrichtungsgegenstände bzw. die Wohnkultur der Marburger Deutschen war vor allem von der finanziellen Lage des Einzelnen abhängig. Dabei folgten die Bewohner den Neuheiten, die in den europäischen Metropolen eingeführt wurden, und versuchten, diese je nach finanziellen Möglichkeiten auch im eigenen Heim zu berücksichtigen. Trotzdem hatte der Großteil der Bürger, auch der reicheren deutschen Familien am Ende des 19. Jahrhunderts, noch kein Fließwasser, kein Badezimmer und keine Toiletten mit Wasserspülung in der Wohnung; sie waren jedoch die Ersten, die derartige Neuheiten um 1900 einführten.[25] Möbel und Einrichtungsgegenstände wurden entweder in größeren Städten Österreichs bestellt oder gekauft (vor allem in Graz und Wien) oder nach Maß angefertigt.[26] Anzeigen in den Marburger Zeitungen empfahlen den Einwohnern, Möbel und andere Wohnausstattungen auch in Marburger Geschäftslokalen zu erwerben, die die Produkte verschiedener Hersteller aus Monarchie vertraten und verkauften. So konnte man z. B. aus dem Katalog damals sehr beliebte Eisenkochherde aus der Fabrik von H. Kolozeus aus Wels bestellen[27], und manche Produzenten (z. B. Reichard & Comp. aus Wien) führten eigene Niederlassungen in Maribor.[28]

Die weniger wohlhabenden Deutschen, z. B. das Fachpersonal, das in den Werkstätten der Südbahn beschäftigt war, lebte in der Nähe dieser Werkstätten (viele in der Eisenbahnkolonie), die in den Jahren 1863–1869 nach dem Vorbild der deutschen Kolonien im Ruhrgebiet erbaut worden war. In der Eisenbahnkolonie waren die Wohnungen verhältnismäßig groß, auch gab es in dieser Anlage einen Kindergarten und eine Schule für deutschsprachige Kinder sowie ein Konsumgeschäft und ein Schwimmbad.[29]

Ess- und Trinkkultur

Die Inneneinrichtung der öffentlichen Lokale (Gasthäuser und Gesellschaftsräume) orientierte sich an der Ausgestaltung ähnlicher Räume in größeren Städten der Monarchie, indem traditionelle historische Stile Nachahmung fanden (z. B. der Altdeutsche Stil oder der Stil der Bauernstube). In diesem Stil war auch das

24 Jerneja Ferlež, Stanovati v Mariboru: etnološki oris, Maribor 2009, 144.
25 Ferlež, Stanovati, 204.
26 Čuček u. a., Nemci, 213.
27 Marburger Zeitung 4 (1910), 10.
28 Ebenda 143 (1874), 4.
29 Godina, Iz mariborskih predmestij, 41.

Kaffeehaus „Käffer am Slomšek-Platz" (Slomškov trg) ausgestattet, das den Ruf als ein Lokal mit ausgeprägt deutschtümelndem Publikum hatte. Auch die Innenausstattung des Lokals drückte diesen Eindruck aus: Mit den Bildern von Kaiser Franz Joseph und Erzherzog Franz Ferdinand dekoriert, waren die Möbel aus Massivholz im Stil deutscher Bauernstuben aus dem Alpengebiet, während die Wände Zeichnungen mit Pflanzenmotiven und Versen in deutscher Sprache verzierten. Auch das Lokal des in Maribor ebenfalls vertretenen Vereins „Schlaraffia" drückte eine enge Bindung an den deutschsprachigen Kulturraum und dessen Modestile aus. In dem damals beliebten altdeutschen Stil gestaltet, war es mit Standarten, Waffen und Lanzen dekoriert. Die Ausstattung imitierte den Stil mittelalterlicher deutscher Burgen, da die Mitglieder von „Schlaraffia" ihre Räume „Drauburg" nannten. Die Wände waren mit den Bildern prominenter deutscher Persönlichkeiten der Politik und Kultur verziert, und auf zwei Sockeln standen die Statuen von Goethe und Schiller.[30]

Starke Spuren hinterließ die Metropole beim gesellschaftlichen Leben und beim Marburger Gaststättenangebot, da die Ernährung nicht nur in der Steiermark von der Wiener Küche abhing. Während für das 17. und 18. Jahrhundert die Bedeutung der italienischen und französischen Küche bezeugt ist, geriet die Küche in den slowenischen Siedlungsgebieten im 19. und Anfang des 20. Jahrhunderts immer stärker unter den Einfluss Wiens. Dazu trug auch die Verbreitung von Kochbüchern in deutscher Sprache bei, z.B. des sehr beliebten Kochbuchs von Katharina Prato „Die Süddeutsche Küche", das in Graz erstmals im Jahr 1858 veröffentlicht und mehrmals nachgedruckt wurde (Etliche Exemplare existieren selbst heute noch in den Haushalten von Maribor). Das Buch stellt vor allem die Wiener bzw. österreichische Küche vor, enthält aber auch einige andere typische Gerichte der in der Monarchie lebenden Völker. Bedeutung bei der Verbreitung der Wiener Küche hatten auch die Koch- bzw. Haushaltskurse, die versuchten, die Rezepte, die Kochkünste und kulinarischen Techniken, die in den Metropolen praktiziert wurden, auch in kleineren Städten, Märkten und auf dem Land zu verbreiten.[31] Eine besondere Bedeutung für die Verbreitung der Wiener Küche hatte auch das Speisenangebot in den Restaurants, das allmählich in die Häuser der Bürger und des Adels Eingang fand, wie aus den Studien von Ernährungswissenschaftlern (z.B. Günther Wiegelmann) hervorgeht.[32]

30 Godina, Maribor, 65.

31 Maja Godina Golija, Pomen kuharskih knjig za etnološko raziskovanje prehrane. In: Traditiones 1 (2001), 298.

32 Günter Wiegelmann, Alltags- und Festspeisen in Mitteleuropa, Münster-New York-München-Berlin 2006, 98.

Die Zusammensetzung der Mahlzeiten und deren täglicher und wöchentlicher Rhythmus waren stark von der gesellschaftlichen und finanziellen Lage der Personen bzw. Familien abhängig. Für die wohlhabenden Bürger Maribors waren drei Hauptmahlzeiten charakteristisch, wobei das Mittagessen die wichtigste Mahlzeit war, die alle Familienmitglieder gemeinsam einnahmen. Ein gutbürgerliches Mittagessen, wie es damals genannt wurde, bestand aus Suppe, Fleisch, Beilage, Salat und Nachspeise. Das Mittagessen begann mit der obligatorischen Suppe, meistens einer Fleischbrühe (z.B. Rindsuppe mit verschiedenen Suppeneinlagen), aber auch mit gemischter und cremiger Gemüsesuppe. Darauf folgten Fleisch (z.B. gekochtes Rindfleisch auf verschiedene Weisen), Gulasch, Schnitzel, Braten oder Wildfleisch. An Fischen wurden in Maribor vor allem Süßwasserfische verzehrt, z.B. Forellen, Karpfen und Welse, im Winter auch Stockfische. Bei den bürgerlichen Mahlzeiten waren Gemüsebeilagen wichtig, die jeden Tag für das Mittagessen zubereitet wurden, und zwar Gemüsesaucen, gedünstetes oder geschmälztes Gemüse. An Beilagen waren die auf verschiedene Weisen zubereiteten Kartoffeln am meisten verbreitet, seltener Reis, Teigwaren, Knödel und Sterz (Maisgries). Salate wurden saisonal zubereitet und stammten entweder aus dem eigenen Gartenanbau oder vom Markt. Das Mittagessen wurde in den wohlhabenden Familien mit einer Nachspeise abgerundet: Ähnlich wie in anderen Teilen der Monarchie eine warme Mehlspeise wie z.B. Omeletten, Aufläufe und Puddings, aber auch Kuchen und Kompotte.[33]

Die Zeit des Mittagessens wurde der Arbeitszeit und den Pflichten des Haushaltsvorstands (Vater) angepasst. Wie der österreichische Historiker Roman Sandgruber schrieb, setzte sich nach der Revolution im Jahre 1848 ein etwas weniger flexibler Rhythmus der Mahlzeiten durch, was auf die strengeren Arbeitszeitbestimmungen zurückging. Der Tagesrhythmus der bürgerlichen Mahlzeiten in der Habsburgermonarchie blieb zusammen mit den Arbeitszeiten in den Ämtern, Geschäftslokalen, Büros und Banken lange Jahrzehnte unverändert. Dieses konservative Modell der Mahlzeiten mit der Beibehaltung des Mittagessens als Hauptmahlzeit blieb daher auch in Maribor Gang und Gäbe.[34] Das Frühstück und das Abendessen waren demzufolge weniger wichtige Mahlzeiten: Suchte der Familienvater am Abend Stammtische in Kaffeehäusern oder Restaurants auf

33 Maja Godina Golija, Prehrana v Mariboru v dvajsetih in tridesetih letih 20. stoletja, Maribor 1996, 66–68.

34 Roman Sandgruber, Zeit der Mahlzeit. Veränderungen in Tagesablauf und Mahlzeiteneinteilung in Österreich im 18. und 19. Jahrhundert. In: Nils-Arvid Bringéus u. a. (Hg.), Wandel der Volkskultur in Europa, Münster 1988, 468.

oder ging er anderen gesellschaftlichen Verpflichtungen nach, nahm die Frau das Abendessen mit den Kindern allein ein.

An Sonn- und Feiertagen waren die Tische der wohlhabenden Häuser Maribors noch voller. Bei solchen Mittagessen folgte der obligatorischen Rindsuppe der Braten normalerweise von einem hochwertigeren Fleisch, z.B. Kalbs- oder Lungenbraten oder Schweinefilet im Netz. Im Frühling waren fette, gebackene steirische Kapaune, Truthähne, gebratene Hähnchen, aber auch Froschschenkel beliebt. Als Beilage waren am beliebtesten Back- oder Röstkartoffeln, Reis mit Erbsen, gebratene Nocken aus Kartoffelteig u. ä. Oft wurde an Sonn- oder Feiertagen auch ‚besseres' Gemüse zubereitet, z.B. Spargel, Karfiol, Erbsen und eine Vielzahl von Salaten, die von anderen Bevölkerungsschichten überhaupt nicht gegessen wurden. Das sonn- oder feiertägliche Mittagessen schloss eine Nachspeise ab – Obstkuchen, Biskuit- oder Cremeschnitten, vereinzelt auch Torten, im Sommer selbstgemachtes Eis.[35]

Geselliges Leben

Die Vielfalt und Fülle der Speisen kennzeichneten die all- und feiertäglichen Mahlzeiten der wohlhabenden Marburger Bürgerfamilien, doch bedeutete das Essen auch einen wichtigen Bestandteil des gesellschaftlichen Lebens und öffentlicher Auftritte. Der Genuss von Speisen wurde beinahe in alle Formen bürgerlichen Zusammenseins integriert, z.B. in Teerunden am Nachmittag sowie in Partys und Soireen. Im behandelten Zeitraum fanden viele Formen des Zusammenseins und der bürgerlichen Feste beim Genuss ausgewählter Speisen in den Häusern oder auf den Anwesen der wohlhabenden Bürgerfamilien statt.

Zu den repräsentativsten Formen des Zusammenseins in den Häusern zählten Elitenabendessen, d. h. Soireen, die mit Hauspartys verbunden sein konnten (Hausbälle), die ausschließlich aus geselligen Gründen stattfanden; dabei waren nur der engste Freundeskreis und Geschäftspartner eingeladen. Solche Elitenabendessen und Hauspartys waren Gelegenheiten, bei welchen die Hausherrin ihre kulinarischen und sonstigen Fähigkeiten unter Beweis stellen konnte. Die Gastgeberinnen wetteiferten untereinander bei der Zubereitung und dem Servieren von Speisen, bei der Raumdekoration und der Leitung des Partyablaufs. Bei solchen Abendessen wurde mit erlesenen Speisen aufgewartet, vor allem mit dem auf verschiedene Arten zubereiteten Wild, Fisch oder Geflügel, insbesondere mit Kapaunen, die als besondere Spezialität galten, und mit verschiedenen Süßspeisen.[36]

35 Godina Golija, Prehrana, 90.
36 Godina, Maribor, 10.

An den Wochenenden begab sich die gehobene Marburger Herrschaft (vor allem Juristen, Fabrikanten, Großhändler, Ärzte und höchste militärische Persönlichkeiten) aufs Land, wo sie ihre Meiereien hatten, die man Herrenhäuser nannte, zu denen Freunde und Verwandte eingeladen wurden. Vor allem in den Sommer- und Herbstmonaten wurden hier Partys veranstaltet, die bis spät in die Nacht dauern konnten. Die Gäste kamen mit Kutschen, seltener mit Autos angereist, und die Partys verliefen auch angesichts der eher sportlichen Kleidung entspannter als in der Stadt. Aufgewartet wurde mit den damals besten Fleischspeisen, ausgewähltem Gemüse und Süßspeisen.[37]

Abbildung 3: Im Garten (Familie Schmiederer-Brunner). Regionalarchiv Maribor, AŠ 25.

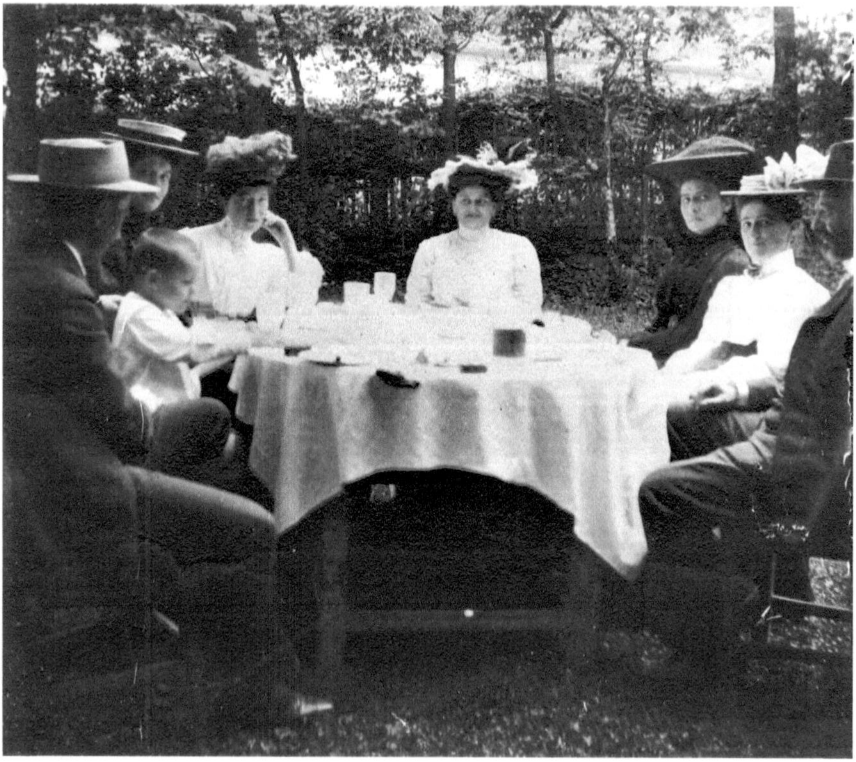

37 Ebenda, 11.

Auch die erhaltenen Kochbücher, handschriftlichen Sammlungen und Menüs der Marburger Restaurants bezeugen die außerordentliche Beliebtheit der Wiener Küche. Daher tauchten auf den Speisekarten der Bürger häufig Speisen auf, die für die Reichshauptstadt charakteristisch waren. In dem handschriftlichen Kochbuch der Tochter eines Marburger Fabrikanten sind Rezepte für die Herstellung von folgenden Gerichten zu finden: Rindsuppe mit Frittaten, Tafelspitz mit Apfelkren, Kaiserschmarrn, Topfenstrudel und Gugelhupf. Derartige Speisen waren auch auf den Speisekarten der damaligen Hotelrestaurants und Gasthäuser am häufigsten zu finden: Poularde, Brathuhn, Nierenbraten, Rostbraten mit Zwiebeln, Schweinskarree, Gulasch, Nockerl, Prager Schnitzel, Linzer- und Doboschtorte, Husarenkrapferl, Anisbogen.

In den Marburger Cafés, die nach dem Vorbild Wiens ausgestattet waren, ist der Einfluss der österreichischen Großstadt besonders sichtbar. Die Einwohner von Maribor erinnern sich, dass die Cafés in der Stadt dem Wiener Modell folgten, was immerhin heißt, dass die Stimmung darin angenehm und ruhig war. Das erste Café wurde 1748 eröffnet, d.h. etwas mehr als 60 Jahre nach dem ersten Café in Wien, und hieß „Café Rotovž" (Rathaus); es befand sich in der Nähe des Marburger Doms und des Rathauses am heutigen „Slomškov trg". Die Café-Kultur und das Entstehen von immer neuen Kaffeehäusern wurde vor allem für das Ende des 19. und den Anfang des 20. Jahrhunderts typisch: Damals gab es in Maribor sieben Cafés[38], deren Angebot an Gerichten und Getränken den vorherrschenden Einfluss Wiens auf die Küche im slowenischen Siedlungsgebiet widerspiegelt. Am üppigsten war das Angebot an Getränken, das Angebot an Gerichten hingegen eher bescheiden, indem nur kleinere Imbisse, z.B. Wurstsemmeln, Würstchen und gekochte Eier angeboten wurden. Größere Wichtigkeit nahmen die Desserts ein, weshalb in Cafés oft auch Zuckerbäcker arbeiteten, frisches Kaffeegebäck und Torten zubereiteten, in den Sommermonaten auch hausgemachtes Eis. Als Gebäck buken sie Brioches, Walnuss- und Vanillekipferl sowie Anisbögen, die vor allem zum Nachmittagskaffee serviert wurden. Die beliebtesten Torten gemäß den Wiener Kaffeehäusern waren Sacher-, Walnuss-, Schokolade-, Dobosch- und Esterházy-Torte. Das Eis wurde von den Konditoren mit Sahne, Milch, natürlichen Vanille- und Schokolade-Aromen sowie aus frischem Obst, z.B. Aprikosen, Erdbeeren und Haselnüssen zubereitet und auf verschiedene Arten serviert, z.B. mit Schlagobers. Auch der Eiskaffee war damals bereits bekannt.[39]

38 Ebenda, 13.

39 Godina Golija, Prehrana, 114.

Da viele Hotels kein Frühstück servierten, wurden sie in den Marburger Cafés gereicht, wobei am beliebtesten das so genannte Wiener Frühstück war, das aus Milchkaffee, Semmeln, Butter, Marmelade und einem gekochten Ei bestand. Die Kaffeehäuser boten auch eine große Auswahl an warmen und kalten Getränken an, die auch anspruchsvolle Gäste zufriedenstellte. Am liebsten bestellten die Gäste Kaffee, der auf verschiedenste Arten zubereitet wurde, aber auch Schokolade, Kakao sowie Schwarz- und Kräutertees. Warme Getränke wurden auf zwei Arten serviert – entweder in einzelnen Tassen oder in der Form, dass der Gast auf einem Tablett ein Kännchen mit einem warmen Getränk und Milch, Zucker und auf Wunsch auch Schlagobers erhielt, um das Getränk nach eigenen Wünschen zuzubereiten.

Von alkoholischen Getränken wurden in den Marburger Gaststätten Flaschenweine am meisten aus der nordöstlichen Umgebung serviert. Der Schaumwein-Konsum war erheblich, wobei die Kaffeehausbesitzer derartige Getränke vor allem für besondere Anlässe und Feiern bereithielten. Das Angebot bestand einerseits aus französischem Champagner (z. B. Mumm-Cordon Vert, Cordon Rouge, Pommery) und andererseits aus einheimischen Sekt- und Schaumweinsorten. Auch Liköre waren sehr beliebt, z. B. Schokolade-, Kümmel- oder Sauerkirschlikör, Dessertweine (Cinzano Vermouth, Malaga und Marsala), Cocktails und, in der Sommerzeit, auch verschiedene Sorten von Bowlen, wie Erdbeer- und Pfirsichbowle, die vor allem von Damen geschätzt wurden.[40]

Eine Komponente des klassischen Wiener Cafés, die auch in Maribor Bedeutung hatte, war die Vielzahl von Zeitungen und Zeitschriften, die den Gästen zur Verfügung stand, aber auch Kaffeehausmusik, die von einem eigenen Kaffeehausorchester oder einem Pianisten gespielt wurde, sowie ein Raum für Gesellschaftsspiele, z. B. Schach oder Bridge. Für Kaffeehausbesucher war auch eine anständige Kleidung obligatorisch, weshalb schlichter bekleidete Personen bereits am Eingang abgewiesen wurden. Dies ist auch der Grund, warum in den Marburger Cafés nur die oberste, d. h. reichste bürgerliche Gesellschaftsschicht verkehrte, die sich vor allem aus deutschsprachigen Bürgern zusammensetzte.[41]

Das gesellige Leben der Marburger Bürgerschaft ähnelte in manchen Formen des geselligen Beisammenseins demjenigen der Metropolen, denn die Reichen von Maribor organisierten um 1900 nach dem Vorbild deutscher Städte auch Faschingsveranstaltungen, trafen sich zu Festessen oder zu unterhaltsamen Abenden in diversen Vereinen, tranken Rheinwein und naschten Süßspeisen, die nach

40 Ebenda, 115–116.
41 Godina, Maribor, 16.

den besten Wiener Rezepten zubereitet wurden, und tanzten auf verschiedenen Bällen der Wintersaison.

Manche neue Formen der materiellen und rituellen Kultur wurden den örtlichen Verhältnissen angepasst, zum Beispiel der Karneval der bodenständigen Faschingstradition oder das traditionelle Weinlesefest in der Umgebung. Einige dieser neuen Formen wurden unreflektiert übernommen wie z. B. das Kleiderzubehör, wobei man auf modische Farben und Schnitte, Hüte und andere modische Accessoires großen Wert legte. Die Praxis der Zutaten zu einzelnen Mahlzeiten (verschiedene Suppen- und Bratenarten und Desserts) stammten aus den Küchen europäischer Großstädte. Der Einfluss der ‚großen Welt' auf die materielle Kultur der Deutschen war sehr groß, da Maribor nur eine kleine Provinzstadt war. Die Neuigkeiten und Stilmerkmale des Lebens in den Metropolen lernten reichere Marburger bei ihren regelmäßigen Besuchen dieser Städte kennen, sei es während der Ferien oder anlässlich von Reisen zu den touristischen Zentren Europas, beim Lesen von ausländischen Zeitungen und Zeitschriften oder bei gesellschaftlichen und anderen Ereignissen, an denen auch Besucher von auswärts teilnahmen. So fanden Waren und Geschmäcker, die aus Großstädten stammten, ihren Weg auch nach Maribor und verbreiteten das Wissen über diese Neuheiten in der lokalen Umgebung.[42]

Zusammenfassung

Aus der gründlichen Recherche in Archiven und anderen Quellen zum Leben der deutschen Oberschicht in Maribor lässt sich schlussfolgern, dass die provinzielle Lebensart nicht so sehr vom Ort abhing, sondern eher von der jeweiligen ökonomischen und sozialen Lage. Über die Familienmitglieder des Marburger Großkaufmanns Badl kann man beispielsweise nicht behaupten, sie hätten ein provinzielles Leben geführt. Ihre materielle Welt ähnelte der Dingwelt reicher Familien in europäischen Metropolen, die sie sehr gut kannten, da sie des Öfteren in ausländische Städte, Bäder und Ferienorte reisten (z. B. Monaco, Normandie). Obwohl sie in einer verhältnismäßig kleinen Provinzstadt lebten, übten auf die Formung ihres Lebensstils Faktoren von ganz woanders Einfluss aus.

42 Vgl. dazu die Korrespondenz der Familie Badl im Regionalarchiv Maribor, SI PAM/1686.

Denkräume

Igor Maver

Die Bedeutung von Lord Byrons slowenischen Übertragungen am Fallbeispiel von France Prešeren. Die nationale Wiedergeburt und das politische Bewusstsein der Slowenen im 19. Jahrhundert

Die Welt zerfällt, die Mitte hält nicht mehr![1]

Einleitung

In der vorliegenden Studie wird zunächst auf einige Parallelen zwischen der englischen und der slowenischen Entwicklung der Romantik eingegangen. Anschließend werden im Lichte des damaligen, in ganz Kontinentaleuropa bedeutenden kulturpolitischen Einflusses von Byron (sog. Byronismus) einige Dilemmata erörtert, die sich den wichtigsten slowenischen Übersetzern der Lyrik von George Gordon, Lord Byron und einigen anderen Dichtern des 19. Jahrhunderts stellten. Dabei geht es auf der einen Seite um die Bestimmung von möglichen Gründen für die Auswahl von einzelnen, ins Slowenische zu übersetzenden Texten in Anbetracht sowohl des damaligen gesellschaftlich-politischen Kontextes als auch der kulturellen Erwartungen jener Zeit. Auf der anderen Seite geht es im vorliegenden Beitrag um die Darstellung einiger translatorischer Lösungen bzw. Interpretationen englischer Originaltexte vor allem auf der makro-textuellen Ebene unter Berücksichtigung möglicher Intentionen des Übersetzers, von dessen Kenntnissen und der denkbaren Botschaft des übertragenen Textes. Die Studie behandelt den direkten Einfluss von Byrons Lyrik und deren Nachdichtung auf einige slowenische Lyriker innerhalb der damaligen gesellschaftlich-politischen und kulturellen Gegebenheiten. Dabei wird das Augenmerk auf jene slowenischen Literaten gerichtet, die gleichzeitig selbst Lyrik übersetzt haben wie z.B. France Prešeren (1800–1849), der Übersetzer Fran Jeriša (1829–1855), der Erzähler, Lyriker und

1 William Butler Yeats (1865–1939), The Second Coming (1919/20): … Things fall apart; the Centre cannot hold… In: http://myweb.dal.ca/waue/Trans/Yeats-Coming.html (13.11.2013).

Übersetzer Jovan Vesel (Ps. Koseski, 1798–1884) und der Erzähler, Publizist und Lyriker Josip Stritar (1836–1923).[2] Da der Byronismus sowohl die Entwicklung der slowenischen Romantik als auch der autochthonen slowenischen Literatur beeinflusste, wird in der Abhandlung ferner auch der Versuch unternommen, die etwaigen kontextuellen kulturellen und gesellschaftlichen Hintergründe für die Auswahl ganz bestimmter Texte von Byron auszuweisen, die zu einer slowenischen Übersetzung geführt haben.

Die Analyse von Übersetzungen Byrons ist, wie bereits erwähnt, in erster Linie eine makro-textuelle. Sie beabsichtigt, einige Eigentümlichkeiten der slowenischen dichterischen Übersetzung von englischer Poesie im 19. Jahrhundert, als man vornehmlich Byrons Werke übertragen hatte, näher zu beleuchten, dabei dem Umstand Rechnung tragend, dass Byrons Einfluss auf die Bewegungen der nationalen Wiedergeburt von einzelnen europäischen Völkern wie z. B. von Griechen, Italienern, Polen, Böhmen und Russen hinlänglich bekannt ist.

Im 16. Jahrhundert begann sich die Habsburgermonarchie ähnlich wie das Russische Reich zu bilden und konnte, vor allem nach der Schwächung des ottomanischen Imperiums im 17. und 18. Jahrhundert, zu ihrer vollen Entfaltung gelangen. Dem Versuch einer Revolution im Jahr 1848, der militärischen Niederlage, der Abspaltung italienischer Gebiete und dem Aufstieg Preußens folgten wie bei allen Imperien in einer ähnlichen Situation einige meist erfolgreiche Reformen. Die einzelnen Provinzen und Ländergruppen erreichten schrittweise mehr Rechte. Im Jahr 1867 kam es zum Ausgleich, wodurch Ungarn eine große Autonomie erlangte. Das Verhältnis zwischen dem sogenannten Zentrum (der „Mitte“) und der Peripherie begann dadurch, zumindest im politischen und kulturellen Sinn, zu bröckeln.

Das österreichisch-ungarische Imperium hatte in der Presse ein negatives Bild und wurde von den nationalen Anführern der konstitutiven ethnischen Volksgruppen als „Völkerkerker“ verspottet. So haben auch die Vertreter der ausgesprochen schöpferischen Elite in den Künstlerkreisen Wiens (darunter zahlreiche slowenische Intellektuelle) erkannt, dass sie in einem auffällig veralteten politischen Gebilde lebten – eine Ansicht, die sich vor allem in der zweiten Hälfte des 19. Jahrhunderts durchsetzte. Tatsache ist, dass es dem Kaiserreich nie gelungen war, das komplexe Nationalproblem der Monarchie zu lösen. Dabei ist vor allem der Umstand zu beachten, dass einige Völker der Monarchie (wie z. B.

2 Igor Maver, Byronizem na Slovenskem v 19. stoletju: Dr. France Prešeren, Fran Jeriša in Jovan Vesel Koseski. In: Mirko Jurak, Igor Maver (Hgg.), Angleška poezija in proza: izbrani eseji, Ljubljana 2005, 95–118, hier 109–116.

die Italiener, Polen, Serben, Deutschen) auch außerhalb der Staatsgrenzen lebten und sich daher für eine Vereinigung mit der eigenen mehrheitlichen Volksgruppe einsetzten. Ungeachtet dessen waren viele staatlichen Bemühungen nach einer friedlichen Koexistenz mittels einer pluralistischen bzw. ‚multikulturellen' Politik, vor allem auf dem Gebiet der Bildung, äußerst anspruchsvoll und lagen vor der Zeit. Es muss hervorgehoben werden, dass trotz aller Defizite keines der europäischen Imperien die quasi demokratischen Rechte auf die untertänigen Völker, d.h. auf die imperiale Peripherie, in einem solchen Ausmaß ausdehnte wie dies im Habsburgerreich der Fall war. Einige zeitgenössischen Historiker, die behaupten, dass man Österreich-Ungarn einer Neubewertung unterziehen solle, um sie als einen multikulturellen und multinationalen Versuch einer politischen Harmonisierung zu verstehen, idealisieren dieses Gemeinwesen ohne Zweifel. Dabei gehen jene sogar soweit, die einstige Habsburgermonarchie mit der heutigen Europäischen Union zu vergleichen, obwohl – und das soll hier nicht unerwähnt bleiben – einige positive Verschiebungen vor dem Jahr 1918 nach wie vor Fakt bleiben.

Die gründliche Analyse des Byronismus im slowenischen ethnischen Gebiet im 19. Jahrhundert zeigt, dass die Nachdichtungen der englischen Gedichte im 19. Jahrhundert als unterschiedliche, spezifisch slowenische kontextuelle Interpretationen von Byrons Gedichten zu verstehen sind. Der vorliegende Beitrag konzentriert sich auf eines der wichtigsten nachdichterischen Projekte aus dem Englischen ins Slowenische, wobei es sich in einigen Fällen eigentlich um spezifisch slowenische ‚Manipulationen', d.h. um stark slowenisch-nationalorientierte Interpretationen von Originaltexten handelt, indem jene deren Deutungspotenziale entweder mehr oder weniger einengten oder erweiterten, worauf die Nachdichtung Prešeren's entstand. Diese Interpretationen beförderten entweder den Prozess des literarischen Transfer und der Vermittlung in jener Epoche, wirkten ihm entgegen oder beeinflussten ihn. Genau dies ist den Begleittexten bzw. Briefen einzelner Übersetzer zu den Nachdichtungen zu entnehmen: Die Übertragungen sind durch das kulturelle Umfeld und durch persönliche literarische Affinitäten bzw. Kenntnisse der Übersetzer determiniert. Um einer Verallgemeinerung vorzubeugen, gilt es, innere und äußere Faktoren zu berücksichtigen, die die Auswahl der zu übersetzenden Texte begünstigt haben, wobei die Rolle der Lyrikübersetzungen in diesem interkulturellen Austausch zwischen den beiden Ländern, d.h. zwischen dem englischen Imperium und den slowenischen Ländern im Rahmen der Habsburgermonarchie hervorzuheben ist. Die Slowenen sahen gerade in Byron und dem Byronismus, welcher sich Mitte des 19. Jahrhunderts in Europa bemerkbar machte (obwohl nicht ganz so stark wie in anderen slawischen Ländern), eine Möglichkeit, die nationale Identität im Rahmen der Habsburgermonarchie zu artikulieren, die sich 1867 zur österreichisch-ungarischen Doppelmonarchie entwickelte.

Das Jahr 1830 bedeutet den Anfang der slowenischen Romantik, da in diesem Jahr die ersten Gedichte von France Prešeren im Literaturalmanach „Kranjska Čbelica" (1830–1848) erschienen sind. Ein Ende nahm die slowenische Romantik im Umbruchsjahr 1848, als jener im letzten Heft der „Kranjska Čbelica" seine letzten Gedichte veröffentlicht.[3] Innerhalb dieses Zeitabschnitts dominierte die slowenische Literatur auf der Basis von Prešeren's Lyrik und der literaturkritischen Belesenheit Matija Čop's (1797–1835) die Romantik als ein literaturhistorischer und chronologisch eingefasster Begriff. Neben Prešern's Œuvre sind zur Romantik noch einige frühe Werke von Stanko Vraz (1810–1851) zu zählen, wogegen alle anderen Zeitgenossen nur durch ihre zeitliche, nicht aber durch ihre inhaltlich-formale literarische Parallelität zur Romantik gezählt werden können. Jene (z.B. Miha Kastelic, 1796–1868, und Jovan Vesel Koseski, 1798–1884) waren vielmehr dem Geist des Sentimentalismus und der frühen Romantik des 18. Jahrhunderts verpflichtet, doch sind sie alle wie die erste slowenische vorromantische Generation (Jernej Bartholomäus Kopitar, 1780–1844, Jovan Vesel Koseski), aus der Aufklärung hervorgegangen. Bis zum Jahr 1830 kam es im slowenischen ethnischen Gebiet zu keinem Durchbruch der romantischen Bewegung, weswegen die Zeitspanne von 1810–1830 in der slowenischen Literatur als „aufklärerischer Sentimentalismus" bzw. „verspätete Aufklärung" bezeichnet wird.

Erst mit dem Auftreten der slowenischen romantischen „Wiedergeburt" vor allem der romantischen Poesie von France Prešeren in den Jahren 1830–1848, die im Vergleich zur deutschen und englischen romantischen Bewegung verspätet einsetzte, änderte sich das, doch findet man in der slowenischen Literatur auch noch in der zweiten Hälfte des 19. Jahrhunderts Reste bzw. ein Nebeneinander von Aufklärung und Romantik vor, und gegen das Ende des Jahrhunderts Spuren des Realismus und der Dekadenz. Es steht aber fest, dass die Dichtung Prešeren's der slowenischen Literatur nicht nur zu einem ihrer höchsten Gipfel verholfen hat, sondern im Zeitalter der Romantik maßgeblich zur nationalen Identifikation der Slowenen beigetragen hat, ähnlich wie die europäisch ausgerichtete Literaturkritik von Matija Čop.

3 Janko Kos, Pregled slovenskega slovstva, Ljubljana 1975, 93.

Die englische Romantik und der Byronismus auf slowenischem Boden

Der Beginn der englischen Romantik setzt mit der ersten Ausgabe von „Lyrical Ballads“ von William Wordsworth (1770–1850) und Samuel Taylor Coleridge (1772–1834) im Jahr 1798 ein, während die zweite Ausgabe der Sammlung mit dem seitdem berühmt gewordenen Vorwort im Jahr 1800 erschienen war. Das Ende der Bewegung wird in die 1830-er Jahre gelegt, als Sir Walter Scott (1771–1832), eine Ikone der späten englisch-schottischen Romantik, verstarb. In dieser Zeitspanne lassen sich zwei Generationen erkennen – jene aus den 1770-er Jahren, die sog. „ältere Romantik“, zu der William Blake, William Wordsworth, Samuel Taylor Coleridge und Robert Southey gezählt werden, und die sog. „jüngere Romantik“, d.h. jene, die in den 1790-er Jahren geboren wurde wie Lord Byron, Percy Bysshe Shelley und John Keats. Zu dieser Generation ist auch die ‚Zwischen‘-Generation romantischer Dichter zu zählen, darunter Thomas Moore und der Erzähler Thomas de Quincey. Hierbei dürfen die wichtigsten englischen romantischen Erzähler (der bereits erwähnte Sir Walter Scott, Mary Shelley, Jane Austen, Maria Edgeworth, Charles Lamb und William Hazlitt) nicht übersehen werden, obwohl sie einem anderen Genre angehören als die Lyriker, die im vorliegenden Essay behandelt werden. Die englische Hochromantik erreichte ihren Gipfel in den 1820-er Jahren, während Mitte der 1830-er Jahre bereits die Viktorianische Ära anbrach, in der einige wichtige neue Gesetze verabschiedet wurden und Königin Viktoria im Jahr 1837 den Thron bestieg.[4]

In den Jahren 1800–1843, die in der slowenischen Kultur durch zwei Ereignisse gekennzeichnet sind, und zwar durch das Eingehen der ersten slowenischsprachigen Zeitung „Lublanske Novice“ (seit 1797) von Valentin Vodnik im Jahr 1800 und den Erscheinungsbeginn der Krainischen Landwirtschaftszeitung „Kmetijske in Rokodelske Novice“ (1843–1902) von Janez Bleiweis (1808–1881), erschienen im slowenischen ethnischen Gebiet Publikationen, Zeitungen und Zeitschriften nur in Deutsch als der Umgangssprache in den westlichen Teilen der Habsburgermonarchie. Was die Übersetzungen aus dem Englischen anbelangt, ist unter den etwa 10 damals erscheinenden deutschen Blättern in Krain[5] vor allem das

4 Vgl. Duncan Wu (Hg.), Romanticism^2, Oxford 1998.

5 Mehr dazu in: Tanja Žigon, Deutschsprachige Presse in Slowenien (1707–1945). Teil I. Deutschsprachige Presse in Krain bis 1860. In: Berichte und Forschungen, Bd. 12 (2004), 199–240; dieselbe, Deutschsprachige Presse in Slowenien (1707–1945). Teil II. Deutschsprachige Presse in Krain von 1860 bis 1945. In: Berichte und Forschungen, Bd. 13 (2005), 127–154; dieselbe, Deutschsprachige Presse in Slowenien (1707–1945).

„Illyrische Blatt" (1818–1848), die am längsten erschienene Beilage der „Laibacher Zeitung", von Bedeutung. Hier hat Joseph Emanuel Hilscher (1806–1837) seine Übersetzungen von Byrons Dichtung veröffentlicht. Hilscher übte neben dem hier bereits erwähnten Literaturhistoriker und -kritiker Matija Čop[6] wohl den größten Einfluss auf France Prešeren und dessen fragmentarische Nachdichtung von Byrons Verserzählung „Parisina" aus.

Was das Verhältnis Prešerens zur europäischen Romantik anbelangt, wurde bisher nur jenes zur deutschen Romantik eingehend analysiert, und zwar vor allem zu jenen romantischen Werken, die nach 1810 entstanden[7], z.B. zur Lyrik von Franz Hermann von Hermannsthal (1799–1875)[8] und vor allem zur Lyrik von dem heutzutage weitgehend übersehenen Joseph Hilscher, der längere Zeit in Ljubljana lebte und wirkte.[9] Hilscher begann seine Byron-Nachdichtungen 1829 in der hier bereits erwähnten Laibacher Publikation „Illyrisches Blatt" zu veröffentlichen, wobei einige unter ihnen sogar noch posthum erschienen sind.[10] Es ist offensichtlich, dass sich im so genannten „Laibacher Prešeren-Kreis" neben dessen Freunden und Bekannten auch andere Kenner der Byron-Dichtung befanden, die außer dem erwähnten Matija Čop ebenfalls einen gewissen Einfluss auf Prešeren ausübten.[11]

Joseph Emanuel Hilscher, in Böhmen geboren, wurde im Jahr 1822 zum Lehrer am Regiments-Erziehungshaus in Ljubljana. Seine ersten lyrischen Versuche

---

Teil III. Deutschsprachige Presse in der Untersteiermark, in Kärnten, in Görz und in Triest. In: Berichte und Forschungen, Bd. 13 (2005), 155–213.

6 Vgl. Mirko Jurak, The English Romantic Movement and France Prešeren. In: Boris Paternu (Hg.), Simpozij Prešernovi dnevi v Kranju. Ob 150. letnici smrti dr. Franceta Prešerna, Kranj 2000, 249–253.

7 Vgl. Janko Kos, Prešeren in evropska romantika, Ljubljana 1970, 145.

8 Mehr zu Hermannsthal, der eine Zeitlang in Ljubljana lebte, zum Prešeren-Kreis gehörte, mit der Malerin Amalija Oblak, der Tochter eines Advokaten, verheiratet war und drei Jahre als Redakteur des ersten Laibacher illustrierten Blattes „Carniolia" (1838–1844) wirkte. Vgl.: Mira Miladinović Zalaznik, Deutsch-slowenische literarische Wechselbeziehungen II. Leopold Kordesch und seine Zeit, Ljubljana 2008, S. 10–11.

9 Boris Paternu befasste sich außerdem mit dem Einfluss der theoretischen Schriften der Brüder Schlegel auf Prešeren. Vgl. dazu Boris Paternu, France Prešeren: Ein slowenischer Dichter 1800–1849, München 1993.

10 Slovenski biografski leksikon (SBL), http://nl.ijs.si:8080/fedora/get/sbl:0772/VIEW/ (5.12.2013).

11 Vaclav Burian, Matija Čop kot byronist. In: Slovenski jezik 3 (1940), 104–124, hier 108. Vgl. auch: Eda Stadler, Byron in byronizem v evropskih literaturah. In: Modra ptica 1938–1939, 121.

waren auf der einen Seite sowohl seinem Kontakt mit einem Lehrer und Kaplan im Regiments-Erziehungshaus in Böhmen, ferner mit dem in Ljubljana unter dem Namen Friedrich Dahl lebenden Korporal aus Deutschland (er soll einer der Attentäter auf Kotzebue gewesen sein)[12] als auch der späteren Förderung durch den ebenfalls in Ljubljana lebenden Vater des österreichischen Ghasels, Franz Hermann von Hermannsthal, zu verdanken. Auf der anderen Seite sind sie eine Frucht der Lese-Einflüsse von Schiller, Goethe und auch William Collins, Dante und Ariosto. Hilscher verfasste Lyrik, aber auch Dramen wie „Kaiser Albrechts Hund" und „Friedrich der Schöne".[13] Letzteres wurde in der Saison 1828/29 im Laibacher deutschen ständischen Theater mit Erfolg gespielt.[14]

Unter Dahls Einfluss und, um Byron im Original lesen zu können, begann Hilscher Englisch zu lernen. Seine ersten Übersetzungen von Byrons Gedichten veröffentlichte er, wie bereits erwähnt, im „Illyrischen Blatt".[15] Im Jahr 1833 schloss er seine Nachdichtung unter dem Titel „Byrons hebräische Gesänge" ab, die die Übersetzung des viel zu früh gestorbenen Lyrikers und Übersetzers Fran Jeriša ins Slowenische direkt beeinflusst haben dürfte. Danach folgten im „Illyrischen Blatt" Hilschers Übersetzungen von Thomas Moore (im Jahr 1830 in Nr. 9), John Milton (im Jahr 1830 in Nr. 34) und vom schottischen Dichter William Drummond of Hawthornden (im Jahr 1830 in den Nummern 13, 18, 31, 37; im Jahr 1832 in den Nummern 5, 9, 49). 1835 wurde Hilscher nach Bologna versetzt, danach nach Mailand, wo er 1837 verstarb. Als ein bedeutender Übersetzer Byrons ins Deutsche übertrug er auch einige Verserzählungen von ihm wie z.B. „Manfred", „The Prisoner of Chillon", „Parisina" und „The Corsair". Dieses ansehnliche Übersetzeropus und der mögliche Einfluss Hilschers auf die damaligen slowenischen Lyriker wurden bisher noch nicht ausreichend erforscht.[16]

---

12 Constant von Wurzbach, Biographisches Lexikon des Kaisertums Österreich, Bd. 9 (1863), Wien, S. 29–33. Für den Hinweis bedanke ich mich bei Mira Miladinović Zalaznik.

13 Willibald Nagl/Jakob Zeidler/Eduard Castle (Hgg.), Deutsch-Österreichische Literaturgeschichte. Ein Handbuch zur Geschichte der deutschen Dichtung in Österreich-Ungarn, Bd. 2 (1914), Wien-Leipzig, S. 948.

14 SBL, http://nl.ijs.si:8080/fedora/get/sbl:0772/VIEW/ (5.12.2013).

15 Lord Byron, Cantharis Niederlage. In: Illyrisches Blatt Nr. 50 (1829), 197; Lord Byron, Ich sah dich lächeln. In: Illyrisches Blatt Nr. 2 (1830), 5; Lord Byron, Herz, Ring, Laute. In: Illyrisches Blatt Nr. 4 (1832), 13.

16 Der vergleichende Literaturwissenschaftler Janko Kos behauptet, dass Hilschers Nachdichtung der „Parisina" einen Ansporn für Prešeren und seine fragmentarische Übertragung ins Slowenische gewesen sei und dass man den Anstoß dafür nicht alleine bei Čop suchen kann. Vgl. Kos, Prešeren in evropska romantika, S. 183–210.

Hilscher wurde in der ersten Hälfte des 19. Jahrhunderts für einen wichtigen Byron-Übersetzer gehalten[17], so dass Prešeren in seiner nächsten Nähe ein Vorbild hatte, das ihn nach 1833 zur Nachdichtung von „Parisina" (slow. „Parizina") anregte. Diese Nachdichtung, die sich im Prešeren-Nachlass in der National- und Universitätsbibliothek (NUK) in Ljubljana unter MS 471, Nr. 5 befindet, wurde zwar erst 1849, d. h. nach dem Tode Prešeren's veröffentlicht, dafür aber später des Öfteren nachgedruckt. Die Frage, warum der Dichter Prešeren seinen Übersetzer-Ambitionen nicht konsequenter nachging und diese Arbeit nicht zu Ende brachte, wird weiter unten erörtert.

Lord Byron verfasste seine Verserzählungen „The Bride of Abydos", „The Corsair", „Lara", „The Siege of Corinth" und auch „Parisina" in den Jahren 1812 bis 1816; bis dahin waren nur Fragmente von „Parisina" und „Mazeppa" ins Slowenische übertragen worden. Die ersten zwei Cantos der Dichtung „Childe Harold" gab Byron 1812 heraus, die letzten zwei in den Jahren 1816 bis 1818 (ins Slowenische wurde „Childe Harold" erst nach dem Zweiten Weltkrieg vom Lyriker und Übersetzer Janez Menart, 1929–2004, ins Slowenische übertragen und 1975 als „Grofič Harold" veröffentlicht). Im 19. Jahrhundert liegen in Nachfolge des „Byronismus" neben den Übersetzungen von „Hebrejske Melodije" (Hebrew Melodies) von Fran Jeriša aus dem Jahr 1852 nur noch die Übersetzungen des kurzen Gedichtes „To Inez" (slow. „Inezi") und des Gedichts „Abschied von England" aus der Dichtung „Childe Harold's Pilgrimage" unter dem slowenischen Titel „Domači breg, oj zbogom mi", die vom Lyriker, Erzähler und Übersetzer Božidar Branko Flegerič (1841–1907) besorgt wurde.[18] Der Lyriker und Erzähler Jurij Varl (1812–1874) hat nach dem Vorbild Hilschers (wie von jenem selbst in einer Anmerkung festgehalten) das Gedicht „Vision of Belshazzar" als „Ugled Belzacarjev" aus dem Deutschen ins Slowenische übertragen, was indirekt von einem ebenfalls nicht zu unterschätzenden Einfluss von Hilschers deutschen Übertragungen Byrons auf die damaligen slowenischen Übersetzer zeugt. Es überrascht hingegen, dass das satirische Epos „Don Juan" bis jetzt noch nicht übertragen worden ist, das nach Meinungen der meisten heutigen Literaturkritiker und -historiker den größten literarischen Wert unter Byrons Werken aus der Periode 1819 bis 1824 einnimmt oder eines seiner Dramen aus der

17 Vgl. dazu die Studie Ludwig August Frankls zum Werk „Joseph Emanuel Hilscher's Dichtungen. Originale und Übersetzungen von Byron, Moore, Goldsmith, Southey, Waller, Lamartine, Ariosto, Foscolo", die er in dieser von ihm betreuten Ausgabe Hilschers veröffentlichen ließ. Das Werk ist 1840 beim renommierten Verleger Gustav Heckenast in Pesth erschienen.

18 Božidar Branko Flegerič, Iz Byronove pesnitve „Childe Harold". In: Zora 20 (1874), 21; „Inezi". In: Zora 6 (1877), 24.

Zeit 1820 bis 1824 darstellt. Der Literaturwissenschaftler Boris Paternu behauptet wohl begründet, dass sich Prešeren von „Don Juan“ und dessen 8-zeiliger Strophe mit 11-silbrigem Vers inspirieren ließ, die er in seinem „Krst pri Savici“ (Die Taufe an der Savica) anwendete[19], dessen ‚byronesker‘ Held Črtomir[20] sei. Byrons Dichtung mit all ihren Besonderheiten gelangte somit zwar in einem eingeschränkten Umfang, durch die Mittlerrolle von Übersetzungen immerhin schon im 19. Jahrhundert ins slowenische Kulturbewusstsein, wobei sie einen beträchtlichen Einfluss auf das slowenische Literaturschaffen ausübten. Hierfür sind (was nicht oft genug hervorgehoben werden kann) die größten Verdienste sowohl auf Matija Čop und dessen Begeisterung für die englische Romantik als auch, indirekt, auf Hilschers deutsche Übertragungen aus dem Englischen zurückzuführen. Der Komparatist Janko Kos schreibt über das Verhältnis zwischen Joseph Hilscher und Prešeren, dass der slowenische Dichter ihn wohl persönlich gekannt haben muss, obwohl man bisher keinerlei schriftliche Hinweise für diese Annahme fand. Deswegen ist der Umstand umso wichtiger, dass aus dem Artikel von Josip Cimperman (1847–1893) „O Preširnovem Senani“ (Über Prešeren‘s Senan) zum ersten Mal eine schriftlich festgehaltene und dokumentierte Erwähnung der Bekanntschaft bzw. Freundschaft zwischen Hilscher und Prešeren hervorgeht. Josip Cimperman, der zunächst in Deutsch, später jedoch in Slowenisch gedichtet hat, aber auch als Übersetzer aus dem Englischen und Französischen tätig war[21], hat im Jahr 1881 ein Gedicht von Thomas Moore, der ein Freund und Biograph Byrons (1779–1852) und zu seiner Zeit ein außerordentlich beliebter Lyriker war, der sowohl von Byron als auch von Shelley bewundert wurde[22], ins Slowenische übertragen. Moore hat die „Irish Melodies“ in den Jahren 1808–1834 gedichtet, und Josip Cimperman übertrug sein Liebesgedicht „St. Senanus and the Lady“ als „Sveti Senan“ (Heiliger Senan) allem Anschein nach wegen des Vergleichs mit dem Originalgedicht Prešeren‘s mit dem

19 Boris Paternu, France Prešeren in njegovo pesniško delo, 2 zvezka, Ljubljana 1976, 1977; vgl. derselbe, France Prešeren 1800–1849, Ljubljana 1994; vgl. auch Boris A. Novak, Romantična pesnitev v kontekstu zgodovinskega razvoja pesniških oblik. In: Marko Juvan (Hg.), Obdobja 19. (Ob 200. obletnici rojstva Franceta Prešerna), Ljubljana 2000, 43–59.

20 Eine interessante, von den bisher gängigen Interpretationen von „Krst pri Savici“ sich abhebende Interpretation des Epos wurde neuerdings von Janez Vrečko veröffentlicht. Vgl.: Janez Vrečko, Bogomilina vera in Črtomirjeva mistika. In: Božidar Jezernik (Hg.), Heroji in slavne osebnosti na Slovenskem, Ljubljana 2013, 195–211.

21 Mira Miladinović Zalaznik, Liberalec Anton Aleksander grof Turjaški – predmarčni pesnik Anastazij Grün in njegov odnos do Kranjcev. In: Jezernik (Hg.), Heroji, 65–88, hier 78–79.

22 Josip Cimperman, O Preširnovim Senani. In: Ljubljanski zvon Nr. 5 (1881), 313–314.

gleichen Titel.[23] Es ist bemerkenswert, dass Cimperman seine Übertragung in der angesehenen Literatur- und Kulturzeitschrift „Ljubljanski Zvon“ (1881–1941) zweisprachig erscheinen ließ, und zwar so, dass er den slowenischen Text unter die Zeilen des englischen Originals setzen ließ, was dem Leser einen direkten Vergleich zwischen dem Original und dem Ziel-Text ermöglichte. Moore hatte, wie hinreichend bekannt, Prešeren beeinflusst[24], der entweder das englische Original oder eine deutsche Übertragung gekannt haben muss.

Die Veröffentlichung der slowenischen Nachdichtung des Gedichtes Moores „Sveti Senan“ durch Cimperman im Jahre 1881 in „Ljubljanski Zvon“ wurde mit einem umfassenden Vorwort versehen, das in erster Linie wegen der Hinweise auf die Beeinflussung auf Prešeren‘s Gedicht „Sveti Senan“ durch Moores‘ „St. Senanus and the Lady“ von Belang ist. Darin heißt es, dass Prešeren sein Gedicht dem Freund, dem im Vorjahr am 20. Juni 1880 verstorbenen, allgemein geehrten Benvenuto Crobath, gewidmet habe. Cimperman äußert sich anschließend zu dem hier bereits erwähnten Gedicht Moores, wobei er die These aufstellt, dass Prešeren entweder durch Čop oder Hilscher auf den englischen Dichter aufmerksam wurde, indem er fortfährt, *Preširen und Čop waren herzlich befreundet und ich merke noch an, dass unser Dichter einen regen Kontakt mit dem geistreichen Hilscher pflegte.*[25] Das ist bis jetzt der einzige schriftliche Nachweis eines späten Zeitgenossen Prešeren‘s über die Bekanntschaft zwischen dem slowenischen Dichter und dem deutschen Übersetzer Byrons Hilscher wie auch über einen eventuellen Anstoß zum Übersetzen von Byron, den Prešeren von Hilscher erhalten haben könnte.

Das literarische Œuvre von Lord Byron wurde zeit seines Lebens weit höher in der Fremde, auf dem Kontinent, als auf der Insel selbst bewertet. Die Gründe dafür sind verschieden und hinlänglich bekannt. Wegen seines skandalumwitterten Lebens, aber auch wegen der relativ totalitären und monarchistisch-konservativen politischen Macht im damaligen englischen Imperium, die (unter den zeitgenössischen Kritikern) auch eine vorteilhaftere Aufnahme der Altromantiker, allen voran W. Wordsworth, im Vergleich zu Neuromantikern wie Lord Byron, P. B. Shelley und J. Keats mit ihren politisch revolutionäreren und philosophisch subversiven Ansichten und ihrem unorthodoxen Benehmen mit bedingte, lebte Byron lieber auf kontinentalem Boden im Exil. Dies steht keinesfalls im Gegensatz zu dem sonst im Grunde ‚revolutionären‘ Charakter der englischen Romantik, die, genauso wie die deutsche aus den Ideen der Französischen Revolution

23 Vgl. dazu: France Prešeren, Sveti Senan. In: France Slodnjak (Hg.), France Prešeren. Poezije in pisma, Ljubljana 1964, 158–159; vgl. auch Paternu, France Prešeren, 269–270.

24 Vgl. Paternu, France Prešeren, 269.

25 Cimperman, „Senani“. In: Ljubljanski zvon Nr. 5 (1881), 313–314 (Hervorhebung I. M.).

hervorgegangen ist. Mit seinem Leben und Schaffen beeinflusste Lord Byron die europäische Literatur- und politische Geschichte, vor allem jener Völker, die sich in den Jahren vor 1848 von imperialen Interessen ihrer Länder unterdrückt fühlten, und zwar von den Völkern der Habsburgermonarchie (einschließlich der Slowenen) bis hin zu den Italienern, Polen und den durch das Osmanische Reich beherrschten Griechen. Es verwundert daher nicht, dass eben diejenigen Völker Byrons revolutionäre Ideen übernommen haben, die entweder eigene Nationalstaaten begründen wollten wie z.B. die Italiener und Deutschen oder aber nach neuen Gebilden innerhalb der bestehenden Länder strebten wie die Slowenen in ihrer Forderung nach der „Zedinjena Slovenija“[26], die innerhalb der Habsburgermonarchie entstehen hätte sollen.

Der Byronismus konnte sich auf slowenischem Boden, wie bereits ausgeführt, vor allem durch den Einfluss von Matija Čop durchsetzen, der Prešeren 1833 für die Übersetzung von „Parizina“ gewinnen konnte.[27] Dafür, dass Prešeren seine Nachdichtung nicht vollendet hatte, bietet die slowenische Literaturgeschichte diverse Gründe an: die Angst vor der Zensur[28] und die Einsicht, dass der Übersetzer ziemlich bald erkannt haben musste, dass sein eigenes dichterisches Schaffen wichtiger sei als das Übertragen aus Fremdsprachen.[29]

Prešeren's Nachdichtung von Byrons „Parisina“

Die Analyse des Byron'schen Originals und der nachgedichteten Teile von „Parizina“ schließt einen Vergleich der beiden Texte ein, und zwar unter der Berücksichtigung des Originalmanuskripts der Übersetzung von Prešeren, die noch in der sog. Bohoričica[30] verfasst wurde und in der National- und Universitätsbibliothek

26 Vgl. Stane Granda, Prva odločitev Slovencev za Slovenijo. Dokumenti z uvodno študijo in osnovnimi pojasnili, Ljubljana 1999.

27 Vgl. Vaclav Burian, Matija Čop kot byronist. In: Slovenski jezik 3 (1940), S. 104–124.

28 Anton Slodnjak, Prešernovo življenje, Ljubljana 1964, 135.

29 Vgl. Jurak, The English Romantic Movement, S. 253.

30 Die hier erwähnte „Bohoričica“ war eine Schrift, die Primus Truber (1508–1586) in den ersten zwei slowenischen gedruckten Büchern anwendete, in seinen „Abecedarium“ (1550) und „Cathechismus“ (1550). Sie war von der Mitte des 16. bis Mitte des 19. Jahrhunderts im Gebrauch, als sie von der sog. „Gajica“ abgelöst wurde, und zwar in Nachfolge des sog. „slowenischen ABC-Kriegs“, der eine Folge der Sprachzustände war. Er war im Grunde genommen eine sprachliche und kultur-literarische Polemik, die zwischen den Jahren 1831–1833 ausgetragen wurde. Es ging dabei um Strömungen, die jede ihre Schrift (die Bohoričica, Danjčica und Metelčica, so genannt nach ihren Vätern Adam Bohorič, Peter Danjko und Franc Metelko) verteidigte. Die „Gajica“, die

in Ljubljana (Ms. 471, 5) aufbewahrt wird. Dabei werden die später veröffentlichten Teile der Übersetzung Prešeren's außer Acht gelassen. Die Handschrift Prešeren's scheint aus dem Grunde interessant zu sein, da sich darin kleine Korrekturen mit Bleistift befinden, während einige Verse mit Tinte durchgestrichen und durch neue, ebenfalls mit Tinte geschriebene von Prešeren ersetzt wurden. Der Literaturhistoriker und -theoretiker Avgust Žigon (1877–1941) stellte diesbezüglich fest, dass die Handschrift zweifelsohne von Prešeren stamme[31], obwohl die fragmentarische Übersetzung von Prešeren nicht signiert sei. Aus diesem Grunde sind etliche Forscher der Ansicht, dass die Korrekturen sehr wahrscheinlich späteren Eingriffen durch den Redakteur zuzuschreiben sind.[32] Wie auch immer, der Vergleich der originalhandschriftlichen Übersetzung Prešeren's samt den Korrekturen deckt einige Details des sprachlichen und Übersetzerwissens des Nachdichters (Prešeren) oder der späteren Redakteure seines Werks auf.

Die Handschrift „Parizina" umfasst Abschnitte 1–6 bis zu den Versen *Ko val morja v jasnino / Brega vali še kje gromeč.*[33] Diese Nieder- oder Abschrift könnte auf einem anderen Blatt Papier fortgesetzt worden sein, das verloren gegangen ist, was in der Forschung jedoch verneint wird. Am Ende des Blatts steht geschrieben: *Nach dem Englischen Byrons durch Dr. France Prešeren ins Slowenische übertragen.* Diese Zuschrift ist mit einem Sternchen versehen, das sich auf die Anmerkung weiter unten bezieht und das lautet: *Aus dem bereits voriges Jahr versprochenen Slovenski Kolednik.* Dieser Kalender, der von dem Autor, Kritiker, Redakteur, Übersetzer und Publizisten Franc Malavašič (1818–1863)[34] geplant wurde, ist

---

auch in Vorschlag gebracht wurde und in diesem ‚Krieg' den Sieg davon trug, wurde vom kroatischen Slawisten, Philologen, Autor, Politiker und dem Hauptvertreter des Illyrismus Ljudevit Gaj (1809–1872) entwickelt. Es war eine lateinische Schrift, die man zunächst für das Festhalten des Kroatischen verwendete, später – mit einigen Anpassungen – auch des Slowenischen. Die Hauptverdienste für die Etablierung der „Gajica" im Slowenischen gebühren wohl dem konservativen Politiker Dr. Janez Bleiweis und dem von ihm herausgegebenen, hier bereits erwähnten Blatt „Kmetijske in Rokodelske Novice".

31 Avgust Žigon, Levstikovo delo za Prešerna do leta 1870. In: Slovenec 3 (1915), 348–351.

32 Vgl. Marjan Strojan, Parizina. Tri razprave. In: Drago Bajt et al. (Hgg.), France Prešeren v slovenskih prevodih, Ljubljana 1985, 17–44, hier 42–43.

33 Im englischen Original: „Which rolls the plank upon the shore, / And dashes on the pointed rock". In: http://www.mykeep.com/lordbyron/parisina.html (19.11.2013).

34 Malavašič (Ps. Prostoslav Milko) hat eine Zeitlang alle Texte, die für die slowenische Landwirtschaftszeitung „Kmetijske in rokodelske novice" bestimmt und von Dr. Janez Bleiweis in Deutsch, da er des Schriftslowenischen nicht mächtig war, verfasst wurden, ins Slowenische übertragen. Ferner hat Malavašič bereits 1853, nur ein Jahr nach dem

zwar nie erschienen, doch hatte jener die ersten drei Strophen der „Parizina" im Jahr 1849 in seinem Blatt „Pravi Slovenec"[35] mit der Anmerkung veröffentlicht, warum er diesen Text hier und nicht in „Slovenski Kolednik" publizierte, für den er ursprünglich bestimmt war. Das Manuskript selbst ist ein wenig angerissen und defekt und weist etliche Korrekturen aus fremder Hand mit einer Feder und einem Bleistift auf. Es bricht am Ende des Blatts ab, d.h. in der Mitte und nicht am Ende des Abschnitts. Im Jahr 1852 druckte Malavašič im ersten Jahrgang seines „Koledarčik Slovenski" die übersetzten Teile 9 bis 13 ab, und zwar nur 71 Verse des Abschnitts 13. Erst im Jahr 1856 wurden in der Publikation „Zlati klasi", gesammelt in dem „Koledarčik Slovenski" und von Janez Bleiweis herausgegeben, alle Teile des Gedichts (1–13) veröffentlicht. Die Übertragung „Parizina" wurde noch einmal 1865 in der von Mijo Krešić herausgegebenen kroatischen Publikation „Naše Gore List" (1861–1866)[36] abgedruckt, wo man auch kurz das Grundlegende zum Übersetzer Prešeren festhielt. Naturgemäß handelt es sich dabei um eine vereinzelte Veröffentlichung, die in Prešeren's „Poesien", wie bereits erwähnt, nicht berücksichtigt wurde.

„Parisina" ist nicht das bedeutendste Werk Byrons, doch soll es einen direkten Einfluss auf Aleksander Sergeevič Puškin's Dichtung wie auch auf einige andere slawische Dichter ausgeübt haben. Das Thema zu dieser Dichtung entnahm Byron dem Werk des Historikers Edward Gibbon „The Miscellaneous Works of Edward Gibbon" (Bd. III), aus dessen Anfang Byron seiner Dichtung als Erklärung Folgendes voranstellt: *Zur Zeit der Regierung vom Herzog Niccolò III. wurde Ferrara durch eine Familientragödie geschändet. Nach Aussagen eines Dieners und auf Grund eigener Beobachtungen hatte der Marquis d'Este die ehebrecherische Liebe zwischen seiner Frau Parisina und seinem unehelichen Sohn Ugo aufgedeckt. Die beiden wurden in der Burg der Familie d'Este geköpft nach einem Urteil, dass vom*

Erscheinen des Originals, den amerikanischen Roman gegen die Sklaverei an den Afroamerikanern „Onkel Toms Hütte" von Harriet Beecher Stowe (1811–1896) unter dem Titel „Stric Tomova koča" ins Slowenische übersetzt – mit Hilfe einer bereits bestehenden deutschen Übertragung. SBL, http://nl.ijs.si:8080/fedora/get/sbl:1546/VIEW// (9.12.2013). Mehr zu Malavašič und seiner Beziehung zur deutschen und slowenischen Literatur in: Miladinović Zalaznik, Deutsch-slowenische literarische Wechselbeziehungen, 59–61. Für die Hinweise bedanke ich mich bei Mira Miladinović Zalaznik.

35 Das Originalmanuskript der slowenischen Übertragung des Werks „Parizina" Lord Byrons von France Prešeren mit den handschriftlichen Korrekturen wird in der NUK, Ljubljana unter Ms. 471 aufbewahrt. Für einige Ratschläge beim Vergleich von slowenischer Übertragung mit dem englischen Original bedanke ich mich bei Dr. Milena Milojević Sheppard.

36 Naše Gore List Nr. 33 (1865), 265.

Ehemann Parisinas und Vater Ugos gefällt wurde [...].[37] Byron merkt dazu an, dass er aus metrischen Gründen den Namen „Niccolò" mit dem Namen Azo ersetzte.[38] Nach Meinung einiger Literaturwissenschaftler fügte Byron dieser damals als inzestuös verstandenen Liebe eigene Gedanken über ein freieres Verhältnis zur Liebe, über den Widerstand gegen gesellschaftliche Normen und die Befürwortung einer natürlichen Gleichheit der Menschen hinzu.[39] Es gibt offensichtliche autobiographische Parallelen zwischen Byron und Parisina. Byron ließ sich 1816 scheiden und verließ England (vielleicht) wegen seines Liebesverhältnisses zu seiner Halbschwester Augusta, wovon sein Gedicht „When We Two Parted" aus dem Jahr 1808 zeugt. Im gleichen Jahr veröffentlichte er auch seine „Parisina".

„Parizina" ist die einzige bedeutendere Übersetzung Prešeren's aus einer Fremdsprache ins Slowenische, da er „Lenora"[40] trotz der deutschen Vorlage vermutlich für sein eigenes Gedicht hielt, weil er es sonst nicht in seine Sammlung „Poezije" (Poesien) integriert hätte. Anton Slodnjak, der Prešerens Übersetzungen ins Deutsche untersuchte, stellte fest, dass sie ihn vor allem als einen Dichter ausweisen, der imstande gewesen sei, einen Originalgedanken vollendeter zu formulieren als es mitunter im jeweiligen Original der Fall war.[41] Prešeren ist es vor allem gelungen, im Slowenischen eine entsprechende Ausgangsatmosphäre zu erschaffen, wobei er die originalen metrischen und Versformen berücksichtigte. Dieser formale Gesichtspunkt hat den Inhalt des übertragenen Werkes nicht negativ beeinflusst. Es ist auch augenscheinlich, dass Prešeren sich durch die Auslassungen von weniger wichtigen Details, die eher zum Narrativen der Dichtung beitragen, stärker der Visualisierung der dargebotenen Handlung gewidmet hatte, wodurch er auf seine Art das Original künstlerisch erhöhte. Er verwendete konsequent das Jambus-Versmaß, wie es auch Byron tat. Bei der Bewertung von einer allzu konsequenten Anwendung des Reims auch an jenen Stellen, wo es bei Byron nur um visuelle und eigentlich bedeutungsentleerte Reime geht, ist jedoch Zurückhaltung geboten. Das Reimschema der Übertragung setzt sich aus

37 Lord Byron, The Poetical Works of Lord Byron, Edinburgh-London 1884, 274.

38 Vgl. ebenda.

39 Dabei soll laut Ausführungen Paternu's nicht übersehen werden, dass ein übertriebener Sensualismus, Hedonismus und auch Satanismus weder Čop noch Prešeren nahelagen, interessierten sie sich doch viel stärker für den gesellschaftlich aufständischen ‚Byron-Helden'. Vgl. Paternu, France Prešeren, 106–108.

40 Es handelt sich dabei um die slowenische Nachdichtung der berühmten Ballade „Lenore" von Gottfried August Bürger (1747–1794), die man höher einschätzt als das deutsche Original. Für den Hinweis bedanke ich mich bei Mira Miladinović Zalaznik.

41 Slodnjak, Prešernovo življenje, 53.

zwei aufeinander folgenden Quartetten (a-b-a-b / a-a-b-b) zusammen, wobei der abschließende gereimte Doppelvers wichtig ist, weil sich darin der Abschluss bzw. der Schlüssel befinden.

Prešeren's fragmentarische Nachdichtung von Byrons Verserzählung „Parisina" erweist sich vom Standpunkt des Metrums und Reims als eine formal außerordentlich folgerichtige und genaue Übertragung, die meist nicht zur Entstellung des Inhalts führt, da es dem nachdichtenden Übersetzer mit Geschick gelungen ist, die komplementäre Form mit seiner Interpretation des Inhalts der Verserzählung Byrons in Einklang zu bringen. Es soll jedoch nicht unerwähnt bleiben, dass Byrons Original etwas reicher an Details ist und sich eher auf das Narrative der Ereignisse konzentriert, während die Übertragung, wie weiter oben bereits angedeutet, auf einige Details zugunsten der Visualisierung des Geschehens verzichtet, womit sie das Original weiter ausbaut.[42] Die nicht zu einem Abschluss gebrachte Nachdichtung „Parisina" stellt somit in einigen Aspekten eine eigenartige künstlerische Erhöhung und eine Vervollkommnung des Originals dar, was Prešeren's Sinn fürs Übersetzen offenbart. Es war naturgemäß nicht sein Grundwunsch zu übersetzen, sondern zu dichten, und hierin kann seine jugendliche Lehrzeit nachvollzogen werden, bevor er sich gänzlich dem eigenen dichterischen Schaffen zuwandte. Neben der Übersetzung der „Elegie" (1843) von Thomas Gray durch Fran Jeriša als der ersten veröffentlichten slowenischen Übersetzung aus der englischen Lyrik überhaupt nimmt somit die Nachdichtung Prešeren's wegen seiner Bedeutung als Dichter eine zentrale Stelle im slowenischen kultur- und literaturhistorischen Erbe im Zeitalter der Romantik ein.

Zusammenfassend lässt sich sagen, dass die vorliegende Studie auf den gewichtigen Einfluss hinweist, den die Übersetzungen und kritischen Analysen der Dichtung Lord Byrons ins Slowenische auf die Entwicklung der genuin slowenischen Literatur in der ‚Provinz' ausgeübt haben, und zwar in den slowenischen Ländern im Vormärz, in der Zeit nach 1848 und auch später, vor allem im Hinblick auf Prešeren. Unser Augenmerk richtete sich dabei auf den Einfluss Joseph Hilschers auf den slowenischen Dichter France Prešeren, metaphorisch also in einem gewissen Sinne auf das Verhältnis zwischen Zentrum und Provinz, die sich literarisch völlig unabhängig vom Zentrum durchzusetzen wusste, obwohl im interkulturellen wie auch im transkulturellen Sinn immer noch unter seiner Einflussnahme. All dies übte im breiteren Kontext einen großen Einfluss auf die verstärkte nationale Identifikation und nationale Wiedergeburt im 19. Jahrhundert aus. Der irische Dichter William Butler Yeats formulierte es geradezu visionär,

42 Strojan, Parizina, 37.

doch auch apokalyptisch in seinem Gedicht „The Second Coming“ (Das zweite Kommen) kurz nach dem Ersten Weltkrieg, als sich nicht nur Imperien, sondern auch manch andere gesellschaftliche Beziehungen radikal umzugestalten begonnen hatten bzw. sogar verschwanden: *Die Welt zerfällt, die Mitte hält nicht mehr*![43]

43 Yeats, The Second Coming.

Mira Miladinović Zalaznik

Wem Gott will rechte Gunst erweisen, den schickt er in die weite Welt.[1] Anton Graf Auersperg auf seinem Weg aus der Provinz in die Welt

Die Krainer Provinz

Ohne auf das Verhältnis zwischen Metropole und Provinz theoretisch ausführlich eingehen zu wollen, kann einleitend konstatiert werden, dass sich Metropole und Provinz in der Habsburgermonarchie im 19. Jahrhundert voneinander unterscheiden, u. a. durch politische und militärische Stärke, wirtschaftliche und kulturelle Entwicklung, abwechselnd sich auswirkende Dominanz- und Abhängigkeitsgrade, überregionale Arbeitsteilung, Aneignungen von natürlichen Peripherie-Ressourcen durch die Metropole und Investitionen des außerregionalen Kapitals in der Peripherie. Lokale Entwicklungsdifferenzen bewirken Spannungen, zumal wenn ein wirtschaftliches oder kulturelles Zentrum nicht unbedingt auch ein politisches ist oder ein politisches Zentrum zum ökonomischen Randgebiet gehört.[2] Es soll nicht unerwähnt bleiben, dass Provinz anno dazumal nicht negativ als etwas *Peripheres* und in der *Entwicklung Rückständiges* angesehen wurde[3], wie das heute oft der Fall ist.

Das Herzogtum Krain, von wo Anton Alexander Graf Auersperg stammte, gehörte zum Rand, zur Peripherie, zur Provinz. Es war ein ethnisch gemischtes, landwirtschaftlich ausgerichtetes und industriell unterentwickeltes Land der Habsburgermonarchie. Krainer Slowenen besaßen, genauso wie ihre steirischen

1 Joseph von Eichendorff, Aus dem Leben eines Taugenichts, Stuttgart 1970, 4.

2 Vgl. Andrea Komlosy, Innere Peripherien als Ersatz für Kolonien? Zentrenbildung und Peripherisierung in der Habsburgermonarchie. In: http://www.kakanien.ac.at/beitr/fallstudie/AKomlosy1.pdf (3.6.2013).

3 Das geht auch aus dem Meyerschen Konversations-Lexikon hervor, erschienen zwanzig Jahre nach dem Tod des Grafen Auersperg: „Zuweilen (besonders in Frankreich) bezeichnet man mit P[rovinz]. das gesamte Land im Gegensatz zur Hauptstadt." In: Meyers Konversations-Lexikon. Fünfte, gänzlich neubearbeitete Auflage. 14. Bd. Leipzig-Wien 1896, 290.

oder Kärntner Landsleute, keine ‚eigenen' regionalen Eliten, was ab 1848 für zusätzliche politische Brisanz sorgte.[4] Nicht einmal die Provinzhauptstadt Ljubljana (Laibach) hatte viel zu bieten, wie es Graf Auersperg im Winter 1836/37 in einem Brief an seinen Freund Eduard Bauernfeld bitterlich beklagte. Er fand in der Provinzmetropole *zwar recht viele gute, teilnehmende Menschen, aber kaum einen* [...], *der die Oberfläche des konversationellen Wasserspiegels verlassen und etwas tiefer tauchen mochte; wo das Theater*[5] *eine höchst mittelmäßige Provinzbude*[6] *und von literarischen Quellen, Hilfsmitteln und Empfänglichkeiten durchaus keine Rede war; wo es* [ihm] *nur mühsam und beinahe auf Kosten seines soliden* [!] *Rufes gelang, wöchentlich ein paarmal einige joviale Freunde des Champagners zu einem sonst sehr ruhigen, vormitternächtlichen Kränzchen zu versammeln.*[7]

Das 19. Jahrhundert war von der asymmetrischen Modernisierung und Technisierung der Gesellschaft gezeichnet, die zur verstärkten Bildung von Peripherien und Zentren beigetragen hatten. Politisch und kulturell wurde es von Prozessen des 18. Jahrhunderts beeinflusst, d. h. von der Aufklärung, der Romantik und der Französischen Revolution, die die weitere Entfaltung der europäischen Gesellschaft maßgeblich prägten. Daraus hervorgegangene geistige und politische Ansätze riefen die Nationalbewegungen hervor, was für die Habsburgermonarchie fatale Folgen hatte.

Im slowenischen Siedlungsgebiet lebten Deutsche und Slowenen anfangs noch friedlich miteinander, so dass der Krainer Landespatriotismus gleichermaßen Deutsche und Slowenen beseelte und als solcher mit dem Reichspatriotismus

4 Komlosy, Innere Peripherien (3.6.2013). Bezogen auf die Slowenen in der Donaumonarchie, heißt es hier, „kann man einen [...] voll ausgeprägten ‚internen Kolonialismus' mit ethnischem, politischem und ökonomischem Gefälle [...]" (ebenda) konstatieren.

5 Mehr zum (deutschen und slowenischen) Theater in Ljubljana in: Mira Miladinović Zalaznik, Das einzige Wort „svinja" (Schwein), welches vorkam [...], kann man [...] verzeihen, ohne daß [...] die Ehre der slovenischen Nation darunter leidet. Slowenisches Theater des 19. Jahrhunderts. In: Marijan Bobinac/Wolfgang Müller-Funk (Hgg.), Gedächtnis – Identität – Differenz. Zur kulturellen Konstruktion des südosteuropäischen Raumes und ihrem deutschsprachigen Kontext. Beiträge des gleichnamigen Symposiums in Lovran/Kroatien, 4.–7. Oktober 2007, Tübingen 2008, 73–83.

6 Gute 35 Jahre früher war die Situation ein wenig anders. Da zeigte sich ein anderer Intellektueller, Gottfried Seume, von den Leistungen des Laibacher Theaters, das er die Gelegenheit hatte, auf seiner Fußwanderung nach Syrakus kennen zu lernen, angetan: „Das Komödienhaus ist zwar nicht so gut als in Gräz, aber doch immer sehr anständig", (Johann Gottfried Seume, Spaziergang nach Syrakus, München 1985, 40).

7 Dietmar Scharmitzer, Anastasius Grün (1806–1876). Leben und Werk, Wien-Köln-Weimar 2010, 146.

kompatibel war. Den weiteren Entwicklungen entsprossen im Laufe der Zeit aber die deutsche und slowenische nationale Bewegung, die vor allem nach der Märzrevolution immer schärfere Konturen annahm, was zu einem folgenreichen deutsch-slowenischen Konflikt führte, der eine drastische Trennung der beiden Ethnien nach sich zog. Hinzu kam, dass Krain, ökonomisch betrachtet, nach Dalmatien, der Bukowina und Galizien das vierte am wenigsten entwickelte Land der Monarchie war[8], was das immer diffiziler werdende Verhältnis der beiden ethnischen Gruppen zusätzlich belastete.

Die Deutschen gehörten in Krain nicht nur zur politischen, sondern auch zur ökonomischen Elite, doch gewann im Bank- und Versicherungswesen das in Ljubljana gegen Ende des 19. Jahrhunderts investierte tschechische Kapital[9] an Bedeutung und Einfluss, was neben ökonomischen auch politische Konsequenzen hatte. Genauso wie in Böhmen das erstarkte tschechische Bürgertum vornehmlich seit 1848 die Landesautonomie anstrebte, tat es auch das slowenische in Krain. Es war offensichtlich, dass sich ‚Habsburgische' Slawen insgesamt eine modernere Staatsordnung wünschten, was im Vielvölkerstaat, zumal nach dem Ausgleich mit Ungarn (1867) mitnichten auf eine allgemeine Begeisterung stieß.[10]

Die weite Welt

Wem Gott will rechte Gunst erweisen, / Den schickt er in die weite Welt, / Dem will er seine Wunder weisen / In Feld und Wald und Strom und Feld. // Die Trägen, die zu Hause liegen, / Erquicket nicht das Morgenrot, / Sie wissen nur vom Kinderwiegen, / Von Sorgen, Last und Not um Brot.//[11] So lauten die ersten Verse eines Liedes (1822/23), das der Hauptheld anstimmt, nachdem ihn sein Vater, welcher den Müßiggang seines Sohnes nicht länger zu erdulden und den vermeintlich Trägen nicht länger zu ernähren gesonnen war, von Zuhause wegjagte. Das Zuhause lag in ländlicher Umgebung, in der Provinz, der Vater war Müller, sein Sohn sonniges Gemüt. Er, der in dieser Geschichte nicht einmal einen Namen führt, sondern sich mit dem wenig schmeichelhaften Spitznamen *Taugenichts* in der Welt behaupten

8 Komlosy, Innere Peripherien (3.6.2013).

9 Igor Grdina, Ivan Hribar. „Jedini resnični radikalec slovenski", Ljubljana 2010, 18–20, 38.

10 Ausgerechnet der slawenfreundliche Thronfolger Franz Ferdinand fiel am 28. Juni 1914 in Sarajevo einem Attentat zum Opfer, in dessen Nachfolge es zum Ersten Weltkrieg, zum Zerfall der Österreich-Ungarischen Monarchie und zur Gründung eines südslawischen Königreiches kam.

11 Eichendorff, Taugenichts, 4.

muss, begibt sich nach der Verjagung aus dem heimischen Alltag auf eine Reise, die ihn durch halb Europa führt. Auf dieser Reise erlebt er allerhand Wunder, verliebt sich, perfektioniert in der Kunst-Metropole Rom sein Musiktalent, kehrt zurück, doch nicht heim, sondern auf ein Schloss in der Nähe der Haupt- und Residenzstadt Wien, um zu heiraten und sich im geschenkten Häuschen niederzulassen. Wie fast zu erwarten, findet er dort keine Ruhe, sondern begibt sich, diesmal mit Frau, auf eine Wanderung, die ihn in die weite *wunder*volle Welt führen wird. *Wem Gott will rechte Gunst erweisen, / Den schickt er in die weite Welt* [...][12]: Aus einem Provinzler, der die Welt in seiner Brust trug, wurde ein geselliger Künstler, dem die Öffentlichkeit für seine Kunst dankbar und bereit war, sie zu honorieren.

Auerspergs Kindheit und Jugend

Ein wenig anders erging es einem anderen ‚Provinzler' ungleicher Herkunft, der ebenfalls die Welt in seiner Brust trug und immer wieder in die europäischen Metropolen ausbrach, nämlich Anton Alexander Graf Auersperg. Dieser wurde durch puren Zufall zum Laibacher. Seine Familie (der ‚krainischen' bzw. ‚pankrazischen' Hauptlinie der Auersperg[13] angehörend) lebte auf dem Schloss Thurn am Hart in Unterkrain (Šrajbarski turn).[14] Auerspergs selbstbewusste, elegante Mutter, eine

12 Ebenda.

13 Der erste Auersperg, Adolf, wurde 1067 erwähnt. (Vgl. Scharmitzer, Anastasius Grün, 47–48.) Mehr zum Geschlecht Auersperg in: Miha Preinfalk, Auersperg. Geschichte einer europäischen Familie, Graz-Stuttgart 2006.

14 Im 16. Jh. befand sich Thurn am Hart im Besitz des Majolikahändlers Johann Baptista Valvasor, eines Wohltäters der Familie Johann Weickhard Valvasors (Mira Miladinović Zalaznik, Ein Geschichtsschreiber, der wissendlich Romanen für Historien ausgibt ... Johann Weichard Freiherr von Valvasor (1641–1693). In: Krista Zach/Mira Miladinović Zalaznik (Hgg.), Querschnitte. Deutsch-slovenische Kultur und Geschichte im gemeinsamen Raum, München 2001, 91–124, hier 96.) Der slowenische Name des Schlosses leitet sich wohl von dessen Südostturm ab, der sich nach der ‚Türkenseite' orientierte und als der älteste Teil der Burg einst der Sitz der Kriegskanzlei war (Scharmitzer, Anastasius Grün, Anm. 66, 120). Die Bezeichnung „Šrajbarski turn" wurde später von den Bewohnern auf das ganze Schloss übertragen. Davon, dass die Türken auch noch im 19. Jh. eine reale Gefahr bedeuteten, weiß Peter von Radics zu berichten. Er schreibt, dass bei einem Überfall türkisch-bosnischer Truppen auf Thurn am Hart im Jahr 1829 selbst der 23 jährige Anton Alexander eine leichte Verwundung erlitten habe, siehe Peter von Radics: Aus Anastasius Grüns Jugendleben. In: Die Presse, Nr. 253, Wien, 14.9.1879, in: http://anno.onb.ac.at/cgi-content/anno?aid=apr&datum=18790914&seite=3&zoom=33 (9.1.2014). Als Grün das stark verschuldete Schloss, zusätzlich von den Forderungen der Mutter belastet, die er auszuzahlen genötigt war, zu seiner Volljährigkeit erben konnte, gab es dort

geborene Baronin Billichgrätz, wollte ihr erstes Kind nicht auf diesem einsamen Provinz-Schloss, wo sich die Füchse gute Nacht sagten, zur Welt bringen, sondern in der Provinz-Metropole, wo es immerhin mehr Ärzte gab als auf dem Lande. Ihr erster Sohn, im Haus des Verwandten Alois von Auersperg[15] geboren, wurde auf die Namen Maria Anton Alexander Joseph Richard Siegfried Leo getauft. Der begabte, quecksilbrige und schwer erziehbare Junge lernte von den Dienstboten, die sich um ihn kümmerten, als erste Sprache wohl Slowenisch und verfehlte es knapp, von dem zur Zeit der Provinz Illyrien im Haus Auersperg logierenden Maréchal Auguste de Marmont (1774–1852)[16], welchem der energiegeladene junge Adelige nicht schlecht gefiel, in die Weltmetropole, d. h. nach Paris mitgenommen zu werden. Um diesem Los zu entrinnen, kam er in einer von seinem patriotisch und freigeistig gesinnten Vater eilig organisierten Nachtaktion nach Graz, danach nach Wien. Hier lernte er einen Landsmann slowenischer Zunge kennen, der zu seinem Lehrer und Freund wurde, France Prešeren (1800–1849).[17] Dieser aus der Oberkrainer Provinz stammende junge Mann, der die Welt in seiner Brust trug und zum Weltbürger ebenso wie zum größten slowenischen Dichter wurde,

---

eine Bibliothek von 3.000 Büchern (Peter von Radics, Anastasius Grün. Verschollenes und Vergilbtes aus dessen Leben und Schaffen, Leipzig 1879, 19). Später ging das Schloss in den Besitz des Schriftstellers Friedrich von Gagern (1882–1947) über, der ein Sohn von Beatrix (1848–1919), der letzten Gräfin Auersperg war. Gagern verfasste Romane, deren Schauplatz oft die slowenisch-kroatische Grenze war und in denen mitunter diverse Mitglieder des Geschlechts Auersperg auftreten. (Vgl. Mira Miladinović Zalaznik, Lieber Freund! Was willst du? Friedrich von Gagerns Grenz-Dörfer zwischen Krain und Kroatien. In: Mathias Beer/Harald Heppner/Gerhard Seewann/Stefan Sienerth (Hgg.), Dorf und Literatur, München 2011, 219–229).

15 Vgl. Scharmitzer, Anastasius Grün, 54. Später ersteigerte sein Vater ein eigenes Haus in Ljubljana, am Neuen Markt 22 (Auerspergplatz 6), das der Dichter an seinen Verwandten Richard Grafen Auersperg veräußerte (Vgl. Radics, Verschollenes und Vergilbtes, 3). Anlässlich des am 11.4.1876 begangenen 70-jährigen Jubiläums von Grün wurde vom Laibacher Gemeinderat beschlossen, dass der Novi trg / der Neue Markt zu seinen Ehren einen neuen Namen erhalten soll: den Turjaški trg / Auerspergplatz. Die Umbenennung verlief alles andere als glatt. Im Gemeinderat wurde sogar die Frage gestellt, inwiefern sich der Graf um das Land verdient gemacht habe, um solcherart beehrt zu werden. Der neue Name des Platzes konnte sich bis 1923 halten, als er seinen alten Namen zurückerhielt.

16 Er war vom Oktober 1809 bis Januar 1811 der Gouverneur der Illyrischen Provinzen.

17 Zu Prešeren als Übersetzer vgl. die folgende Studie in diesem Band: Igor Maver, Die Bedeutung von Lord Byrons slowenischen Übertragungen am Fallbeispiel France Prešerens. Die nationale Wiedergeburt und das politische Bewusstsein der Slowenen im 19. Jahrhundert.

öffnete seinem fünfeinhalb Jahre jüngeren Zögling das große Tor in die Literatur, Kunst und Geschichte. Und er stärkte, was bereits seines Vaters Ansinnen war, dessen Liebe zur Heimat und Geschichte wie vielleicht auch dessen Abneigung gegen die Geistlichkeit. Mit Prešeren las der junge Auersperg verbotene und erlaubte Bücher[18], darunter „Die Ehre des Herzogthums Crain" von einem anderen Krainer, Johann Weichkard Valvasor[19], der auch in der *wohlgewählte*[n] *Bibliothek* eines Grafen Auersperg, nämlich Wolf Engelbert, studieren durfte, um sich auf das Verfassen seines monumentalen Werkes vorzubereiten.[20]

Die gesellschaftlich ungleichen geistigen Nachfahren Valvasors aus dem 19. Jahrhundert, der Oberkrainer Slowene und der Unterkrainer Deutsche, der Bauernsohn Prešeren und der Graf Auersperg, betätigten sich musisch: in Worten beide, in Bildern nur der jüngere. Das Zeichentalent Auerspergs[21], das seit Kindesbeinen gefördert wurde, zeitigte böse Früchte: Die Karikaturen seiner Lehrer, die er in der von ihm redigierten Gymnasialzeitschrift veröffentlichte, hatten zusammen mit anderen Vergehen (darunter das Lesen verbotener Bücher) zur Folge,

18 Darunter befanden sich Werke von Homer, Hesiod, Euripides, Sophokles, Plautus, Terenz, aber auch von Giovanni Boccaccio, Giovanni Battista Guarini und Ovid.

19 Seine erste wissenschaftliche Monographie erhielt Valvasor relativ spät. Ihr Verfasser war der damals bereits 74-jährige Peter von Radics, der sie zwei Jahre vor seinem Tod, 1910 unter dem Titel „Johann Weikhard Freiherrr von Valvasor (geb. 1641, gest. 1693). Mit 5 Porträts und 15 andren Abbildungen; samt Anhang, Nachtrag und der Genealogie der Familie Valvasor" in Laibach im Verlag der Krainischen Sparkasse (!) herausgegeben hatte. Mehr dazu in: Tanja Žigon, Zgodovinski spomin Kranjske. Življenje in delo Petra Pavla pl. Radicsa (1836–1912), Ljubljana 2009, 230–241, 308.

20 Miladinović Zalaznik, Ein Geschichtsschreiber, Anm. 67, 117. Auch dem jungen Valvasor erwies der liebe Gott „rechte Gunst" und schickte ihn als 18jährigen Vollwaisen aus Laibach auf die Peregration in die große Welt. Auf seinen Reisen, die, wie damals üblich, recht beschwerlich und nicht ungefährlich waren, machte er sich mit der Welt bekannt, sammelte unter den Fremden neue Erfahrungen und diskutierte mit Gebildeten christlichen und moslemischen Glaubens, dabei mitunter ihre Geheimnisse um seine eigenen austauschend. Auch Valvasor trug eine Welt in seiner Brust, die im Kontakt mit der äußeren Welt fruchtbar wurde. Er war der erste und einzige Krainer, der als Erfinder technischer Lösungen und Erklärer von Naturphänomenen zum Mitglied der ältesten wissenschaftlichen Sozietät der Welt gekürt wurde, der Royal Society in London, siehe Mira Miladinović Zalaznik, Der krainische Polyhistor Johann Weichard Freiherr von Valvasor (1641–1693) und die Royal Society. In: Jan Papiór (Hg.), Eurovisionen III. Europavorstellungen im kulturhistorischen Schrifttum der frühen Neuzeit (16.–18. Jahrhundert), Poznań 2001, 151–163.)

21 Vgl. Radics, Aus Grüns Jugendleben.

dass er (auch) aus dieser Schule[22] relegiert wurde. Prešeren erging es keinesfalls besser, denn er wurde vom Autor und Pädagogen Friedrich August von Klinkowström (1778–1835, Ps. F. Kindmann), dem Leiter des Bildungsinstituts[23], dessen Zögling Auersperg und dessen Hofmeister Prešeren war, entlassen. Später sagte Auersperg aus, dass ihn die *finstere klösterliche Zucht*[24] jenes Instituts angeekelt hatte, obwohl man sich dort, untypisch für die Zeit, um eine fortschrittliche Erziehung und gute Ernährung (Obst, Schokolade) bemüht habe.[25]

Wanderungen zwischen Peripherie und Zentrum

Auersperg, dessen fruchtbringende gegenständliche und geistige Wanderungen zwischen Peripherie und Zentrum hier nur punktuell erwähnt werden, lebte bereits in jungen Jahren im ständigen Wechsel zwischen Provinz (Krain, Steiermark) und Metropole (Wien). Später kamen noch andere Metropolen hinzu, Paris und London, aber auch andere (italienische, deutsche, österreichische) Provinzen. Unter diesen Gegebenheiten entwickelte er sich zu einer komplexen Persönlichkeit. Er machte sich einen Namen als der liberale Vormärzdichter Anastasius Grün, weswegen sich die Zensur seiner besonders eingehend und innig angenommen hatte.[26] Seit seiner Rückkehr aus Straßburg, wo er 1830 mit der Juli-Revolution in Berührung kam, wurde er von der Polizei observiert, die auch die Äußerung von ihm gewissenhaft mit stenographierte, im Ausland […] *sei ihm der Nebel von den*

22 Auersperg erhielt hier auch Privatstunden in Slowenisch, die aber bald aufgegeben wurden, da sein Stiefvater, Leopold Baron Lichtenberg, sich weigerte, dafür monatlich 30 Fl. zu zahlen.

23 Klinkowström kam 1881 nach Wien, wo er zum Katholizismus konvertierte – einer der beiden Zeugen war der deutsche Frühromantiker Friedrich Schlegel. In den Jahren 1818–1834 leitete er nach Prinzipien der Jesuiten seine von ihm gegründete Erziehungsanstalt. In der Zeit, als Auersperg sein Zögling war, unterhielt er sechs Hofmeister, unter denen einer Prešeren war. Klinkowström war Mitarbeiter beim „Österreichischen Beobachter" und 1818–21 Herausgeber des „Sonntagsblatts für die Jugend". Er malte Ölgemälde und Aquarelle. Vgl. http://temporati.de/Friedrich_August_von_Klinkowstr%C3%B6m.html (8.9.2011).

24 Brief Grüns an Eduard Bauernfeld vom 26.4.1847. In: Breda Požar, Anastasius Grün in Slovenci, Maribor 1970, 19.

25 Scharmitzer, Anastasius Grün, 65–68.

26 Da half es auch nicht, dass Erzherzog Johann, der selbst lange einen schweren Stand unter seinesgleichen hatte, zu seinen Gunsten bei der Polizei intervenierte. Vgl.: Scharmitzer, Anastasius Grün, 143.

Augen gerissen worden, mit dem man ihn in Österreich umhüllt habe.[27] Jedermann merkte es: *Sein rascher Geist, in den schnelleren Schwung ausländischen Lebens einmal gezogen, ließ sich durch den heimischen Stillstand nicht mehr lähmen: Er fühlte das doppelte und dreifache Recht, als Edelmann, als Dichter, als Mensch, dem System zu opponieren.*[28]

In Wien dichtete ausgerechnet er, ein Spross des Geschlechts Auersperg, welches 1264, d. h. 15 Jahre vor Habsburg nach Krain gekommen war, vom November 1830 bis zum März 1831 brisante politische Lieder, die nicht seinen Namen – sie sind anonym in Deutschland erschienen –, sondern den dichterischen und politischen Ruhm eines Liberalen in die Welt trugen. Mit der Sammlung „Spaziergänge eines Wiener Poeten", die 1831 in Deutschland überhaupt als erstes Werk des politischen Vormärz veröffentlicht wurde (Grün wurde gerade 25 und nach dem damaligem Recht volljährig), ist ihm, einem ‚Provinzler' vom südlichen Rand der Habsburgermonarchie ein Wurf in die große Welt der politischen Dichtung gelungen.

Die Veröffentlichung dieser Sammlung war eine eminent politische Tat. Auf ein großes Echo stieß europaweit vor allem das Gedicht „Salonszene". Darin nimmt sich der junge Dichter des Kanzlers Metternich an, den er als einen höflichen, verbindlichen, galanten Herrn schildert, welcher es gleichermaßen versteht, die gekrönten Häupter Europas zugunsten Austrias umzustimmen als auch die Herzen der Schönen zu bezaubern; nur für einen *dürftigen Klienten*, das Volk, finde er kein Gehör. Also erscheint dieses (das Volk) unvermutet vor seiner Tür, gewissermaßen aufbegehrend: *Dürft' ich wohl so frei sein, frei zu sein?*[29] Ein österreichischer Graf wurde zum ersten deutschen Vormärzdichter, seine Sammlung „Spaziergänge eines Wiener Poeten" stieg zum Bestseller auf, der neun Auflagen erlebte, obwohl dessen Vertrieb, Verkauf und Lektüre bis 1848 verboten waren.

Der k. k. Polizei, die den Dichter nach seiner Rückkehr aus Straßburg eifrig verfolgte und seine politischen Äußerungen gewissenhaft festhielt, gelang es erst

---

27 Eduard Castle (Hg.), Anastasius Grüns Werke in sechs Teilen. Erster Teil, Berlin-Leipzig-Wien-Stuttgart 1909, XXX.

28 Ebenda.

29 Anastasius Grün, Salonscene. In: http://nddg.de/gedicht/19127-Salonscene-Gr%C3%BCn.html (29.11.2011). Dieses Gedicht wurde von zahlreichen europäischen Zeitungen veröffentlicht. In einem Londoner Blatt, das die Biographie Metternichs abdruckte, illustrierte man sie mit der englischen Nachdichtung dieses Poems. Selbst Kaiser Franz I. war der Meinung, Metternich sei im Gedicht gut abgebildet. Der Kaiser soll sich auch Gedanken zu dem hier zitierten Schluss-Vers gemacht haben.

1838, den Decknamen Anastasius Grün[30] zu dekodieren. Er wurde als angehender Schwiegersohn des politisch einflussreichen steirischen Landeshauptmanns Ignaz Graf Attems am 16. März 1838, sieben Jahre nach der Veröffentlichung seiner inkriminierten Gedichtsammlung, vom Kanzler Metternich in einer Privataudienz empfangen. Hinter der Tür versteckt, wohnte dem Gespräch der Polizeipräsident Josef Graf Sedlnitzky bei, was Auersperg durch eine Indiskretion des Lakaien[31] erfuhr. Der Kanzler, der sich Auersperg gegenüber beschwerte, alle *brauchbaren* Menschen wollten auswandern[32], legte es dem noch nicht ganz Zweiunddreißigjährigen nichtsdestotrotz nahe, entweder auszureisen oder nicht mehr zu veröffentlichen, was dieser gelobte. Im Nachhinein warf man Grün in der Öffentlichkeit immer wieder Gesinnungswechsel vor, doch nahm er selbst in einem Brief vom 11. Februar 1840 an Max von Löwenthal zu diesen Anschuldigungen Stellung, der damals aber nicht an die Öffentlichkeit gelangte: *Es ist nicht wahr, was man erzählt, daß ich meinem Schwiegervater* [dem Grafen Attems] *das Wort gegeben, nichts mehr zu schreiben. Er ist ein viel zu rechtlicher Mann und hat zu viel Achtung vor einer fremden Meinung, als daß er ein solches Versprechen hätte fordern können, und der Graf Auersperg würde es ihm auch nie gegeben haben. Aber ich habe ja dem Fürsten Metternich in jener Unterredung versichert, ich würde entweder auswandern oder schweigen. Ersteres tat ich nicht, also tu ich das letztere. Ich mag mit dem Zensurgesindel ferner nichts zu tun haben. In dessen Sinne schreiben aber kann ich nicht.*[33] Am 22. Mai 1838 wurde Grün auch noch vom Laibacher Polizeipräsidenten Leopold Sicard vernommen und am 15. Oktober zur Zahlung von 25 Dukaten verurteilt. Das Urteil hatte er ohne Erfolg angefochten, die höhere

30 Der Deckname ist vieldeutig und machte seinem Träger alle Ehre: Anastasia von Aquileia – als Schutzheilige (auch) der Zensoren wurde sie oft mit der Schere dargestellt – spielt auf die Zensur an, die Auersperg nötigte, einen Decknamen zu tragen; Grün deutet auf das zarte Alter des Trägers hin und macht in der Zeit der politischen und sozialen Umwälzungen aus einem Adeligen einen einfachen Bürger (Vgl. Scharmitzer, Anastasius Grün, 91), ähnlich wie dessen Freund Nikolaus Niembsch Edler von Strehlenau es mit seinem Pseudonym Lenau hielt. Andererseits kann Anastasius Grün für einen jungen, von neuen Ideen sprießenden Menschen stehen. Grüns Familie zeigte sich wenig angetan von der Wahl dieses Pseudonyms.

31 Dieser bot Auersperg statt seines Überziehers jenen des Polizeipräsidenten an. Vgl.: Scharmitzer, Anastasius Grün, 162.

32 Ebenda.

33 Eduard Castle, Lenau und die Familie Löwenthal. Briefe und Gespräche, Gedichte und Entwürfe, Leipzig 1906, 118. In: Antal Mádl, Anastasius Grün und Nikolaus Lenau. Eine Dichterfreundschaft. In: Anton Janko/Anton Schwob (Hgg.), Anastasius Grün und die politische Dichtung im Vormärz, München 1995, 65.

Instanz bestätigte es am 21. Januar 1839. Die Behörden mussten fünf Mahnungen erlassen, ehe Auersperg willens war, seine Strafe zu entrichten, die er dem Laibacher Armeninstitut gegen Ende des Jahres 1839 diskret zudachte.[34] Die verbotenen Lieder des Grafen inspirierten jedoch europaweit eine Bewegung, die sich trotz der Verfolgung durch Polizei und Zensur durchzusetzen wusste.

Der Zensur- und Polizeidruck

Der Zensur- und Polizeidruck ließ die ganze Vormärzperiode nicht nach. Eine Gruppe von Intellektuellen in Wien sah sich genötigt, im März 1845 den Behörden eine Adresse gegen die Zensurpraktiken im Lande auszuhändigen, die sowohl von Auersperg als auch von 23 weiteren Autoren unterzeichnet wurde, unter ihnen Eduard von Feuchtersleben, Ludwig August Frankl und Franz Grillparzer. Grün unterschrieb diese Petition, obwohl er davon überzeugt war, sie sei angesichts der politischen und ökonomischen Lage im Lande *zu mild* und verlange *zu wenig*.[35] Und in der Tat: Die Lage in der Monarchie war äußerst bedenklich, vor allem nach der Julirevolution 1830, da man immer mehr in die Rüstung investierte, während man die Entwicklung der übrigen Industrie vernachlässigte. Den Menschen ging es gerade 1845 wegen der von der Kartoffelfäulnis verursachten Missernte besonders schlecht. Die Folgen waren Hungersnöte, Verarmung der Bevölkerung und massenhafte Pfändungen von Schuldnern. 1848 brach die Revolution aus, welche auch die politische Tätigkeit der Slowenen anspornte. Nun ließen 43 Unterzeichner in der „Laibacher Zeitung" eine mit 29. März 1848 datierte „Adresse der Slovenen in Wien an die Landstände Krain's" abdrucken, in der sie die Vereinigung aller Slowenen in Schrift verlangten, des Weiteren die Sicherstellung der slowenischen Nationalität in Krain, dem Küstenland und den slowenischen Teilen der Steiermark und Kärntens, die Errichtung von Lehrkanzeln für slowenische und andere slawische Sprachen, die Errichtung einer Real- und Ackerbauschule, die Gründung von Kredit-Anstalten zwecks Beförderung der Industrie und die Besetzung der Ämter *durch der Landessprache vollkommen kundige Männer*.[36] Zur gleichen Zeit hielt der Provinzial-Landtag eine Sitzung ab, während welcher beschlossen wurde, in 18 Punkten zusammengefasste Forderungen zu stellen,

---

34 Scharmitzer, Anastasius Grün, 163–164.

35 In der Öffentlichkeit wurde jedoch kolportiert, er als Graf sei nicht bereit gewesen, seine Unterschrift darunter zu platzieren, obwohl die wirtschaftliche, soziale und politische Lage im Land schon länger angespannt und schwer gewesen sei.

36 Adresse der Slovenen in Wien an die Landstände Krain's. In: Laibacher Zeitung (4.4.1848), Nr. 41, 275.

darunter: Einführung des Slowenischen in den Volksschulen, in den Ämtern und die Übersetzung aller amtlichen Verlautbarungen ins Slowenische, die dem Volke in einem krainischen Amtsblatt in Slowenisch mitgeteilt werden müssten.[37]

Die Grazer Slowenen[38] und ihr Verein „Slovenija" veröffentlichten am 22. April 1848 ihr Programm in der „Grazer Zeitung", wo zum ersten Mal in der Geschichte der Slowenen vom *Vereinten Slowenien*[39], d. h. von einem autonomen Gebilde innerhalb Österreichs die Rede war, in welchem alle Slowenen vereint in einem allen anderen Ländern gleichberechtigten Land leben können sollten. Der gleiche Anspruch wurde vom Laibacher „Slovenischen Verein" gestellt, der als letzter unter den slowenischen Vereinen in der „Laibacher Zeitung" sein Programm der Öffentlichkeit vorlegte. Seine Hauptziele waren: *Organische Entwickelung und Hebung unserer slovenischen Nationalität und ihrer harmonischen Unterordnung unter die Idee des österreichischen Kaiserstaates, und nicht minder die Erhebung unserer slovenischen Sprache auf den ihr gebührenden Standpunct. Zu Mitteln, diesen Zweck zu erreichen, wählen wir: Das Wort und die Schrift.*[40]

Der Politiker

Auch in der Frankfurter Nationalversammlung agierte Auersperg, der zu den Liberalen zählte, in der Vormärz-Tradition und setzte sich für die Erhaltung des tradierten habsburgischen Vielvölkerstaates ein, während die Slowenen nach 1848 mehrheitlich dessen Reorganisation anstrebten und ein Vereintes Slowenien verlangten. Darauf reagierte er in seiner Adresse „An meine slovenischen Brüder",

---

37 Laibach, am 7. April. In: Laibacher Zeitung (8.4.1848), Nr. 43, 285. Wie aus dem Beitrag von Dr. Janez Bleiweis „Odperto pismice kranjskih poslancev vsim Slovencem" (In: Kmetijske in rokodelske Novice vom 19.4.1848, Nr. 16, 65–66) hervorgeht, hat sich diesen Bemühungen auch Fran Miklošič (1813–1891), einer der Begründer der wissenschaftlichen Slawistik, seit 1850 ordentlicher Professor auf dem neu geschaffenen Lehrstuhl für slawische Philologie an der Universität Wien, zweimaliger Dekan der Philosophischen Fakultät, in den Jahren 1853/54 Rektor der Wiener Universität, angeschlossen.

38 Eine wertvolle Studie zu Ereignissen in der Vormärz-Steiermark und der Tätigkeit Auerspergs wie auch der dortigen Slowenen in jener Zeit: Günter Cerwinka, Die Steiermark im Revolutionsjahr 1848. In: Joseph F. Desput/Josef Riegler (Hgg.), Die Steiermark im Jahre 1848/49, Quellen und Literatur, Graz 2003, 9–78.

39 Stane Granda, Prva odločitev Slovencev za Slovenijo. Dokumenti z uvodno študijo in osnovnimi pojasnili, Ljubljana 1999. Es ist dies eine grundlegende Studie mit bis dato unbekannten Dokumenten zu diesem Thema.

40 In: Besondere Beilage II. zur Laibacher Zeitung (29.4.1848), unpaginiert.

wo er sich gegen diesen Aufruf[41] aussprach, in welchem sich die slowenischen Vertreter auch gegen die Wahlen für das Frankfurter Parlament stellten. Auersperg dagegen plädierte für ihre Teilnahme, weil er davon überzeugt war, die Frankfurter Nationalversammlung sei derjenige Ort, wo sie sich für ihre Rechte am effektivsten einsetzen könnten und weil er seine [s]*lovenische*[n] *Brüder* vor dem russischen Einfluss bewahren wollte.[42]

Im April 1848 wurde Auersperg in Ljubljana in der Wahl mit 63 Stimmen von 93 zum Delegierten des Frankfurter Vorparlaments gewählt. Das Mandat nahm er unter der Bedingung an, es niederzulegen, wenn die Mehrheit seiner Wähler gegen die Vereinigung mit Deutschland wäre.[43] Am 11. April 1848 hielt er in der Pauluskirche, wo er als der verbotene Dichter Anastasius Grün bejubelt wurde, eine Rede, in welcher er, im Geiste der österreichischen Abgeordneten den Antrag *auf Bürgschaften für die Unverletzlichkeit der Nationalität der österreichischen Slawen* stellte. Er wollte in Frankfurt ausdrücklich *die Zusicherung* [erhalten], *dass die Slawen zu gleichberechtigten, freien Verbündeten, nicht aber Untertanen der Deutschen erklärt würden und an allen ihren Errungenschaften teilnähmen*. In seiner Rede strebte er eine explizite Ausdehnung dieser Forderung auf die *Slawen in Steiermark, Kärnten und Krain* […][44] an. Dieses öffentliche Engagement Auerspergs in der Pauluskirche für die Slawen im Allgemeinen und die Slowenen im Speziellen blieb von den Slowenen schon damals weitgehend unbeachtet. Zu beklagen ist vielmehr der Umstand, dass sich in den einschlägigen Kreisen in Slowenien diesbezüglich bis heute praktisch nichts geändert hat.

Nachdem man sich auf der slowenischen und deutschen Seite nach 1848 national eindeutig positioniert hatte, wählte Auersperg in den stetig wachsenden Konfrontationen zwischen der slowenischen und deutschen Partei in seiner Heimat als Adeliger, der gleichsam per definitionem übernational dachte, und deutschsprachiger Dichter die deutsche Seite – im Gegensatz zu seinem Vater, Graf Maria Alexander, der sich kurzerhand zum Slowenen erklärt hatte, indem er im August

41 Der Text des Vereins „Slovenja“ in Wien wurde in der „Laibacher Zeitung“ nicht abgedruckt, obwohl sich mehrere Artikel derselben darauf beriefen.

42 Er war der Meinung, dass in Frankfurt der Sitz eines Staatenbundes sein werde. Slowenen befürchteten dagegen einen Bundesstaat (Besondere Beilage III zur Laibacher Zeitung vom 29.4.1848, unpaginiert), zu dem sie knapp 100 Jahre später, 1945 im zweiten Jugoslawien gelangen sollten, um weitere 45 Jahre später daraus auszubrechen.

43 Auersperg war vom Frankfurter Parlament später enttäuscht und trat von seinem Posten auch wegen seiner slowenischen Landsleute, die seine Bemühungen angefochten hatten, zurück.

44 Scharmitzer, Anastasius Grün, 264.

1814 vor dem Abzug der französischen Truppen aus der Stadt von den Fenstern seines Palais Transparente mit der Aufschrift „Ljubimo cesarja dobriga Slovenci" [Wir Slowenen lieben unseren guten Kaiser] aufhängte.[45]

Anastasius Grün und die Slowenen

Auch nachher kamen sich Anastasius Grün und die Slowenen politisch nicht näher. In seinem Schreiben vom 13. Januar 1866 an den Politiker und Reformator des Bildungswesens Leo Thun (1811–1888) wurde sein gespanntes Verhältnis ihnen gegenüber einmal mehr deutlich formuliert: *Unsere Slowenen* [...] *sind gelehrige Affen eurer Tschechen.*[46] Diese Aussage war damals nicht so unzutreffend, denn den Slowenen ging es just zu diesem Zeitpunkt um die Einführung der slowenischen Unterrichtssprache in den Schulen. Grün fühlte sich verpflichtet, öffentlich gegen diesen Antrag vorzugehen. Mit seiner folgenschweren Rede vor dem Krainischen Landtag vom 12. Februar 1866, die ihm die erbitterte Gegnerschaft der Slowenen einbrachte, gelang es ihm, die Reformation des Krainer Schulwesens aufzuhalten.

Grün handelte aus zwei Gründen auf diese Weise. Zum einen war er von der Höherwertigkeit der deutschen Sprache und der Unzulänglichkeit der slowenischen überzeugt. Doch wie soll sich eine Sprache entwickeln, wenn sie dazu keine Gelegenheit bekommt? Wozu sollen Schulbücher in einer Sprache verfasst werden, wenn diese Sprache in den Schulen nicht zugelassen ist?[47] Zum anderen lag der

---

45 Vgl. Požar, Anastasius Grün, Anm. 10, 17; vgl. auch Igor Grdina, Anastazij Zelenec ter slovenska in nemška (literarno)zgodovinska stvarnost. In: Igor Grdina, Med dolžnostjo spomina in razkošjem pozabe, Ljubljana 2006, 241–256, hier 255; vgl. ders., A. A. Auersperg ter slovenska in nemška (literarno)zgodovinska stvarnost. In: Miladinović Zalaznik/Granda (Hgg.), Anton Aleksander grof Auersperg, 47–65, hier 64.

46 Castle, Anastasius Grüns Werke, I, CV–CVI. In seinem Brief an den slowenischen Liberalen Karl Deschman, äußerte er sich diesbezüglich noch schärfer: „Unsere Slovenen sind ein Produkt und Bild des umgekehrten Darwinismus; denn diese Affen der Czechen sind offenbar gegen die Originale keine fortgeschrittenere, veredeltere Race, sondern nur zurückgebliebene, unentwickelbare Organismen" [...] In: Melita Pivec-Stelè, Pisma Antona Auersperga Karlu Dežmanu. In: Glasnik Muzejskega društva za Slovenijo 1–4 (1930), 43–71, hier 64. Es sollte sich später zeigen, dass dies eine politische Fehleinschätzung des Grafen war.

47 Der erste Lehrstuhl für Slowenisch in der Habsburger Monarchie wurde ausgerechnet zur Zeit der Illyrischen Provinzen per kaiserlichen Beschluss vom 11.7.1811 in Graz gegründet, wo Janez Primic (1785–1823) am 30. April 1812 seine Antrittsvorlesung hielt. Dieser Lehrstuhl wurde für die Dauer von drei Jahren etabliert und war erheblich schlechter bezahlt als die Lehrstühle anderer lebender Sprachen. Anfang Oktober 1813 verfiel der dortige Professor dem Wahnsinn, so dass der Lehrstuhl zehn Jahre, bis 1823,

Grund seines Handelns in kulturpolitischen Umständen. Die Schulen verwendeten bis zur Mitte des 18. Jahrhunderts die lateinische Sprache. Angesichts des anwachsenden nationalen Selbstverständnisses galt es aber, sich in der multiethnischen Monarchie verstärkt der Festigung des Landesbewusstseins zu widmen, wobei eine nicht hoch genug einzuschätzende Rolle die Schule mit der Kultivierung der deutschen Sprache einnahm. Demzufolge kam den Schulen die eminent politische Aufgabe zu, die Einheit des Landes zu festigen, welche angesichts dessen multinationaler Zusammensetzung, politischer Organisation und der Rechte der einzelnen Völker im 19. Jahrhundert immer fragiler wurde. Trotz alle dem war die führende Unterrichtssprache der Mittelschulen und Universitäten bis zu den Reformen Mitte des 19. Jahrhunderts Latein.[48] Das wiederum bedeutet, dass man sich für die Stellung und Anwendung der deutschen Sprache in der Bildung bis zu einem gewissen Grad ebenfalls erst einsetzen musste. Grün berücksichtigte dies alles wohl in seinen Überlegungen und verlangte einen gleichberechtigten Stand der beiden Sprachen. Er war aber keinesfalls bereit, Zugeständnisse bloß der slowenischen Sprache zu machen. Hinzu kam, dass er die deutsche Sprache und Kultur für gediegener hielt als die slowenische. Er ging von der festen Überzeugung aus, dass dies keine Schande sei, da die Deutschen erheblich zahlreicher als die Slowenen seien; außerdem rechnete er damit, die slowenische Sprache würde sich im Laufe der Zeit (mit Hilfe der deutschen Sprache) noch weiter kultivieren können.

Der Abgrund, der Grün und Slowenen trennte, war tief. Da half auch nichts, dass Auersperg dem einen oder dem anderen Landsmann aus der Not half oder dass er einst slowenische Volkslieder übersetzte, bei deren Vorrede er folgende

---

als er verstarb, unbesetzt blieb. Vgl.: J(anez) C(virn), Stolica slovenskega jezika v Gradcu. In: Janez Cvirn u. a. (Hg.), Slovenska kronika XIX. stoletja 1800–1860, Ljubljana 2001–2003, 91. In Ljubljana wurde der Lehrstuhl für Slowenisch am 18.12.1815, nach dem Abgang Napoleons, eingerichtet. Mit dem Unterricht begann der Laibacher Professor Franc Metelko (1789–1860) anderthalb Jahre später, am 16.4.1817. Vgl.: J(anez) C(virn), Ustanovitev slovenske stolice v Ljubljani. In: ebenda, 122–123. Erst einige Jahrzehnte später, ab 1851, wurde Slowenisch zu einem der Unterrichtsfächer der Gymnasien und konnte sich, da es nicht für die Muttersprache der slowenischen Schüler, sondern lediglich für die zweite Landsprache gehalten wurde, als Unterrichtssprache in den Oberschulen erst in den 1870-er Jahren durchsetzen. Vgl. B(ranko) Š(uštar), V glavnih šolah – med nemščino in slovenščino. In: ebenda, 400.

48 Vgl.: Boris Golec, Šolski obisk po političnih enotah v predmarčni dobi l. 1846. In: Drago Bajt/Marko Vidic (Hgg.), Slovenski zgodovinski atlas, Ljubljana 2011, 135.

Gedanken festhielt, die seine slowenischen Landsleute[49] wenigstens zum Teil gekannt haben mussten: *Daß die großen Fragen, welche die Menschheit bewegen, nicht ohne Mitwirkung der mächtigen Slawenfamilie nachhaltig zu lösen sind, hat in neuester Zeit das weithin vernehmbare Rauschen der alten und vielästigen Slawenlinde deutlich genug angekündigt.*[50]

Im Krainischen Landtag

Auch als aktiver Politiker wandelte Auersperg zwischen Provinz und Metropole. Am 15. Oktober 1838 nahm er an der Arbeit des Krainischen Landtags teil[51], und wirkte erneut in den Jahren 1861–1867 als Abgeordneter der Großgrundbesitzerkurie. Im Jahr 1861 wurde er bei der Gründung des Herrenhauses in Wien zu dessen Mitglied auf Lebenszeit ernannt. Im Jahr 1865 entflammte im Krainischen Landtag eine folgenschwere politische Affäre, deren Auslöser der klerikale Altslowene Dr. Janes Bleiweis und der liberale Graf Auersperg waren, wobei Letzterer im Recht war. Es ging darum, dass Bleiweis einen Antrag auf Erlassung einer Adresse an den Kaiser stellte, in der man dem Monarchen den Dank dafür aussprechen sollte, dass die Verfassung sistiert wurde. Auersperg war zu Recht entrüstet und stellte am 11. Dezember 1865 den eigenen Antrag auf Erlassung einer Adresse an den Kaiser, in welcher er sich energisch gegen die Sistierung der Verfassung stellte. Über die beiden Anträge wurde gestimmt, Auerspergs Antrag erhielt eine knappe Mehrheit von zwei Stimmen (17 gegen 15). In seiner Adresse war u. a. von der einstigen begeisterten Aufnahme der Verfassung und von scharfer Kritik des anzustrebenden Ausgleichs mit Ungarn die Rede: *Wir würden uns sträflichen Vergessens,*

---

49 Dragotin Dežman (Karl Deschman) hat in seiner Rezension Auszüge, die er mit einem einfachen D. gezeichnet und in sechs Fortsetzungen in der slowenischen Landwirtschaftszeitung „Kmetijske in rokodelske Novice" veröffentlicht hat (30.10.1850, 6.11.1850, 13.11.1850, 20.11.1850, 27.11.1850 und 11.12.1850), am 6.11.1850 aus der Vorrede Grüns zitiert. Er hat damit auf die Wichtigkeit dieser Vorrede hingewiesen, obwohl er auf die im vorliegenden Beitrag zitierte Stelle nicht näher eingegangen ist (D., Slovenske narodske pesmi v nemško prestavljene. Dalje. In: Kmetijske in rokodelske novice, Nr. 48, 6.11.1850, 188.) Selbst die Redaktion des slowenischen Blattes hat in einer langen Fußnote zum letzten Teil dieser Rezension dem Landsmann Anastasius Grün für seine Nachdichtung aus dem Slowenischen überschwänglich gedankt, obwohl man sich damals politisch bereits getrennt hatte (D., Slovenske narodske, Nr. 50, 11.12.1850), 211.

50 Anastasius Grün, Volkslieder aus Krain. In: http://gutenberg.spiegel.de/buch/4427/1 (27.7.2011).

51 Radics, Verschollenes und Vergilbtes, 89.

des Undankes gegen Eure Majestät und der Pflichtversäumnis gegen die durch uns vertretenen Staatsbürger schuldig glauben, wenn wir den hohen Wert der von Eurer Majestät verliehenen Rechte so verkennen können, dass wir eine Gefährdung und Schmälerung derselben mit Gleichmut und Stillschweigen an uns vorüberziehen liessen. Indem wir unseren Besorgnissen ehrerbietigen Ausdruck verleihen, suchen wir zugleich in der Hochherzigkeit und Weisheit Eurer Majestät die entsprechende Abhilfe[52]. Vielen Abgeordneten war der Ton dieses Protestes zu scharf, weshalb nach einer vehementen Diskussion am zweiten Verhandlungstag der Antrag auf Übergang zur Tagesordnung gestellt wurde, worauf Auersperg heftig reagierte: *Wenn wir in einer Frage, die unser heiligstes Recht* [die Verfassung] *berührt, zur Tagesordnung übergehen, statt mannhaft für unsere Gesinnung einzustehen, dann fürchte ich, wird über kurz oder lang der Absolutismus über uns alle zu seiner Tagesordnung übergehen.*[53] Seine Intervention schlug fehl. Bei der Abstimmung wurde mit 18 Stimmen gegen 12 beschlossen, zur Tagesordnung überzugehen.[54]

Im Jahr 1867 ließ sich Auersperg wegen der andauernden Streitigkeiten mit den Slowenen in den Steirischen Landtag wählen. In Wien setzte er sich im Herrenhaus und diversen Ausschüssen, denen er angehörte (wobei ihm seine Krainer Gesinnungsgenossen zur Seite standen) mit Erfolg für die Abschaffung des Konkordats ein[55], das er in seinem Brief vom 16. Oktober 1867 an den slowenischen Liberalen Dragotin Dežman, den seine Landsleute für den größten Verräter der slowenischen Interessen hielten[56], als das *mittelalterliche Schandmal im 19ten Jahrhundert*[57] bezeichnete.

---

52 Anastasius Grün, Wider die Sistierung der Verfassung I. Rede im Krainischen Landtag in der Sitzung vom 9.12.1865. In: Castle, Anastasius Grüns Werke, 6, 225.

53 Anastasius Grün, Wider die Sistierung der Verfassung II. Rede im Krainischen Landtag in der Sitzung vom 11.12.1865. In: ebenda, 241. Da er befürchten musste, dass man in der Abstimmung dazu anders votieren werde als beim letzten Votum, ließ er sich noch zur folgenden bissigen Bemerkung herab: „Es ist wahrzunehmen, dass seit einigen Tagen eine gewisse epidemische Luftströmung, eine Art sittlicher Malaria oder böser Influenza einwirkte, welche hie und da einen Kämpfer felduntüchtig oder feldflüchtig machen kann“ (Ebenda, 225).

54 Diese brisante Affäre beschäftigte noch lange die österreichische öffentliche Meinung.

55 Pivec-Stelè, Pisma, 52–55.

56 J(anez) C(virn), Vražji Dežman, kaj si storil. In: Cvirn (Hg.), Slovenska kronika XIX. stoletja 1861–1883, 36–38.

57 Pivec-Stelè, Pisma, 52.

Mehr als zwanzig Jahre lang befasste sich Auersperg mit der Frage einer gerechteren Steuerpolitik in Krain[58], ohne dabei einen nennenswerten Erfolg erzielt zu haben; auch sonst lag ihm die wirtschaftliche Entwicklung Krains am Herzen. Im Herrenhaus setzte er sich für den Ausbau von Eisenbahnverbindungen zwischen Ljubljana und Villach ein[59] und Ljubljana und Triest über Škofja Loka (Bischofslack) anstatt über Predel.[60] Er war ein langjähriger Befürworter einer gründlichen Regulierung der Save bei Krško (Gurkfeld), wobei er darauf bedacht war, dass sie nicht nur der Steiermark, sondern auch Unterkrain zu Nutzen käme.[61] Außerdem engagierte er sich für die Beforstung des Karstes.[62] Privat unterstützte er nicht nur einzelne Künstler und Wissenschaftler beiderlei ethnischer Zugehörigkeit[63], sondern subventionierte auch die Wahlen der Kranischen Verfassungspartei und die verfassungstreue Zeitung „Laibacher Tagblatt".[64] Er hat das Laibacher deutsche ständische Theater, wo er Mieter einer Familienloge war (obwohl er von dessen künstlerischen Qualitäten keinesfalls überzeugt war) finanziell unterstützt, so z. B. anlässlich dessen Renovierung, als er einen Beitrag von 200 Gulden geleistet hatte.[65]

Abschließend

Grün lebte und wirkte im 19. Jahrhundert, das von der asymmetrischen Modernisierung und Technisierung der Gesellschaft gezeichnet war, was eine verstärkte Bildung von Peripherien und Zentren nach sich zog. Diesem Umstand versuchte

58 Vasilij Melik, Anton Alexander Graf Auersperg und die Slowenen. In: Janko/Schwob, Anastasius Grün, 93–108, hier 93–94; Stane Granda, Anastazij Grün – gospodarstvenik. In: Miladinović Zalaznik/Granda, Anton Aleksander grof Auersperg, 31–45.

59 Pivec-Stelè, Pisma, 59.

60 Ebenda, 65.

61 Ebenda, 69.

62 Radics, Verschollenes und Vergilbtes, 170.

63 Vgl. Žigon, Zgodovinski spomin, 62–73, 137; Mira Miladinović Zalaznik, Liberalec Anton Aleksander grof Turjaški – predmarčni pesnik Anastazij Grün in njegov odnos do Kranjcev. In: Božidar Jezernik (Hg.), Heroji in slavne osebnosti na Slovenskem, Ljubljana 2013, 65–88.

64 Dabei soll man auch den Umstand nicht übersehen, dass, wie es Auersperg am 11. Juni 1876, wenige Monate vor seinem Ableben, in seinem Brief an Deschman festhielt, Thurn am Hart schon über 10 Jahre passiv sei und „aus meinem sonstigen Vermögen subventioniert werden müsse, um nur Steuern und Regie zu decken u. s. w. u. s. w." (Pivec-Stelè, Pisma, 71).

65 Radics, Verschollenes und Vergilbtes, 112.

er mit seinem Engagement im Interesse der regionalen Wirtschaft und Politik abzuhelfen. Anhand der Schilderung seines poetischen, politischen und wirtschaftlichen Wirkens wurde gezeigt, dass sich Provinz und Metropole gegenseitig befruchtet haben. Die großen Ideen wurden in der Regel im lebendigen oder geistigen Austausch mit der Metropole hervorgerufen, gelangten bisweilen in die Provinz, wo sie entweder angewendet wurden oder heranreiften, um von dort aus ihren Weg in die Metropole anzutreten und ihre Impulse in die ‚weite Welt' auszustrahlen. Dafür aber, dass es zu dieser gegenseitigen und aktiven Befruchtung überhaupt erst kommen konnte, mussten gewisse Grundvoraussetzungen erfüllt werden: Charakter, Talent, Bildung und Neugierde des Individuums, Disziplin, Offenheit des Geistes, begünstigt durch gelebte Mehrsprachigkeit, selbsterfahrene Multikulturalität und das vom Adel praktizierte Weltbürgertum.

Eva Kowalská

Probleme mit der städtischen Welt: Zur Frage des slowakischen „Nation Building"

Provinz und Provinzialismus sind Begriffe, die am besten den Kern jener Prozesse treffen, welche im Fall der slowakischen Nation unter dem Terminus Nation Building subsumiert werden, nicht nur, weil sie die konkrete geographisch-politische Situation andeuten, sondern auch den Typus dieser Prozesse charakterisieren. Provinzialität umschreibt treffend, wenn man bedenkt, dass über Generationen jegliche administrative Struktur für den slowakischen Sieddlungsraum fehlte, der nur in geographischer Hinsicht einigermaßen geschlossen war. Infolge der territorialen Reduktion des bis gegen Ende des 17. Jahrhunderts unter Habsburg stehenden Ungarns auf einige im Norden und Westen des Landes befindliche Komitate hätte eine Ausgliederung zugunsten einer weiteren Provinzialisierung keinen Sinn gehabt, und erst die neue Lage ab 1699 bzw. 1718 (Wiederherstellung aller ungarischen Komitate, des Landtages und Ausbau der städtischen Verwaltung) eröffnete Aktivisten die Chance, spezifische Forderungen zu entwickeln. Die Forderung nach einer ‚eigenen' Provinz auf Grund ethnischer, d.h. damals vor allem sprachlicher Zugehörigkeit im Interesse der Mehrheit der örtlichen Bevölkerung war bis in die Mitte des 19. Jahrhunderts allerdings kein aktuelles Anliegen, und zwar deshalb nicht, weil der Begriff Slowakei noch ganz neu war und divergierenden Interpretationen unterlag.[1] Ein Gebiet ohne feste Grenzen mangels historischer Rechtstraditionen konnte man schwerlich zu einer Provinz deklarieren, weil dies eine Ausgliederung aus einem Jahrhunderte lang bestehenden Verwaltungssystem bedeutet hätte. Eine ‚slowakische' Provinz war zunächst daher eher nur eine literarische Fiktion, die sich an der Vergangenheit ausrichtete. Nach einer nach romantischen Prinzipien erfolgten Profilierung und Politisierung kultureller Symbole[2] wagten die Protagonisten der Nationalagitation erst in der zugespitzten Situation zur Zeit der Revolution 1848/49 die Gründung von

1 Eva Kowalská, Der konfessionell geprägte Patriotismus am Beginn der nationalen Bewegung der Slowaken. In: Otto Dann/Miroslav Hroch/Johannes Koll (Hgg.), Patriotismus und Nationsbildung am Ende des Heiligen Römischen Reiches (= Kölner Beiträge zur Nationsforschung, Bd. 9), Köln 2003, 219–233.

2 Dušan Škvarna, Začiatky moderných slovenských symbolov. K utváraniu národnej identity od konca 18. do polovice 19. storočia, Banská Bystrica 2004, 38–39.

Institutionen zu fordern, in deren Rahmen die slowakische Mutterspsrache und neu definierte Nationalsymbole Geltung bekommen sollten. Die bis 1918 radikalste Lösung der nationalen Frage in Ungarn bestand darin, das Königreich zu föderalisieren und u. a. ein eigenes slowakisches Kronland („Provinz") zu etablieren. Derartige Wünsche deckten sich jedoch nicht mit der Mehrheit der slowakischen öffentlichen Meinung, die nur in Wien ausgearbeitete Pläne zur Umgestaltung der Monarchie befürwortete.[3] Der nur kurze Bestand und das Scheitern einer solchen Forderung hat die Hoffnung auf lange Zeit begraben, mittels Ausgliederung aus dem ungarischen Verwaltungssystem zu einer eigenen slowakischen Provinz zu kommen. Die berühmte Deklaration von 1861, die die Etablierung eines slowakischen Kreises (sog. Okolie) forderte, reichte nicht an dieses Ziel heran, weshalb es im Wesentlichen um die ‚Slowakisierung' bereits bestehender Institutionen und um die Möglichkeit ging, kulturelle Aktivitäten in deren Rahmen zu entfalten. Die Proklamation einer selbständigen Provinz kam nicht zustande, und die territoriale Integrität Ungarns blieb für die Repräsentanten de slowakischen Nationalbewegung als conditio sine qua non, auch nach dem österreichisch-ungarischen Ausgleich (1867) aufrecht.[4] Denken in weitreichenden politischen Konzepten entwickelte sich nicht, und es gab sogar Perioden politischer Passivität, während derer kulturelle Aufklärungsarbeit auf lokaler Ebene im Blickfeld stand.

Trotz dieser Schwierigkeiten zeigt der Verlauf des Nation Building, dass die sozial bedingten Hindernisse schrittweise überwunden werden konnten: Wie Ľubomír Lipták treffend bemerkte, wurden die Slowaken trotz aller Modernisierung und des faktischen Scheiterns des politischen Programms von dessen Gründers Ľudovít Štúr nach und nach eine Nation. Allerdings erhebt sich die Frage, wie ein Kollektiv mit verschiedenen Schriftsprachen, unterschiedlichen Konfessionen, ohne eigene Führungsschichten und in ziemlich geschlossenen Kleinregionen lebend zu einer modernen Nation avancieren konnte. Entscheidend waren demnach die Bedingungen, die die provinziellen Verhältnisse zu überwinden halfen. Trotz des vorwiegend ruralen Charakters der slowakischen Gesellschaft in jener Periode ist erstaunlich, dass sich alle politisch relevanten Ereignisse (Proklamationen, Publizistik, Sozialisierungsprozesse u.a.) auf städtischem Boden abspielten und das ‚Volk' für solche Aktivitäten nur als Kulisse diente.

---

3 Elena Mannová/Roman Holec, On the Road to Modernization 1848–1918. In: Elena Mannová (Hg.), A Concise History of Slovakia, Bratislava 2000, 185–240, hier 196–7.

4 Tibor Pichler, Národ, národnosti, štát: O politike etnického entuziazmu v stredoeurópskom kontexte. In: Gabriela Kiliánová/Eva Kowalská/Eva Krekovičová (Hgg.), My a tí druhí v modernej spoločnosti. Konštrukcie a transformácie kolektívnych identít, Bratislava 2009, 242–265, hier 262–263.

Städte statt Provinz?

Das Schreiben von Monographien über einzelne Städte gehört zu den traditionellen Methoden der Geschichtsschreibung, die skowakische inbegriffen. Dabei handelt es sich meistens um eine klassische Bearbeitung der einzelnen Abschnitte bestimmter Kommunitäten und deren Entwicklung, die soziale, wirtschaftliche, kulturelle, politische und andere Aspekte enthalten. Einen anderen Ansatz stellt die Rezeption städtischer Geschichte dar, in deren Rahmen sie, als Segment der Kulturgeschichte im Interesse der Dekodierung urbanen Lebensraumes, im Kontext zeitgenössischer Konzepte der Sozialordnung interpretiert wird. Allerdings ist das Begreifen der Stadt als Stätte der Sozialisierung, als Schauplatz der Erfüllung verschiedener Funktionen in Bezug auf Nationalbewegung, sowie zwecks Analyse der Repräsentation einer Stadt als Ausgangsort der Formierung mentaler (Selbst)Bilder erst langsam ins Blickfeld der slowakischen Nationalismusforschung gerückt. Wie die neuesten Publikationen zu Bratislava (Prešporok/Preßburg/Pozsony) zeigen, handelt es sich jedoch um einen methodologisch sehr anregenden Zugang.[5] Was aber noch immer einer breiteren Erforschung bedarf, ist die Analyse der Bedingungen, unter welchen sich Prozesse der Nationalisierung abspielten und welche sozial wichtigen Phänomene sie gestalteten, denn relevant waren nicht nur einzelne Persönlichkeiten und politische Ideen[6], sondern auch der sozio-kulturelle Raum.[7] Der traditionell ländliche Charakter der Bevölkerung mit slowakischer Muttersprache[8] und die daraus erfolgten mentalen Spezifika (Traditionalismus, Paternalismus und dgl.) widersprechen dem Umstand, dass Nation Building an ein städtisches, mehr oder weniger bürgerliches

---

5 Jozef Tancer, Neviditeľné mesto. Prešporok / Bratislava v cestopisnej literatúre, Bratislava 2013; Gabriela Dudeková und kol., Medzi provinciou a metropolou. Obraz Bratislavy v 19. a 20. storočí, Bratislava 2012; Gábor Czoch/Aranka Kocsis/Árpád Tóth, Kapitoly z dejín Bratislavy, Bratislava 2006.

6 Formierung der Nationalismus-Konzeptionen bei den Slowaken analysiert neuerlich Tibor Pichler, Etnos a polis. Zo slovenského a uhorského politického myslenia, Bratislava 2011.

7 Eine Ausnahme stellt die Pilot-Arbeit von Eleonora Babejova, Fin-de-Siecle Pressburg. Conflict and Cultural Coexistence in Bratislava, 1897–1914, Boulder 2003, dar.

8 Die Kodifizierung der slowakischen Schriftsprache war eines der Elemente, dank derer sich das national definierte Kollektiv zu begreifen lernte und zusammenschmolz; dies setzte die Existenz mehrerer Dialekte voraus, die bestimmte gemeinsame Merkmale aufwiesen. Näher dazu Alexander Maxwel, Choosing Slovakia: Slavic Hungary, the Czechoslovak Language and Accidental Nationalism (= International Library of Political Studies), London 2009.

Milieu gebunden war. Die Variante des Slowakischen, die zur hochsprachlichen Kodifikation herangezogen wurde, war nicht irgendein gesprochener Dialekt von ‚Volksmassen', sondern die kultivierte Sprache der oberungarischen (Liptauer) Eliten (Bürgertum, Komitatsadel).[9]

Obwohl sie nicht Zentren von erstklassiger politischer Bedeutung waren, spielten die Städte in der ungarischen Entwicklung keine unwichtige Rolle. Die günstige Entwicklung am Beginn des 16. Jahrhunderts hatte selbst aus kleineren Städten Träger von Innovationstendenzen gemacht, die nach der Katastrophe bei Mohács (1526) jedoch ein jähes Ende fanden. Der ökonomische Verfall war vor allem in der Zeit der ‚Bürgekriege' (ständische Aufstände) und der osmanischen Eingriffe im 17. Jahrhundert eingetreten. Die daraus resultierende innere Unbeständigkeit[10] und Verschuldung[11] der Städte wirkten sich als hauptsächliche Barriere zugunsten der Stärkung ihres politischen Einflusses besonders am ungarischen Landtag aus. Gerade deswegen bemühten sich die habsburgischen Herrscher in ihrer Auseinandersetzung mit dem potenziell rebellischen ungarischen Adel, die Städte für sich zu gewinnen, und betrieben vor allem mittels Erteilung von Privilegien als königliche Freistadt eine geschickte Politik (1607 Modern/Modra, 1647 Sankt Georgen/Sv. Jur und Bösing/Pezinok, im 18. Jahrhundert Komorn/Komárno). Hiermit gelangte die königliche Kammer nicht nur zu Einkommen, sondern auch zu Mitteln der Einflußnahme auf die Zusammensetzung der Magistrate und Zünfte – ein Prozeß, der sich auf die Städte im Kontext der Rekatholisierung allerdings fatal auswirkte. Diese politische Praxis war dem ungarischen Adel ein Dorn im Auge, weil er in der sich verdichtenden Einflußnahme auf die ungarischen Städte berechtigtigerweise ein Instrument der Zentralisierungspolitik des Wiener Hofs sah.[12]

---

9 Ľubomír Ďurovič, Koncepcie spisovného jazyka – chrbtová kosť slovenskej kultúrnej histórie. In: Ľubomír Ďurovič, O slovenčine a Slovensku. Vybrané štúdie I, Bratislava 2004, 251–265, hier 262–265.

10 Der Zuwachs der städtischen Bevölkerung destabilisierte die gesellschaftlichen Verhältnisse, wozu der Adel gehörte, der sich in den Städten niederließ und über ein breites Spektrum an Privilegien verfügte. Zusätzlich erodierte die traditionelle ethnische Zusammensetzung, die das bisherige Gleichgewicht verletzte und zu ethnisch motivierten Streitigkeiten führte.

11 Dazu Anton Špiesz, Slobodné kráľovské mestá na Slovensku 1681–1781, Košice 1983, 69–81.

12 István Németh, Zmeny v správe miest. Prejavy absolutizmu v mestách v poslednej tretine 17. Storočia. In: Czoch/Kocsis/Tóth, Kapitoly z dejín Bratislavy, 229–247.

Die königlichen Freistädte verfügten seit langem über ein Privilegiensystem, das ihnen wirtschaftliche (Märkte, Mauten, städtische Steuern), administrative (autonome Wahl des Magistrats, Gerichtsbarkeit) und auch geistig-kirchliche (Verwendung des Patronatrechts, freie Pfarrerwahl) Vorteile sicherte. Besonders das letztgenannte Recht symbolisierte eine wichtige Errungenschaft, die relativ schnell auf die theologische Innovationen zu reagieren erlaubte, weshalb das ungarische Bürgertum zu einem wichtigen Vermittler bei der Verbreitung der reformatorischen Lehre wurde. Auf der anderen Seite erwarteten die Herrscher als absolutistisch handelnde Landesherren von den Städten, ihre Vorstellungen über die Organisation der inneren Verhältnisse umzusetzen. Königliche Kommissäre erwiesen sich hierbei als wichtiges Mittel städtischer Disziplinierung. Die endgültige Lähmung urbaner Potenziale dank der Bereitschaft des Adels zum Widerstand sorgte nach 1711 für eine Konservierung des politischen Profils Ungarns und hielt sich bis in die erste Hälfte des 19. Jahrhunderts.

Ungarn war in jener Zeitspanne keinesfalls ein urbanisiertes Land und der Anteil des Bürgertums an der Gesamtzahl der Bevölkerung machte im Vergleich zu anderen Staaten nur einen Bruchteil aus. Darüber hinaus waren diejenigen Städte, die über den höchsten Status einer königlichen Freistadt verfügten, im Lande unregelmäßig verteilt. Während der ersten Hälfte des 19. Jahrhunderts bestanden insgesamt 41 Städte mit einem solchen Rechtsstatus, doch befanden sich nur 24 davon auf dem Gebiet der heutigen Slowakei. 1781 lebten in Ugarn insgesamt 4,786.942 Einwohner nichtadeliger Herkunft[13]; die größte Zahl der Stadtbewohner konzentrierte sich im Raum Ofen (Buda) und Pest (23.467 bzw. 17.468 Personen). Als die damals größte Stadt galt Pressburg mit 29.774 Einwohnern, gefolgt von Debrecen mit 27.650 Einwohnern, von denen nicht alle in die Kategorie der Bewohner einer königlichen Freistadt gehörten (civis) und daher nicht zur Gänze das Recht hatten, am öffentlichen politischen Leben Ungarns teilzuhaben. In den Fällen von Libethbánya (Ľubietová) durften nur 1.200 Stadtbürger und von Altsohl (Zvolen) nur 1.737 Personen Delegierten zum Landtag wählen. Jener tagte zwar erst ab 1790 wieder ganz regelmäßig, doch waren manche Sessionen überlang, mit dem Rechtstatus einer Stadt musste die Bevölkerungszahl also nicht unbedingt übereinstimmen. Bis in die Hälfte des 19. Jahrhunderts überragten in Oberungarn (Slowakei) die privilegierten Marktflecken (oppidum) mit ihrer Bevölkerungszahl mehrere königliche Freistädte. Das Tempo

13 Angaben gemäß dem Verzeichnis der nichtpriviliegierten Bewohner in Ungarn, Croatien und Slavonien. Die summarische Übersicht in: Innerministerium der Slowakischen Republik, Slowakisches Nationalarchiv Bratislava, Fond Familienarchiv Zay – Bučiansky archív, Schriften von Ferdinand Waschovsky, Kart. 133, fol. 14–43.

des Bevölkerungszuwachses in den Marktflecken verlief zur Zeit des Vormärz viel langsamer als der berechnete Durchschnitt des absoluten Bevölkerunganstiegs in Oberungarn (9,44 Prozent versus 16 Prozent), oder im jährlichen Durchschnitt (0,234 Prozent versus 0,2 Prozent).

Für die vorliegende Fragestellung ist die Diskrepanz zwischen dem wirklichen Anteil des Bürgertums an der Gesamtzahl der Bevölkerung und der Stärke von dessen Bewußtsein äußerst wichtig. Die Städte repräsentierten insgesamt eine Sonderkategorie der ständischen Gesellschaft, wodurch am Hintergrund des adeligen Kollektivs der Bürgerstatus (civis) eine selbständige soziale Kategorie darstellte. In das Vorrecht der Städte als Kollektivkategorie gelangten die einzelne Bürger, das in der persönlichen Freiheit (z. B. bei der Berufswahl und Mobilität) bestand und als Voraussetzung für sozialen Aufstieg fungierte. Darüber hinaus bedeutete die Zugehörigkeit zu einem der Stände der ungarischen politischen Nation auf mentaler Ebene viel, denn trotz geringen Gewichts der Städte in der Landespolitik (alle Städte auf dem Landtag verfügten nur über eine Wahlstimme) kam es vor allem auf die eigene Kommunität an. Um die Posten der städtischen Landtagsabgeordneten bewarben sich aus den einzelnen Städten[14] wichtige Persönlichkeiten, oder die Stadtverwaltungen, die ihre Interessen durchsetzen wollten, engagierten wichtige Persönlichkeiten von außen.

Diese Praxis verschaffte Ľudovít Štúr – in den 1840-er Jahren der führende Kopf der slowakischen Nationalbewegung – 1847 einen Delegiertenplatz im ungarischen Landtag mit Sitz in Pressburg, und zwar als Beauftragter von Altsohl. Im Rahmen der politischen Repräsentation der Slowaken galt er als akzeptierter Ideologe und wichiger Journalist, der des Zutritts zum parlamentarischen Boden bedurfte, um entsprechende Öffentlichkeitsarbeit leisten zu können. Die von ihm gemachten Vorschläge erregten das Interesse der Presse, die die damaligen Debatten mit grosser Aufmerksamkeit verfolgte. Schon ab den 1830-er Jahren nahm die Politisierung der Öffentlichkeit zu, und zwar am effektivsten mittels des Zeitungswesens.

Die Herausbildung einer öffentlichen Meinung und deren Politisierung war damals nur im Spektrum der begrenzt bestehenden Institutionen möglich und hing von den Bedingungen des Metternich'schen Regimes ab. Mangels regelrechter Parteien, politisch einflußreicher Freimaurerlogen und einer sich nur langsam

---

14 Präzise Analyse der Pressburger Landtagsabgeordneten aus der Reformzeit siehe bei Béla Pálmány, Prešporskí poslanci reformného obdobia. In: Czoch/Kocsis/Tóth, Kapitoly z dejín Bratislavy, 348–371. Im Fall von anderen Städten fehlen solche Analysen.

entwickelnden Kasinobewegung[15] gerieten auch religiöse, wissenschaftliche, künstlerische und editorische Aktivitäten[16] zur Plattform für politische Stellungnahmen, d.h. es bedurfte nicht unbedingt der Fragen über die ‚grosse Politik'. In diesem Spektrum war damals nur kleiner Prozentsatz der Bevölkerung engagiert. Wie die Stärke der Reformbewegung in den 1840-er Jahren und die Intensität von deren Observierung durch die Geheimpolizei zeigt[17], handelte es sich aber um einen unbremsbaren Prozess.

Ein weiteres Paradox, das das ungarische Bürgertum in der frühen Neuzeit und an der Schwelle zur Moderne charakterisierte, war sein andauerndes Bemühen um Nobilitierung. Die Zunahme von Adeligen in der Stadtbevölkerung war zunächst durch die Flucht zahlreicher adeliger Familien vor der osmanischen Bedrohung nach Oberungarn begründet, doch verfügten nicht alle Adelsfamilien über ausreichende finanzielle Ressourcen, weshalb der Erwerb städtischer Häuser für manche weniger reiche Adelige einen akzeptablen Ausweg darstellte. Das Zusammenleben mit den alteingesessenen Bürgern verlief jedoch nicht immer problemlos, besonders solange die Fragen der Steuerentrichtung nicht geklärt waren.[18] Dieser Prozess hatte sich vor allem während des 17. Jahrhunderts abgespielt und unterlag fallweise einer nationalen Interpretation durch die Historiker.[19] Die Konflikte zwischen den Deutschen und Slowaken mit den Magyaren waren jedoch nichts anderes als Streitigkeiten der einheimischen Stadtbürger mit zugezogenen Adeligen um deren Ausmaß an Pflichten und Rechten. Gleichzeitig handelte es sich um die Abgrenzung der Einflußsphäre für diese neuen Stadtbürger in Rahmen der Magistrate und anderer städtischer Institutionen (Zünfte, Bruderschaften).

---

15 Bettina Gneiße, István Schéchenyis Kasinobewegung im ungarischen Reformzeitalter (1825–1848). Ein Beitrag zur Erforschung der Anfänge der nationalliberalen Organisation im vormärzlichen Ungarn (= Europäische Hochschulschriften, Reihe 3, Geschichte und ihre Hilfswissenschaften, Bd. 433), Frankfurt etc. 1990.

16 Michal Chvojka, Josef Graf Sedlnitzky als Präsident der Polizei- und Zentralhofstelle in Wien (1817–1848). Ein Beitrag zur Geschichte der Staatspolizei in der Habsburgermonarchie (= Schriftenreihe der Internationalen Forschungsstelle „Demokratische Bewegungen in Mitteleuropa 1770–1850", Bd. 42), Frankfurt etc. 2010, 130–275 (Kap. Die Zensurangelegenheiten).

17 Berichte im Österreichischen Staatsarchiv, Haus-, Hof- und Staatsarchiv, Informationsbüro, Ung.-Siebenb. Informations-Protokol, einzelne Jahre.

18 In Modern z.B. bedrohten die Streitereien rund um die städtischen Steuern den Genuß der Privilegien einer königlichen Freistadt und verlängerten den Prozess zur Erhebung in den Rang der Tavernikalstädte.

19 Jozef Vozár, Národnostné zápasy v stredoslovenských mestách a slovenské národné povedomie od 16. do polovice 18. Storočia. In: Historický časopis 28 (1980), 554–57.

Der Adelsstatus wurde sehr bald auch für die Stadtbürger erstrebenswert, weil sie sich dann um Posten in der Komitats- und Staastverwaltung bewerben durften. Die andere Karrieremöglichkeit bestand in der Stadtverwaltung, die immer professionellere Anforderungen stellte. Am Ende des 18. Jahrhunderts bekleideten die Funktionen in den Stadtmagistraten daher mehrheitlich nobilitierte Bürger. Mit dem Erwerb eines höheren Sozialstatus hing die Aneignung des dazugehörigen Lebenstils (Kleidung, Stil des Alltaglebens)[20] und vor allem das ständische Bewußtsein zusammen, das in der Zugehörigkeit zur politischen Adelsnation bestand. Das „Hungarus"-Konzept stellte demnach das patriotische Bekenntnis zu Ungarn als gemeinsame Heimat der verschiedenen Ethnien dar, dessen Popularität zur Zeit des Vormärz kulminierte.[21]

Ein höherer sozialer Rang über die städtische Kommunität oder über die Nobilitierung war am gangbarsten über die Ausbildung zu erreichen. Eine lateinische Schule hatte schon seit der Reformationszeit zum Symbol der Städter gehört. Obwohl die Zulassung zum Unterricht für die Schüler aus der Umgebung nicht untersagt war, bevorzugte das System der städtischen Stipendien die ortsansässigen Studenten.[22] Die Analyse der Studienpräferenzen der Pressburger Bevölkerung in der ersten Hälfte des 19. Jahrhunderts zeigt, dass z.B. im Fall der Lutheraner der Besuch einer lateinischen Schule sogar unter den Handwerkern obligatorisch war, auch wenn nur für kürzere Zeit. Für die gehobenen bürgerlichen Schichten war eine qualitätvolle Erziehung die Grundlage für höhere Posten in der Stadtverwaltung.[23] Die Akkumulation von ‚sozialem Kapital' in der Form von Kontakten und Bekanntschaften aus der Schulzeit war dann ein weiterer, nicht unbedeutender Faktor.[24] Die Schuljahre waren auch die erste Stufe zur Aneignung der so

---

20 Der rasche Wandel im Lebensstil wurde zum Spottobjekt. In der slowakischen Literatur kritisierte trefflich Ján Chalupka diese Erscheinung in seinem Werk „Kocúrkovo" (Krähwinkel): Ján Chalupka, Kocourkovo anebo Jen abychom v hanbě nezůstali (Liptovský sv. Mikuláš 1830). In: http://zlatyfond.sme.sk/dielo/206/Chalupka_Kocurkovo-alebo-len-aby-sme-v-hanbe-nezostali (03.03.2015).

21 Ambrus Miskolczy, Povedomie Hungarus v 19. Storočí. In: Historický časopis 59 (2011), 215–240.

22 Dieses System wurde im Fall von Leutschau/Levoča detailliert analysiert: Tünde Katona, Levočská základina Thurzovcov. In: Tünde Lengyelová (Hg.), Thurzovci a ich historický význam, Bratislava 2012, 109–115.

23 Árpád Tóth, Spoločenské stratégie v kruhu obyvateľov Bratislavy (1783–1848). In: Czoch/Kocsis/Tóth, Kapitoly z dejín Bratislavy, 283–304.

24 Die Analyse der Vernetzung von ehemaligen Studenten des Theresianums siehe bei Olga Khavanova, Official Policies and Parental Strategies of Educating Hungarian Noblemen in the Age of Maria Theresa. In: Ivo Cerman/ Luboš Velek (Hgg.), Adelige

genannten höheren Kultur: In einigen Schulen war Musikunterricht üblich, auch gab es studentische Vereine, die sich der Pflege von Sprachen und des Trainierens öffentlicher Auftritte widmeten, die auch von slowakischen Studenten frequentiert wurden. Schultheater war ein paar Generationen davor sehr üblich, und Theaterensembles gastierten auch in kleineren Städten (z.B. in Tyrnau/Trnava, Kaschau/Košice und Leutschau/Levoča). Obwohl die polizeilichen Verordnungen der Reformzeit den Besuch öffentlicher Veranstaltungen reglementierten, ermöglichten die (halb)öffentlichen Räume dennoch allerlei Aneignungen im gesellschaftlichen Verkehr.[25]

Es ist schwierig zu beurteilen, in welchem Ausmaß sich in dem an dieser Stelle nur grob skizzierten Bild für das Hervorbringen einer bürgerlichen Gesellschaft[26] ethnische Rücksichten widerspiegeln. Demzufolge ist auch nicht einfach zu diagnostizieren, welche Facetten des bürgerlichen Lebens eher bzw. schneller zur Nationalisierung führten. Die ethnische Zusammensetzung der oberungarischen Städte noch vor Beginn der Nationalbewegungen schuf jedenfalls unzweifelhaft die Grundlage für die Spezifika der einzelnen, nebeneinander lebenden Sprachgruppen. Seit dem späten Mittelalter kam in einigen Städten das Prinzip der wechselnden Vertretung von ‚Deutschen' und ‚Slawen' (manchmal auch der Magyaren) bei den wichtigsten Posten der städtischen Verwaltung zur Anwendung.[27] Der Mechanismus, nach welchen Kriterien man die Menschen in die jeweiligen Kategorien zuordnete, ist bislang noch immer unzureichend erforscht; es besteht die Verrmutung, dass in dem meisten Fällen Selbstdefinition vorlag. Dieser Sachverhalt verwundert, wenn man bedenkt, dass die (katholischen und protestantischen) Lateinschulen auf der römischen und griechischen bzw. antiken und christlichen Kultur beruhten, und man in manchen dieser Schulen die öffentliche Deklaration der eigenen Ethnie über die Konversation in der Muttersprache (lingua vernacula)

Ausbildung: Die Herausforderung der Aufklärung und die Folgen, München 2006, 97–116. Dies., Der ungarische Adel am Wiener Theresianum im 18. Jahrhundert: Die sozialen und kulturellen Grenzen einer politischen Nation. In: Zsolt K. Lengyel/József Zsigmond Nagy/Gábor Ujváry (Hgg.), Österreichisch-ungarische Beziehungen auf dem Gebiet des Hochschulwesens / Osztrák-magyar felsőoktatási kapcsolatok, Székesfehérvár-Budapest 2010, 107–122.

25 Die Freimaurerlogen wurden zwar verboten, doch verfeinerten katholische Bruderschaften und lutherische Konvente den sozialen Umgang.

26 Elena Mannová, Spolky a ich miesto v živote spoločnosti na Slovensku v 19. storočí. Stav a problémy výskumu. In: Historický časopis 38 (1990), 15–27.

27 Dieses Prinzip fungierte zuerst in Silein/Žilina (1361), im Laufe des 18. Jahrhunderts sogar in Pressburg. Dazu Darina Lehotská, Bratislavská mestská správa a jej predstavitelia v XV. Storočí. In: Historické štúdie, 20 (1975), 27–52.

als unerwünschtes Benehmen einstufte. Die Erfordernis der Professionalisierung gehobener Funktionen (Notar, Buchhalter) bzw. die bevorzugte Auswahl geeigneter Personen für die entscheidenden Posten bewirkten, dass die ethnische Herkunft in den Hintergrund rückte. Ein wichtigeres Kriterium stellte allerdings die konfessionelle Zugehörigkeit dar, und in konfessionell gemischten Städten gab es einen Proporz für die Postenbesetzung. Die Waagschale schlug in den Magistraten zugunsten anderer Kriterien aus als für die Repräsentation einzelner Nationen. Die geringe Rolle ethnischer Herkunft bei der Vertretung in den Stadtmagistraten führte im Laufe des 19. Jahrhuderts dazu, dass keine der oberungarischen Städte zu einem politischen Zentrum der slowakischen Nation avancieren konnte.[28] Diesem Umstand förderlich war auch, dass die Stadtverwaltungen ausnahmslos Latein als ‚Betriebssprache' verwendeten auch die multiethnischen Städte schrittweise ihre Agenda immer häufiger auf Magyarisch abwickelten (so z.B. Kaschau ab 1840).[29]

Das Fehlen einer offiziellen und politisch repräsentativen Institution für die Slowaken, die an ökonomisch wichtigen und attraktiven Standorten bestehen hätten müssen, konnten die nur sporadisch gelesenen bzw. verbreitete literarischen Werke und publizistischen Schriften nicht aufwiegen. Eine Vorrangstellung nahm Neutra (Nitra) ein, doch wurde diese rein katholische Stadt nur als Symbol verstanden, deren funktionale Vergangenheit lange nachwirkte.[30] Diese Tatsache konnte die evangelisch-lutherischen Nationalenthusiasten nicht einnehmen. Trotz nostalgischer Loblieder auf diese Stadt fehlte ihr ein kompakter slowakischer Hintergrund, denn keine der Maßnahmen zur Mobilisierung der slowakischen Öffentlichkeit spielten sich in Neutra ab (symbolische Vereinigung der Schriftsprachen der Slowaken, Gründung einer politischen Zeitung, öffentliche Veranstaltungen).

Demnach blieben einzig die kirchlichen Gemeinschaften als Plattform übrig, die ethnische Zugehörigkeit zu artikulieren. Die Mehrheit der oberungarischen Städte war nicht nur ethnisch, sondern auch konfessionell gemischt, wodurch sich innerhalb von deren Mauern nicht nur Spielraum für gegenseitige Kontakte

28 Škvarna, Začiatky moderných slovenských symbolov, 49–51.

29 Tibor Kőmíves, „Rozlúčka s latinčinou". Zmena jazyka verejnej správy v Košiciach okolo roku 1840. In: Fórum, spoločenskovedná revue (2010), 77–88.

30 Eva Kowalská, Kyrill und Method. Ihre Tradition in Politik und Geisteswelt der Slowaken. In: Stefan Samerski (Hg.), Die Renaissance der Nationalpatronen. Erinnerungskulturen in Ostmitteleuropa im 20./21. Jahrhundert, Köln-Weimar-Wien 2007, 116–127.

und Koexistenzformen auftat, sondern auch für Konflikte.[31] Wo nichtkatholische Kirchengemeinden entstehen konnten, nahmen die Gläubigen Einfluss auf die ethnische Herkunft der Pfarrer. Für die nach Sprachen geteilten Gläubigen war es nämlich notwendig, Texte aus dem Lateinischen übersetzen zu können, und für die Prediger ebenso wie für die Schüler wichtig, sich im Unterricht wechselseitig verständigen zu können. Die Stadtmagistrate kamen derartigen Bedürfnissen von Anfang an entgegen: Wollten sie die Stabilität der Kirchengemeinden erhalten, mussten sie auf die Anstellung passender Prediger für die jeweilige ethnische Gruppe achten bzw. bei der Auswahl auf die Sprachkompetenz der Bewerber Rücksicht nehmen. Dank dieser Praxis gab es seit Ende des 16. Jahrhunderts die slowakischen („böhmischen“) Prediger in Schemnitz (Banská Štiavnica), Neusohl (Banská Bystrica), Pressburg, Kaschau, Preschau (Prešov), Leutschau (Levoča) und anderen Städten, die erst später als Bollwerke des Magyaren- oder Deutschtums galten.

Infolge der Rekatholisierung waren die protestantischen Kirchengemeinden gezwungen, sich von den Magistraten zu emanzipieren, die ihnen zuvor entgegen gekommen waren. Da die Kirchengemeinden ihre Bedürfnisse mit dem Geld aus den städtischen Kassen nicht mehr decken konnten, mussten sie sich um ihre Finanzierung selbst kümmern und dafür ein passendes eigenes Verwaltungssystem aufbauen (Inspektoren, Kirchenväter, Konvente). Die lutherischen Gemeinden waren daher auf Privatquellen angewiesen, wodurch der Einfluss weltlicher Personen (Patrone) im Vergleich zu früher enorm anstieg. Den Patronen standen verschiedene Möglichkeiten zur Verfügung, um auf niedriger politischer Ebene mit den Komitatsmagistraten und Landtagen Kontakte zu pflegen, ohne wegen Abhaltung verbotener Konventikel, wie man alle Zusammenkünfte mehrerer Personen bezeichnete, beklagt zu werden.[32] Deswegen wurden in die städtischen Konvente mehrheitlich nobilitierte Stadtbürger gewählt, und nur in einigen Städten (z. B. Modern) bildeten sich zwei unterschiedliche, ethnisch definierte lutherische Kirchengemeinden mit getrennter Wirtschaftsführung heraus, obwohl sie manchmal gemeinsam öffentlich auftraten (zwei Kirchen und separate Archive zeugen über die spezifische Form der Koexistenz).

Die faktische Abhängigkeit der Glaubensgemeinden von den weltlichen Patronen bestätigte die nach fast achtzig Jahren (1791) zusammengerufene

---

31 Analyse dieser Mechanismen am Beispiel des ethnisch und konfessionell gemischten Gebiets in der Ostslowakei siehe bei Peter Šoltés, Tri jazyky, štyri konfesie. Etnická a konfesionálna pluralita na Zemplíne, Spiši a v Šariši, Bratislava 2009.

32 Diese spezifisch pietistische Bezeichnung der Zirkel der Frommen benutzte man als Synonym für geheime, gemeint verschwörerische Vereinigungen.

Generalsynode. Dieser Umstand gestattete in der Zeit der allmählichen Nationaliserung, ‚nationale' Agenda auf dem Boden der Kirchengemeinden durchzusetzen, und dieser Trend setzte sich vor allem dank dem Druck der Patrone durch. Bis dahin waren die neuen Gesangbücher oder Teile der neuen Agenda (Liturgie, Gemeindeleben) heikle Themen gewesen, während man ab Anfang des 19. Jahrhunderts über national intendierte Maßnahmen (Matrikelleitung, Tagungssprache der Konvente) zu streiten begann. Auch das theologische Problem der Vereinigung beider evangelischen Konfessionen in einer Union wurde als Bestandteil der Durchsetzung einer politischen Einheit aller Protestanten interpretiert, noch dazu als Äußerung der Loyalität zur ungarischen Nation.[33] In einem solchen Fall wurde die Nation jedoch nicht mehr als politisches Gefüge empfunden, sondern als ethnisch und kulturell vereinheitlichte Gemeinschaft. Die nationalen und theologischen Konsequenzen dieser Idee veranlassten Jozef Miloslav Hurban – neben Ľudovít Štúr der zweite Wortführer der slowakischen Nationalbewegung – zur Formulierung des Standpunktes, wonach es im Falle einer drohenden Union mit den Reformierten für die slowakischen Lutheraner besser wäre, zum Katholizismus zu konvertieren.[34] Die Kirchengemeinden in den Städten, wo wirtschaftlich stärkere und politisch einfllussreichere deutsch- oder ungarischsprechende Repräsentanten die Oberhand hatten, neigten mehr zur Unions-Idee. Die slowakischen Aktivisten lutherischen Glaubens konzentrierten sich demzufolge auf die Beibehaltung ihrer Positionen in zahlreichen, aber nur zweitrangigen Städten, die entweder keine Komitatssitze (z.B. Brezová, Myjava) waren oder im politischen und öffentlichen Leben keine Rolle spielten (z.B. Liptovský Mikuláš/St. Nikolaus).

Trotz aller Kompliziertheit in der Verbindung zwischen den Städten und dem slowakischen Nation Building ist hervorzuheben, dass sich die Führer über die Wichtigkeit einer urbanen Verankerung bewußt waren – nicht nur als Integrationssymbol für die Nation, sondern auch als Stätte, wo sich verschiedenartige

33 Eva Kowalská, Das Reformiertentum in Ungarn zwischen Annahme und Ablehnung am Beispiel von Slowaken und Deutschen vom 16. bis 19. Jahrhundert. In: Márta Fata/Anton Schindling (Hgg.), Calvin und Reformiertentum in Ungarn und Siebenbürgen. Helvetische Bekenntnis, Ethnie und Politik vom 16. Jahrhundert bis 1918 (=Reformationsgeschichtliche Studien und Texte, Bd. 155), Münster 2010, 91–110.

34 Katholizismus stehe dem angeblich emotional mehr sensiblen slowakischen lutherischen Volk näher als Reformiertentum. Nicht einmal der theologisch wichtige Leiter der slowakischen Nationalbewegung Jozef Miloslav Hurban schloss eine Vereinigung der Lutheraner und Katholiken in der Zukunft aus. Jozef Miloslav Hurban, Unia, čili spojení Lutheránů s Kalvíny v Uhrách, Budín 1845, 118.

kulturelle Dynamiken entfalten hätten können. Die Gründung einer politischer Zeitung in Pressburg z. B., das die slowakischen Enthusiasten zunächst „Břetislava“ und alsbald danach „Bratislava“ nannten, bedurfte der Stütze einer städtischen Infrastruktur (Druckerei, Buchhandlungen, Bibliotheken) wie auch bei den zahlreichen Abnehmern in der Umgebung. In der Stadt existierten weiters bedeutende Schulen, von denen sich das evangelische Lyzeum auch der Sprachvorbereitung für zukünftige Priester widmete und das Wirken eines tschecho-slowakischen Studentenvereins ermöglichte. Dort wurden die ersten Sätze des politischen Programms geschrieben, das von Studenten stammte bzw. von ihnen unterstützt wurde. Auf der anderen Seite gab es die romantisch orientierten Intellektuellen, die mehrheitlich aus kleinbürgerlichen Kreisen oder Bauernschichten stammten, nicht in den sich dynamisch entwickelnden Städten lebten und sich daher scheuten, Verhaltensformen anzunehmen, die dem idealisierten Naturell des ‚Volkes‘ fremd waren. Es ist daher nur logisch, dass die ersten Ausgaben des handschriftlich erstellten, studentischen Almanachs aus dem Leutschauer Lyzeum „Jitřenka“ (1832) die Themen „Nation“, „Slawentum“, „Muttersprache“ o. Ä. behandelten und die Poeme die gehobenen Sitten der Städter kritisierten.[35] In diese Positionierung der Nationaleiferer gegenüber den Formen des urbanen Lebens flossen die Erfahrungen ausländischer Studienreisen und die Probleme ein, wie organisatorische Plattformen zu organisieren wären.[36]

Das Ziel, ein slowakisches nationales Zentrum zu schaffen, wurde bis zur Revolution nicht erreicht, und diese Situation hielt auch nach 1848 an. In den Augen der nationalen Führer schien keine Stadt als instutitioneller Mittelpunkt der Nation geeignet, weil sich fast überall die Bürger auf die Seite von Lajos Kossuth stellten. Ob Ľudovít Štúr in der Stadt Modern, wo eine starke slowakische Kirchengemeinde lebte, ein renommiertes Lyzeum bestand, die Bürger einen nationalen Kasino-Verein gründeten und Pressburg und Tyrnau in der Nähe lagen, eine denkmögliche zukünftige nationale Haupstadt sah, muss eine Hypothese bleiben. Erst die Versammlung der Komitatsvertreter und der Stadtbürger im entlegenen Martin setzte dann den ‚Traum‘ von einer Haupstadt der Nation um, die allerdings immer zu anderen als slowakisch eingestuften Städten im Konkurrenz

35 Pawel Drasskoczy, Přewrácenost (1834). In: Jitřenka (1832/33–38), 42–45. Archív ev. a.v. cirkevného zboru Levoča, Slav. Schüler-Gesellschaft 1832/33–38 (Kupetz-Schriften), Nied. S. 27.G.

36 Es zeigte sich plastisch im Fall des bürgerlichen und ethnisch-slowakischen Kasinos in Modern. Dazu Eva Kowalská, „…Títo malomešťania na niečo také ešte nedorástli…“ Kasína v Modre – neznáma súčasť kasínového hnutia a procesu „národného prebúdzania“. In: Historický časopis 60 (2012), 23–32.

stand. Martin war später eher ein Symbol der Stagnation, weil diese Stadt mit den modernen Zentren nicht konkurrieren konnte.[37] Diesen Wert geht jedoch nicht auf die entlegene Lage oder auf das ethnische Hinterland zurück, sondern nur auf den Stil der dort bestehenden politischen Repräsentation. Nicht einmal der Aufbau einer nationalen ‚Infrastruktur' (Matica Slovenská, Gymnasium, Museum, Druckerei, Zeitungen und Zeitschriften) konnten den dynamischen Faktoren sozio-ökonomischer Natur standhalten, weshalb nach Ende des Ersten Weltkrieges das alte Pressburg als Bratislava zur tatsächlichen Haupstadt der Nation und des Landes aufstieg – obwohl die lokale ethnische Zusammensetzung die Slowaken anfänglich gar nicht begünstigte.[38]

---

37 Július Vanovič, Kniha o starom Martine, Bratislava 1990, 272–297.

38 Ľubomír Lipták, Bratislava as the Capital of Slovakia. In: Ľubomír Lipták, Changes of Changes: Society and Politics in Slovakia in the 20th Century, Bratislava 2002, 95–116.

Juliane Brandt

Provinz gleich Provinz? Provinzstädte und Pfade ihres sprachlichen Wandels um 1900

Der Blick in ältere ungarische Lexika zeigt, dass der Terminus „Provinz" recht späten Datums ist. Für das erste ungarische Konversationslexikon, die „Sammlung nützlicher Kenntnisse" von 1831, ist „Provincia" noch eine römische Verwaltungseinheit, ein Terminus, der ungeeignet bleibt, um Gegenwärtiges zu erfassen.[1] Daneben steht (vermutlich an das deutsche Vorbild angelehnt) „vidék ismertetés", d.h. „Provinz-Beschreibung".[2] Dies sei *in der Militärsprache ein Fachausdruck, der die natürliche Qualität eines Stücks Land bezeichnet, auf dem militärische Bewegungen und Arbeiten geschehen sollen. Er erfasst also all jene Gegenstände der Erdoberfläche, die hinsichtlich des Standes, der Bewegung, des Zusammenstoßes von Heeren von Einfluss sein können.* [...] *Von da aus folgt, was Provinz-Kunde ist. Sie teilt sich in zweierlei, eine allgemeine und eine besondere. Erstere befasst sich mit den natürlichen Eigenschaften der Provinz, die auf den Krieg im Allgemeinen von Einfluss sein können. – Eigentlich ist dies die Militärgeographie. Die besondere Provinz-Beschreibung hat vor allem die Untersuchung der Eigenschaften des Schlachtfeldes zum Gegenstand* [...].[3] „Provinz" ist hier das, was der Blick von Außen wahrnimmt, etwas, an dem er seine Zwecke vollstrecken will; dies bleibt dem Terminus eingeschrieben. Im heutigen Ungarischen beinhaltet „Provinz" alltagssprachlich noch mehr als aus der Sicht der deutschen Sprache dasjenige, was die Außensicht wahrnimmt. „Provinz" ist das Andere des sich selbst als modern Wahrnehmenden, der Fortschrittlichen, des Hauptstädters, dessen möglicherweise prekäre Modernität jedoch nicht mitreflektiert ist. Die Zuschreibung „Provinz" als Merkmal ist geeignet, die Selbstrelativierung abzuschneiden. Umgekehrt bietet die ungarische Diskursgeschichte aus der Perspektive eines ‚eigentlichen' Ungarn den Blick auf die Hauptstadt als das ‚uneigentliche' Ungarn an.

---

1 Közhasznu [sic] esmeretek tára. A′ Conversations-Lexicon szerént Magyarországra alkalmaztatva, Pest 1831–1834, 2. Aufl. 1839.

2 Ganz genau genommen wird, wie in einer Buch-Annotation (könyvismertetés), etwas zur Kenntnis gebracht oder vorgestellt.

3 Ebenda, Bd. XII., Thaarup-Zwingli, Pest 1839, 289.

Demgegenüber wurde in diesem Band vorgeschlagen, als „Provinz" solche Räume zu thematisieren, *die das Gegenüber zentraler Räume bzw. Metropolen symbolisieren und daher Impulse des Wandels in der Regel von anderswo empfangen bzw. solche meist nur zufällig aus sich selbst heraus entwickeln*. Der widersprüchliche, ja paradoxe ‚Aufstieg zur Provinz' sei dabei an die vorausgehende Entstehung und Ausformung konkurrierender Strömungen hinreichender Wirkmächtigkeit gebunden, die die ‚Welt' entweder verändern oder bewahren wollten. Dabei sollten jedoch nicht einfach die Perspektiven von Zentrum (Zentralisierung) versus Peripherie (Autonomie, Regionalisierung) oder von Fortschritt versus Rückständigkeit, sondern die Verschränkung der jeweils gegenläufigen Bewegungen in den Spannungsfeldern von ‚Oben' und ‚Unten' bzw. ‚Alt' und ‚Neu' betrachtet werden, innerhalb derer sich der Zustand von Provinzialität in konkreten räumlichen Konstellationen erst herausforme.[4]

Eine spezifische Entwicklung des Gegenüber zentraler Räume bzw. Metropolen soll im Folgenden dargestellt werden, um zu zeigen, wie verschieden „Provinz" mindestens im Falle Ungarns vor dem Ersten Weltkrieg gestaltet war und wie unterschiedlich ihre Entwicklungspfade im Detail verliefen. Dabei kommt es auf Anmerkungen an, wie die gerade 1880–1900 tiefgreifend umgeformte „Provinz" intern verfasst war, wenn man allein schon deren sprachliche Zusammensetzung und Veränderung in den Blick nimmt.

Solche Überlegungen sind beileibe nicht neu. Joachim von Puttkamer z.B. hatte 2003 auf die Unterschiede in der Mehrsprachigkeit hingewiesen, wie sie im Zeitraum 1880–1910 in Oberungarn bzw. in Siebenbürgen anzutreffen war. Dabei hatte er nicht nur auf die Ausbreitung der Kenntnisse der Staatssprache geblickt, sondern auch danach gefragt, wo unter der Oberfläche einer Durchsetzung der Nationalsprache Milieus von Mehrsprachigkeit erhalten blieben oder sich neu bildeten, *ob sich in der gegenseitigen wirtschaftlichen und kulturellen Durchdringung ländlicher und städtischer Milieus nicht vielmehr gerade in den Nationalitätengebieten eine Gesellschaft herauszubilden begann, deren hervorstechendes Merkmal die wachsende Vielfalt der Sprachen und Sprachkenntnisse ihrer Mitglieder war*.[5] In diesem Kontext war die Muttersprache nicht als Ausweis ethnischer Identität zu werten, da die Frage, warum eine jeweilige Sprache als Muttersprache angegeben wurde, im Nachhinein für die jeweiligen Einzelfälle nicht zu klären ist. In der Rangfolge von erster und einer weiteren möglichen anderen Sprache konnte sie aber gleichsam als Erstsprache betrachtet werden, deren sprachliches Umfeld ebenfalls untersucht wurde.

4 Vgl. Harald Heppner in der Einleitung.

5 Joachim von Puttkamer, Mehrsprachigkeit und Sprachenzwang in Oberungarn und Siebenbürgen 1867–1914. Eine statistische Untersuchung. In: Zeitschrift für Siebenbürgische Landeskunde 26 (2003)1, 7–40, hier 9.

In Puttkamers Studie hatten die Befunde auf regionaler Ebene interessiert, wodurch er u. a. feststellen konnte, dass *der Erwerb von Sprachkenntnissen in Oberungarn sehr viel deutlicher als in Siebenbürgen mit dem Bemühen verbunden* [war], *den regionalen und kulturellen Horizont zu verbreitern* [...]. *Mit der stärkeren Orientierung auf die beiden überregionalen Verkehrs- und Kultursprachen zeigte sich auch, daß Spracherwerb in Oberungarn deutlich stärker als in Siebenbürgen als Bestandteil sozialen Aufstiegs verstanden wurde. In Siebenbürgen hingegen war der Erwerb von Sprachkenntnissen offenbar stärker vom alltäglichen Zusammenleben innerhalb der Region geprägt.*[6] Diese Ausführungen werden dahingehend ergänzt, wie sich die sprachlichen Verhältnisse in einzelnen Städten der „Provinz“ (auch in dem von Puttkamer nicht untersuchten zentralungarischen Bereich) veränderten. Sie bezwecken vor allem, die innere Verschiedenheit Ungarns auf dieser Ebene vor Augen zu führen, damit Hinweise bei der Suche nach sinnvollen Eingrenzungen von „Provinz“ bei möglichen forschungspraktischen Umsetzungen auf mögliche, weiter zu erkundende Pfade solcher Entwicklungen hinzuweisen.[7] Sie bezwecken hingegen nicht, anhand von Daten zu der von den Volkszählungen erfragten Kategorie Muttersprache Spekulationen über die Bedeutung dieser Angabe für die Identität der Befragten anzustellen, da dies gegenüber Statistiken schlichtweg unzweckmäßig ist, oder gar die ‚verdeckte Identität‘ der Befragten zu erschließen.

Zu vergegenwärtigen ist zunächst, wie groß die Binnenheterogenität des Landes hinsichtlich von Sprache und Religion generell war und wie wenig der Blick auf den Landesdurchschnitt geeignet ist, die Dynamik regionaler Entwicklungen zu erfassen. Dann wird die unterschiedliche sprachliche Zusammensetzung einzelner Provinzzentren skizziert, wobei solche ausgewählt wurden, in denen ältere deutsche Bevölkerungsgruppen lebten bzw. in denen und in deren Umland nach den Kriegen gegen das Osmanische Reich Ansiedlungen erfolgten; schließlich werden die unterschiedlichen Pfade des um die Jahrhundertwende erfolgenden Sprachwechsels betrachtet. Quelle dafür sind die Veröffentlichungen der Daten zu den Volkszählungen von 1900 und 1910.

Wie wenig die Beschaffenheit einzelner Regionen von den Zuständen im Landesdurchschnitt her zu erfassen ist, zeigt anschaulich die Gliederung der Bevölkerung nach muttersprachlich-konfessionellen Gruppen. Die Zahlen zur

---

6 Puttkamer, Mehrsprachigkeit, 14. Belege in tabellarischer Form zu Komitaten und Städten beider Regionen 1880 bzw. 1910 ebenda 24–40.

7 Vgl. auch den – leider sehr allgemein bleibenden – Ansatz von Bálint Varga, Multilingualism in the regional centers of Hungary, 1880–1910. In: https://www.academia.edu/6662806/Multilingualism_in_the_regional_centers_in_Hungary_BASEES_2014_talk (20.03.2014).

sprachlichen Situation spiegeln nicht nur die Ergebnisse verschiedener Ansiedlungsepochen wider, und auch die religiöse Komponente enthält keineswegs nur kirchliche Unterstellungsverhältnisse oder religiöse Dogmatik, sondern, sozialgeschichtlich gesehen, in erster Linie verschiedene Alltagskulturen mit differenten Modellen der Wirtschaftsführung wie der generativen und sozialen Mobilität, aus deren Sicht die Konfession lediglich eine statistische Größe darstellt.[8]

Abb. 1: Ungarn 1910: wesentliche ethnisch-konfessionelle Gruppen.

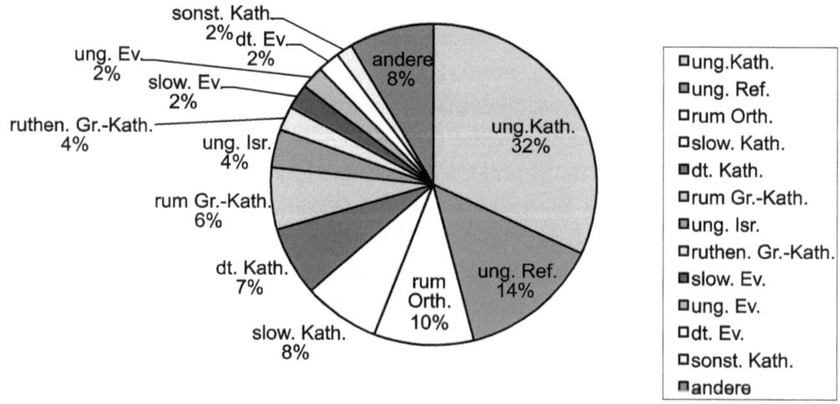

8 Vgl. Juliane Brandt, Das Zusammenleben in ethnisch und konfessionell gemischten Siedlungen in Ungarn im Übergang von der Ständegesellschaft zur Moderne. In: Jahrbuch für deutsche und osteuropäische Volkskunde 49 (2007), 37–56. Grundlegend zum Thema: Zoltán Tóth, Szekszárd társadalma a századfordulón. Történelmi rétegződés és társadalmi átrétegződés a polgári átalakulásban, Budapest 1989; vgl. derselbe, Modelle und Krisenmodelle im Rahmen der sozialen und kulturellen Mobilität in Szekszárd um die Jahrhundertwende. In: Márta Fata (Hg.), Die Schwäbische Türkei. Lebensformen der Ethnien in Südwestungarn, Sigmaringen 1997, 73–92; Miklós Szilágyi, Gemeinschaft der Markflecken und Volkstradition. In: Acta Ethnographica Academiae Scientiarum Hungaricae, Tomus 29 (1980) 3–4, 267–348. Grundlage für die Zahlenangaben bzw. eigenen Berechnungen zu 1900: Magyar Kir. Központi Statisztikai Hivatal: Magyar Statisztikai Közlemények 5: A Magyar Szent korona országainak 1901. Évi népszámlálása: Harmadik rész. A népesség részleges leirása, Budapest 1907, Tab 2, 206–241; Tab 28, 352–387. Für 1910: Magyar Kir. Központi Statisztikai Hivatal: A magyar szent korona országainak 1910. évi népszámlálása: a népesség foglalkozása a főbb demografiai adatokkal egybevetve s a népesség ház- és földbirtokviszonyai: negyedik rész. Magyar Statisztikai Közlemények 56, Budapest 1915, Tab. 5, 330–433, Tab. 6, 434–609.

Abb. 2: Wesentliche muttersprachlich-konfessionelle Gruppen 1910 Links der Donau.

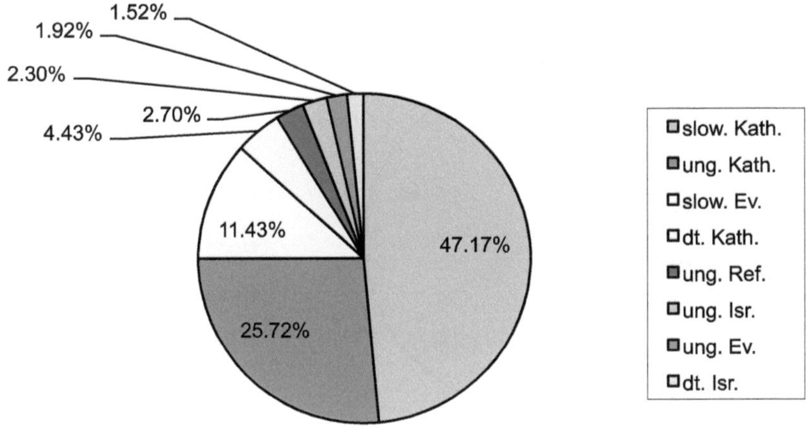

Abb. 3: Wesentliche muttersprachlich-konfessionelle Gruppen 1910 Rechts der Donau.

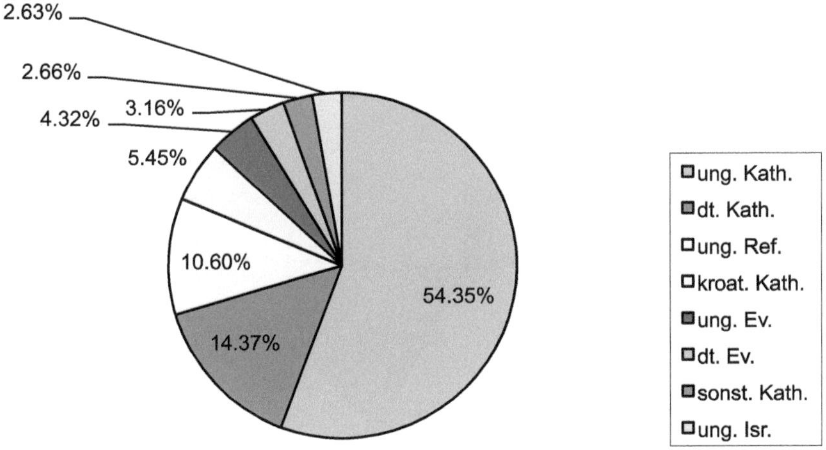

Abb. 4: Wesentliche muttersprachlich-konfessionelle Gruppen 1910 Links der Theiß.

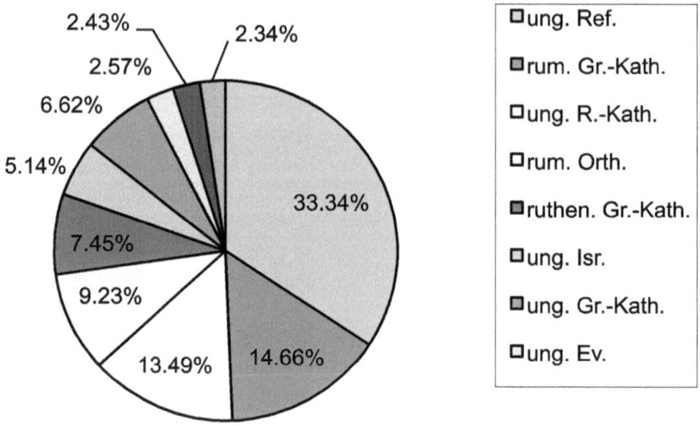

Abb. 5: Wesentliche muttersprachlich-konfessionelle Gruppen 1910 Rechts der Theiß.

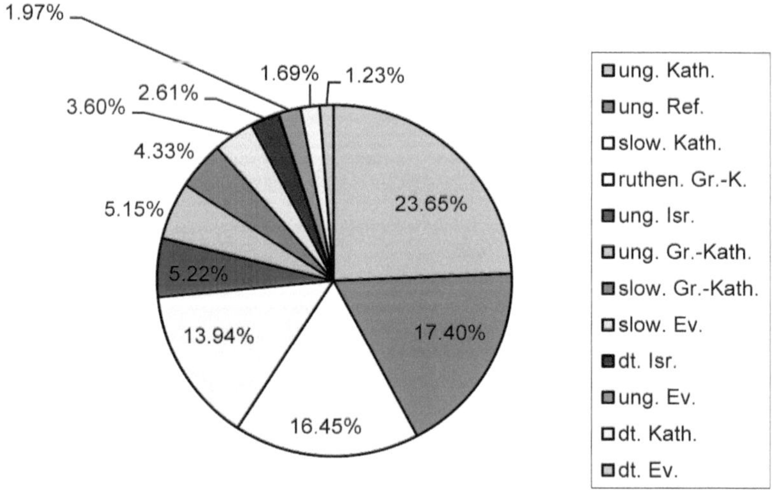

Während auf der Landesebene knapp die Hälfte der Bevölkerung römisch-katholisch war, mitsamt den Unierten Katholiken insgesamt 60 Prozent der Einwohner ausmachten, und magyarisch sprechende Katholiken mit 32 Prozent die größte muttersprachlich-konfessionelle Schnittmenge darstellten (auf die die magyarischen Reformierten mit 14 Prozent folgten), sah in den einzelnen Regionen die Lage ganz anders aus. Das Gebiet linksseits der Donau war zu fast 80 Prozent römisch-katholisch, allerdings waren in diesem Einzugsgebiet die slowakischen Katholiken, gefolgt von den ungarischsprachigen, die größte Einzelgruppe. Weit mehr Menschen als im Landesdurchschnitt waren hier jedoch evangelisch (davon die slowakischsprachigen Protestanten die drittgrößte Gruppe). Rechtsseits der Donau bei einem ähnlich hohen Prozentsatz römischer Katholiken insgesamt (hauptsächlich ungarisch- und deutschsprachig) gab es mehr als 10 Prozent magyarische Reformierte; die Evangelischen sprachen hier eher ungarisch und deutsch. Im Gebiet zwischen Donau und Theiß waren ungarischsprachige römische Katholiken und magyarische Reformierte am stärksten präsent, ähnlich wie auch rechtsseits der Theiß. Dort folgten auf sie slowakische Katholiken und dann ruthenische Unierte, während im Donau-Theiß-Zwischenland Unierte und auch Orthodoxe praktisch nicht vertreten waren. Links der Theiß waren magyarische Reformierte mit 33 Prozent die stärkste Bevölkerungsgruppe, wogegen nur knapp 15 Prozent der gesamten Bevölkerung römisch-katholisch (und hier dann meist ungarischsprachig) waren; etwa 28 Prozent entfielen auf Griechisch-Katholische (meist rumänischsprachig) und knapp 10 Prozent auf Orthodoxe (meist ebenfalls rumänischsprachig).[9]

Betrachtet man einzelne Städte des Landes (darunter auch wirtschaftlich wichtige Städte in der Tiefebene), ist die Größe von Orten wie Debrecen und Szeged mit mehr als 72.000 bzw. 100.000 Einwohnern um 1900 im Verhältnis zu klassischen Bürgerstädten wie Ödenburg (Sopron), Pressburg (Pozsony/Bratislava) oder Kaschau (Kassa, Košice) auffällig, in denen gut 30.000, immerhin 61.000 bzw. 35.000 Einwohner lebten.[10] Hierin spiegelt sich zum einen die

---

9 Berechnung nach Volkszählung 1910, zu Siebenbürgen vgl. Puttkamer, Mehrsprachigkeit.

10 Vlg. Vera Bácskai, Városok Magyarországon az iparosodás előtt, Budapest 2002, betr. Rangfolge der größten Städte 1787, 1827, 1846: Ebenda, 90; zur wirtschaftlichen und kulturellen Reichweite der Städte dieselbe/Lajos Nagy, Piackörzetek, piacközpontok és városok Magyarországon 1828-ban, Budapest 1984; dieselbe, Városok és városi társadalom Magyarországon a 19. század elején, Budapest 1988, Ergebnisse tabellarischer zusammengefasst 197–215 sowie auch in Bácskai, Városok, 104–108, zur weiteren Entwicklung des Systems Gábor Sonkoly/Gábor Czoch/László Zsinka, Változások a

siedlungsgeschichtliche Entwicklung des Landes wieder, in dem seit der Frühen Neuzeit neben einigen Städten im rechtlichen Sinne von kompaktem Zuschnitt, jedoch mit oft relativ geringer Bevölkerungszahl große agrarische Siedlungen und Marktflecken bestanden hatten. Einige von ihnen hatten es auch vermocht, den Rang einer freien königlichen Stadt zu erlangen; andere entwickelten zumindest Formen städtischer Selbstverwaltung, die denen der Rechtsstädte gleichkamen. Zum anderen zeigt die Statistik um 1900 die Ergebnisse des schnellen Wachstums einiger dieser Ortschaften vor allem in der Tiefebene dank der Getreidekonjunktur des frühen und mittleren 19. Jahrhunderts.

Abb. 6: Ausgewählte Provinz-Städte 1900.

	Gesamtbev.	Mspr. Ung.	Mspr. Nicht ung.	deutsch	slowak.	rumän.	ruthen.	Kroatisch	serbisch	sonst. und unbek.
Pressburg	**61.337**	18.744	42.793	32.104	9.004	24	12	242	25	1.382
		30,46%	69,54%	**52,17%**	14,68%	0,04%	0,02%	0,39%	0,04%	2,25%
Fünfkirchen	**42.252**	32.943	9.309	7.225	210	44	3	644	64	1.121
		77,97%	22,03%	**17,10%**	0,50%	0,10%	0,01%	1,52%	0,15%	2,65%
Ödenburg	**30.628**	11.769	18.859	17.279	134	6	2	702	8	728
		38,43%	61,57%	**56,42%**	0,44%	0,02%	0,01%	2,29%	0,03%	2,38%
Hódmező-vásárhely	**60.824**	60.428	396	162	126	51	1	5	23	28
		99,35%	0,65%	**0,27%**	0,21%	0,08%	0,00%	0,01%	0,04%	0,05%
Szeged	**100.270**	96.438	3.832	2.684	121	191	2	39	581	234
		96,18%	3,82%	**2,68%**	0,12%	0,19%	0,00%	0,04%	0,58%	0,23%
Kaschau	**35.586**	23.574	12.012	2.877	8.162	9	48	19	9	888
		66,25%	33,75%	**8,08%**	22,94%	0,03%	0,13%	0,05%	0,03%	2,50%
Groß-wardein	**47.018**	42.921	4.097	1.127	157	2.388	26	18	9	374
		91,29%	8,71%	**2,40%**	0,33%	5,07%	0,06%	0,04%	0,02%	0,80%
Debrecen	**72.351**	71.332	1.019	674	73	53	14	19	12	174
		98,59%	1,41%	**0,93%**	0,10%	0,07%	0,02%	0,03%	0,02%	0,24%
Arad	**53.903**	37.935	15.968	5.151	266	8.816	4	32	1.389	310
		70,38%	29,62%	**9,56%**	0,49%	16,35%	0,01%	0,06%	2,58%	0,58%

magyar város- és településrendszerben 1784–1910 között. In: Zsófia Németh/Csaba Sasfi (Hg.), Kőfallal, sárpalánkkal… Várostörténeti tanulmányok, Debrecen 1997, 26–49; Beluszky Pál/Győry Róbert, Magyar városhálozat a 20. század elején, Budapest 2005; zu dem hier ausgeblendeten Siebenbürgen Gábor Sonkoly, Erdély városai a XVIII - XIX. században, Budapest 2001.

Die Zentrumsfunktion im Sinne Cristallers[11], nach den Untersuchungen von Bácskai und Beluszky, weicht jedoch von der schieren Größe der jeweiligen Stadt ab. Kaschau (Košice, Kassa) als altes Handelszentrum z.B. war im Laufe des 19. Jahrhunderts von einem weitaus höheren Rangplatz gestartet, als seine damalige Bevölkerungszahl vermuten lässt, und befand sich auf der zweiten Ebene des Städtenetzes des Landes (nach Pest-Buda).[12] Debrecen, 1787 die größte Stadt des Landes und erst 1827 von Pest auf den zweiten Rang verdrängt[13], war ähnlich wichtig gewesen wie Großwardein (Nagyvárad, Oradea) als Umschlagplatz in der Tiefebene[14] oder das zentralungarische Kecskemét. Hódmezővásárhely mit seinen mehr als 60.000 Einwohnern im Jahre 1900 war 1827 und 1846 seiner Größe nach an fünfter Stelle in Ungarn gestanden, war aber lange Zeit lediglich ein Unterzentrum im Einzugsbereich von Gyula, auf der dritten Ebene des Städtenetzes, gewesen.[15] 1910 war Kaschau eine von sechs Städten auf der zweiten Ebene des Städtenetzes. Dort befanden sich auch Pressburg (Bratislava), Debrecen und Temeswar (Timişoara).[16] Blendet man Siebenbürgen und Kroatien-Slawonien aus, die in der Untersuchung zu 1828 nicht eingeschlossen gewesen waren, so befand sich Kaschau auf Rang drei der Zentralitätsskala und hatte an Gewicht

11 Walter Cristaller, Die zentralen Orte in Süddeutschland. Eine ökonomisch-geographische Untersuchung über die Gesetzmäßigkeit der Verbreitung und Entwicklung der Siedlungen mit städtischer Funktion, Darmstadt 1980 (Nachdruck der Ausgabe Jena 1933).

12 1827 als Handelszentrum von erstrangiger Bedeutung auf einer zweiten Ebene des Städtenetzes des Landes (nach Pest-Buda) zusammen mit Pressburg, Ödenburg, Fünfkirchen, Szeged und anderen (hier nach Bácskai, Városok, 104), wenngleich weder 1827 noch 1846 unter den 20 bevölkerungsreichsten Städten.

13 1787 hatte Debrecen 29.153 Einwohner, ihm folgte Pressburg mit 26.989 und auf Rang fünf Pest mit 22.417; 1827 hatte Pest bereits 56.577 und Debrecen mittlerweile 45.375 Einwohner, während Pressburg mit 37.180 auf Rang drei lag. 1846 erreichte Pest die 100.000 Einwohner, während die Größe Debrecens ungefähr gleichgeblieben war.

14 1827 noch als Sammel- und Verteilungszentrum auf der vierten Ebene des Städtesystems, mit Debrecen, Szatmárnémeti, Eger, Komárom, Miskolc, Gyöngyös, Nyíregyháza, Kecskemét, Gyula, Arad, Versec.
Auf der dritten Ebene (Handelszentren zweiten Ranges) befanden sich Temesvar, Gran, Raab, Tyrnau, Stuhlweißenburg, Balassagyarmat, Keszthely, Dunaföldvár, Waitzen, Pápa, Großsanktnikolaus. Großwardein stand 1827 seiner Größe nach an 16., 1846 an 14. Stelle der Städte und Siedlungen.

15 Bácskai, Városok 1988, Tab. IV, 203–206, hier 204.

16 Beluszky/Győry, Magyar városhálozat, bes. die Tabelle 214–228, zu Kaschau 214.

im Städtenetz im Vergleich zu 1828 noch hinzugewonnen.[17] Preßburg hatte seinen zweiten Platz behalten, Debrecen war trotz seiner immensen Einwohnerzahl auf Rang vier abgestiegen, Temeswar und Szeged wahrten Rang fünf und sechs. Fünfkirchen (Pécs) war vom neunten Rang auf den achten Rang aufgerückt[18] und Großwardein sogar vom 22. auf den siebten Platz der Hierarchie. Fast vom 30. Platz auf den zehnten aufgestiegen war Arad. Hinsichtlich ihrer Verortung auf einzelnen Ebenen des Städtenetzes sind Preßburg, Kaschau, Debrecen und Temeswar als regionale Zentren mit vollständigen Funktionen, Szeged, Großwardein, Fünfkirchen und Raab (Győr) als solche mit teilweise mangelnden Funktionen einzuordnen, während Arad zu den regionalen Zentren mit teilweise bestehenden (részleges) Funktionen zählte.[19] Dies macht den Vergleich der hier ausgewählten Siedlungen sinnvoll, denn trotz ihrer unterschiedlichen Einwohnerzahlen und wirtschaftlichen wie ethnischen Umgebungen hatten sie im Siedlungsnetz des Landes ähnliche Bedeutung.

Im Folgenden werden die stark magyarisch-sprachigen Orte wie Hódmezővásárhely (99,35 Prozent) und Debrecen (98,95 Prozent) sowie, aus arbeitsökonomischen Gründen, auch Ödenburg (Sopron) vernachlässigt und die ehemalige Residenzstadt Preßburg, das Handels- und Gewerbezentrum Kaschau, der einstige bischöfliche Marktflecken Fünfkirchen[20] sowie die nach der Türkenzeit ebenfalls neu begründeten Städte, die ehemalige Festung Großwardein sowie Arad[21], betrachtet. Auch Großwardein war bereits hochgradig ungarisch-sprachig (über 90 Prozent), Fünfkirchen zu fast 80 Prozent, Arad zu 70 Prozent, Kaschau zu 66 Prozent, wogegen nur Preßburg noch eine überwiegend nicht ungarischsprachige Einwohnerschaft hatte (fast 70 Prozent, über 30 Prozent Deutsch als Angabe für die Muttersprache.) Von 1900 bis 1910 erfolgten in all diesen Städten beträchtliche Verschiebungen hin zum Ungarischen.

---

17 Beluszky/Győry, Magyar városhálozat, 131. Da Bácskai eine Typologie von Siedlungen verschiedener Ebenen präsentiert, greift Győry auf die von Gyimesi aufgestellte Rangfolge für jenes Jahr zurück. (Sándor Gyimesi, A városok a feudalizmusból a kapitalizmusba való átmenet időszakában, Budapest 1975).

18 In dieser Aufstellung, möglicherweise irrtümlich, zweimal vergeben, vgl. Győr.

19 Beluszky/Győry, Magyar városhálozat, 214.

20 Sie alle auf der zweiten Ebene des Städtenetzes, vgl. Bácskai, Városok 1988, bes. 195–215; sowie dieselbe, Városok 2002, bes. 104–109.

21 Beide auf der dritten Ebene des Städtenetzes, vgl. ebenda.

Abb. 7: Die umliegenden Komitate

Komitate	Gesamtbev.	Mspr. Ung.	Mspr. Nicht ung.	deutsch	slowak.	rumän.	ruthen.	Kroatisch	serbisch	sonst. und unbek.
Kom. Preßburg	300.126	119.056	181.070	22.846	153.466	31	63	2.137	4	2.521
		39,67%	60,33%	7,61%	51,13%	0,01%	0,02%	0,71%	0,00%	0,84%
Baranya	290.519	148.900	141.619	103.337	266	0	6	14.649	12.739	10.682
		51,25%	48,75%	35,57%	0,09%	0,00%	0,00%	3,04%	4,38%	3,68%
Ödenburg	245.966	122.912	123.054	91.330	223	6	2	30.342	1	1.150
		49,97%	50,03%	37,13%	0,09%	0,00%	0,00%	12,34%	0,00%	0,47%
Csongrad	131.873	131.119	754	232	276	36	3	32	29	126
	99,43%	0,57%	0,18%	0,21%	0,04%	0,00%	0,02%	0,02%	0,10%	
Abauj-Torna	156.218	113.940	42.278	5.283	35.809	11	208	46	2	919
		72,94%	27,06%	3,38%	22,92%	0,01%	0,13%	0,03%	0,00%	0,59%
Bihar	526.795	279.949	246.846	2.208	6.933	236.069	68	112	8	1.428
	53,14%	46,86%	0,42%	1,32%	0,01%	44,81%	0,02%	0,00%	0,27%	
Hajdú	148.519	148.083	436	171	55	77	10	2	0	121
		99,71%	0,29%	0,12%	0,04%	0,05%	0,01%	0,00%	0,00%	0,08%
Arad	329.400	71.710	257.690	34.477	5.300	214.031	192	670	288	2.732
		21,77%	78,23%	10,47%	1,61%	64,98%	0,06%	0,20%	0,09%	0,83%

Abb. 8: Muttersprache lt. statik: Veränderungen 1900–1910

Preßburg	1900	1910
Magyaren	30,52%	40,53%
Deutsche	50,41%	41,92%
Slowaken	16,27%	14,92%
Rumänen	0,05%	0,04%
Ruthenen	0,02%	0,01%
Kroaten	0,41%	0,45%
Serben	0,04%	0,03%
Sonstige	2,27%	2,09%
Unbek.	0,01%	
Gesamt	100,00%	100,00%

Fünfkirchen	1900	1910
Magyaren	77,21%	83,55%
Deutsche	17,55%	12,76%
Slowaken	0,49%	0,33%
Rumänen	0,11%	0,06%
Ruthenen	0,01%	0,01%
Kroaten	1,75%	1,38%
Serben	0,26%	0,25%
Sonstige	2,64%	1,66%
Unbek.	0,00%	
Gesamt	100,00%	100,00%

Kaschau	1900	1910
Magyaren	64,82%	75,43%
Deutsche	8,59%	7,21%
Slowaken	23,05%	14,81%
Rumänen	0,12%	0,21%
Ruthenen	0,77%	0,47%
Kroaten	0,07%	0,06%
Serben	0,03%	0,04%
Sonstige	2,54%	1,76%
unbek.	0,00%	
alle	100,00%	100,00%

Großwardein	1910	1910
Magyaren	89,18%	91,04%
Deutsche	2,80%	2,21%
Slowaken	0,37%	0,43%
Rumänen	6,65%	5,62%
Ruthenen	0,05%	0,04%
Kroaten	0,05%	0,05%
Serben	0,04%	0,09%
Sonstige	0,83%	0,52%
Unbek.	0,02%	
Gesamt	100,00%	100,00%

Arad	1900	1910
Magyaren	69,19%	72,96%
Deutsche	10,03%	6,91%
Slowaken	0,52%	0,44%
Rumänen	16,99%	16,27%
Ruthenen	0,03%	0,01%
Kroaten	0,06%	0,05%
Serben	2,54%	2,87%
Sonstige	0,63%	0,48%
Unbek.	0,01%	
Gesamt	100,00%	100,00%

Dieser beträchtliche Wandel fand bei weitgehender Stabilität in einem anderen, kulturell wesentlichen bzw. langfristige Bindungen abbildenden Bereich statt, wenn man von Veränderungen vor allem durch Migration mit einer Wirkung hin zu größerer Diversifizierung der Einwohnerschaft absieht: Die konfessionellen Verhältnisse blieben zeitgleich weitgehend unverändert.

Abb. 9. Konfession und Sprache: Stabilität und allmähliche Veränderung.

Großwardein 1900		Großwardein 1910	
r.-k.	30,67%	r.-k.	30,89%
gr.-k.	5,75%	gr.-k.	5,28%
gr.-orth.	7,25%	gr.-orth.	7,24%
ev.	1,75%	ev.	2,15%
ref.	30,02%	ref.	30,32%
unit.	0,11%	unit.	0,23%
jüd.	24,46%	jüd.	23,62%
alle übrigen	0,10%	alle übrigen	0,27%
alle	100,10%	alle	100,00%

Außerdem ist in all diesen Städten eine – unterschiedlich hohe – Rate von Mehrsprachigkeit zu beobachten.

Abb. 10. Preßburg 1900: Sprachkenntnisse.

Fremdsprachenkenntnisse						
Ungarische Mutterspr.	Anzahl	Anteil an allen Ang. der N.ät	an Gesamtbev. (d.h. Satz der weiteren Sprecher der jew. Sprache)	**Nicht-Ungarische Mutterspr.**	Anzahl	Anteil
	18.744				42.793	
davon kann nur ung.	5.144	27%		**davon kann nicht ung.**	28.631	67%
davon kann auch andere Spr.	13.600	73%		davon kann auch ung.	14.162	33%
und zwar vor allem:				und zwar unter den muttersprachlichen		
dt.	12.082	64%	20%	Deutschen	11.462	36%
slow.	1.359	7%	2%	Slow.n	2.403	27%
rum.	26	0%	0%	Rumän.	17	71%
ruth.	1	0%	0%	Ruthen.	3	25%
kroat.	11	0%	0%	Kroaten	83	34%
serb.	13	0%	0%	Serben	18	72%
sonst.	108	1%	0%	Sonstigen	176	13%

Abb. 11. Kaschau 1900: Sprachkenntnisse.

Fremdsprachenkenntnisse						
Ungarische Mutterspr.	Anzahl	Anteil an allen Ang. der N.ät	an Gesamtbev. (d.h. Satz der weiteren Sprecher der jew. Sprache)	**Nicht-Ungarische Mutterspr.**	Anzahl	Anteil
	23.574				12.012	33,75%
davon kann nur ung.	7.474	32%		**davon kann nicht ung.**	6.804	57%
davon kann auch andere Spr.	16.100	68%		davon kann auch ung.	5.208	43%
und zwar vor allem:				und zwar unter den muttersprachlichen		
dt.	7.850	33%	22%	Deutschen	1.660	58%
slow.	8.065	34%	23%	Slow.n	3.337	41%
rum.	43	0%	0%	Rumän.	6	67%
ruth.	16	0%	0%	Ruthen.	15	31%
kroat.	4	0%	0%	Kroaten	13	68%
serb.	2	0%	0%	Serben	7	78%
sonst.	120	1%	0%	Sonstigen	170	19%

Abb. 12. Fünfkirchen 1900: Sprachkenntnisse.

Fremdsprachenkenntnisse							
Ungarische Mutterspr.	Anzahl	Anteil an allen Ang. der N.ät	an Gesamtbev. (d.h. Satz der weiteren Sprecher der jew. Sprache)	Nicht-Ungarische Mutterspr.	Anzahl	Anteil	An Gesmt-bev.
	32.943				9.309	22,03%	
davon kann nur ung.	16.908	51%		davon kann nicht ung.	3.142	34%	
davon kann auch andere Spr.	16.035	49%		davon kann auch ung.	6.167	66%	15%
und zwar vor allem:				und zwar unter den muttersprachlichen			
dt.	14.352	44%	34%	Deutschen	4.939	68%	
slow.	70	0%	0%	Slow.n	133	63%	
rum.	25	0%	0%	Rumän.	39	89%	
ruth.	2	0%	0%	Ruthen.	1	33%	
kroat.	1.410	4%	3%	Kroaten	541	84%	
serb.	66	0%	0%	Serben	59	92%	
sonst.	110	0%	0%	Sonstigen	455	41%	

Abb. 13. Großwardein 1900: Sprachkenntnisse.

Fremdsprachenkenntnisse						
Ungarische Mutterspr.	Anzahl	Anteil an allen Ang. der Gruppe	an Gesamtbev. (d.h. Satz der weiteren Sprecher der jew. Sprache)	Nicht-Ungarische Mutterspr.	Anzahl	Anteil
	42.921				4.097	8,71%
davon kann nur ung.	30.271	71%		davon kann nicht ung.	1.007	25%
davon kann auch andere Spr.	12.650	29%		davon kann auch ung.	3.090	75%
und zwar vor allem:				und zwar unter den muttersprachlichen		
dt.	9.022	21%	19%	Deutschen	800	71%
slow.	342	1%	1%	Slow.n	138	88%
rum.	2.871	7%	6%	Rumän.	1.948	82%
ruth.	23	0%	0%	Ruthen.	21	81%
kroat.	16	0%	0%	Kroaten	15	83%
serb.	30	0%	0%	Serben	8	89%
sonst.	346	1%	1%	Sonstigen	160	43%

Abb. 14. Stadt Arad 1900: Sprachkenntnisse.

Fremdsprachenkenntnisse						
Ungarische Mutterspr.	Anzahl	Anteil an allen Ang. der N.ät	an Gesamtbev. (d.h. Satz der weiteren Sprecher der jew. Sprache)	Nicht-Ungarische Mutterspr.	Anzahl	Anteil
	37.935				15.968	29,62%
davon kann nur ung.	19.352	51%		davon kann nicht ung.	15.968	29,62%
davon kann auch andere Spr.	18.583	49%		davon kann auch ung.	9.733	61%
und zwar vor allem:				und zwar unter den muttersprachlichen		
dt.	13.905	37%	26%	Deutschen	3.730	72%
slow.	367	1%	1%	Slow.n	233	88%
rum.	3.982	10%	7%	Rumän.	4.739	54%
ruth.	11	0%	0%	Ruthen.	3	75%
kroat.	11	0%	0%	Kroaten	14	44%
serb.	182	0%	0%	Serben	841	61%
sonst.	125	0%	0%	Sonstigen	173	56%

1900 wurde bei den Magyaren erfasst, welche andere Sprache die Betreffenden noch beherrschten.[22] Wer als Muttersprache nicht Ungarisch angab, wurde gefragt, ob er Ungarisch (Staatssprache) könne. In Preßburg bekundeten nur 27 Prozent der ungarischen Muttersprachigen, einsprachig zu sein. 73 Prozent beherrschten andere Sprachen, und zwar überwiegend das Deutsche.[23] Die Preßburger Deutschen gaben zu einem Drittel an, auch Ungarisch zu können. In Kaschau war der Anteil nicht nur einsprachiger Magyaren fast ebenso hoch wie in Preßburg, doch entfiel ein ähnlich hoher Anteil wie auf das Deutsche auch auf das Slowakische. Die Deutschen beherrschten umgekehrt die Staatssprache zu knapp 60 Prozent, und die Slowaken zu 41 Prozent. Die Bevölkerung von Fünfkirchen war ‚einsprachiger': Hier war mehr als die Hälfte der magyarischen Einwohner einsprachig, während wer von den Magyaren eine andere Sprache beherrschte, gab zumeist das Deutsche an, sehr selten das Kroatische. Die Deutsch-Muttersprachigen in der Stadt als die größte nichtmagyarische Bevölkerungsgruppe konnten zu zwei Dritteln auch die Landessprache. Großwardein ist ein interessanter Fall, weil in dieser zu fast 90 Prozent ungarischsprachigen Stadt, in der mithin von einem relativ geringen Druck zur Kenntnis anderer Sprachen im Wohnumfeld auszugehen ist, doch immerhin noch 29 Prozent der Magyaren auch die Kenntnis eine anderen Sprache angegeben hatten, zumeist des Deutschen; sieben Prozent sprachen auch rumänisch. Die Rumänen und Deutschen wiederum konnten zu 82 Prozent bzw. 71 Prozent auch Ungarisch. Auch in Arad war, ähnlich wie in Fünfkirchen, mehr als die Hälfte der magyarischen Einwohner einsprachig, während die dominante Zweitsprache unter den Magyaren das Deutsche war, das 37 Prozent von ihnen beherrschten, mit Abstand gefolgt vom Rumänischen.

Hinter den unterschiedlichen Anteilen, zu denen die Einwohner jeweils auch Kenntnisse einer weiteren Sprache neben der Muttersprache angaben, stehen sicher auch Verschiebungen innerhalb einer Hierarchie praktizierter Mehrsprachigkeit. Die Daten beinhalten vermutlich auch, wenngleich nicht nur, frühere Anderssprachigkeit, was die Mehrsprachigkeit von Sprechern des Ungarischen angeht, sowie eine Entwicklung hin auf potentiellen Sprachwechsel bzw. eine andere Erstsprache im intergenerativen Verlauf, was die vorhandenen Kenntnisse des Ungarischen angeht. Gefragt worden war nach der Muttersprache als *diejenige Sprache, die Sie als die Ihre betrachten und am besten und liebsten sprechen.*[24] Dennoch sind die Raten der Mehrsprachigkeit bei den Magyaren von Stadt zu Stadt sehr

22 Zu methodischen Problemen vgl. Puttkamer, Mehrsprachigkeit, bes. 10.

23 Ebenda, 14.

24 Fragebogen zur Volkszählung (Számlalólap. Kitöltendő az 1910. évi VIII. törvényczikk alapján. 12.).

verschieden. Als Erklärung sind die Rolle des Umlands und dessen ethnische Zusammensetzung heranzuziehen, aber auch der kulturellen Traditionen der Stadt. Das Komitat Preßburg war zu hohen Teilen slowakischsprachig bei gleichzeitig geringem Prozentsatz der Deutschen. In der Stadt lag er 1900 bei 22,17 Prozent, doch konnten 64 Prozent der in der Stadt lebenden Ungarisch-Muttersprachigen auch deutsch, und insgesamt 73 Prozent konnten auch eine andere Sprache. Gewiss ist hier auch die Lage der Stadt *im Schatten Wiens*[25] und deren Tradition als Verwaltungszentrum in Rechnung zu stellen, doch sind auch das Wirken einer Evangelisch-theologischen Akademie und der nord- und mitteldeutsche Raum als Vermittler einer protestantisch geprägten Kultur einzukalkulieren. Im Umland von Fünfkirchen war der Anteil von Deutschen im Komitat vergleichsweise höher als um Preßburg (35 Prozent, dagegen nur 51 Prozent Magyaren, überdies 9 Prozent Kroaten und 4 Prozent Serben), doch fällt der hohe Anteil magyarischer Muttersprachiger und deren geringere Mehrsprachigkeit (49 Prozent) auf. Aus anderer Quelle ist bekannt, dass in Fünfkirchen über administrative Maßnahmen stark auf die Stärkung des Ungarischen hingewirkt wurde, dass es Beschränkungen auf schulischem Gebiet oder auch gegenüber auswärtigen Theatertruppen gab, falls diese nicht in ungarischer Sprache auftreten wollten.[26] Im Komitat Abaúj-Torna als Umland Kaschaus war die Diversität höher: Neben 72 Prozent Magyaren lebten hier 23 Prozent Slowaken. Als Nebenumstand zu erwähnen ist, dass die Magyaren im Komitat zu hohem Anteil Reformierte waren, d.h. einer im ganzen Land fast nur aus Magyaren bestehenden Konfessionsgemeinschaft angehörten. Die Stadt war demgegenüber, wie oben gezeigt, katholisch geprägt. Dieser Umstand lässt noch mehr nach Gründen für die höhere Mehrsprachigkeit (68 Prozent) in der Tradition der Stadt selbst suchen, ebenso wie der im Vergleich zu Preßburg höhere Anteil von Magyaren, die als erste weitere Sprache Slowakisch angegeben hatten. Zu den Traditionen kann gerechnet werden, dass um die Jahrhundertmitte noch ein hoher Prozentsatz der Stadtbewohner mehrsprachig gewesen war, was für

25 So auch der Titel eines lesenswerten Werks über die deutschsprachige Presse und Literatur der Stadt im vorangehenden Jahrhundert – das allerdings auch auf die oft unterschätzte Einbindung der Stadt in nord- und mitteldeutsche protestantische Kommunikationszusammenhänge hinweist (Josef Tancer, Im Schatten Wiens, Bremen 2008).

26 Annamária Márkus, A pécsi németség asszimilációja és a sajtó (1860–1890), In: Mónika Pilkhoffer/József Vonyó (Hg.), Tanulmányok Pécs történetéből, Bd. 18, Pécs 2006, 113–152; vgl. Juliane Brandt, Die Fünfkirchner Zeitung 1870–1906. In: Spiegelungen 5 (2010) 2, 141–152.

die städtische Mittelschicht der Stadtchronist Johann Plath als den Normalfall beschrieben hatte.[27]

Daher lohnt es, Kaschau und Fünfkirchen genauer zu betrachten. Für 1910 liegen Auswertungen der Volkszählung vor, in denen die Tatsache weiterer Sprachkenntnisse bei Ungarisch- bzw. Nichtungarisch-Muttersprachigen in Verbindung mit deren Haupterwerb angegeben wird. Zwar ist hier keine Aufschlüsselung nach der ersten Zweitsprache mehr zu finden, doch lässt sich damit ein gewisser Überblick über die Verteilung weiterer Sprachenkenntnissen bei den Ungarisch-Muttersprachigen (bzw. der Kenntnis der Staatssprache bei den Nicht-Magyaren) gewinnen. Von den 33.350 Ungarisch-Muttersprachlern in Kaschau konnte 1910 ein Anteil von 43,77 Prozent nur Ungarisch, wogegen mehr als die Hälfte mindestens zweisprachig war. Von den 10.861 Nichtungarisch-Muttersprachigen konnten knapp 60 Prozent auch Ungarisch. In diese Zahlen sind jeweils auch Minderjährige eingeschlossen, bei denen der Spracherwerb mit größerer Wahrscheinlichkeit noch nicht abgeschlossen war, und auch Frauen, deren Sozialkontakte zumeist beschränkter waren als jene der Männer. Betrachtet man nur die männlichen Erwerbstätigen, liegen die Zahlen noch höher[28]: Von den 10.696 erwerbstätigen Männern ungarischer Muttersprache beherrschten 1910 66,51 Prozent auch andere Sprachen. Von den magyarischen Selbständigen im Gewerbe (vom selbständigen Handwerksmeister bis zum Fabrikanten) sprachen mehr als 90 Prozent auch andere Sprachen, von den Beamten in diesem Bereich (vom technischen Fachpersonal bis zu den höheren Bürokräften größerer Unternehmen) noch knapp 86 Prozent. Selbst das magyarische gewerbliche Hilfspersonal sprach zu 70,41 Prozent nicht nur Ungarisch. Die magyarischen Selbständigen in Handel und Kreditwesen (von kleineren Ladeninhabern bis zu Bankbesitzern) waren zu mehr als 95 Prozent mehrsprachig, ihre Fachangestellten zu 91,81 Prozent, ihr Hilfspersonal zu 72,33 Prozent. Auch im öffentlichen Dienst und den freien Berufen gab es nur wenige Magyaren, die keine anderen Sprachkenntnisse angegeben hatten (21,31 Prozent). Etwas geringer war der Anteil der Mehrsprachigen unter den magyarischen Beamten und dem Hilfspersonal im Verkehrswesen, deren letzteres nur zu etwas mehr als der Hälfte mehrsprachig war. Umgekehrt sprachen die Nichtmagyarisch-Muttersprachigen in Industrie und Handwerk zu fast 70 Prozent

27 J(ohann) Plath, Kaschauer Chronik, Kaschau 1860, hier 46–47. Vgl. weiter die gern zitierte Äußerung Márais: Sándor Márai, Bekenntnisse eines Bürgers. I.–II. [Orig.: Egy polgár vallomásai. 1934, 1935], Berlin 1995, hier nach der Ausgabe München-Zürich 2001, 18.

28 Hier und im Folgenden vgl. Magyar Statisztikai Közlemények 56, wie Anm. 8, bzw. Brandt, Mehrsprachigkeit, 55–56, bzw. Tabelle ebenda.

auch Ungarisch, und unter den Selbständigen und dem Fachpersonal waren es 80,07 Prozent bzw. 76,09 Prozent. In Handel und Kreditwesen lagen diese Anteile bei derselben Kategorie mit 71,79 Prozent bzw. 83,33 Prozent noch etwas höher. Die Nicht-Magyaren im öffentlichen Dienst und den freien Berufen sprachen zu 73,43 Prozent auch ungarisch. Das nichtmagyarische höhere Personal im Verkehrswesen konnte durchgehend auch Ungarisch, das Hilfspersonal zu mehr als 70 Prozent. Selbst das Hilfspersonal im Handwerk sprach zu 66,04 Prozent auch ungarisch. Unterdurchschnittlich war dieser Anteil nur bei den Tagelöhnern (50 Prozent) und bei den Personen mit statistisch nicht systematisierten Beschäftigungen (56,44 Prozent) sowie solchen, die zu dem hier sonst ausgeblendeten agrarischen Bereich innerhalb der Stadtbevölkerung gehörten.

Abb. 15. Mehrsprachigkeit in Kaschau 1910: alle EW/männl. Erw.

	Kaschau 1910	
	abs.	in %
Gesamt/alle	**44.211**	
Gesamt, m. Erw.t.	**14.892**	
ung. Mspr./ alle	**33.350**	
ung. Mspr., m. Erw.t.	**10.969**	
nichtu. Mspr. alle	**10.861**	
nichtu. Mspr. m. Erw.	**3.923**	
ung. Mspr., alle/ kann nur ung.	**14.598**	**43,77%**
ung. Mspr., alle/ mit Frspr.	**18.752**	**56,23%**
ung. Mspr. m.Erw./ nur ung.	**3.674**	**33,49%**
ung. Mspr. m. Erw./ mit Frspr.	**7.295**	**66,51%**
nichtu. Mspr., alle/mit Ung.	**6.446**	**59,35%**
nichtu. Mspr., alle/ einsprachig	**4.415**	**40,65%**
Nichtu. Mspr. M. Erw./mit Ung.	**2.427**	**61,87%**
Nichtu. Mspr. m. Erw./ einsprachig	**1.496**	**38,13%**

Abb. 16. Mehrsprachigkeit 1910: Fünfkirchen und Kaschau.

	Fünfk. 1910		Kaschau 1910	
	abs.	in %	abs.	in %
Gesamt/ alle	49.822		44.211	
Gesamt, m. erw.t.	17.295		14.892	
ung. Mspr./ alle	41.628		33.350	
ung. Mspr., m. erw.t.	14.151		10.969	
nichtu.Mspr./ alle	8.194		10.861	
nichtu.Mspr., m.erw.t.	3.144		3.923	
ung. Mspr., alle/ nur ung.	24.578	59,04%	14.598	43,77%
ung. Mspr., alle/ mit Frspr.	17.050	40,96%	18.752	56,23%
Ung. Mspr., m. erw.t./ nur ung.	6.811	48,13%	3.674	33,49%
ung. Mspr., m. erw.t/ mit Frspr.	7.340	51,87%	7.295	66,51%
Nichtu. Mspr.. alle/ mit ung.	6.021	73,48%	6.446	59,35%
Nichtu. Mspr., alle/ einsprachig	2.173	26,52%	4.415	40,65%
Nichtu.Mspr., m.erw.t./mit ung.	2.509	79,80%	2.427	61,87%
Nichtu. Mspr., m.erw.t/ einsprachig	635	20,20%	1.496	38,13%

Das 1910 um etwa 10.000 Einwohner größere Fünfkirchen war hingegen weitaus einsprachiger. Von der damals zu 83,55 Prozent magyarischen Einwohnerschaft waren nur 40,96 Prozent mehrsprachig. Höher als in Kaschau war die Rate der Nichtmagyaren, die auch Ungarisch sprachen (73,48 Prozent). Bei den erwerbstätigen Männern waren 51,87 Prozent der Magyaren mehrsprachig und konnten fast 80 Prozent (79,80 Prozent) der Nichtmagyaren auch Ungarisch. Entsprechend niedriger lagen auch die Raten der mehrsprachigen magyarischen Selbständigen oder diversen Mitarbeiter in Gewerbe, Handel und Kreditwesen. Von den magyarischen Selbständigen im gewerblichen Bereich sprachen nur 22,11 Prozent eine andere Sprache, von ihrem Fachpersonal nur knapp 13 Prozent, von den Hilfskräften immerhin noch gut die Hälfte. Ähnlich sah es im Verkehrswesen, Handel und Kreditwesen aus, wo keine 10 Prozent der Inhaber und knapp 46 Prozent der Hilfskräfte unter den Ungarisch-Muttersprachlern noch eine weitere Sprache angegeben hatten. Gerade was die Mehrsprachigkeit der magyarischen abhängigen Beschäftigten im Gewerbe (von Handwerksgesellen bis zu Arbeitern in ständigen Arbeitsverhältnissen) angeht, stehen den 70,41 Prozent in Kaschau nur 45,82 Prozent in Fünfkirchen gegenüber.

Diese unterschiedlichen Raten von Mehrsprachigkeit korrespondieren mit einer divergierenden Präsenz von (erwerbstätigen männlichen) Deutsch- und Ungarisch-Muttersprachigen in den einzelnen Erwerbszweigen.[29] Auch ein Blick auf die absolute Verteilung beider Gruppen zeigt in Fünfkirchen bereits die jeweils geringe bis marginale Präsenz von Deutschen (in sprachstatistischem Verständnis) bei den Selbständigen und Fachkräften in Industrie und Handwerk, in Handel und Kreditwesen generell sowie in den freien Berufen; nur beim Hilfspersonal des Bergbaus waren sie noch in größerer Zahl vertreten. Dies spricht zumindest für eine geringe Wahrnehmbarkeit der Gruppe in der Öffentlichkeit der Stadt – ein Phänomen, das von den Zeitgenossen konstatiert und auch als Argument für weitere Einschränkungen im Gebrauch des Deutschen, z.B. für die Einstellung der bis 1906 erscheinenden „Fünfkirchner Zeitung", gebraucht wurde.[30] Um zu Angaben zu gelangen, die hinsichtlich der Präsenz der Sprachgruppen in der Berufsstuktur der jeweiligen Stadt wie auch mit Blick auf verschiedene Städte vergleichbar sind, werden die Anteile der Sprachgruppen an der jeweiligen männlichen Erwerbsgruppe zu ihrem Anteil an der Gesamtbevölkerung in Beziehung gesetzt. Eine solche Analyse der Daten zeigt, dass Deutsche in fast allen Berufen stark unterrepräsentiert waren (weniger als ein Drittel ihres Anteils an der Gesamtbevölkerung). Beim Fach- bzw. Hilfspersonal in Handel und Kredit lag dieser Präsenzfaktor in Fünfkirchen z.B. bei nur 0,13 bzw. 0,12 und auch bei den Selbständigen nur bei 0,22. Auch beim Hilfspersonal oder bei den Selbständigen in Industrie und Handwerk lag er nur bei 0,36 bzw. 0,38, also bei etwas mehr als einem Drittel ihres Bevölkerungsanteils. Damit korrespondierte eine leicht höhere Vertretung bei den Beamten im Bergbau (1,09) und eine ihren Bevölkerungsanteil um die Hälfte übersteigende Vertretung beim Hilfspersonal des Bergbaus (1,51). Hinzuzufügen ist, dass sich diese Zahlen nur auf die in der Stadt selbst ansässigen Arbeitskräfte beziehen, wogegen die Siedlungen außerhalb der Stadt in diese Zahl nicht eingeflossen sind.

In Kaschau lag demgegenüber der Präsenzfaktor der Deutschsprachigen in der Gruppe der Selbständigen in Handwerk und Industrie bei 1,77, während er bei den Beamten in diesem Bereich sogar 2,59 ausmachte. Auch die Slowaken waren zumindest bei den Selbständigen mit einem Faktor von 0,66 präsent.[31] In

29 Hier und im Folgenden vgl. Magyar Statisztikai Közlemények 56, wie Anm. 8, bzw. Brandt, Mehrsprachigkeit, 57–60, bzw. Tabelle ebenda.

30 Brandt, Die Fünfkirchner Zeitung, hier 152.

31 Da dieser Faktor beim Fachpersonal nur bei 0,03 (!) liegt, bei den Hilfskräften dagegen bei 1,4, ist anzunehmen, dass es sich bei diesen Selbständigen bevorzugt um kleine Selbständige im Handwerk handelte.

Handel und Kredit lag der Faktor bei den Deutsch-Muttersprachigen bei 0,71 für die Selbständigen und das Fachpersonal und bei 0,81 für das Hilfspersonal. Zu bedenken ist, dass hier alle Betriebe von der Bank bis zum Kramladen erfasst sind.[32] Allein im Verkehrswesen waren Deutsche mit einem durchschnittlichen Faktor von 0,33 deutlich unterrepräsentiert. Noch niedriger ist der Wert bei den Tagelöhnern (0,3), wo die Magyaren (0,66) und die Slowakisch-Muttersprachigen (3,26) stärker vertreten waren. Die deutlich höhere Kaschauer Mehrsprachigkeit bei Magyaren wie Nichtmagyaren geht folglich mit einer höheren Repräsentanz deutscher Muttersprachler in Bereichen einher, die im Verständnis der Zeitgenossen zur ‚intelligenten Bevölkerung', d. h. zur gebildeten Öffentlichkeit (vermutlich auch am ehesten zu den durch Bildung bzw. Steuerzahlung Wahlberechtigten) gehört haben dürften. Für Fünfkirchen traf dies nicht zu. Bevor über mögliche Wandlungsprozesse eines älteren deutschen Stadtbürgertums um die Jahrhundertwende aus diesen Zahlen Schlussfolgerungen abgeleitet werden, ist an einen weiteren, bereits erwähnten Umstand hinzuweisen: Neben 3,35 Prozent deutschsprachigen Katholiken und einem nicht mehr relevanten Anteil von Evangelischen lebten auch 2,89 Prozent deutschsprachige Juden in der Stadt, deren Anteil seit 1900 nicht zugenommen hatte. Die Korrelation von Konfession und Sprache mit dem Haupterwerb lässt sich aus den zeitgenössischen Auswertungen der Volkszählung nicht erschließen. Allgemein lässt sich aber auf die unterdurchschnittliche Vertretung von Katholiken beim Hilfspersonal, den Fachkräften oder gar den Selbständigen in Handel und Kredit hinweisen. Unterrepräsentiert waren sie auch beim Fachpersonal in Industrie und Handwerk, während sie bei den Selbständigen ebendort genau proportional (Faktor 1) vertreten waren. In beiden Bereichen, insbesondere in Handel und Kredit, waren Juden dagegen sehr stark vertreten. Diese Tendenzen bei der Wahl von Berufen (auch bei Katholiken und Protestanten bzw. Reformierten in Kaschau), sind auf frühere Beschränkungen und Möglichkeiten (Position des Adels im Komitatsdienst usw.), auf damit verbundene Präferenzen innerhalb der intergenerativen Mobilität sowie auf formale und materielle Zugangsmöglichkeiten zurückzuführen.[33] Auch bei den Katholiken und Juden deutscher Muttersprache in Kaschau 1910 sind diese Präferenzen tendenziell anzunehmen.

Als Deutung für die Unterschiede in der Mehrsprachigkeit der von Magyaren wie Nichtmagyaren, wie sie hier als Illustration für die vielfältigen Entwicklungs-

32 Bei den Slowaken in Kaschau betragen diese Werte 1,4 und 0,07 und 0,58.

33 Juliane Brandt, Kaschau, Kassa, Košice – Konfessionalität und Beschäftigung zu Beginn des 20. Jahrhunderts um 1900. In: Spiegelungen 8 (2013)2, 161–169.

pfade von Provinz-Zentren (insbesondere am Beispiel von Kaschau und Fünfkirchen) vorgestellt wurden, sind insbesondere zwei Faktoren zu veranschlagen: Zum einen die unterschiedliche Präsenz einzelner Sprachgruppen in der Berufs- und Sozialstruktur innerhalb der Stadt, zum anderen unterschiedliche Stadtkulturen, die den Umgang mit Anderssprachigkeit verschieden gestalteten – ein kulturelles Erbe, das speziell in Kaschau bei allem unübersehbaren Vordringen des Ungarischen seine Wirkmächtigkeit bewahrte.

Johann Georg Lughofer

„Lage prachtvoll, aber abseits aller Kultur". Die Bedeutung der Provinz für das Schaffen Bertha von Suttners

Provinz wird neben ihrer Definition als Verwaltungseinheit zumeist in ihrer zweiten Bedeutung gebraucht, und zwar – so der Duden – *oft abwertend* als *Gegend, in der (mit großstädtischem Maßstab gemessen) in kultureller, gesellschaftlicher Hinsicht im Allgemeinen wenig geboten wird.*[1] Bezeichnend erscheint bei dieser Definition, dass dieser Provinzbegriff in Opposition zur Großstadt und mit Elementen der Ermangelung gestellt wird, doch muss Provinz immer nur ein Manko bedeuten? Kann bzw. konnte man sich im 19. Jahrhundert nicht gerade in der Provinz eine hervorragende Bildung aneignen und auch abseits der Großstadt bedeutende Ideen entwickeln und für deren Verbreitung viel leisten? Kann damit die Richtung des Flusses von Modernisierungen und aufgeklärten Gedanken von der Großstadt zur Provinz genauso auch umgekehrt gedacht werden? Inwiefern wirkte sich das ‚Defizit' namens Provinz auf eine individuelle Geisteslaufbahn und Karriere positiv und negativ aus? Ist eine scharfe Abgrenzung zwischen Provinz und Großstadt überhaupt sinnvoll, wenn Neuerungen und moderne Entwicklungen aus individueller Perspektive betrachtet werden? Zu diesen Fragen soll die Fallstudie über Bertha von Suttner Stellung beziehen.

Erziehung zwischen Stadt und Land

Die bekannten Bilder zu Bertha von Suttner zeigen eine selbstbewusste Frau in ausgewählter Kleidung und mit aristokratisch anmutender Haltung. Die Bestsellerautorin und Friedensaktivistin, die erste weibliche Nobelpreisträgerin und eine der bekanntesten Frauen ihrer Zeit[2] verbindet man mit ihrem Prager Geburtsort, mit der Schaffung des Wiener Friedensvereins, mit Reden im römischen Kapitol und mit intellektuellen Salons in Paris und Venedig. Wahrhaftig bewegte sie sich in

1 www.duden.de/rechtschreibung/provinz (31.7.2014).

2 1903 wurde die dann fast 60-jährige in einer Umfrage des „Berliner Tagblatts" zur bekanntesten Frau der Gegenwart vor Carmen Sylva, Sarah Bernhard, Eleonora Duse und Marie von Ebner-Eschenbach bestimmt. Vgl. Brigitte Hamann, Bertha von Suttner. Ein Leben für den Frieden, München 1991, 319.

solch urbanen Umfeldern sicher und gewandt, doch ihr Leben spielte sich zumeist fernab der Zentren ab. Suttner lernte, dachte und schrieb zumeist in der ‚Provinz'.

In Prag wurde Bertha Sophie Felicita Gräfin Kinsky von Chinic und Tettau 1843 in eine bedeutende aristokratische Familie, doch von einer nach damaligen Maßstäben nicht standesgemäßen Mutter geboren. Sie wuchs in Brünn (Brno) auf, in einer Stadt, deren Geschichte intensiv vom Krieg gezeichnet war, denn Brünn wurde nicht nur im Dreißigjährigen Krieg zweimal von den Schweden belagert, sondern etwa hundert Jahre später auch von preußischen Truppen; außerdem fand nahe der Stadt 1805 die Schlacht bei Austerlitz statt. Auch wenn dies nicht in Suttners „Memoiren" genannt wird, kann diese Erinnerung der Stadt wohl an der späteren Lebensaufgabe und dem Engagement Suttners mitgewirkt haben.

Eine kleine Provinzstadt kann Brünn keineswegs genannt werden, denn allein an deutschsprachigen Einwohnern zählte die Hauptstadt Mährens um 1900 über 50.000[3], doch lebte Suttner in Brünn in einer recht abgeschlossenen Welt zwischen dem Vormund Landgraf Friedrich Fürstenberg, ihrer Mutter Sophie, Gouvernanten und anderem Personal. In ihren „Memoiren" beschrieb sie den Hausherrn als wenig kosmopolitisch: *Reisen unternahm er niemals. Hinter den österreichischen Grenzpfählen hörte die Welt für ihn auf. Frömmigkeit, Kirchenfrömmigkeit sowohl wie Militärfrömmigkeit, gehörten zu seinen, ich will nicht sagen, Charaktertugenden, sondern Standestugenden. Er fehlte bei keiner Sonntagsmesse, keiner Kirchenfeier und keiner Parade.*[4]

In diesem adeligen Milieu erhielt die kleine Komtess eine hervorragende Erziehung. Viele Reisen zu mondänen Zielen mit der Mutter festigten ihre Weltgewandtheit: Bad Homburg, Baden-Baden, Wiesbaden, Venedig, Paris, Mailand und andere Reiseziele der gehobenen Gesellschaft eröffneten Bertha von Suttner in mehrerer, vor allem in gesellschaftlicher Hinsicht die Welt.

Dass für die einzelnen Individuen die Größe bzw. die Provinizialität einer Stadt nur bedingt ihr gesellschaftliches Leben beeinflusste, zeigt der Umzug der engeren Familie – mit Mutter, aber ohne wohlhabenden Vormund – nach Wien, wo sie kaum sozialen Anschluss fanden. In Wien waren sie fern der ersten Gesellschaftsschicht. Noch in ihren „Memoiren" bemerkte sie, dass sie nicht hoffähig gewesen sei, da ihr die notwendigen sechzehn hochadeligen Ahnen fehlten: *Jetzt übersiedelten wir von Brünn nach Wien. Mit der Geselligkeit war es vorbei.*[5]

---

3 de.wikipedia.org/wiki/Br%C3%BCnn (31.7.2014).

4 Bertha von Suttner, Lebenserinnerungen, Berlin 1968, 39.

5 Ebenda, 63.

Bald musste die Familie aus finanziellen Gründen nach Klosterneuburg bei Wien, d.h. auf gewisse Weise in die zentrumsnahe Provinz, wo sie zwei Jahre leben sollte. Die Großstadt hatte wohl nicht nur eine sehr beschränkte Bedeutung für die gesellschaftlichen Ereignisse um die junge Gräfin, sondern auch für deren intellektuelle Entwicklung. Die Erziehung geschah zuhause, wogegen das gesellschaftliche Leben und der intellektuelle Reichtum der Metropolen für junge Frauen kaum zur Verfügung standen: *Meine Jugend spielte in einer Zeit, da ein Mädchen aus gutem Hause nicht eine Viertelstunde unbewacht bleiben durfte. Zehn Schritte allein über die Gasse – das durfte nicht vorkommen; damit wäre man wenn nicht verloren, so doch heillos kompromittiert gewesen.*[6]

Ihre weitreichende Bildung konnte sich Suttner vor allem in eigenen Privatbibliotheken und mit Unterricht in den eigenen vier Wänden aneignen; mit Gouvernanten lernte sie mehrere Sprachen auf höchstem Niveau, sodass sie schon als Kleinkind Französisch, Italienisch und Englisch sprach und früh Klassiker und moderne Autoren im Original las. *Den ganzen Shakespeare, den ganzen Goethe, den ganzen Schiller und Lessing, den ganzen Victor Hugo.*[7] Dabei fanden sich zeitgenössische (zumeist liberale) Autoren wie *Anastasius Grün, Hamerling, Grillparzer, Byron, Shelley, Alfred Musset, Tennyson unter den Dichtern; und von den Romanschriftstellern kannte ich den ganzen Dickens, den ganzen Bulwer* [...] *im Französischen die Romane der George Sand, Balzac, Dumas – das Theater der Corneille, Racine, Molière, Dumas fils, Augier, Sardou.*[8] Daneben studierte sie nach eigenen Angaben schon früh auch wissenschaftliche Werke.

Die Literatur scheint für sie eine besondere Bedeutung erlangt zu haben, denn die Bücher scheinen sogar den Rang von Freunden und Lehrern eingenommen zu haben: *Diese und noch andere, deren Namen ich hier nicht alle aufzählen kann, waren meine geistigen Genossen, in deren Gesellschaft ich eine glückliche, meinen persönlichen Erlebnissen entrückte Doppelexistenz führte, in der sich mir die Seele wohlig weiterte.*[9]

Nachdem ihre Verlobungen sich nicht in einer Heirat realisierten, nahm Suttner 1873 die Stellung als Gouvernante und Gesellschafterin im Hause des Barons Carl von Suttner an: Auch wenn die wohlhabende Familie eine Wiener Stadtwohnung mit eigener Kutsche und Opernloge besaß, lebte sie doch vor allem auf dem Landschloß Harmannsdorf im niederösterreichischen Weinviertel, 80 Kilometer nordöstlich von Wien. Harmannsdorf besass damals weder Volksschule

6 Ebenda, 59.
7 Ebenda, 142.
8 Ebenda, 142.
9 Ebenda, 143.

noch Freiwillige Feuerwehr, stellte also ein Musterbeispiel von Provinz dar. Da die junge Gräfin mit Arthur, dem Bruder ihrer Schützlinge, eine Beziehung einging, hatte sie die Familie Suttner zu verlassen. Sie verzichtete allerdings auch auf die sich bietende, einzigartige Position als Sekretärin von Alfred Nobel und damit auf ein Leben in der europäischen Metropole des 19. Jahrhunderts schlechthin – auf ein Leben in Paris an der Seite eines der reichsten Männer seiner Zeit und hervorragenden Intellektuellen. Was wäre aus Suttner wohl geworden, fragen sich wie z.B. Evelyn Polt-Heinzl, die den Weggang aus Paris als strategisch falsche Entscheidung einstuft?[10]

Der ‚provinzielle' Weg zur innovativen Denkerin

Immerhin ist klar, dass auch ohne Paris (oder vielleicht gerade ohne Paris?) aus Suttner eine hervorragende Intellektuelle werden konnte, und dies ausgerechnet in einem aus mitteleuropäischem Blickwinkel Extrembeispiel von Provinz – im Kaukasus. Aus Paris kehrte sie nämlich zu ihrem Geliebten Arthur von Suttner zurück. Das Paar entfloh nach einer heimlichen Heirat 1876 der Familie mit Hilfe der Kontakte Berthas aus früheren familiären Reisen zu mondänen Kur- und Spielorten, und zwar an den Hof der Fürstin Dadiani Jekaterina Alexandrowna von Mingrelien, die die junge Bertha schon während deren früherer Reisen in ihrem Gefolge aufgenommen hatte.

In Kutais, der Hauptstadt Mingreliens, Gordi, Zugdidi und später Tiflis, das als Hauptstadt Georgiens ca. 100.000 Einwohner zählte, schlug sich das Paar mit verschiedenen Tätigkeiten durch – u.a. mit Unterricht bei adeligen Familien, worüber wir aus Suttners „Memoiren" und dem Eheroman „Es Löwos" Kenntnis besitzen. In diesen neun Jahren Zeit schärfte sich ihr Profil ungemein[11]: sie beschäftigte sich mit den Denkern ihrer Zeit, abonnierte westeuropäische Zeitschriften, schrieb

10 Vgl. Evelyn Polt-Heinzl, „Sie lebte nah, mitten in unserer Welt in Wien". Bertha von Suttner (1843–1914). In: Evelyn Polt-Heinzl, Zeitlos. Neun Porträts. Von der ersten Krimiautorin Österreichs bis zur erster Satirikerin Deutschlands, Wien 2005, 11–30, hier 19.

11 Vgl. Maria Enichlmair, Abenteurerin Bertha von Suttner. Die unbekannten Georgien-Jahre 1876–1885. Maria Enzersdorf 2005; Maria Enichlmair, Abenteurerin Bertha von Suttner. Die unbekannten Georgien-Jahre; Georgien 1876–1885. In: Johann Georg Lughofer (Hg.), Im Prisma Bertha von Suttner „Die Waffen nieder!", Wien-St. Wolfgang 2010, 11–35 und Laurie R. Cohen, Aussteiger. Arthur und Bertha von Suttners entscheidende Jahre im russischen Kaukasus, 1876–1885. In: Laurie R. Cohen (Hg.), „Gerade weil Sie eine Frau sind …" Erkundungen über Bertha von Suttner, die *un*bekannte Friedensnobelpreisträgerin, Wien 2005, 15–54.

selbst für Zeitungen und begann ihre Tätigkeit als Autorin. An dieser Peripherie beschäftigte sich das Ehepaar Suttner intensiv mit modernen Denkern wie Charles Darwin, Ernst Haeckel, Herbert Spencer, Henry Thomas Buckle u. a. Dass für diese intellekuellen Tätigkeiten eine gewisse Isolation des Paares eine Rolle gespielt hat, liegt nahe. Was in der kaukasischen Provinz möglich war, wäre im Trubel Wiens oder Paris' wohl untergegangen, nämlich eine behutsame Schärfung der intellektuellen Ansichten und eine Verbesserung der schreiberischen Fähigkeiten Suttners.

Nach ihrer Rückkehr nach Österreich 1885 wurde das Ehepaar in der Familie Suttner aufgenommen und lebte nun in Österreich wieder ‚in der Provinz', d.h. in Harmannsdorf im Weinviertel, was für sie sofort Ausgangspunkt für manche Ausflüge nach Wien und schon im Oktober 1885 zum Schriftstellerkongress nach Berlin wurde. Der Wechsel von urbaner und dörflicher Umgebung schien fruchtbar, denn in Harmannsdorf schrieb Suttner ihre einflussreichen Bücher, angefangen mit „Das Maschinenzeitalter. Zukunftsvorlesungen über unsere Zeit" (1888) und vor allem ihren Bestseller „Die Waffen nieder!" (1889).

Dass das Ehepaar Suttner den provinziellen Verhältnissen gerne den Rücken kehrte, zeigt, dass die Einnahmen aus den Bucherfolgen sofort für gemeinsame städtische Winteraufenthalte verwendet wurden, und zwar in Paris 1888, wo Suttner überhaupt erst von der Existenz der organisierten Friedensbewegung erfuhr, und in Venedig 1890, wo bedeutende Kontakte geknüpft werden konnten.[12] Die Vorbereitungsarbeit für die höchst erfolgreiche Gründung der österreichischen Friedensgesellschaft 1891 erfolgte wiederum in Harmannsdorf. Die Nähe Wiens erlaubte guten Kontakt mit bedeutenden Mitstreitern wie z.B. dem liberalen Abgeordneten Bartolomeus von Carneri, Graf Rudolf Hoyos und Balduin Groller. Es scheint, insbesondere der Wechsel zwischen verschiedenen Großstädten und die Zurückgezogenheit am Dorf haben eine durchaus belebende und positive Wirkung auf die intellektuelle und organisatorische Arbeit Suttners gezeitigt. Für eine konzentrierte Arbeit schien das Dorf von großem Nutzen: *Seit unserer Rückkunft aus Paris waren wir still und zurückgezogen in Harmannsdorf geblieben. Ein ereignisloses Leben – aber kein leeres Leben. Besser als mit Arbeit und Liebe kann überhaupt ein Leben nicht gefüllt sein.*[13]

---

12 Vgl. zur Bedeutung der Reisen für ihr literarisches Schaffen, insbesondere für den Roman „Die Waffen nieder!" Verdiana Grossi, „She made of her life an opinion: her opinion made her life". The Origins of Bertha von Suttner's Die Waffen nieder! Through Her Peregrinations. In: Internationaler Bertha-von-Suttner-Verein (Hg.), Friede – Fortschritt – Frauen. Friedensnobelpreisträgerin Bertha von Suttner auf Schloss Harmannsdorf, Wien-Berlin 2007, 155–167.

13 Suttner, Lebenserinnerungen, 221.

Die ‚Provinz' bremste sie also keineswegs. Wie gut sie über ihre Zeitungslektüre informiert war und mit ihren vielfältigen Briefkontakten ihr Netzwerk aufrechthielt und ausbaute, zeigt beispielsweise, dass Suttner ihren *eifrigste*[n] *Mitkämpfer*[14] und Herausgeber der Zeitschrift „Friedenswarte", Alfred Hermann Fried, nach einem Friedenskongress in Glasgow 1901 über die dortige Rede des Industriellen und Mäzen Andrew Carnegie informierte. Das Besondere daran war, dass der umtriebige Fried an diesem Kongress teilgenommen hat. Während Fried mit seinen schlechten Fremdsprachenkenntnissen vor Ort wenig mitbekommen hatte, war Suttner im abgeschiedenen Harmannsdorf aus dem „Herald Tribune" bestens unterrichtet.[15]

Schattenseiten der Abgeschiedenheit

Das provinzielle Harmannsdorf hatte aber auch seine Tücken, wenngleich manch negative Wahrnehmung aus Wien doch etwas übertrieben erschien: So bat Theodor Herzl Suttner darum, einen persönlichen Brief an den russischen Zaren zu schreiben, da er als Führer der zionistischen Bewegung nach antisemitischen Pogromen auf eine Audienz hoffe. Dabei ist einerseits beachtlich, welchen Einfluss Herzl der Aktivistin zutraute, die zwar den Zaren nach dessen Initiative zur Den Haager Friedenskonferenz sicherlich verehrte, aber sonst keine besondere Beziehung zum russischen Hof pflegte; andererseits ist (bezüglich der Perspektive auf die Provinz) noch bemerkenswerter, dass Herzl sogar Briefkuverts in verschiedenen Größen mitschickte, *weil es in Harmannsdorf vielleicht keinen Papierhändler gibt.*[16]

Die Materialien für Korrespondenzen ließen sich wohl problemlos organisieren. Stärker wirkte sich das relativ isolierte Leben in der Großfamilie Suttner – mit den Schwiegereltern, der Tante, den Schwägerinnen, einer Nichte und den Dienstboten – aus. Selbst ihre eigene Tante Lotte hatte Suttner nach Eggenburg in die Nähe geholt. In der Harmannsdorfer Familie Suttner blieb sie aber immer die Eingeheiratete und bekam dies zu spüren.

Ehezerwürfnisse verschärften das familiäre Zusammenleben im Schloß, obwohl Suttner ihr Eheglück in ihrem Werk überschwänglich pries. Arthur und seine junge Nichte Marie Louise Suttner liebten einander nicht verborgen, täglich gingen die beiden spazieren, während Bertha von Suttner am Schreibtisch

14 Ebenda, 262.

15 Vgl. Hamann, Suttner, 372.

16 Ebenda, 226. Dem Versuch war übrigens kein Erfolg beschieden. Eine Audienz kam nicht zustande.

arbeitete und wohl in Eifersucht schwelgte. Zumeist fuhr zwar die rechtmäßige Ehefrau mit dem Liebespaar nach Wien mit, doch waren deren Treffen in Wien mitunter heimlich; Bertha von Suttner fuhr ihnen einmal sogar nach. Als Krönung veröffentlichte Marie Louise auch noch das Buch „Wie es Licht geworden", in dem sie ihre Liebe zu ihrem Onkel wenig verhüllt schilderte. Darüber hinaus ist es gar Bertha von Suttner gewidmet und in ihrem Verlag Pierson erschienen, worauf Suttner viele Seiten ihres Tagebuches diesen Kränkungen widmete.[17] Große Teile ihrer Tagebücher hat sie wohl gerade wegen solcher schmerzlichen Kapitel in ihrem Leben verbrannt.[18]

Die Suttners als Teil des konservativen Landadels machten dem progressiven Paar, das sich genug Probleme bereitete, darüber hinaus auf vielfältige Weise noch zusätzlich zu schaffen. Selbst der Erfolg von „Die Waffen nieder!" schuf Distanz zu manchen Familienmitgliedern, denn an verschiedenen Stellen wird die Monopolstellung der Kirche angegriffen oder z. B. die höfisch-religiöse Zeremonie der Fußwaschung bei der Wiener Fronleichnamprozession sehr kritisch geschildert. Die liberalen und antiklerikalen Ansichten und die entsprechenden literarischen und journalistischen Texte Berthas und Arthurs stießen in ihrer Umgebung auf entsprechenden Widerstand. Die alte Schwiegermutter veranstaltete angeblich gar ein eigenes Autodafé mit Zolas Werken.[19]

Die für die Harmannsdorfer Gesellschaft unpassenden Anschauungen zeigten sich auch in Bertha von Suttners Testament 1899, in dem sie *wenn ohne Verdruß möglich* ihre Feuerbestattung forderte[20], was damals in der österreichischen Monarchie noch verboten war. Nur in Deutschland, in Gotha und Heidelberg, gab es Krematorien und die Möglichkeit, auf eine Beerdigung zu verzichten, und nur überzeugte Liberale und Antiklerikale in Österreich nutzten dieses Angebot.[21]

Auch Arthur entschloss sich, ohne kirchliche Zeremonien am Sterbebett auszukommen. Als der Ehemann schwerkrank darniederlag, verlangte dann doch nicht nur der Hausarzt die letzte Ölung: man müsste es *seinen frommgläubigen Angehörigen zuliebe* tun. Die Schwester bangte gar um die ewige Seligkeit ihres Bruders,

17 Ebenda, 300f.
18 Ebenda, 304.
19 Ebenda, 401.
20 Ebenda, 304.
21 Übrigens noch Jahrzehnte später, in der Zwischenkriegszeit des 20. Jahrhunderts, gab es in Österreich einen Kulturkampf zwischen Sozialisten und Konservativen, in dem es symbolisch vor allem um die Feuerbestattung ging. Die Inbetriebnahme des ersten österreichischen Krematoriums, der 1922 gegenüber dem Zentralfriedhof erbauten „Feuerhalle Simmering" wurde so erschwert.

doch setzte es Bertha von Suttner durch, dass kein Priester kam[22]; Arthurs Leiche wurde in Gotha eingeäschert. Solche Konfrontationen kosteten sicher so manche Energie und viel Durchsetzungsvermögen, doch lernte Suttner auf hautnahe und intensive Weise die konservativen Denk- und Argumentationsmuster kennen, die ein guter Teil der österreichischen Bevölkerung hegte und die in ihrer Literatur – insbesondere bei den didaktischen Diskussionen und Streitgesprächen – zentralen Eingang fanden.

Sofort nach Arthurs Tod kam es zur Versteigerung des Harmannsdorfer Besitzes, denn Geld fehlte im Haushalt schon lange, da die Steinbrüche, auf denen der Familienreichtum der Suttners gegründet hatte, schon lange defizitär liefen. Schuldzuweisungen und atmosphärische Spannungen waren neben Pfändungen und Schmuckverkauf an der Tagesordnung.

Schon als ihr kranker Ehemann von seiner bereits erwähnten Nichte Marie Louise, die als einzige der Familie Geld besaß, auf eine Kur nach Hertenstein bei Krems geschickt worden war, konnte Bertha von Suttner nur einmal das Fahrgeld für die vierzig Kilometer aufbringen, um ihn zu besuchen.

Der Geldmangel in Harmannsdorf führte zu einer echten Isolation: die Fahrten nach Wien konnte sich Suttner nicht immer leisten; sogar die Postverbindung war kostspielig: Das nächste Postamt in Eggenburg war insbesondere im Winter ein beschwerliches Wegstück, für dessen Bewältigung der Postbote wahrnehmbares Trinkgeld erwartete (speziell bei Extratouren wie Telegrammen), Besucher tauchten selten auf. Bekannte aus dem Ausland, die in Wien weilten, kamen nicht nach Harmannsdorf wie z. B. der Neffe Alfred Nobels Emmanuel. Ins Tagebuch notierte sie daher: *Wir fühlen uns so sklavisch an die Scholle gebunden!*[23]

Keine Pensionistin auf dem Dorf

Nach der Versteigerung des Schlosses in Harmannsdorf zog Bertha erstmals provisorisch in eine kleine Wohnung in der Heugasse Nr. 20 in Wien. Aufenthalte während vier Winter auf Einladung des Fürsten in Monaco, wo sie ein Friedensinstitut miteröffnen sollte, sowie eine Reise nach Amerika inklusive einem Zusammentreffen mit dem Präsidenten Roosevelt waren willkommene Abwechslungen. Eine international gesammelte Ehrengabe zu ihrem 60. Geburtstag von 20.000 Kronen ermöglichte ihr einen Umzug in die Nähe des Rings, in eine Wohnung in der Zedlitzgasse Nr. 7. Die Aufmerksamkeit um ihren runden Geburtstag schien ihr wieder Kraft gegeben zu haben, die sie als Ziel für den Lebensabend in ihrem

22 Vgl. Bertha von Suttner, Briefe an einen Toten, Dresden 1904, 76.
23 Zit. nach Hamann, Suttner, 296.

Tagebuch auch lokal festmachte: *Nicht als Pensionistin auf dem Dorf. Mitreden in der Welt.*[24] Gerade als in die Jahre gekommene Frau erschien ihr wohl die Stadt für ein *Mitreden* bedeutend; früher machte sie dies problemlos von Harmannsdorf aus. Nun aber fielen ihr das Reisen wie auch die arbeitsaufwändige Korrespondenz schwerer.

1905 versuchte sie ihren alten Traum von einem Wiener Salon zu realisieren, und Friedensfreunde, Wissenschafter, Journalisten und Übersetzer fanden sich zum politischen Tee ein. Dazu vermerkte Suttner in ihrem Tagebuch aber desillusioniert: *Die Herren langweilen sich und spotten innerlich.*[25] Zumindest über Pressenotizen hierüber konnte sie sich freuen – eine gelungene Öffentlichkeitsarbeit für das Friedensengagement. Obwohl Suttners Salon keine regelmäßige Institution wurde, genoss sie in Wien weiterhin den Kontakt zu hervorragenden Künstlern wie dem Schriftsteller der Wiener Moderne Arthur Schnitzler oder den Schauspielerinnen Johanna Buska und Stella Hohenfels.

Ihr engster Mitarbeiter Alfred Hermann Fried kam nun aus Berlin nach Wien, wo Suttner ihn als Nachfolger aufbaute, Fremdsprachen einforderte und ihm sogar Protokoll und Manieren beibrachte. Die Witwe war weit entfernt vom Leben einer *Pensionistin auf dem Dorf*, sondern publizierte weiterhin umfangreiche Texte und besuchte 1912 erneut die Vereinigten Staaten, hielt dort in mehr als fünfzig Orten Vorträge[26] und traf wieder mit dem Präsidenten, diesmal mit William H. Taft, zusammen.

Scheinbar sehnte sie sich in ihrer Wiener Wohnung allmählich aber doch nach ländlichen Wohnverhältnissen, träumte von einer Villa am Land, ohne das *Mitreden* aufgeben zu müssen.

Ihren Lebensabend wollte Suttner überraschenderweise daher in einem großen Landhaus in der Südsteiermark (heutiges Slowenien) verbringen und kaufte dafür auch ein Objekt in Rogatec (Rohitsch), ohne es gesehen zu haben. Am 23. Mai 1914 machte sie sich auf die Reise dorthin, um das neue Haus zu besichtigen. Die große Anstrengung führte zu einer aufschlussreichen Enttäuschung: *Lage prachtvoll, aber abseits aller Kultur.* Sofort entschied sie sich, hier niemals zu leben und die Immobilie abzustossen. *Abschied auf Nimmerwiedersehen von meinem Besitz. Villenkoller kuriert.*[27] Sie sah ein, dass ‚Provinz' nicht gleich ‚Provinz' sein muss. Ein Kontakt mit Wien und der Welt so wie von Harmannsdorf aus wäre hier unmöglich gewesen.

---

24 Ebenda, 320.
25 Ebenda, 323.
26 Vgl. z.B. Suttner, Lebenserinnerungen, 532.
27 Zit. nach Hamann, Suttner, 512.

Lange hätte sie dort nicht mehr zu leben gehabt, denn sie starb am 21. Juni in Wien – genau eine Woche vor dem verhängnisvollen Attentat, das in seinen Konsequenzen Europa genau in jenen Weltkrieg stürzte, vor dem Bertha von Suttner zu warnen nicht müde geworden war.

Ihr Leben und ihr intellektueller Werdegang wurde von einer ständigen Bewegung zwischen Metropolen, Großstädten und Provinz geprägt. Dies verhalf der Autorin wohl zu ihren eigenwilligen, spezifisch pazifistischen Überzeugungen in der Tradition der Aufklärung. Die Metropolen gaben ihr oft Inspiration und ermöglichten wichtige Begegnungen, die ‚Provinz' verhalf zum konzentrierten Studium, zur Diskussion mit ihrem Partner und zum umfangreichen Schreiben sowie zur Kenntnisnahme verschiedener – zumeist konservativer und intoleranter – Einstellungen, die in der Bevölkerung vorherrschten, wenn dabei auch manche Nachteile in Kauf genommen werden mussten. Weiters wird bei dieser Fallstudie sichtbar, dass die Großstadt selbst für privilegierte Schichten nicht zwingend ein nutzbares Angebot in kultureller und gesellschaftlicher Hinsicht aufweisen musste, wogegen auch die ‚Provinz' sehr unterschiedliche Möglichkeiten bot. Die völlige Gegensätzlichkeit von Metropole und Provinz erscheint recht willkürlich, und das Spektrum zwischen diesen beiden Schauplätzen war wohl durchgehend aufgefüllt.

Spiegelungen der Provinz im Werk

Eine der Autorin ähnliche Entwicklung während eines ständigen Wechsels zwischen Großstadt und Provinz erlebt übrigens auch die Protagonistin von Suttners bekanntestem Roman „Die Waffen nieder!". Martha Althaus verbrachte *die Wintermonate in Wien, den Sommer auf einem Familiengute in Niederösterreich.*[28] Sie erhält ihre Gedanken und Bildung bei Reisen, Stadt- und Landaufenthalten. Der Landsitz der Familie in dem (übrigens fiktiven niederösterreichischen) Grumitz bedeutet Kontakt zum *Landvolk*[29], welcher im Roman veranschaulicht, wie die Bevölkerung in ihrer Breite denkt und der Nationalismus und die Kriegshetze auf alle Schichten übergreift.

Doch auch die Reisen nach Italien, Genf, Deutschland sowie Paris belehren die Protagonisten: *Dieses Kennenlernen neuer Orte, neuer Menschen und neuen Lebens versetzte mich in die gehobenste Stimmung.*[30] Auffallend ist, dass es Länder der zukünftigen Kriegsgegner Österreichs sind, wohin die Hochzeitsreise Marthas

---

28 Bertha von Suttner, Die Waffen nieder!, Husum 2006, 8.
29 Ebenda, 281.
30 Ebenda, 112.

führt – nach Italien und Preußen. Auf Lokalkolorit wird dabei verzichtet, nur die Lernprozesse zumeist im Gespräch werden auch bei den Reisen nachgezeichnet.[31] Insbesondere Garnisonsstädte und Schlachtfelder fern der Zentren prägen das Weltbild von Martha Althaus und ihrem zweiten, ebenso pazifistischen Gemahl Friedrich Tilling. Nur die Erkenntnis der ‚Provinz' kann ihnen den ganzen Schrecken des Kriegs – z.B. vor der Schlacht von Königgrätz – bewusst machen: *Von unseren in Böhmen begüterten Verwandten und Bekannten erhalten wir allseitig Jammerepisteln. Das Durchmarschieren der Truppen – auch wenn sie zum Siege gehen – verwüstet schon das Land und saugt es aus; wie, wenn erst noch der Feind vordringen sollte, wenn sich der Kampf in ihrer Gegend, dort, wo sie ihre Schlösser, ihre Felder besitzen, abspielen sollte? Alles ist fluchtbereit – die Habseligkeiten gepackt, die Schätze vergraben.*[32]

Nicht nur Briefe sollen Martha Althaus vom Leiden in Kenntis setzen, sie wird selbst an den Schlachtplatz fahren und dort die direkten Auswirkungen erfahren: *Und richtig: es gibt noch Schauerlicheres als ein Schlachtfeld* während – *das ist ein solches* nach *der Schlacht.*[33] Dass sie dabei kein punktuelles Leid an einem Ort miterlebt, sondern dass die gesamte Provinz betroffen ist, beschreibt sie ausführlich: *Wie in Horonewos, so hatte die Hölle noch in vielen anderen der umliegenden Ortschaften ihre Filialen. So war es in Sweti, in Hradeck, in Problus. So in Pardubitz, wo, als es die ersten Preußen besetzten, […] über tausend Schwerverwunderte, Operierte und Amputierte umherlagen, teils sterbend, teils schon gestorben, Leichen zwischen Verscheidenden und solchen, welche ihr Ende ersehnten. Viele nur in blutigen Hemden, daß man nicht einmal wissen konnte, welches Landes Kinder sie waren. Alle die, welche noch Spuren des Lebens in sich trugen, schreiend nach Wasser und Brot, sich krümmend unter den Schmerzen ihrer Wunden und um den Tod gleichwie um eine Wohltat flehend.*[34]

Der Familienlandsitz Grumitz bleibt im Roman Gradmesser für die Stimmung in der Bevölkerung, z.B. zu Zeiten als die *feindlichen* preußischen Soldaten einquartiert werden (und diese sich als vollendete Gentlemen erweisen) oder als eine Choleraseuche als Kriegsfolge ausbricht.[35] Ähnlich wie die Autorin wird sich

31 Vgl. Johann Georg Lughofer, „Der Pazifismus ist geradezu der Überwinder des nationalen Chauvinismus." Die Waffen nieder! aus interkultureller Perspektive. In: Lughofer, Im Prisma, 169–191, hier 171.

32 Suttner, Waffen, 214.

33 Ebenda, 237.

34 Ebenda, 255–256.

35 Übrigens eine Erfahrung aus der engeren Familie um Suttner. Ihre Schwägerin aus Stockern war die Überlebende von mehreren Geschwistern, die im Kriegsjahre 1866

übrigens auch die Protagonistin Martha Althaus für den Pazifismus engagieren und Schriften anlegen, und zwar ein *Friedensprotokoll –, in welches sämtliche, auf diesen Gegenstand Bezug habende Urkunden, Notizen, Artikel und so weiter abschriftlich eingetragen wurden. Auch die Geschichte der Friedensidee, soweit wir von derselben Kenntnis erlangten, haben wir da zu Protokoll gebracht. Daneben die Aussprüche verschiedener Philosophen, Dichter, Juristen und Schriftsteller über „Krieg und Frieden". Es war bald zu einem stattlichen Bändchen herangewachsen.*[36] Die ‚Provinz' ermöglicht auch hier das notwendige Anwachsen der Friedensliteratur.

Fazit

Auch in ihrem Hauptwerk „Die Waffen nieder!" sind die Grenzen zwischen Leben und Einstellungen in der Stadt und in der ‚Provinz' oft wenig ausgeprägt. Das provinzielle Denken der Grumitzer *Landbevölkerung* scheint in der Metropole genauso zu existieren – und zwar ausgerechnet in Paris: dort wird der Gatte Tilling vom nationalistischen und kriegsbegeisterten Mob als vermeintlicher preußischer Spion standrechtlich erschossen.

Eine genaue Unterscheidung zwischen ‚Provinz' und Großstadt kann hinsichtlich Suttners Werk und Leben also nur sehr bedingt getroffen werden. Fragen der Kultur, der Bildung und auch der gesellschaftlichen Unterhaltung, scheinen viel stärker Fragen der sozialen Schicht zu sein als der regionalen Zugehörigkeit zu urbanen Zentren oder zur ‚Provinz'. Ein Leben in verschiedenen Regionen erscheint als die beste Voraussetzung, um das Zeitgeschehen zu verstehen, zu interpretieren und mit neuen Ideen anzureichern. Um manche philosophischen Schulen zu diskutieren und wichtige Kontakte zu knüpfen, ist die Stadt essentiell. Doch um das Denken verschiedener Schichten kennen zu lernen und die Zeit und Muße für intensive Lektüre und konzentrierte Niederschrift zu finden, kann die ‚Provinz' notwendig sein, wie das arbeitsreiche Leben Suttners zeigt.

---

der im Lande ausgebrochenen Choleraepidemie zum Opfer gefallen waren. Die Erzählungen aus jener Zeit, da in Stockern im Laufe von sechs Tagen neun Personen der Familie und Dienerschaft vom Würgeengel dahingerafft wurdne, hat mir zur Episode „Die Cholerawoche" in meinem Roman „Die Waffen nieder" als Grundlage gedient. Suttner, Lebenserinnerungen, 265.

36 Suttner, Waffen, 336.

Stefan Sienerth

Zeugnisse früher Prägung Der junge Richard Wagner und die ‚Provinz'

Der aus dem rumänischen Banat stammende, heute in Berlin lebende Schriftsteller Richard Wagner (geb. 1952), einer der produktivsten und profiliertesten Autoren der deutschen Gegenwartsliteratur, ist Verfasser eines umfangreichen und vielschichtigen Werkes (Lyrik, Prosa, Essayistik und politische Publizistik), das immer wieder auch im Mittelpunkt literaturkritischer und -wissenschaftlicher Analysen und Untersuchungen steht. Eine Zeitlang war er mit der späteren Nobelpreisträgerin Herta Müller (geb. 1953) verheiratet, deren außerordentliche schriftstellerische Begabung er als Erster erkannte und deren literarischer Mentor er über Jahre war.

Den Anlass, einen Teilaspekt seiner Biografie und einen Themenkreis seines Frühwerkes herauszugreifen, bot der Erwerb des Vorlasses von Wagner durch das Institut für deutsche Kultur und Geschichte Südosteuropas e. V. an der Ludwig-Maximilians-Universität München (IKGS). Der noch nicht erschlossene Vorlass umfasst rund fünfzig Ordner, die ein Sammelsurium von Papieren, Entwürfen und Dokumentationen zu seinen Werken beinhalten sowie eine Menge von Zeitungs- und Zeitschriftenbeiträgen vor allem zu seinen eigenen Büchern.

Recht zahlreich sind die Unterlagen zur „Aktionsgruppe Banat", jener jungen aufmüpfigen und regimekritischen literarischen Gruppierung um Richard Wagner, die in den Jahren 1972–1975 in Temeswar (Timişoara) aktiv und wirksam war, die rumäniendeutsche literarische Öffentlichkeit beunruhigte bzw. verunsicherte und die kommunistischen Behörden provozierte. Dies hatte zur Folge, dass die Gruppe ins Visier des rumänischen Geheimdienstes Securitate geriet, die sie nach drei Jahren seit deren Gründung auflöste sowie deren Mitglieder und Sympathisanten auch danach weiterhin verfolgte. Durch die von ihm aufbewahrten Materialien erweist sich Wagner, dem archivarische Neigungen nicht abzusprechen sind, als der erste Sammler von vorwiegend frühen Zeugnissen zur Geschichte der „Aktionsgruppe".

Erhöht wird der Wert dieses Vorlasses nicht zuletzt durch die darin aufgehobene Korrespondenz, wobei die Zuschriften von Herta Müller, auf die in einer eigens hierfür vorgesehenen Studie eingegangen werden soll und die deshalb hier bloß Erwähnung finden, von herausragender Bedeutung sind. Von den rund hundert Post- und Ansichtskarten der späteren Nobelpreisträgerin für Literatur stammt der Großteil aus der Zeit ihres frühen Aufenthaltes in der Bundesrepublik Deutschland. Sie dokumentieren u. a. die Versuche des Ehepaares, sich nach der 1987 erfolgten Ausreise aus dem kommunistischen Rumänien eine schriftstellerische Existenz im neuen Umfeld aufzubauen. Dadurch, dass Herta Müller und Richard Wagner besonders vor und nach der Wende um 1990 immer wieder zu Lesungen eingeladen und mit Stipendien regelrecht überhäuft wurden, waren sie viel – oft auch getrennt – unterwegs. Außer übers Telefon wurde der Kontakt zwischen ihnen durch Korrespondenz aufrechterhalten. Besonders Herta Müller war konsequenter und eine fleißigere Briefeschreiberin. Sie hat aus den Städten, wohin sie eingeladen wurde bzw. sich zu Lesungen aufhielt – das waren nicht nur Orte in der Bundesrepublik Deutschland, Österreich und der Schweiz, sondern auch solche in Italien und Frankreich oder gar in Südamerika –, immer wieder ihre Erfahrungen, Erlebnisse und vor allem ihre Eindrücke ihrem damaligen Ehemann mitgeteilt. Diese Impressionen, die sie in ihrer unverwechselbaren Diktion und Bildlichkeit festgehalten hat, stellen kleine Kunstwerke dar, die den eigenartigen Blick der Schriftstellerin auf Landschaften und Orte, an denen sie weilte, sowie auf Menschen, denen sie begegnete, dokumentieren. Auch andere Briefsammlungen, die es lohnt, einer gesonderten Betrachtung zu unterziehen, sind nicht uninteressant, z. B. eine aus den Jahren 1969–1971, der Jugendzeit Wagners, auf die im Folgenden eingegangen wird.

Selbst die abgebrühten Mitarbeiter der West-Berliner Post, die es mit ähnlichen Fällen immer wieder zu tun bekamen, dürfte es ein wenig verwundert haben, als am 22. März 1987 ein Brief mit äußerst vagen Angaben einging. Das Schreiben war an *Herta Müller/Richard Wagner, Autoren* in *1000 Berlin* adressiert und enthielt in Großbuchstaben die doppelte Aufforderung: *BITTE WEITERLEITEN, BITTE WEITERLEITEN*. Ihren eigenen Namen und ihre Adresse – sie lebte damals in Wuppertal – hatte die Absenderin auf dem Kuvert nicht angegeben, sie aber im Brief genannt. Aus Gründen des Personen- und Datenschutzes sollen sie hier auch nicht preisgeben werden.

In ihrem Schreiben an Herta Müller und Richard Wagner, das die bereits damals in der bundesdeutschen Öffentlichkeit hinlänglich bekannten Schriftsteller trotz fehlender Anschrift erreichte, betont die Absenderin, sie habe *bis 1970 in Rumänien* (Arad) *gelebt und dort auch einiges an Lyrik produziert*. Unter dem Namen „bärbl heidi" habe sie Texte in rumäniendeutschen Periodika veröffentlicht. *Erinnerst Du dich an mich, lieber Richard, wir standen damals in brieflicher Verbindung?*, beschließt sie ihre Vorstellung.

Den *literarischen Werdegang* von Herta Müller und Richard Wagner habe sie *in den Medien verfolgt*, ihre *Bücher mit großer Zustimmung und Freude gelesen*.

Die eigene *Entwicklung* [...] *nach der Emigration* sei anders verlaufen, *weg von der Literatur und hin zu anderen Lebens- und Überlebenskünsten*. Nun sei sie froh, *daß Ihr gut angekommen seid. Ich möchte Euch gerne irgendwie zur Seite stehen* [...], *ob das aus dieser Entfernung geht? Sicher wird mir etwas einfallen. Bitte schreibt mir, wenn Ihr mögt.*

Doch weder Herta Müller, die „bärbl heidi" wahrscheinlich nicht gekannt hat, noch Richard Wagner, der mit ihr in den Jahren 1969 bis 1971 recht intensiv korrespondiert hatte, ihr aber nie begegnet war, hatten 1987, als sie als Schriftsteller und Kritiker des Ceauşescu-Regimes in der westdeutschen Öffentlichkeit sehr präsent und viel gefragt waren, Zeit und Lust, eine Beziehung zu erneuern, die sie längst ad acta gelegt hatten. Wohl nicht lange danach hat „bärbl heidi" Richard Wagner die rund dreißig, oft längeren bzw. langen Briefe zurückgeschickt, die er ihr seinerzeit als Schüler in Großsanktnikolaus (Sânicolau Mare), wo er das Gymnasium besuchte, bzw. aus seinem Heimatort Perjamosch (Periam), wo er die Ferien verbrachte, hatte zukommen lassen.

Mit dem Vorlass von Richard Wagner sind diese Briefe ins Archiv des IKGS gelangt und werden dort aufgehoben. Dahin sind mittlerweile auch die ebenfalls etwa dreißig, oft ausführlichen Antwortschreiben von „bärbl heidi" hinzugekommen, die Richard Wagner, der zwischenzeitlich in Berlin einen Umzug zu bewerkstelligen hatte, erst später entdeckte und dem IKGS zur Verfügung stellte.

Diese Briefe Wagners sollten in erster Linie als Dokumente seiner frühen Prägung gelesen werden. Sie belegen, wie ein junger, im Werden begriffener Schriftsteller die Welt, in der er lebt, wahrnimmt und seine Erfahrungen zu versprachlichen sucht. Im schriftlichen Verkehr mit seiner Briefpartnerin, die ihm ihrerseits ausführlich über das von ihr Erlebte, Gelesene und Geschriebene berichtet, entsteht das Porträt zweier junger Menschen im sozialistischen Rumänien um 1970, mit all ihren Problemen, Erwartungen und Interessen. Darüber hinaus zeichnen die Partner in ihren Zuschriften ein Bild ihres Alltags, aber auch des jeweiligen Umfeldes, in dem sich ihr Leben damals bewegte.

Man erfährt aus Wagners Briefen zunächst, wie ein intellektuell wacher Gymnasiast den Schulalltag meistert, welchen Interessen und Neigungen er nachgeht, wie er die Zustände in einer kommunistischen Lehranstalt erträgt und wie er sich in provinziellen Verhältnissen, die er als bedrückend und einschnürend empfindet und aus denen er auszubrechen wünscht, einrichten musste.

Der Unterricht scheint ihm keine besonderen Schwierigkeiten zu bereiten. Der aufgeweckte Jugendliche, dessen Aufmerksamkeit sowohl den naturwissenschaftlich-mathematischen als auch den humanistisch-sprachlichen Fächern gilt, ist den schulischen Anforderungen gewachsen, die Hausaufgaben erledigt er mühe-, wenn auch lustlos, so dass ihm viel Zeit zum Nachdenken, für Kinobesuche und Radiohören bleibt. An den obligaten Veranstaltungen außerhalb des Unterrichts, etwa an *literarisch-künstlerischen Abenden*, die die Schüler in Großsanktnikolaus, aber auch in den Nachbargemeinden darbieten, nimmt er, wenn auch nicht mit großer Begeisterung, teil (Brief Wagners vom 28. Mai 1969). Verärgert ist er über die langweiligen Sitzungen des Kommunistischen Jugendverbandes (*oh, diese Sitzungen!*), in denen er oft einnickt (*nun, wenn ich nicht gerade in einer Sitzung einschlafe*) (Brief Wagners vom 9. September 1969). Sie sind Teil des Sozialisierungs- und Indoktrinierungsprogramms des Regimes, sie zu besuchen, gehört zu den Obliegenheiten jedes Schülers. Schwierigkeiten bekommt er, wie wohl auch weitere Klassenkameraden, wegen der damals auch in Rumänien aufkommenden Jungenmode, die Haare möglichst lang zu tragen, was die Behörden, weil sie darin zurecht Sympathiebekundungen für den westlichen Lebensstil vermuten, mit allen, auch polizeilichen Mitteln zu verhindern suchen: *Ich werde zum Friseur gehen (heute noch). Ich bin fest entschlossen. Weshalb? Ich könnte mit der Polizei zu tun bekommen. Das ist eben die Gesellschaft* (Brief Wagners vom 10. Februar 1970).

Die Möglichkeiten der Freizeitgestaltung sind sowohl in Großsanktnikolaus als auch in seinem Heimatdorf Perjamosch, wo er die Ferien und gelegentlich die Wochenenden verbringt, äußerst begrenzt. Kinobesuche, wobei aus Mangel an Angeboten derselbe Film oft mehrmals gesehen wird, und das Hören ausländischer Radiosender, vor allem des englischen Programms von Radio Luxemburg, das mit den jeweils neuesten ‚Hits' aufwartet, bringen Abwechslung in den tristen Alltag.

Zur Perjamoscher Dorfjugend unterhält er keinen Kontakt, zu weit liegen die Welt- und Lebensvorstellungen auseinander. An den Gemeindefesten partizipiert er nicht, die Intellektuellen und die kulturellen Einrichtungen des Ortes ignoriert er[1], dessen Geschichte interessiert ihn nicht: *Vor ein paar Tagen war ich zuhause in Perjamosch, zuhause ist aber vielleicht zu viel gesagt. Ich komme mir dort immer irgendwie fremd und haltlos vor, weshalb ich auch vorzeitig wieder abfuhr* (Brief Wagners vom 4. Mai 1970).

In Perjamosch liest er alles, was ihm in die Hände kommt, darunter auch alte Bücher und Zeitschriften, deren er erst habhaft wird, nachdem er die Dachböden der Dorfbewohner durchstöbert: *Wie kann es einem schon in den Ferien gehen? Man liest Bücher über Bücher, nebenbei Zeitschriften, sieht sich die „spannenden"*

1 Siehe über Wagners Heimatort Perjamosch: Städte und Dörfer. Beiträge zur Siedlungsgeschichte der Deutschen im Banat. Hg. von der Landsmannschaft der Banater Schwaben, München 2011, 490–496.

Filme im Dorfkino zum zweiten Mal an und hört Radio von morgens bis abends als Geräuschkulisse sozusagen (Brief Wagners vom 16. Juli 1969).

Im Sommer und Frühherbst sind es die Radfahrten zum nahe gelegenen Maroschfluss, die den eintönigen Alltag unterbrechen. Im warmen Sande liegend oder an seinen Ufern sitzend, mit Blick auf das gemächlich dahinfließende Wasser, lässt sich gut sinnieren. Hierbei entstehen Momentaufnahmen, in denen die Eloquenz des späteren Schriftstellers bereits erkennbar wird: *Heute ist Mittwoch, genauer Mittwochabend. Wie übrigens jeden Tag war ich auch heute Nachmittag an der Marosch, lag im Sand und sah dem Wasser zu. Weshalb ich jeden Tag hinfahre, weiß ich selbst nicht. Doch wenn ich Zuhause bin, treibt es mich zum Fluss und wenn ich dann dort bin, weiß ich nicht recht, warum ich hingefahren bin. Es liegt ein gewisser Reiz in diesem Bild aus Wasser, Sand und Wald. Und zwischen sommergrünen Baumstreifen ragt fremd eine kahle Esche merkwürdig kühl in den windigen Raum* (Brief Wagners vom 6. August 1969). Auch im Spätherbst zieht es ihn oftmals hin, und es dürfte ihn immer wieder gereizt haben, die Bilder, die sich ihm hierbei bieten, sprachlich einzufangen: *Im Herbst ist sie* [Marosch] *für mich nämlich am schönsten, wenn ringsum Ruhe ist, das Wasser vorbeifließen zu sehen, vorbei an schwankenden Bäumen und fallenden Blättern. Irgendwann wird der Himmel in ein unbestimmtes Grau getaucht* (Brief Wagners vom 23. November 1969).

Diese Aufenthalte ändern jedoch nicht viel an seiner eher bedrückten Stimmung, welche er auch in die Verse einfließen lässt, die er den Briefen an „bärbl heidi" immer wieder beilegt. Es sind Gedichte eines Anfängers, in denen er seine Gedanken und Stimmungen in Anlehnung an die in jenen Jahren von ihm gelesenen Autoren zu Papier bringt und die noch sehr wenig vom Schreibstil des späteren Lyrikers erkennen lassen.

Nicht viel anders verbringt er die anschließenden Jahre in Großsanktnikolaus. Obgleich Kleinstadt[2], unterscheiden sich die Freizeitangebote kaum von jenen in Perjamosch, das vorwiegend dörflich geprägt war. Die Tatsache, dass er sich *fast jeden Film* ansehe, sei wohl auch *dem Umstand zu verdanken*, dass *in Großsanktnikolaus sowieso nicht viel los ist. Warst du vielleicht schon einmal dort? Es ist ein kleines Städtchen mit einer einzigen Straße, die nach Stadt aussieht. Der Rest ist Dorf. Das Einzige, was es hier gibt, bleibt das Kino* (Brief vom 28. Mai 1969). Kein Wunder, wenn er es kaum erwarten kann, die Schule zum Abschluss zu bringen und dem Städtchen den Rücken zu kehren: *Leute gibt es hier, die einem die Tage sauer machen, besonders wenn man in so einem Schilda sitzt* […]. *Ich finde mich nämlich nicht mehr so ganz zurecht in meiner Umgebung. Manchmal habe ich*

2 Vgl. ebenda, 243–249.

das Gefühl, ich muß fort von hier, aus dieser Schule (von der ich überhaupt nichts habe), aus *dieser Stadt, in der man das Gähnen* [...] *lernt* (Brief Wagners vom 21. April 1971).

Obwohl die Schulanstalt in Großsanktnikolaus – die deutschsprachige Sektion am rumänischen Gymnasium des Ortes war erst 1966 gegründet worden – zu derselben Zeit auch von Johann Lippet (geb. 1951), William Totok (geb. 1951), Werner Kremm (geb. 1951) und Anton Sterbling (geb. 1953) besucht wird, mit denen Richard Wagner später die „Aktionsgruppe Banat" gründen sollte[3], scheinen die Beziehungen zu ihnen damals nicht eng gewesen zu sein. In Wagners Briefen an „bärbl heidi" tauchen die Namen der späteren Mitstreiter und Freunde nie auf, und es gibt keinen Hinweis, dass er ihnen – wie übrigens den vielen anderen Kollegen und Kolleginnen, die damals Gedichte schrieben und in der deutschsprachigen Presse, die ihnen ihre Seiten großzügig zur Verfügung stellte, veröffentlichten[4] – sonderlich verbunden gewesen sei. Möglicherweise ist dies darauf zurückzuführen, dass Wagner nicht denselben Jahrgang besuchte, denn er kam 1967 in die neunte Klasse, während Lippet, Kremm und Totok bereits in die zehnte gingen, wogegen Sterbling erst ein Jahr nach Wagner in die neunte kam. So dürfte es zwar Begegnungen im Rahmen der Tätigkeiten außerhalb des Unterrichts gegeben haben (etwa in dem von der Deutschlehrerein Dorothea Götz gegründeten deutschen Literaturkreis), doch näher ist man sich in jenen Jahren wohl nicht gekommen; dies geschah erst während des Studiums.[5]

Das Tages- und Wochenprogramm von „bärbl heidi" verlief ähnlich, und weil beide Briefpartner etwa die gleichen Vorlieben für Kino und Beatmusik hegten, ist in ihrer Korrespondenz immer wieder von den neuesten Filmen, die damals in den rumänischen Kinos gezeigt wurden, und von den neuesten ‚Welthits' die Rede. Zu den bevorzugten Musikbands gehörten die Mitglieder der Gruppen

---

3 Vgl. ausführlicher hierüber Anton Sterbling, Einige subjektive Anmerkungen zur „Aktionsgruppe Banat". In: „Jein, Genossen!" Rumäniendeutsche erzählen. Vom Zweiten Weltkrieg bis zum Fall des Eisernen Vorhangs. Hg. von Hans Fink und Hans Gehl, München 2014, 604–612. Das Buch soll im Laufe dieses Jahres im IKGS-Verlag erscheinen.

4 Vgl. dazu Eduard Schneider, Literatur und Literaturreflexion in der rumäniendeutschen Presse der Nachkriegszeit. Die *Neue Banater Zeitung* (Temeswar) und ihr Beitrag zur Förderung der literarischen Nachwuchsgeneration (1969–1975). In: Benachrichtigen und vermitteln. Deutschsprachige Presse und Literatur in Ostmittel- und Südosteuropa im 19. und 20. Jahrhundert. Hg. von Mira Miladinović Zalaznik/Peter Motzan/ Stefan Sienerth, München 2007, 315–393.

5 Vgl. Sterbling, Einige subjektive Anmerkungen zur „Aktionsgruppe Banat" (Anm. 3), 605ff.

The Beatles, Rolling Stones, Bee Gees, Creedence Clearwater Revival, Led Zeppelin u. a. sowie der amerikanische Sänger Elvis Presley. Von den deutschen, die weniger beliebt waren, werden Udo Jürgens und Katja Epstein erwähnt. Zu ihren Lieblingsfilmen, über die gelegentlich auch Kommentare ausgetauscht werden, zählten sie u. a. „Blow Up" von Michelangelo Antonioni, „Vivre pour vivre" von Claude Lelouche, „Aimez-vous Brahms?" von Anatole Litvak nach dem Roman von Françoise Sagan und „Reconstruierea" von Lucian Pintilie, die heute zu den Klassikern dieses Genres gerechnet werden.

Auch über diese Kanäle drang die ‚große Welt' in die banatschwäbische Provinz vor, die besonders von Richard Wagner, der bis dahin über das Banat wohl kaum hinausgelangt sein dürfte, als bedrückend empfunden wurde. „bärbl heidi", die sich in jenen Jahren als die etwas Ältere aufgrund ihrer Möglichkeiten als die Mobilere präsentiert, hatte es immerhin und des Öfteren bis nach Bukarest geschafft. Von der rumänischen Metropole und den Chancen, die diese jungen Menschen bot, war sie fasziniert, und so versuchte sie auch ihren Brieffreund teilhaben zu lassen. Sie *liebe Bukarest über alles*, lässt sie Wagner in ihrer Zuschrift vom 12. Februar 1970 wissen, es gäbe *einen sagenhaft guten Literaturkreis* in deutscher Sprache, und dort allein könne *man Menschen treffen von internationaler Kompetenz*. Deshalb gibt sie ihm den Rat, er solle unbedingt in Bukarest studieren. Ähnlich schwärmerisch klingen auch die Briefe, die sie Richard Wagner aus der Bundesrepublik Deutschland schickte, wohin sie März 1970 mit ihren Eltern übersiedelte.

Aus einem Auffanglager für Aus- und Übersiedler in Osthofen am Rhein, in der Nähe von Worms, schildert sie ihm in einem undatierten Brief paar Tage nach der Ankunft ihre ersten Impressionen: *Seit 5 Tagen bin ich nun in der neuen Welt. Meine ersten Eindrücke: massenhaft Autos, tolle Einkaufsläden, freundliche Menschen*. Nicht nur die Annehmlichkeiten, die einem den Alltag erleichtern würden, seien anders als in ihrem Herkunftsland, auch das intellektuelle Niveau der Bücher, Zeitschriften jenem im kommunistischen Rumänien haushoch überlegen. Sie habe *einige tolle Zeitschriften* gelesen, die sie ihm später, wenn sie mehr Geld habe, gerne zuschicken werde: *Du wirst staunen, dieses Niveau!!!* Hinzu trat die uneingeschränkte Reisefreiheit, von der der Großsanktnikolauser Abiturient nicht einmal zu träumen wagte, wogegen die junge Saarbrückner Studentin nicht lange nach ihrer Ankunft ausgiebig Gebrauch machte und begeistert ihren Briefpartner darüber informierte. Ohne ihn sonderlich zu drängen, deutet sie gelegentlich an, er solle es sich doch überlegen, ob er nicht einen *Wechsel des Wohnsitzes*, so ihre Umschreibung einer möglichen Ausreiseabsicht, in Erwägung ziehen möchte, was sich aus ihrer Sicht für ihn gewiss lohnen würde. Richard Wagner schien dem Vorschlag zeitweilig nicht abgeneigt zu sein, wollte aber vorerst abwarten und einen möglichen Schritt in diese Richtung mit ihr während ihres künftigen Banat-Aufenthaltes besprechen.

Dazu ist es allerdings nicht gekommen. „bärbl heidi" hat die geplante Reise Sommer 1971 nicht angetreten, sondern dem Heimatbesuch einen Urlaub in Spanien vorgezogen: Übrigens, ich weiß nicht genau, ob ich im Sommer die Reise da hinunter mache. Ehrlich *gesagt, ich habe keine Sehnsucht dazu. Viel lieber sehe ich mir das sonnige Spanien an. Also, ich kann Dir nur raten, ganz schnell bzw. so schnell es geht, Deinen Wohnsitz zu wechseln. Du wirst es bestimmt nicht bereuen* (Brief „bärbl heidis" vom 14. Februar 1971). Daraufhin geriet der Briefwechsel immer mehr ins Stocken, bis er im Herbst 1971 eingestellt wurde.

„bärbl heidi" rückte vom ursprünglich geplanten Philologie- und Philosophiestudium ab und hat sich wahrscheinlich jenem der Medizin oder der Wirtschaftswissenschaften zugewandt. Die Liebe zur Literatur werde sie behalten, hatte sie Wagner im Brief vom 1. Dezember 1970 wissen lassen, das *Dichten* habe sie jedoch *völlig aufgegeben*. Sie *„fühle* [...] *keinen Drang mehr dazu, keine sogenannte innere Berufung.*

Die Abwendung „bärbl heidis" vom Schreiben hat Richard Wagner mehr als nur nachdenklich gestimmt, und es war wohl die Furcht, durch die Ausreise seine künstlerische Kreativität einbüßen zu müssen, was ihn, wie andere rumäniendeutsche Schriftsteller seiner Generation auch, vermutlich davon abgehalten hat, zu jenem Zeitpunkt einen Landeswechsel vorzunehmen.

Hinzu kam, dass er Sommer 1971 die Aufnahmeprüfung an der Germanistikabteilung der Temeswarer Universität bestanden hatte, wo er auf gleichgesinnte Kommilitonen traf und ein Jahr darauf mit der Gründung der „Aktionsgruppe Banat" zu deren ‚Leader' avancierte. Ihm sollte in Rumänien, das unter der Führung des jungen kommunistischen Parteisekretärs Nicolae Ceauşescu die Hoffnung aufkommen ließ, dem Land werde ein tiefgehender gesellschaftlicher Wandel bevorstehen (an dem mitzuwirken und ihn kritisch zu begleiten, es für einen Schriftsteller sich lohne), eine erfolgreiche, wenn auch politisch gefahrvolle literarische Karriere bevorstehen. In den nächsten beiden Jahrzehnten bis zu seiner Ausreise im Jahre 1987 wurde Richard Wagner einer der maßgeblichen Autoren der rumäniendeutschen Literatur.

Bereits in seinem ersten Brief an „bärbl heidi" – er ist undatiert und stammt aus den ersten Monaten des Jahres 1969 – betont Richard Wagner, dass er dem Schreiben große Bedeutung beimesse und dass ihm allein schon deshalb an einem Gedankenaustausch mit ihr gelegen sei. Von einem gemeinsamen Bekannten, der ihm ihre Anschrift mitgeteilt habe, wisse er, dass sie ebenfalls Literaturliebhaberin sei, Gedichte verfasse und schon das eine oder andere veröffentlicht habe. *Ich bin*

17 Jahre alt, schreibt Wagner, mit gelegentlich kleinen Rechtschreibe-, Komma- und Ausdrucksfehlern, doch in seiner schon damals zum Teil bereits ausgeprägten unverwechselbaren Diktion, *und besuche gegenwärtig die zehnte Klasse der Mittelschule von Großsanktnikolaus. Ich interessiere mich unter anderem für die deutsche Sprache und schreibe in meiner Freizeit gerne Gedichte, von denen einige bereits in unserer Schülerzeitschrift veröffentlicht worden sind (Das soll kein Selbstlob sein). Wie ich erfahren habe, schreibst Du ja auch Gedichte, und ein künftiger Briefwechsel könnte innerhalb dieses Gebietes* [in diesem Rahmen] *verlaufen. Ich erwarte also in diesem Sinne Deine Vorschläge.*

Wohl nicht lange danach, am 9. April 1969, hat „bärbl heidi" darauf geantwortet und sich ihrem neuen Korrespondenzpartner empfohlen: *Ich heiße BÄRBL (!), werde im Sommer 18 Jahre alt und besuche die XI. Klasse des Neu-Arader Lyzeums Nr. 4. [...] Ich habe viele Hobbies: Literatur (!), Bildhauerei, Reisen, Sport, Mode, Filme, Autos, Ansichtskarten, Musik. [...] Ich möchte gern erfahren, welches Deine Lieblingsautoren sind! Wie steht es bei Euch in Großsanktnikolaus mit der modernen Literatur? Habt ihr dort Gelegenheit, moderne westdeutsche Autoren zu lesen?* Die Gedichte Wagners, die sie auf der Jugendseite der deutschsprachigen Tageszeitung „Neuer Weg" (NW) entdeckt habe, finde sie *prima! Es passiert doch reichlich selten, daß jemand in Deinem Alter so reife Gedichte schreibt!!* Auch in den nächsten Briefen ist immer wieder von der eigenen literarischen Produktion die Rede. Von „bärbl heidi" befragt, wie es zur Veröffentlichung seiner Gedichte im *Neuen Weg* gekommen sei, berichtet der junge Poet – bei aller Zurückhaltung nicht ohne Stolz im Schreiben vom 14. April 1969: *Im zweiten Trimester fand in Großsanktnikolaus* [...], *eine N*[euer] *W*[eg]*-Leserbesprechung statt. Anschließend wurde ein Programm geboten innerhalb* [im Rahmen] *dessen ich zwei Gedichte („Heimat" und „Schweigen") vortrug, die die Herren von der Zeitung so „begeisterten" (ich zitiere meine Deutsch-Professorin Frau Dorothea Götz), daß sie versprachen, einiges zu veröffentlichen, was dann auch wirklich geschah.*

Die Tatsache, dass „bärbl heidi", die in ihren Zuschriften für ihr Alter ebenfalls sprachgewandt und belesen in Erscheinung tritt, bereits auf eigene Veröffentlichungen in den Zeitschriften „Neue Literatur" (NL) und „Volk und Kultur" (VuK) verweisen konnte, hat dabei wohl auch keine unwichtige Rolle gespielt. Der junge Dichter erhoffte sich hiervon, dass ihm Wege zu breiteren Veröffentlichungsmöglichkeiten geöffnet werden: *Du erwähnst übrigens eine mögliche Vorstellung in der Zeitschrift „Volk und Kultur". Bitte schreibe mir Näheres darüber* (Ebenda). Vier Tage danach (Brief vom 18. April 1969) hat ihn „bärbl heidi" daraufhin informiert: Die Zeitschrift „Volk und Kultur" – sie wundere sich, dass er sie nicht kenne – erscheine in Bukarest monatlich und sei *eine Art kultureller Wegweiser für dörfliche Kulturheime, Schulen etc. Es sind oft sehr interessante Dinge darin. Dort gibt es eine Seite, auf der junge Talente vorgestellt werden: Photo, einige Zeilen über die Person des betreffenden „Dichters" und 2–3 Gedichte (ich hatte seinerzeit auch dort mein Debüt).* Da möchte sie auch ihn vorstellen. Sie habe nämlich während eines Aufenthaltes in der rumänischen Hauptstadt im Herbst 1968 an einer Lesung im Literaturkreis der deutschsprachigen Zeitschrift des rumänischen Schriftstellerverbandes „Neue Literatur" teilgenommen und bei dieser Gelegenheit mehrere Literaten kennengelernt, darunter auch Redakteure der *Volk und Kultur*. Sie werde sich „*bemühen, ihr Interesse für Dich zu gewinnen. Ich glaube, es wird mir ziemlich leicht gelingen. (Deine Verse brauchen gar keine Protektion!)*, denn die neuen Gedichte, die er ihr zugeschickt habe, hätten sie noch mehr *in der Meinung bestätigt, daß in Dir ein großes Talent steckt. Deshalb solltest Du die Mathe*[matik] *auch sein lassen und Dich auf Literatur spezialisieren.*

Nicht lange danach hat „bärbl heidi" die Texte, die ihr Richard Wagner gesandt hatte, an die Redaktion der „Volk und Kultur" weitergeleitet, die in Heft 10, Oktober 1969, S. 60, in der Reihe „Junge Talente", die Gedichte „Schweigen", „Abends im Regen", „Variationen" und „Strahlen im Netz" veröffentlichte. In ihrer einführenden Vorstellung – es dürfte wohl das erste literarische Porträt, das von Wagner gezeichnet wurde, sein – betonte „bärbl heidi", es sei *nicht leicht, über Wagners Gedichte zu urteilen, da ihr Entstehen stark von Gefühl und Stimmung bedingt* sei. Sein Schreiben kennzeichnet sie als *ein Suchen, ein Ringen um Ideen und Wahrheit.* Man finde in den Gedichten des 17-jährigen Poeten oft *sehr ausdrucksstarke Bilder*, aber auch *Spuren einer verschwommenen Teenager-Romantik.* Dennoch – so ihr Fazit – handle es sich insgesamt um *vielversprechende Verse, die unbedingt Beachtung verdienen.*

Dadurch, dass sowohl „bärbl heidi" als auch Richard Wagner bestrebt waren, in den deutschsprachigen Periodika Rumäniens (ausländische kamen nicht in Frage) zu veröffentlichen, waren sie an Nachrichten aus dem rumäniendeutschen Literaturbetrieb, dem anzugehören sie sich anschickten, interessiert. „bärbl heidi" belieferte ihren Brieffreund immer auch mit den neuesten Informationen aus dem deutschsprachigen literarischen Geschehen der Hauptstadt. U. a. informierte sie ihn über den Besuch des späteren Nobelpreisträgers Günter Grass in Bukarest und über die Buchausstellung, die er eröffnen sollte, wozu es aber nicht gekommen war. Auf einer Postkarte, die undatiert, wohl aber vom Herbst 1969 stammen dürfte, unterrichtet sie Richard Wagner über das, was sich in Bukarest während der rumänischen Lesereise von Günter Grass zugetragen hatte, öffentlich aber nicht publik gemacht worden war. *Über Grass könnte ich Dir massenhaft erzählen. Ich habe da aus Buk.*[arest] *einige Sachen gehört. Er hat ja im allgemeinen recht viel gesagt während seines Aufenthaltes; die verschiedenen Interviews in der Presse sind aber alle wie Plastpuppen: man kann ihnen die Röcke hochheben und es ist nichts darunter. Excuse me, weil ich keinen besseren Vergleich weiß. (Mir hat man es auch auf diese Weise beigebracht.)* Über seine öffentlichen – leicht provokatorischen – Gespräche mit Z.[aharia] *Stancu und anderen Leuten sowie über die verschiedenen operettenhaften und gespenstischen Cocktail Parties zu berichten, ist diese Karte bestimmt nicht der geeignete Ort dazu. Daß die geplante w.*[est]*d*[eu] *t.*[sche] *Buchausstellung gescheitert ist und Grass, der sie eröffnen wollte, vorzeitig abgereist ist, weißt Du sicher. (Er wäre sonst auch nach Arad gekommen.). Der Grund waren einige Bücher verbotener DDR-Autoren, die in der BRD gedruckt werden (siehe Biermann).*

Ihre Bukarester Beziehungen, besonders zu einem der damals jungen Redakteure der „Neuen Literatur", nutzte sie nicht allein dazu, ihre eigenen Gedichte unterzubringen, sondern auch, um für die Texte ihres Brieffreundes zu werben. Der NL-Mitarbeiter, der eine Anthologie junger rumäniendeutscher Lyrik vorbereitete, gehörte zu den ganz wenigen Rumäniendeutschen, die damals ungehindert in den Westen reisen durften, weshalb sie Wagner in ihrem Brief vom 12. Februar 1970 darauf aufmerksam macht, er solle diesen erst im Sommer kontaktieren, da er sich *auf einer Europa-Tournee, die ihn bis nach Lappland führen wird,* befinde.

Vor allem in den Briefen „bärbl heidis" ist immer wieder von dieser künftigen Anthologie die Rede, in der sie beide vertreten sein sollten, was sich in ihrem Falle, als die Anthologie unter dem Titel „Befragung heute. Junge deutsche Lyrik in Rumänien" 1974 erschien, als Illusion erweisen sollte. Weil sie zwischenzeitlich in die Bundesrepublik Deutschland ausgesiedelt war, wurden ihre Texte aus der Sammlung entfernt, da ausgewanderte Autoren gemäß den damals gängigen Zensurbestimmungen nicht veröffentlicht werden durften. Das hatte sie bereits paar Monate, nachdem sie das Land verlassen hatte, von *einem Bekannten Journalisten aus Rumänien* erfahren, wie sie Wagner am 14. August 1970 aus Saarbrücken berichtet. Die Lyrikanthologie junger rumäniendeutscher Dichter könne zunächst *nicht erscheinen,* schreibt sie, *weil man sie aus dem Druck herausgenommen hat. Warum? Weil in der Zwischenzeit 8 dieser darin vertretenen jungen Autoren in den Westen abgedampft sind (darunter auch ich). Also muß man sie mit Schimpf u.*[nd] *Schande aus dem Buch herauswerfen.*

Richard Wagner haben diese Anthologie und ihr Herausgeber, dem er von Anfang nicht so recht traute, zunehmend weniger interessiert. Bereits als Schüler hatte er sich über Großsanktnikolaus hinaus einen Namen gemacht. Am 24. Dezember 1969 teilte er „bärbl heidi" mit, er habe im November desselben Jahres an einer Sitzung des Temeswarer Literaturkreises teilgenommen. Dort habe die Literaturdozentin *Eva Marschang von der Temeswarer Fakultät* einen *Vortrag über einige Banater Lyriker* gehalten, *unter denen sich auch meine Person befand. Kurzum man hat mich gelobt, und das Ganze erschien dann in der „Neuen Banater Zeitung*". Zwischenzeitlich sei er nochmals dort gewesen, *bei der 20-Jahrfeier der „Neuen Literatur*".

Auf diese Weise lernte Wagner nun selbst immer mehr Literaten, darunter auch einflussreiche, kennen. Zu einer ersten Begegnung mit den Redakteuren der „Neuen Literatur" – zu einigen von ihnen sollte er später enge Beziehungen unterhalten –, kam es schon in Großsanktnikolaus, als Richard Wagner Schüler der zwölften, d.h. letzten Gymnasialklasse war. In seinem Brief an „bärbl heidi" vom 29. Dezember 1970 hat er darüber in konsequenter Kleinschrift, der er sich hinfort eine Zeitlang bedienen sollte, sehr knapp berichtet: *Ja mit der „neuen literatur" war in letzter zeit einiges los. Nämlich: paul schuster, anemone latzina, helga reiter und gerhardt csejka machten eine tour durch die deutschen lyzeen des banats, zweck: herausgabe eines sonderheftes der NL im februar, das von schülern geschrieben wird. Bei dieser gelegenheit wird auch von mir einiges veröffentlicht werden.*

Durch die konsequente Lektüre der Neuerscheinungen auf dem rumäniendeutschen Büchermarkt, der durch die Neuordnung des Verlagswesens – Gründung des Verlags für die nationalen Minderheiten Kriterion sowie deutscher Abteilungen beim Temeswarer Facla- und Klausenburger Dacia-Verlag – an Qualität, Pluralität und Diversität gewonnen hatte, und der Zeitungen und Zeitschriften, vor allem der „Neuen Literatur", hatte sich Wagner in kürzester Zeit einen Überblick über die Lage der damals florierenden deutschsprachigen Literaturszene Rumäniens schaffen können. Das Auftreten einer jungen Schriftstellergeneration, die ihr Literaturkonzept in Anlehnung an die Moderne entwickelte, hatte Bewegung in die bis dahin ästhetisch traditionell ausgerichtete Szene gebracht, und ein Umbruch zeichnete sich ab, über den nicht zuletzt in den Medien kontrovers diskutiert wurde. Richard Wagner hat in einer längeren Zuschrift an „bärbl heidi" – sie ist undatiert, wurde wahrscheinlich Sommer 1971 verfasst und dürfte der letzte an sie gerichtete Brief gewesen sein – die Situation der rumäniendeutschen Literatur jener Jahre erstaunlich klug und einsichtig beschrieben: *Übrigens Du fragst was hier noch los sei in sachen dichtung. eigentlich könnte man die antwort in einen satz zusammendrängen: wie immer nicht viel und doch ein wenig mehr. die verteidiger der tradition haben natürlich immer noch das zepter in der hand. sie machen auch mehr als genug gebrauch davon. sie reimen drauflos wie die wilden, flüchten in die vergangenheit und möchten die avantgardisten am liebsten vom erdboden verschluckt sehn. trotzdem ist das bild nicht gerade so schwarz, wie es scheint. neuerdings verdichten sich nämlich die symptome einer neuen entwicklung, die den alten vorurteilen das existenzrecht abstreitet. zum vorschein kommt das in den neuesten unternehmungen, die von der NL gestartet wurden* [...]. *ansonsten wird in unserem literaturbetrieb viel diskutiert, manchmal habe ich den eindruck mehr als geschrieben wird. es wird diskutiert und diskutiert über den sinn unserer bestrebungen, über den wert unserer erzeugnisse, ob sie vergleichbar seien mit dem heutigen stand im deutschen sprachraum, ob es einen sinn hat, auf dieser insel zu schreiben, berechtigte sachen zu schreiben, ob eine behauptung auf internationaler ebene möglich wäre, ob hier eigentlich in dieser besonderen lage wertmäßig etwas erreichbar ist, ob man ein publikum brauche oder nicht usw. usf. tausend fragen und äußerst wenige überzeugende antworten.* [...] *das zauberwort neuerdings scheint auch bei uns der begriff strukturalismus zu sein, und ansätze zur konkreten poesie machen sich auch ab und zu bemerkbar. ich weiß nicht, wie Du zur konkreten methode stehst, doch ich persönlich halte nicht unbedingt viel davon. daß man die sprache nicht nur als baustoff verwendet, sondern auch als gegenstand der lyrik, will mir nicht so recht überzeugend wirken. denn endziel ist doch sinngebung und sinnveränderung, revolutionierung, was durch die konkrete vorgangsmethode nicht erreicht werden kann und eigentlich gar nicht bezweckt ist. doch vielleicht schreibst Du mir mal Deine meinung darüber. was die struktur anbelangt, so bin ich von ihrem wert überzeugt. sinn und struktur müssen zu einer symbiose gebracht werden, um vollkommenheit im wahrsten sinn des wortes erreichen zu können.*

Im letzten Schuljahr machte Wagner auch in seiner dichterischen Entwicklung große Fortschritte. Neben seiner Begabung war es vor allem die Lektüre wichtiger Werke sowohl der Weltliteratur als auch der damaligen westdeutschen Literatur, die ihm dies ermöglichte.

Der Briefwechsel mit „bärbl heidi", in dem ein kontinuierlicher Austausch über die von ihnen gelesenen Autoren stattfand, gibt Aufschluss darüber. Zunächst ist sie es, die Wagner Anleitungen erteilt, wohl auch weil sie meint, mehr an moderner Literatur als er gelesen zu haben und über einen informellen Vorsprung zu verfügen. Am 18. April 1969, in einem ihrer ersten Briefe, schreibt sie: *Ich würde Dir raten, Dich um folgende Autoren zu bemühen: Günter Grass, Wolfgang Borchert, Peter Handke, I. Aichinger, Eich, Hochhuth, M-L. Kaschnitz. Das sind ganz super moderne, tolle Sachen!! Kannst Du Dir keine Bücher aus W-Deutschland besorgen? Hast Du keine Verwandte dort? Kennst Du G. Grass' „Die Blechtrommel"? Ich bin ziemlich gut informiert über das neueste Geschehen in der w.deutschen Literaturbranche. Wenn Du möchtest, könnte ich meine Briefe an Dich ab und zu mit den neuesten Nachrichten und vielleicht auch Versen be-„spicken". OK?*

Bedingt durch den Altersunterschied und wohl auch durch den eingeschränkten Zugang hatte Wagner um jene Zeit wohl weniger an zeitgenössischer westdeutscher Literatur gelesen als „bärbl heidi". Doch er sollte bald aufholen, und seine Briefe, in denen er auf seine Lektüre zu sprechen kommt, bezeugen, dass er nicht weniger informiert war als sie. Im Unterschied zu ihr, die vornehmlich und ausschließlich an Primärtexten ihre Freude hatte, ist Wagner auch an Anthologien, beispielsweise an Hans Magnus Enzensbergers berühmtem „Museum der modernen Poesie" oder an Hugo Friedrichs epochaler Darstellung „Die Struktur der modernen Lyrik" interessiert. Dennoch ist er ihr dankbar für jeden Hinweis auf zeitgenössische, vor allem westdeutsche Autoren. „bärbl heidi", die eine enthusiastische Leserin ist, wird nicht müde, ihn über aus ihrer Sicht wichtige Autoren und Neuerscheinungen zu unterrichten, schreibt ganze Zeitungsartikel, immer wieder Gedichte und gelegentlich sogar Kurzerzählungen für ihn ab und hält ihm mit gehörten oder angelesenen literarischen Nachrichten auf dem Laufenden. In ihrem Brief vom 2. Mai 1969, dem sie auch eine Kurzbesprechung zu Günter Grass damals neu erschienenem Roman „Örtlich betäubt" beilegt, heißt es u. a. *Weißt Du eigentlich, das Grass einen fürchterlichen Schnauzbart trägt, SPD-Politiker ist und im allgemeinen mit dem Mercedes Benz des deutschen Romans verglichen wird?* Über Rolf Hochhuth, schreibt sie, er sei *der größte Skandaldramatiker des Westens, in seinem ersten Stück „Der Stellvertreter" stellt er Papst Pius bloß, in dem zweiten, „Soldaten", kritisiert er Churchill. Mit diesen beiden hat er Theaterkrache heraufbeschworen, den Vatikan in Verlegenheit gebracht und Englands Öffentlichkeit verstört.*

Richard Wagner, der „bärbl heidi" über seine Lektüre, zu der neben der zeitgenössischen Literatur auch wichtige Bücher der Weltliteratur (Dostojewski, Flaubert, Zola, Majakowski, Hemingway, Sartre, Beckett und die Bibel) gehören, auf dem Laufenden hält, ist an ihrer Meinung über bestimmte Autoren immer wieder interessiert. *Was hältst Du eigentlich von Ingeborg Bachmann?* fragt er beispielsweise im Brief vom 24. Dezember 1969. *Ich bin mir nicht klar aus welchem Grunde, aber offen gesagt, ihre Gedichte gefallen mir nicht besonders. Diese vielgerühmte „Anrufung des Großen Bären"(?), ich bin neugierig auf Deine Meinung.* „bärbl heidi" hat sich dazu nicht geäußert, möglicherweise war ihr die österreichische Lyrikerin nicht bekannt, doch die Gedichte Karl Krolows empfiehlt sie ihm, in einem undatierten Brief, Herbst 1969, aufs wärmste. Sie sei davon *restlos begeistert. Faszinierende Bilderwelt, Klarheit, Grazie, sprachlicher Reichtum!!* Mit derselben Faszination macht sie ihn auf Marie Luise Kaschnitz (Brief vom 1. November 1969) aufmerksam: *Also ich sage Dir, ich bin begeistert!! Ein Stil ist das!!! Umwerfend. Besonders die Erzählungen*, während sie vom Hauptwerk des mit dem Nobelpreis für Literatur in jenem Jahr ausgezeichneten Samuel Becket alles andere als angetan ist: *Ich habe soeben „Warten auf Godot" von Becket ausgelesen. 114 Seiten Unsinn* (Undatierter Brief, Herbst 1969).

Nach ihrem Landeswechsel hatte es ihr besonders ein Autor der damals jungen westdeutschen Schriftstellergeneration angetan, den sie auch bei einem Vortrag erleben durfte, wie sie Wagner am 1. Dezember 1970 aus Saarbrücken berichtete: *Ich war neulich bei einer Lesung von Wolf Wondratschek. Sehr unterhaltsam. Der Dichter: sehr jung, sehr lange Haare, sehr angriffslustig, krampfhaft bemüht intellektuell zu erscheinen (alle jüngeren Bundesdeutschen sind so.) Seine Prosa war, wie könnte es anders sein: ironisch gegenüber den älteren „Spießer"-Generationen, bedauernd dass die Welt so ist, erstaunt fragend: was tue ich eigentlich innerhalb meiner Umgebung usw.* Unter dem Einfluss dieser Autoren, zu denen sich bald auch Bertolt Brecht gesellen sollte, erfährt Wagners Literaturkonzept eine Wandlung, was auch „bärbl heidi" aufgefallen war. Seine zuletzt ihr zugeschickten Gedichte *gefielen mir ganz gut. Vielmehr sehr gut*, schreibt sie am 1. Dezember 1970. *Ich glaube, Du hast Deinen Stil sehr verändert, nur zu Deinem Vorteil.*

Nach ernsthaften Zweifeln an der Gestaltungsweise seiner bisherigen Texte, hatte sich im Frühjahr 1971, wie er „bärbl heidi" am 14. März 1971 unterrichtet, eine *Sprachkrise* seiner bemächtigt, (*alles scheint mir formelhaft und abgegriffen zu sein* [...] *Manchmal finde ich meine eignen Worte lächerlich, ein weiteres Mal zum mindesten fremd.* Das hatte zur Folge, dass er nicht nur seinen Schreibstil änderte – weg von der metaphernreichen Sprechweise seiner Anfänge, hin zur nüchternen Aussage eines Brecht oder Enzensberger, weg von der Stimmungspoesie, hin zum sozialen Engagement. Hatte er noch ein Jahr davor im Brief vom 23. März 1970 gedichtet: *die sonne marschiert / den himmel hinauf / sprachlos stehn / die akazien spalier / nur der dichter / sitzt lächelnd / im straßengraben*, sollte es ein Jahr später in dem ihm eigenen Ton, den man später in seiner Lyrik immer wieder antreffen sollte, heißen: *einige sind dagegen / viele sind dafür / da wären noch die fakten / den verhältnissen gemäß / spricht einiges dagegen / vieles aber dafür.*

Es waren wohl auch diese frühen Lektüreerfahrungen, die Wagners Werdegang als Schriftsteller bestimmt und ihn zu einem Autor reifen ließen, dessen Wille zur Zeitgenossenschaft und dessen Forderung nach ästhetischer Qualität und künstlerischer Innovation ihm vor allem dazu verholfen haben, dass er bereits von Anfang an nicht wie die Mehrheit der älteren banat-schwäbischen und siebenbürgisch-sächsischen Dichter das Los eines Heimatschriftstellers oder Epigonen teilen musste. Wagner hatte nach ersten lyrischen Gehschritten, in denen die Anlehnung an die deutsche Lyriküberlieferung von Rainer Maria Rilke über Georg Trakl bis Paul Celan erkennbar ist, am Ende des letzten Gymnasialjahres bereits seine eigene lyrische Diktion gefunden.

Als er dann im Herbst 1971 in Temeswar das Studium der Germanistik aufnahm, konnte er mit der ihm auch später eigenen Selbstsicherheit und auch einer gewissen Selbstgefälligkeit auftreten, den älteren Autoren ihr Epigonentum und ihre Zeitabgewandtheit vor Augen führen, junge talentierte Kommilitonen um sich scharen und etwa nach einem Jahr, nachdem er Großsanktnikolaus verlassen hatte, die „Aktionsgruppe Banat" ins Leben rufen.

Einen kleinen, doch nicht unwesentlichen Beitrag hatte dazu auch der Briefwechsel und der Erfahrungsaustausch mit „bärbl heidi" geleistet, diese eigenartige und fruchtbare Begegnung zwischen ‚Banater Provinz' und ‚großer Welt'.

Kommunikationsräume

Miha Preinfalk

Josef Freiherr von Erberg – zwischen Zentrum und Provinz

Im slowenischen Siedlungsraum lebten und wirkten einige außerordentliche Persönlichkeiten, doch gibt es unter ihnen sehr wenige, die in der slowenischen Historiographie bisher so wenig erforscht wurden wie Josef Freiherr von Erberg (1771–1843), ein Kulturhistoriker, Mäzen, Botaniker und Sammler von Antiquitäten und Kunstwerken aus Ljubljana (Laibach).[1] Erberg war einer der wenigen Adeligen aus dem slowenischen ethnischen Gebiet, der sich am Wiener Hof mit Erfolg durchsetzen konnte, gleichzeitig aber aufs engste seinem Heimatland Krain verpflichtet blieb, wo er vor allem auch dem gerade aufkeimenden slowenischen Kulturschaffen gewogen gegenüber stand. Seinem Leben und der Bedeutung seines Schaffens in Krain und Wien wurde bislang zwar nur bescheidene und sporadische Forschungstätigkeit zuteil, das vor allem sowohl in Bezug auf seinen archivalischen Nachlass[2] als auch in Bezug auf sein von ihm bewohntes Schloss samt Park in Dol (Lustthal)[3]; immerhin befassten sich einige Untersuchungen mit Erbergs Kulturtätigkeit bzw. mit seiner gesellschaftlichen Bedeutung im Krain des Biedermeier.[4] Völlig übersehen blieb dagegen seine Wiener Zeit (1808–1815), während welcher er als Erzieher vom Thronfolger Erzherzog Ferdinand wirkte und als solcher die Möglichkeit hatte, die Charakterbildung des künftigen Kaisers bis zu einem gewissen Grad zu beeinflussen. Über diese Zeit werden im Haus-, Hof- und Staatsarchiv in Wien ausnehmend interessante, doch relativ unbekannte und im wissenschaftlichen Sinne brach liegende Selbstzeugnisse Erbergs aufbewahrt – seine autobiographischen

1 Die Grunddaten zu Josef Kalasanz Freiherrn von Erberg wurden von France Kidrič im Lexikonartikel zu Erberg veröffentlicht. Vgl. Slovenski biografski leksikon, I. Teil, Ljubljana 1925–1932, 162–166, auch im Internet zugänglich: http://www.slovenska-biografija.si/oseba/sbi182495/ (27.1.2014).

2 Ema Umek, Erbergi in Dolski arhiv, 1, 2, Ljubljana 1991–1992.

3 Marjan Mušič, Erbergova parkovna kompozicija v Dolu pri Ljubljani. In: Kronika, Nr. 9 (1961), 93–109; Ines Unetič, Vrtna umetnost na Kranjskem v 18. in 19. stoletju (doktorska disertacija), Ljubljana 2013.

4 Peter Vodopivec, Prispevek k zgodovini mentalitete na Slovenskem v času biedermaierja. In: Nemzetközi Kultúrtörténeti Szimpozion Mogersodrf 1990, Szombathely 1994, 79–88.

Erinnerungen und ein Tagebuch in Form von Briefen, die er tagtäglich an Kaiserin Maria Ludovika schickte, wie auch seine späteren Briefe an den Kaiser Ferdinand.

Als Freiherr gehörte Erberg dem Adel an, einer Schicht, die sowohl in der Monarchie als auch auf slowenischem Boden als gesellschaftliche, kulturelle, politische und wirtschaftliche Elite eine wichtige Rolle gespielt hatte, die aber in der slowenischen Forschung bis vor kurzem völlig übersehen und unbeachtet blieb. Die eigene Herkunft war in der Vergangenheit für jeden Einzelnen außerordentlich wichtig, da sie seine Rolle in der Gesellschaft bestimmte und die Leitlinie für den künftigen Lebensweg vorgab. Auch bei Erberg verhielt es sich so, da er als Adeliger einerseits Zugang zum Hof hatte, andererseits aber von seinen Vorfahren ein reiches materielles und geistiges Erbe überliefert bekam, das er wegen des eigenen Unternehmergeistes und humanistischer Einstellung noch ausbauen konnte. Obwohl er der Aristokratie angehörte, hob er sich von ihrem Durchschnitt ab, da er – ähnlich wie Sigismund Freiherr von Zois – einen Sinn für den Geist seiner Zeit hatte, sich durch ein umfangreiches Wissen auszeichnete und einen raffinierten Geschmack hatte. Es handelt sich hierbei um einen außergewöhnlichen Vertreter der Krainer Adelsgesellschaft, eine gelungene Verknüpfung von Adel und Bildung, der wegen seiner Rolle in der Gesellschaft zu den bedeutendsten Persönlichkeiten Krains gehörte, obwohl er in der zweiten Lebenshälfte der Öffentlichkeit vorwiegend fern blieb. Mit seinen Beziehungen zum Hof wurde er sogar zu einer Art Bindeglied zwischen dem damaligen Zentrum Wien und der Provinz Krain, obgleich er davon kein Aufheben machte und sich stets diskret verhielt.

Erberg und Wien

Obwohl man das Leben und Schaffen des Freiherrn von Erberg einer umfangreichen systematischen wissenschaftlichen Untersuchung erst unterziehen muss, die die Bedeutung seines Lebens und Wirkens in Detail ausleuchten würde, ist sein Lebensweg im Groben bekannt. Er wurde 1771 geboren und verlor bereits als Kind beide Eltern – seine Mutter mit drei, seinen Vater mit zwölf Jahren. Da er der letzte männliche Nachkomme der Freiherren von Erberg war, wurde er zum Universalerben seines Vaters. Neben den Häusern in Ljubljana erbte er auch die Herrschaft Dol bei Ljubljana, was alles bis zu seiner Volljährigkeit von seinem Vormund, dem Grafen Paul Alois von Auersperg, verwaltet wurde. Bereits als Junge kam er in das weltmännische Wien, wo er das Gymnasium und ab dem Jahr 1792 auch das Studium der Rechte absolvierte. Nach seiner Rückkehr nach Krain übernahm er das Familienerbe, trat in den

Dienst der Krainischen Stände und gründete mit der Gräfin Josefa von Attems eine eigene Familie.[5]

Das Jahr 1808 war für ihn und seine Familie ein Umbruchsjahr, da es den Beginn seiner sog. Wiener Zeit kennzeichnet. Anfang 1808 kam er nämlich erneut in die Haupt- und Residenzstadt, wo er intensivere Kontakte zum Hof anknüpfte.[6] Interessante Einzelheiten über die Ereignisse jener Zeit erfährt man aus seinem, weiter oben bereits erwähnten autobiographischen Nachlass.[7] Am 6. Januar 1808 ehelichte Kaiser Franz seine dritte Gemahlin, die Erzherzogin Maria Ludovika von Österreich-Este, die eine Kusine von ihm war. Erberg war als Krainisches ständisches Ausschussmitglied in der Deputation, die vom Laibacher Gouverneur Graf Trauttmansdorff angeführt wurde, um dem neuen Kaiserpaar in Wien zu huldigen. Er war von der neuen Kaiserin sofort beeindruckt, obwohl er sie zum ersten Mal bereits einige Jahre zuvor bei den Wiener Salesianerinnen gesehen hatte, wo auch seine Tochter Maria zur Schule ging. Über die Kaiserin schrieb er überschwänglich: *Sie war eine der schönsten jungen Frauen, wenn nicht die schönste in Wien.* Da Erberg den Titel Kämmerer führte, durfte er bei den kaiserlichen Audienzen anwesend sein, so dass bei einem dieser Anlässe die Kaiserin ihm gegenüber erwähnt habe, sie hätte ihn gerne bei Hof; gleichzeitig wurde ihm auch erlaubt, seine Frau nach Wien nachkommen zu lassen. Der Umzug aus Krain erfolgte wegen des Ablebens seiner Schwiegermutter mit einigem Verzug, doch mieteten sich die Erbergs Mitte des Jahres schon in einem Haus in der Teinfaltstraße in Wien ein, das sie mit ihrer jüngsten Tochter Antonia bezogen. Bald nach ihrer Einquartierung brachte die Gemahlin von Erberg bei einer Audienz bei der Kaiserin in Erfahrung, dass sie die Erzieherin (Aja) der Kaisertöchter werden möge, wobei sie Maria Anna Gräfin Wrbna ersetzen sollte.[8] Nach den Erinnerungen von Erberg zu urteilen, wusste er selbst damals noch nicht, dass ihm eine ähnliche Rolle zugedacht war. Erst nach seiner Rückkehr aus Bratislava (Preßburg), wo

---

5 Uršič, Jožef Kalasanc Erberg, 195–196.

6 Er hatte bereits davor Kontakte zu diversen Mitgliedern des Hauses Habsburg. Die Erzherzogin Maria Leopoldine (1776–1848) war 1808 Patentante seiner Tochter Maria Leopoldine (1800–1803). Vgl. Milena Uršič, Jožef Kalasanc Erberg in njegov poskus osnutka za literarno zgodovino Kranjske, Ljubljana 1975, 196.

7 Die Ereignisse in Wien wurden Erbergs Erinnerungen entnommen. Vgl. Josef Kalasanz Freiherr von Erberg: Erinnerungen an meine Lebensepoche beim kaiserlichen Hof und an mein Verhältnis zur Kaiserin Maria Ludovica, dem Andenken der höchstseeligen Frau gewidmet (AT – OeStA/HHStA Haus A Nachlass Erberg 2–3).

8 Maria Anna Gräfin Wrbna, geb. Gräfin Auersperg (1743–1816). Vgl. Miha Preinfalk, Auersperg. Geschichte einer europäischen Familie, Graz-Stuttgart 2006, 274, 275, 514.

Maria Ludovika zur ungarischen Königin gekrönt wurde[9], brachte er in Erfahrung, dass er zum Erzieher des Thronfolgers Ferdinand ernannt würde.

Dies fiel in die Zeit eines sich ankündigenden Krieges zwischen Österreich und Frankreich. Kaiser Franz hatte deswegen so viele Verpflichtungen, dass er die Entscheidung über die Erziehung seines Nachfolgers seiner Frau überließ, weshalb Erberg über die Fortschritte in der Erziehung fast ausschließlich an die Kaiserin berichtete. Sie war es, die den Unterricht täglich kontrollierte und die Fortschritte ihres Stiefsohnes begleitete. Nachdem sich ihre Wege wegen der Kriegsgefahr auf einige Zeit getrennt hatten, schickte Erberg der Kaiserin tagtäglich Briefe, in welchen er über seine Beobachtungen informierte. Daraus sind einige seiner Eindrücke über den damals 16-jährigen Thronfolger zu ersehen, die ziemlich nachsichtig und mild waren, vor allem wenn man den Umstand berücksichtigt, dass die Beschäftigung mit einem geistig und auch körperlich behinderten Teenager wohl ziemlich schwierig gewesen sein dürfte.[10] So schrieb er in seinem ersten Brief nach dem Abzug der Kaiserin aus Eger nach Komárom (Komorn) am 27. Juli 1809, dass sich Ferdinand am Morgen wieder seiner kalten Steifheit überlassen hatte: *Er hatte freilich wohl meinen Erwartungen gleich Anfangs, vorzüglich bei E. M. Abfahrt – nicht entsprochen und sich wieder seiner durch lange Gewohnheit bis zur zwoten Natur gewordenen gefühllosen Steife überlassen. Allein den Nachmittag hat er in seinem Vorsatze doch so viel ausgehalten, als es seine noch ganz schwankend auflebenden bisherigen Geisteskräfte erlauben.* [...] *Des Erzherzogs Vorsatz während E. M. Abwesenheit mit vermehrten Kräften an seiner Bildung mitzuwirken, hat mich gerührt, weil ich Thrännen in seinen Augen, die Zeugen eines guten Herzens – zu sehen glaubte.*[11]

Die Briefe folgten sich fast täglich, und ihre Konzepte reichen bis Ende August 1814. Da quittierte Erberg offensichtlich auf seinen Dienst bei Hof und kehrte – nach einem kürzeren und ein wenig unverständlichen Rückzug nach Ungarn[12] – heim nach Dol. Die Gründe für seinen Abgang sind nicht ganz klar. Einige Forscher vermuten, dass seine Erziehungstätigkeit in Wien abgelaufen war[13], andere dagegen sprechen von dramatischeren Gründen dafür – er sei damals

9 Die Krönung fand am 9. September 1808 statt. Vgl. http://de.wikipedia.org/wiki/Maria_Ludovika_Beatrix_von_Modena (27.1.2014).

10 Ferdinand litt seit seiner Geburt an Epilepsie, Rachitis und Hydrocephalus. In: http://de.wikipedia.org/wiki/Ferdinand_I._%28%C3%96sterreich%29 (27.1.2014).

11 AT – OeStA/HHStA Haus A Nachlass Erberg 2–1, Konzepte der Briefe Erbergs an Kaiserin Maria Ludovika, Brief Eger, 27.7.1809.

12 Mehr dazu vgl. Uršič, Jožef Kalasanc Erberg, 197–200.

13 Uršič, Jožef Kalasanc Erberg, 197.

an Schizophrenie erkrankt, die ihm ein normales Leben (vorläufig) unmöglich gemacht habe.[14] Die Quellen bezeugen das nicht explizit. Vielleicht könnten mehr Hinweise auf seine vermutete geistige Krankheit jene Hefte abgeben, in welchen Erberg die Konzepte seiner Briefe an die Kaiserin Maria Ludovika festgehalten hatte. Seine Schrift ist in den ersten Jahren gleichmäßig und schön lesbar, sein Gedankengang ununterbrochen, Konzepte klar und deutlich. Gegen das Ende seiner Erziehungstätigkeit, d.h. im Jahr 1814 gerät die Handschrift zitternd, der Text ist schwer verständlich, der Gedankengang oft zerrissen, so dass es viele durchgestrichene Wörter oder sogar ganze Sätze gibt. Wenn die anfänglichen Konzepte auf einen geordneten und systematischen Verfasser hinweisen, so vermittelt die Handschrift am Ende den Eindruck einer inneren Unruhe und Not, vielleicht sogar eines gestörten Geistes.

Spätere Forscher lehnen die Angaben zur geistigen Krankheit Erbergs ab: Eine solche soll nur die Kinder Erbergs befallen haben – seine Tochter Mimi (Maria), seinen Sohn Karl, zeitweilig seine Frau und gegen das Lebensende auch seinen ältesten Sohn Pepi (Josef Ferdinand) – nicht aber Erberg selbst. Im Bericht des Laibacher Professors Mazek an den Sprachwissenschaftler, Literaturhistoriker und Kritiker Matija Čop in Lviv (Lemberg, Lwów) aus dem Jahr 1823, wo es heißt, dass Erberg so sehr *rasend geworden* [sei], *dass man ihn binden musste*, soll es nach einigen Interpretationen um *eine unbegründete Schlussfolgerung und eine unbegründete Behauptung* gegangen sein.[15] In der Tat gibt es in den Quellen im Unterschied zu Krankheiten der anderen Familienmitglieder keinerlei Hinweise auf oder Spuren einer vermeintlichen geistigen Krankheit Erbergs. Andererseits ist es aber wahr, dass es geistig bedingte gesundheitliche Schwierigkeiten bereits bei Erbergs direkten Vorfahren gab. Es gab Anzeichen einer geistigen Krankheit bei seinem Großvater Franz Michael (1679–1760), so dass sich zuerst seine Frau Maria Renata (1684–1729, geb. Freiin Gall von Gallenstein) um das Familienvermögen kümmerte, nach ihrem Tode sein jüngerer Bruder Johann Benjamin (1699–1759).[16]

Obwohl Josef Erberg seinen Dienst am Wiener Hof nach sieben Jahren quittierte, kann man behaupten, dass er zweifelsohne einen bedeutenden Einfluss auf die (geistige) Entwicklung seines Schützlings und des künftigen Kaisers Ferdinand ausgeübt hatte. Wie groß dieser Einfluss war und wie er sich manifestierte, ist aufgrund der bisherigen Erforschung schwer zu sagen. Es bleibt zu hoffen, dass

14 Kidrič, Erberg Jožef Kalasanc, 162.
15 Uršič, Jožef Kalasanc Erberg, 202.
16 Vgl. Umek, Erbergi in Dolski arhiv, 1, 16.

eine Antwort auf diese Frage mithilfe künftiger Recherchen möglich sein wird. Gewiss aber darf man behaupten, dass sich zwischen dem Erzieher und seinem Schützling ein großes Maß an Vertrauen und Zuneigung entwickelt hatten, ein besonderes Band also, das bis zum Tode Erbergs 1843 bestehen blieb.

Einen interessanten Einblick in das Verhältnis zwischen Erberg und Kaiser Ferdinand bieten die erhaltenen Briefe, die Erberg seinem ehemaligen Schützling und Schüler aus seinem heimischen Dol in die Hofburg nach Wien schickte.[17] Es handelt sich dabei um 43 Briefe, die vom Dezember 1835 bis zum Mai 1843 datiert sind und in etwa die Zeit zwischen der Übernahme der Kaiserkrone durch Ferdinand und dem Tod Erbergs abdecken. Sicherlich korrespondierten sie mit einander auch davor, d.h. in der Zeit der Thronfolge Ferdinands, doch sind diese Briefe entweder nicht erhalten oder vorläufig unauffindbar. Ebenso sind nur Erbergs Briefe an den Kaiser erhalten, nicht aber die kaiserlichen Briefe an Erberg. Warum sich keine kaiserlichen Briefe in der äußerst umfangreichen Korrespondenz Erbergs befinden, ist nicht bekannt. Vielleicht wurden sie von Erberg noch zu seinen Lebzeiten vernichtet, damit sie nicht in fremde Hände gerieten, oder sie befanden sich in jenen Materialien, die der Kaiser nach dem Ableben Erbergs von seinen Erben zurückverlangt hatte.[18] Die erhaltene Korrespondenz zwischen Erberg und dem Kaiser ermöglicht somit nur eine einseitige Rekonstruktion von deren Verhältnis, obwohl sich aus den Briefen Erbergs die kaiserliche Gunst gegenüber seinem einstigen Lehrer erahnen lässt.

Der Ton der Briefe Erbergs ist ausnehmend ehrerbietig und korrekt. Alle samt werden sie in der Hoffnung begonnen, er störe bzw. belästige den Kaiser mit seinem Schreiben nicht, und mit dem Dank für die Gunst, die der Kaiser ihm und seiner Familie erweise. Die Fortsetzung ist meist nicht mehr so formal, wie man es dem jeweiligen Auftakt entnehmen könnte, sondern sehr persönlich, herzlich und fast schon ein wenig geschwätzig. In fast jedem seiner Briefe an den Kaiser berichtet Erberg über die eigene Gesundheit und die Gesundheit anderer Familienmitglieder, d.h. seiner Frau und Tochter, manchmal auch seines Sohnes, wenn jener gerade in Dol zu Besuch weilte. So berichtet er dem Kaiser in den

17 Diese Briefe werden heute im Haus-, Hof- und Staatsarchiv (AT – OeStA/HHStA, Haus A, Familienkorrespondenz A29–15) aufbewahrt.

18 Vgl. Umek, Erbergi in Dolski arhiv, 1, 74. In Wien sind somit die Briefe der Kaiserin Maria Ludovika an Erberg und dessen Frau erhalten (AT – OeStA/HHStA Haus A Nachlass Erberg 1–1) und einige Briefe der Erzherzoginnen Marie und Leopoldine an Erberg (AT – OeStA/HHStA Haus A Nachlass Erberg 1–3). Da gibt es keine Briefe Ferdinands – mit Ausnahme des Entwurfs eines Briefes an Erberg aus dem Jahr 1814 (AT – OeStA/HHSt A Haus A Nachlass Erberg 1–2).

ersten Monaten des Jahres 1837 über die Schmerzen in seiner Brust[19], während im Herbst des gleichen Jahres sein lästiger Husten erörtert wird, [...] *den* [er] *als eine vorübergehende Last alle Jahre gewöhnlichen Antheil der Herbstlust ansehe* [...][20] und ergeben hinnimmt. Im März 1838 informiert er den Kaiser darüber, dass er auf der vereisten Treppe in Ljubljana ausgerutscht sei[21], während er im Oktober 1842 festhielt, dass er keine baldige Genesung erwarte und dass ihn vor allem sein Fuß plage.[22] Sogar in seinem letzten erhaltenen Brief vom Ende Mai 1843 erwähnt er seine angegriffene Gesundheit wie auch die Hoffnung auf eine baldige Genesung[23], wozu es offensichtlich nicht mehr kam, da er einen anderthalb Monat darauf verschied.

Neben der Gesundheit gehört zum ständigen Thema seiner Briefe auch das Wetter, dem gegenüber er als leidenschaftlicher Hortologe und Botaniker besonders sensibel war. So konnte der Kaiser in Wien im Januar 1838 über die große Kälte in Krain lesen, die bei Erberg der Grund für eine Halsentzündung war[24], im Mai 1840 über eine starke Dürre und im Oktober des gleichen Jahres über einen verfrühten Frost, der die Vegetation regelrecht vernichtete, vor allem die Georginen (Dahlien) Erbergs[25] etc. Der letzte von Erberg erlebte Winter war laut seiner Beschreibung äußerst mild, ohne Schnee und Kälte. Bereits im Februar blühten Blumen, die es für gewöhnlich erst im März oder April taten.[26]

Davon, dass auch der Kaiser (wahrscheinlich regelmäßig) an Erberg schrieb, zeugen Erbergs wiederholte Danksagungen; im September 1840 bedankt er sich beim Kaiser dafür, dass er an seinen Namenstag gedacht hatte.[27] Oft dankte er auch im Namen seiner Frau und seiner Tochter, die der Kaiser in seinen Briefen offensichtlich grüßen ließ. Erberg berichtete dem Kaiser regelmäßig über das Befinden seiner Frau und über deren Besuche in Görz (Gorizia/Gorica), wo sie Verwandte hatte und wo ab 1838 auch ihre Tochter verheiratet war. Während ihrer Schwangerschaft wurde der Kaiser auch über ihre Morgenübelkeiten in Kenntnis gesetzt[28] wie auch über die erfolgreiche Entbindung kurz vor Ende des Jahres

---

19 AT – OeStA/HHStA, Haus A, Familienkorrespondenz A29–15, Brief Lustthal, 1.3.1837.
20 Ebenda, 26.11.1837.
21 Ebenda, 14.3.1838.
22 Ebenda, 30.10.1842.
23 Ebenda, 26.5.1843.
24 Ebenda, 8.1.1838.
25 Ebenda, 23.10.1840.
26 Ebenda, 21.2.1843.
27 Ebenda, 19.9.1840.
28 Ebenda, Brief Lustthal, 27.6.1840.

1840[29], als Erberg mit seinem ersten Enkel beschenkt wurde und vielleicht auch mit dem einzigen, den er mit eigenen Augen gesehen hatte.[30]

Aus Erbergs Briefen geht ebenfalls hervor, dass er jedes Jahr nach Wien reiste, wo er sich immer auch mit dem Kaiser traf. Er begab sich auf Reisen für gewöhnlich im April, so dass er dem Kaiser persönlich zum Geburtstag gratulieren konnte, den dieser am 19. April beging. In seinen Briefen vor der Abreise gab er regelmäßig seiner Freude und seinen Erwartungen hinsichtlich der Reise seinen Ausdruck. Nach der Rückkehr nach Dol waren seine Briefe voller Dank für die kaiserliche Gunst und dafür, dass der Kaiser ihn in der Hofburg persönlich empfangen hatte. Bei jeder Rückkehr nach Krain machte Erberg Station in Ljubljana und übermittelte sowohl dem Bischof als auch dem Gouverneur die Grüße des Kaisers. Dadurch unterhielt er auf seine Weise die Verbindungen zwischen dem Hof in Wien und dem Sitz der lokalen bzw. Landesverwaltung in Krain. Dies festigte zweifelsohne seinen Sonderstatus in der Krainer Gesellschaft.

Es ist interessant, dass in den Briefen Erbergs die großen Themen wie z.B. Politik ausgespart blieben, dafür aber gebührt den Neuigkeiten persönlicher Natur umso mehr Aufmerksamkeit. Erberg schrieb eigentlich weniger dem Kaiser als seinem ehemaligen Schützling und Schüler, an den ihn mehr als nur formale Beziehungen banden. Er zeigte ihm das Geschehen in einem Mikro-Umfeld seines Zuhauses in Dol und Umgebung auf, wofür sich der Kaiser zu interessieren schien. Es wäre interessant, diese Briefe mit jenen des Kaisers an Erberg zu vergleichen, denn in Analogie wäre zu erwarten, dass der Kaiser dem Freiherrn von Erberg die Ereignisse aus seinem engeren Familienkreis mitteilte. In so einem Verhältnis verliert sich die Relation Zentrum – Provinz völlig bzw. gewinnt eine neue Dimension. Sowohl das Zentrum (Hof) als auch die Provinz (Dol) werden dadurch auf ein Mikroumfeld der beiden Korrespondenten eingeschränkt, die sich sehr gut kennen und mögen, unabhängig von ihrem formalen Status, der ihnen durch die Umstände eigen ist. In Krain hätte man damals schwerlich noch jemanden gefunden, dem eine derartige Vertraulichkeit zum höchsten Vertreter des Landes

29 Ebenda, 5.1.1841.

30 Sigmund Attems, der Enkel Erbergs, wurde am 31. Dezember 1840 in Görz geboren. Erberg erwähnt es in den Briefen an den Kaiser zwar nirgends explizit, dass er in Görz gewesen sei und seinen Enkel gesehen habe, doch es bestehen keine Zweifel darüber, dass dies bis zu seinem Tode im Juli 1843 mindestens einmal erfolgte. Im Mai 1842 wurde noch seine Enkelin Josefa geboren. Über deren Geburt gibt es in den Briefen keine einzige Erwähnung. Über die genealogischen Daten zu Attems vgl. Johann Baptist Witting, Steiermärkischer Adel. In: Siebmacher's Grosses Wappenbuch, Band IV, 7. Abteilung, Nürnberg 1919–1921, Spalte 127, 128.

erlaubt gewesen wäre. Vieles, was wir in der erwähnten Korrespondenz finden, hielt Erberg auch in seinen Briefen an Sohn Pepi (Josef Ferdinand)[31] fest, was eine zusätzliche Verbindung herstellt. Es ist kühn, darüber zu mutmaßen, dass Erberg Kaiser Ferdinand wohl für eine Art Sohn gehalten habe, was trotz des großen Unterschieds in ihrem formalen gesellschaftlichen Status in Bezug auf ihr Verhältnis nicht überraschend wäre. Außerdem war Kaiser Ferdinand ein Altersgenosse von Josef Ferdinand, dem Sohn des Freiherrn.[32] Das Verhältnis zwischen dem einsamen Freiherrn in Krain und dem Kaiser in Wien war ausnehmend vielschichtig und einzigartig, dass es eine genauere Studie verdiente.

Erberg und sein Kundschafter Franz Franz

Erberg ließ sich nach seiner Rückkehr aus Wien für immer in seinem Schloss in Dol bei Ljubljana nieder, und langsam, aber entschieden zog er sich in die selbsterwählte Einsamkeit zurück. Der Grund dieser Zurückgezogenheit waren wohl familiäre Probleme – bei seiner Frau und den Kindern gab es erste Anzeichen geistiger Krankheit, während andere Kinder wie z.B. Elisabeth auf andere Art kränklich waren, so dass ihnen kein langes Leben beschieden wurde. Zur Einsamkeit und Unterbindung von Beziehungen zu Ljubljana als dem Zentrum des Geschehens in Krain trug 1816 der Verkauf seines großen und renovierten, doch stark verschuldeten Hauses auf dem Mestni trg bei (Stadtplatz, heute Nr. 17). Einige Jahre später renovierte und richtete Erberg zwar wieder eine Wohnung in Ljubljana ein, doch wurde diese vornehmlich von den anderen Familienmitgliedern genutzt, vorwiegend von seiner Frau und der jüngsten Tochter Antonia, die die Stadt gerne als Ort der Unterhaltung aufsuchten.[33]

Erberg besichtigte die Stadt sporadisch, eigentlich selten, und sein Leben verlief in einer anwachsenden Zurückgezogenheit. Obwohl diese, wie bereits erwähnt, selbstgewählt war, lastete es wohl schwer auf ihm, da er sein Leben in seinen Briefen stets in einem traurigen, melancholischen Ton erwähnt: *In meinem wieder angetrettenen einsamen Leben* [...][34] oder *Ich lebe immer in gleicher*

31 Prim. Uršič, Jožef Kalasanc Erberg, 195–210.

32 Erbergs Sohn Josef Ferdinand wurde am 25. April 1795 geboren. Er war also genau zwei Jahre jünger als der Kaiser. Vgl. Ludwig Schiviz von Schivizhoffen, Der Adel in den Matriken des Herzogtums Krain, Görz 1905, 124.

33 Uršič, Jožef Kalasanc Erberg, 201, 204.

34 AT – OeStA/HHStA, Haus A, Familienkorrespondenz A29–15, Brief Lustthal, 26.11.1837.

Zurückgezogenheit in Lustall.[35] Als man 1838 die Hochzeit seiner Tochter Antonia vorbereitete, die bis dato zuhause gelebt hatte, hielt er es fest, dass man noch auf die kirchliche Erlaubnis bzw. Dispens wartete (sie heiratete nämlich ihren Cousin), wobei er sich nach ihrer Eheschließung *werde* [...] *wohl noch einsamer finden.*[36]

Obwohl sich Erberg nach 1815 von der äußeren Welt zunehmend distanzierte, wollte ihn diese nicht vergessen. Diese Behauptung wird von der umfangreichen Korrespondenz bestätigt, die in 17 Faszikeln aufbewahrt wird[37] und von zahlreichen Kontakten des Freiherrn aus Dol mit den Briefpartnern aus allen Teilen der Monarchie zeugt. Diese waren in erster Linie seine Krainer Landsleute, Adelige, die mit ihm weitgehend auch verwandtschaftlich verbunden waren oder aber auch Korrespondenten aus entfernteren Provinzen. Tausende der erhaltenen Briefe geben davon ein Zeugnis, wie man sich vereinzelt an ihn schriftlich gewandt hatte mit der Bitte um Hilfe und Rat, da er in den schweren Zeiten nach den Franzosenkriegen einer der wenigen noch Vermögenden war, der darüber hinaus auch enge Kontakte zum Hof unterhielt.

Durch dieses Korrespondieren konnte er seinen Kontakt zur Außenwelt aufrechterhalten, und in seinem Schloss in Dol wurden so Informationen über Ereignisse in Krain und in der Monarchie gesammelt. Dol entwickelte sich somit zu einem eigenartigen ‚Informationszentrum', so dass Erberg in seinem ‚provinziellen' Zuhause über so Manches wesentlich eingehender informiert war als manch einer seiner Freunde oder Bekannten in Ljubljana. Inwiefern er die erhaltenen Informationen weiter vermittelte und wie viele davon er für sich behielt, ist nachträglich schwer einzuschätzen, da sich auch Erbergs Briefe an Andere in einem wesentlich bescheideneren Umfang erhalten haben. Aus diesem Grund zeigt sich eine Rekonstruktion des Informationsaustausches zu diesem Zeitpunkt als erschwert, teilweise sogar als völlig unmöglich.

Dass Erberg von einem großen Wunsch nach Informiertheit über das Geschehen außerhalb Dols beseelt war, steht außer Frage vor allem unter der Berücksichtigung einer besonderen Art der Korrespondenz, die sich glücklicherweise bis zum heutigen Tag in seinem Nachlass erhalten hat. Es ist hier von seiner Korrespondenz mit Franz Franz die Rede, einem pensionierten Hauptmann, der in Ljubljana lebte und in den 1830-er Jahren zur Hauptquelle von Erbergs Informationen über dortige Ereignisse wurde.[38]

35 Ebenda, 19.11.1838.
36 Ebenda, 19.11.1838.
37 SI ARS, AS 730, Herrschaft Lustthal, Faszikel 41–57.
38 Mehr dazu Vodopivec, Prispevek k zgodovini mentalitete.

Wie sich Franz Franz und der Freiherr von Erberg kennengelernt haben, ist nicht bekannt, denn aus ihrer Korrespondenz geht keine eindeutige Antwort auf diese Frage hervor. Möglich wäre, dass wir die Antwort darauf in einem der anderen erhaltenen Briefe Erbergs finden könnten. Tatsache ist, dass Erberg um 1832 Franz anheuerte, ihm gegen Bezahlung regelmäßig, einige Male wöchentlich, mitunter sogar täglich oder gar einige Male am Tag über die Ereignisse in Ljubljana, aber auch anderswo, Bericht zu erstatten. Da Franz in den höheren Adelskreisen und im Großbürgertum verkehrte (auch er ersuchte um Erhebung in den Adelsstand, doch führte er das Verfahren wegen zu hoher Gebühren nicht zu Ende), so kannte er die gleichen Menschen wie Erberg und wusste darum auch, was seinen Auftraggeber und Zahler interessierte.

Franz schickte seine Berichte an Erberg fast acht Jahre lang, d.h. bis zu dessen Tod um 1840, wovon in etwa 1.800 Briefe erhalten sind.[39] Ein derartig umfangreiches Material in einem relativ langen Zeitabschnitt ermöglicht ziemlich zuverlässige Schlussfolgerungen darüber, woran Erberg interessiert war und worüber er auf dem Laufenden sein wollte. Er war in erster Linie am alltäglichen Leben der Laibacher Elite interessiert – Erberg brachte somit sofort in Erfahrung, wer in die Stadt kam und wer sie verließ, welche Dame von einem Kind entbunden wurde, wer verstarb, welche Familie an einem ganz bestimmten Tag eine *Soirée* oder ein *Diner* gegeben hatte. Während der Theatersaison wurde er bis ins letzte Detail über die Vorstellungen in Kenntnis gesetzt, die im Theater oder in den Räumlichkeiten des deutschen Ritterordens gezeigt wurden (Franz schickte ihm regelmäßig Theater-Repertoires und berichtete ihm nach jeder Aufführung darüber, ob sie gut war oder nicht). Erberg erhielt minutiöse Beschreibungen von den Abenden im Kasino, wobei ihm Franz sogar mitteilte, wer bei der Tombola den Preis davon trug und was für Preise es überhaupt gegeben hatte. Franz berichtete ihm mitunter auch über die unteren Schichten der Stadt, vor allem im Zusammenhang mit etwaigen Unfällen, die alle Städter in Aufruhr brachten. Der Briefwechsel war vor allem im Sommer 1836 ausnehmend rege, als in Krain die Cholera wütete. Franz schloss jeden Brief mit der Tagesstatistik zu neuerkrankten, genesenden und verstorbenen Laibachern ab.

Die Berichterstattung beschränkte sich aber nicht auf Ljubljana und auf das breitere Gebiet Krains, sondern Franz informierte Erberg auch über vielbeachtete Ereignisse in Wien und in den anderen Metropolen Europas. Somit fanden sich in seinen Briefen Berichte über Verfassungsstreitigkeiten in Madrid, die Unannehmlichkeiten des französischen Königs Karl X., der durch Europa reiste und

39 SI ARS, AS 730, Herrschaft Lustthal, Faszikel 46, 47.

sich schließlich in Görz niederließ. Auch italienische Carbonari erachtete Franz einer wiederholten Erwähnung wert etc. Franz schrieb darüber, was er persönlich erlebt und gesehen hatte, baute in seine Berichte mitunter auch Stadttratsch und Gerüchte ein, ferner Berichte aus Zeitungen und Informationen, die er von anderen Informatoren erhalten hatte usw. Franzens Briefe spiegeln in der Tat das rege Geschehen im Vormärz wider und stellten, da sie Tag für Tag nach Dol verschickt wurden, eine regelmäßige Verbindung zwischen einem regionalen Zentrum und der Provinz her.

Erbergs Dol – ein informelles Zentrum Krains

Nachdem sich Erberg nach seiner Rückkehr aus Wien für immer in Dol niedergelassen hatte, investierte er all seine Energie in die Umgestaltung des Schlosses und vor allem den Ausbau von dessen Umgebung. Der Schlosspark von Dol wurde damals zu einem der schönsten und repräsentativsten Parkanlagen Krains und wurde als *der erste Garten Illyriens*[40] apostrophiert. Bei der Planung und Umgestaltung seiner Mikro-Lebensverhältnisse griff Erberg auf die Erfahrungen und Bekanntschaften im Ausland zurück. Der Garten wurde bereits von seinem Onkel Johann Benjamin (1699–1759) entworfen. Diese Arbeit wurde von Wolf Daniel – einem Neffen Benjamins, der Josefs Vater war – fortgesetzt, der sich ein Beispiel an den Gärten der Grafen Schönborn im deutschen Wiesentheid nahm. Josef Erberg baute die Gärten von Dol noch aus, wobei er sich an den Gärten der Fürsten Esterházy in Eisenstadt orientierte. Seine persönliche Bekanntschaft mit dem Fürsten Nikolaus II. Esterházy, die wohl aus ihrer gemeinsamen Dienstzeit in Wien herrührte, hatte einen entscheidenden Einfluss auf die Entwicklung der Erberg'schen Tätigkeiten und Interessen. Nicht nur, dass er sich, wie bereits erwähnt, bei der Gestaltung des Gartens von Dol die Gärten Esterházy's in Eisenstadt zum Vorbild genommen hatte, sondern er wurde wohl unter seinem Einfluss und durch dessen Anregung von der Leidenschaft zur Botanik in Verbindung mit Kunst ergriffen. Die Verknüpfung von Botanik und Kunst war damals nicht ganz so ungewöhnlich, wie es heute den Anschein hat.[41] Erberg wurde nach seiner Rückkehr aus Wien

40 Unetič, Vrtna umetnost, 93.

41 Eine der interessanten Verbindungen von Kunst und Botanik, die auch ein Anliegen des Kaisers Franz war, bestand im Zusammensetzen von Personennamen aus den Anfangsbuchstaben von Pflanzen. Der kaiserliche Name Franz setzte sich demnach aus: **F**ritillaria, **R**osa, (Primula) **A**uricula, **N**arcissus, **Z**innia. Vgl. Unetič, Vrtna umetnost, 83.

daher zu einem leidenschaftlichen Sammler von Kunstwerken[42] und Pflanzen jeglicher Art. Er wirkte auch in einem botanischen Austauschnetz mit, an dem zahlreiche Adelige Krains wie z.B. die Freiherren von Zois in Brdo pri Kranju (Egg bei Krainburg), die Grafen von Auersperg in Mokrice (Mokritz), die Grafen von Blagay in Polhov Gradec (Billichgrätz) u. a. beteiligt waren und das über die Landesgrenzen hinaus reichte. Sehr wichtig war seine Bekanntschaft mit dem Gärtner von Schönbrunn, Josef Schütt, der im Auftrag des Wiener Hofes weltweite Reisen unternahm, um exotische Pflanzen nach Wien zu befördern. Manch so eine wurde auch an Erberg in Dol verschickt.[43]

Andererseits versendete Erberg botanisch Interessantes aus Dol nach Wien, mitunter sogar seltene Tierarten. Eine Trappe, die sich im Januar 1838 in die Nähe von Dol verirrt hatte und dort nach einigen Tagen verendet war, schenkte er zwar dem Krainer Landesmuseum[44], schickte dafür aber 1840 dem kaiserlichen Tiergarten in Schönbrunn einen Vogel aus den nördlichen Gegenden, dessen Namen Erberg nicht einmal kannte und der im August des gleichen Jahres in der Umgebung des Schlosses aufgefunden wurde.[45]

Eine gelungene Verknüpfung von Kunst und Botanik stellen die beiden Pavillons dar, die Erberg in seinem Garten aufstellen ließ und die der Wissenschaft und Kunst gewidmet waren. Dies wurde von den in die Nischen gestellten Plastiken der vier Musen – der Malerei, Architektur, Dichtung und Musik – symbolisiert. Im nördlichen Pavillon befand sich eine Bibliothek, im südlichen aber ein Museum, das den Prototyp eines ersten Museums auf slowenischem ethnischem Boden darstellt.[46]

Dol wurde dank Erberg somit zu einem informellen Zentrum Krains, wohin sich – anlässlich ihres Besuchs von Krain und Ljubljana – die Elite aus dem Ausland oft begab. Es ist allgemein bekannt, dass Dol von den engsten Mitgliedern der kaiserlichen Familie aufgesucht wurde. Im Jahr 1819 kam Erzherzog Ferdinand, zwei Jahre darauf (am 16. Mai 1821) das Kaiserpaar höchstpersönlich –Kaiser Franz mit seiner vierten Gemahlin Karoline Auguste –, der

42 Er sammelte vor allem alles, was mit Krain und seiner Geschichte in Verbindung stand – Bilder, Plastiken, Archivmaterial, Einrichtung, Mineralien, Herbarien, Waffen, Werkzeug, ausgestopfte Tiere, Petschaften, Grabinschriften … Vgl. Uršič, Jožef Kalasanc Erberg, 207–209.

43 Unetič, Vrtna umetnost, 96.

44 AT - OeStA/HHStA, Haus A, Familienkorrespondenz A29–15, Brief Lustthal, 8.1.1838.

45 Ebenda, 24.8.1840.

46 Mušič, Erbergova parkovna kompozicija, 102–105.

in Ljubljana am Kongress der Heiligen Allianz teilnahm.[47] Im Jahr 1830 kam auch die Herzogin von Parma Maria Luise zu Besuch.[48] Ende September 1835 war laut Berichten von Franz Franz aus Ljubljana auch vom geplanten Besuch der Mitglieder der spanischen königlichen Familie die Rede, die damals dort weilte, doch kam es zu diesem Kontakt offenbar nicht.[49] Des Öfteren geschah es, dass hohe Gäste in Ljubljana nur eine kurze Unterbrechung einlegten und ihre Reise nicht nach Dol fortsetzten, sondern sich mit Erberg in der Stadt trafen. So begegnete Erberg im Juni 1839 in Ljubljana den Herzog von Modena und die Schwester der Kaiserin.[50]

Der Schlosspark von Dol samt beiden Pavillons war öffentlich zugänglich. Er wurde regelmäßig – meist sonntags – von Interessenten von außerhalb aufgesucht, sei es von lokalen Eliten, die anlässlich ihrer Sonntagsbesichtigungen seine botanischen Besonderheiten in Augenschein nahmen, sei es von niedrigen Schichten, die durch ihr Benehmen die gewohnte Ruhe der Gartenanlagen mitunter störten. Der Garten von Dol blieb eine beliebte Sammelstätte von Besuchern auch noch Anfang des 20. Jahrhunderts, d.h. noch lange nach dem Ableben Erbergs und sogar in einer Zeit, als sich Dol nicht einmal mehr im Besitz derer von Erberg bzw. deren Erben befand.[51]

Schlussbemerkung

Am Fallbeispiel des Freiherrn von Erberg lässt sich verdeutlichen, dass die Relation Zentrum–Provinz bzw. Mitte–Rand auf mehreren Ebenen erstellt werden konnte und dass es innerhalb dieser Relation zu besonderen Umständen kam, die diese noch zusätzlich relativierten. Die am meisten erkenntliche derartige Relation war die Beziehung Wiener Hof – Provinz in Krain, der angesichts des spezifischen Verhältnisses zwischen Kaiser und Erberg ein besonderer Charakter innewohnte. In diesem Fall ging es nicht um eine gewöhnliche Verbundenheit zwischen Kaiser und Untertan, sondern um eine Beziehung zwischen zwei, auf

47 Zum Andenken an diesen Besuch ließ Erberg in seinem Park ein Empire-Denkmal aufstellen, das höchstwahrscheinlich von ihm persönlich gestaltet wurde und das heute noch dort steht. Vgl. Unetič, Vrtna umetnost, 90.

48 Unetič, Vrtna umetnost, 93.

49 „Sonntag sprach man an mehreren Orten hier, daß die hier befindlichen Spanischen Hoheiten, eine Parthie nach Lustthal gemacht hatten, welches sich aber nicht bestättigt fand". In: SI ARS, AS 730, Herrschaft Lustthal, Faszikel 46, Brief 29.9.1835.

50 AT – OeStA/HHStA, Haus A, Familienkorrespondenz A29–15, Brief Lustthal, 29.6.1839.

51 Unetič, Vrtna umetnost, 93, Anm. 552.

einer informellen Ebene gleichwertigen Subjekten, die an der Last der alltäglichen, allzu menschlichen Nöte trugen. Erberg war sicherlich kein provinzieller Adeliger, dessen Blick über die Grenzen seiner Herrschaft oder die Grenzen seines Landes hinaus nicht gereicht hätte, denn der Adel seiner Zeit war belesen, da die sogenannten Kavaliersreisen durch europäische Länder, auf denen sich junge Adelige vor der Heirat und der Begründung einer eigenen Familie ihre Geisteshorizonte erweitern konnten, nach ungeschriebenen Regeln seit Beginn der Neuzeit Pflicht waren. Erberg ging mit seinen Konnexionen zum Kaiserhof aber noch einen Schritt weiter. Seine intensiven, jahrelangen Beziehungen zum Thronfolger und zu dessen kaiserlicher Stiefmutter verliehen ihm eine besondere Weltoffenheit, in deren Genuss seine Landsleute nicht kamen. Auch deswegen gewann er in Krain ein herausgehobenes Ansehen, das aufgrund seiner freiwilligen Zurückgezogenheit in die Einsamkeit bis zu einem gewissen Grade Züge des Sagenumwobenen annahm wie auch ehrfürchtige Bewunderung auslöste.

Erberg stellte noch eine weitere interessante Relation zwischen Zentrum und Rand her: Wenn die Relation Wiener Hof–Krain das obere Niveau repräsentiert, stellt auf dem zweiten Niveau Schloss Dol den Rand dar, während sich das Zentrum in Ljubljana als der Hauptstadt Krains befand. Auch diese Relation ist nicht so eindeutig, wie es auf den ersten Blick erscheinen mag. Dol wurde wegen des Wunsches Erbergs nach exakter Informiertheit über alle Ereignisse zu einem Zentrum, wohin alle Informationen, die sowohl von seinem Haupt-‚Informator' Franz Franz als auch von den anderen Korrespondenten eingesammelt wurden, flossen. Von diesem Standpunkt aus betrachtet, stellt sich die Frage, ob in diesem Fall Dol tatsächlich zum Rand Ljubljanas gehörte oder nicht genau das Gegenteil der Fall war.

Erberg wandte seinen ausgesuchten Geschmack, den er sich zweifelsohne bereits in seinen jungen Jahren im Kreise der Familie und deren Tradition anerzogen hatte und den er in Wien weiter verfeinern konnte, mit Erfolg in seiner Heimat Krain an. Dol mit all seinen Kunstschätzen, Sammlungen und Gärten wurde unter seiner Herrschaft auch in dieser Hinsicht zu einem informellen Zentrum Krains, wohin regelmäßig Krainer gesellschaftliche Eliten pilgerten. Gleichzeitig wurde Dol auch von den Mitgliedern europäischer regierender Familien aufgesucht, was dem Ort einen Hauch an Weltläufigkeit verlieh.

Tanja Žigon

Souffleure sind die große Feder in [jeglicher] *Theateruhr*[1]: Wie sich Souffleure, Zettelträger, Requisiteure und Billeteure in der Laibacher Theaterlandschaft ihren Platz sicherten und das Publikum eroberten

Die im Titel zitierte Zeile stammt aus dem Gedicht „Die Würde und der Lohn der Souffleure", das Johann Nepomuk Adolphy, ein Mitglied der Gesellschaft des ständischen Theaters in Ljubljana (Laibach)[2], auf der letzten Seite seines „Laibacher

1 Johann Nepomuk Adolphy, Laibacher Theater-Taschenbuch für das Jahr 1805, Laibach 1805, 15. In: Narodni Muzej Slovenije, Theatermappe von Peter von Radics, Carn. A: Laibach Theater XXVII (fortan NMS, Radics-Theatermappe), Kuv. 10, Nr. 3.

2 Im Land Krain hatte die deutsch-österreichische Kultur eine unverkennbare Signifikanz. Das deutsche Bühnenwesen geht hier auf die geistlichen Spiele des Mittelalters zurück. Eine neue, formale Gestalt bekam die deutsche Bühne in Ljubljana im 18. Jahrhundert (1765), als anlässlich des angekündigten Besuches von Kaiser Franz Stephan I., der infolge seines unerwarteten Hinscheidens unterblieb, die ständische Reitschule in Laibach in ein Theaterhaus für 650 bis 700 Besucher umgebaut wurde. In den ersten Jahren trug es nach seinen Gründern, den Krainischen Landesständen, den Namen „Ständisches Theater" und wurde überwiegend von den italienischen Operngesellschaften bespielt, doch eroberten langsam auch die deutschen Schauspielgesellschaften den Geschmack des Publikums. Im Februar 1887 ist das alte Theater vollständig abgebrannt. Drei Jahre danach wurde der Grundstein für das neue Theatergebäude gelegt, das im Herbst 1892 feierlich eröffnet wurde. Von nun an wurden deutsche und slowenische Vorstellungen, unter einem Dach aufgeführt, jedoch nicht immer ohne Streitigkeiten (siehe Mira Miladinović Zalaznik, Das einzige Wort ‚svinja' (Schwein) welches vorkam […] kann man […] verzeihen, ohne daß […] die Ehre der slovenischen Nation darunter leidet. Slowenisches Theater des 19. Jahrhunderts. In: Marijan Bobinac/ Wolfgang Müller-Funk (Hgg.), Gedächtnis – Identität – Differenz. Zur kulturellen Konstruktion des südosteuropäischen Raumes und ihrem deutschsprachigen Kontext, Tübingen 2008, 73–83). Im Jahr 1911 kehrten die Deutschen dem gemeinsamen Theater den Rücken und zogen ins neugebaute Kaiser Franz-Joseph-Jubiläumstheater (heute das Gebäude des slowenischen Nationaltheaters) ein, wo die letzte Vorstellung im Jahr 1919 über die Bühne ging (mehr zur Laibacher Theatergeschichte bei Peter

Theater-Taschenbuchs für das Jahr 1805" abdrucken ließ. Obwohl Adolphy im Laibacher Theater nicht als Souffleur, sondern als Schauspieler tätig war, schien es ihm besonders wichtig, mit den Worten eines unbekannten Verfassers die signifikante Rolle des Souffleurs hervorzuheben, indem er seinem Publikum Folgendes mitteilte: *Souffleure sind die Treibräder / In der dramatischen Natur / Souffleure sind die große Feder / In inglicher* [sic!] *Theateruhr / Und – Wunder – hat das Stück ein Ende / Und ihrer Lunge saure Müh / Und klatschen stürmend tausend Hände / So denket doch kein Mensch an sie.*[3]

Die Souffleure hatten selten die Gelegenheit, über ihren Beruf und über die damit verbundenen Klagen und Bedürfnisse zu sprechen, deswegen nutzten sie am Anfang oder am Ende einer Spielsaison und zum Jahreswechsel die Möglichkeit, ihre Stimme zu erheben, um von der Öffentlichkeit gehört zu werden: Sie gaben die sog. Theater-Journale heraus. Die in verschiedenen Nachlässen in Ljubljana gefundenen Heftchen geben detaillierte Angaben über den Spielplan und die Schauspieler und ermöglichen anhand festgehaltener Vorkommnisse und Anekdoten eine aufschlussreiche Erforschung des damaligen Theaterlebens, der zwischenmenschlichen Interaktionen innerhalb einer Theatergesellschaft wie auch der Einbettung des Bühnengeschehens in das kulturelle Leben. Neben den Souffleuren gaben gelegentlich auch andere Mitarbeiter des Theaters wie Zettelträger, Logenschließer bzw. Billeteure und Requisiteure[4] im Selbstverlag Gratulationen an ihre Gönner und Theaterfreunde heraus.

Am Anfang der Recherchen zum deutschsprachigen Theaterwesen in Ljubljana konnten die genannten Drucke nicht eindeutig eingeordnet werden und wurden zunächst für ein Unikum in der krainerischen deutschsprachigen Theaterlandschaft gehalten. Diese Vermutung wurde durch weitere Recherchen im Slowenischen Theatermuseum (Slovenski Gledališki Muzej) untermauert, denn es konnten weder in der Bibliothek noch im Archiv (Theater-Journale) ähnliche Ausgaben für die slowenische Bühne in Ljubljana[5] eruiert werden. Diese These

---

von Radics, Die Entwickelung des deutschen Bühnenwesens in Laibach. Laibach, 1912; vgl. auch Dušan Ludvik, Nemško gledališče v Ljubljani, Ljubljana 1957.

3 Vgl. Adolphy, Laibacher Theater-Taschenbuch, 15.

4 Vgl. Tanja Žigon, Zgodovinski spomin Kranjske. Življenje in delo Petra Pavla pl. Radicsa (1836–1912), Ljubljana 2009, 367–370.

5 Bereits Mitte des 19. Jahrhunderts haben sich die ersten Stimmen für die Errichtung einer slowenischen Nationalbühne erhoben, doch blieben die Bemühungen des Krainer Literaten Leopold Kordesch (1808–1879), eine slowenische Bühne in Ljubljana zu gründen, ohne Erfolg (vgl. Mira Miladinović Zalaznik, Deutsch-slowenische Wechselbeziehungen II. Leopold Kordesch und seine Zeit, Ljubljana 2008, 106–108). Ein

erwies sich relativ schnell als falsch, denn die ersten Forschungen im Theatermuseum der Österreichischen Nationalbibliothek in Wien brachten aufs Haar gleiche Publikationen ans Licht; es hat sich ferner auch herausgestellt, dass die gleichen Gedichte und Anekdoten auch an anderen Orten und in diversen Theater-Journalen im deutschsprachigen Raum im 19. Jahrhundert veröffentlicht wurden. Allein die eingangs zitierten Strophen wurden beispielsweise in den Jahren von 1808 bis 1864 entweder, wie oben angegeben, oder als Teil eines längeren Gedichts in mehr als zehn weiteren Theater-Journalen[6] gefunden. Demzufolge stellt sich in diesem Kontext sowohl die Frage nach der Vernetzung des Theaterpersonals als auch nach den kulturellen Transfers[7] im europäischen Raum. Diese erreichten auch die Laibacher Bühne, für welche die Verortung an der Kulturperipherie des deutschen Raumes signifikant ist, wenn man Johann Gottfried Seume[8] paraphrasiert.

Der Forschungsstand und die Quellenlage

Die vorliegende Recherche setzt sich als erste überhaupt mit dem Erforschen der Laibacher Theaterlandschaft in einem bis dato gänzlich übersehenen Segment auseinander, und zwar mit den Theater-Journalen und anderen Drucken des Theaterpersonals, die dem Publikum zur Lektüre und zur Erinnerung, als *Souvenir, dargebracht allen hohen Gönnern und Freunden der dramatischen Kunst*[9], angeboten wurden.

---

slowenischer dramatischer Verein (Dramatično društvo) als erster Schritt zur Professionalisierung des slowenischen Theaterlebens wurde erst im November 1866 gegründet. Die erste Vorstellung fand auf der Bühne der slowenischen Čitalnica (Leseverein) im Jahre 1867 statt (vgl. Anton Trstenjak, Slovensko gledališče. Zgodovina gledaliških predstav in dramatične književnosti slovenske, Ljubljana 1892, 57–184).

6 Paul S. Ulrich, Pankratius Brüllers Vermächtnis. Der Souffleur und seine Theateralmanache und -journale. In: Jahrbuch der Rückert-Gesellschaft 13 (2001), 157–181, hier 158. Nach dem heutigen Stand der Quellenforschung ist das Ljubljana-Gedicht allem Anschein nach die älteste bisher bekannte und erhalten gebliebene Fassung im europäischen Raum.

7 Vgl. Bernd Kortländer, Begrenzung – Entgrenzung. Kultur und Wissenstransfer in Europa. In: Lothar Jordan et al. (Hgg.), Nationale Grenzen und internationaler Austausch. Studien zum Kultur- und Wissenstransfer in Europa, Tübingen 1995, 1–19.

8 Johann Gottfried Seume (1763–1810) schreibt in seinem „Spaziergang nach Syrakus", es handle sich bei den südlichen Ländern Cisleithaniens, also auch bei Krain, um das letzte Zipfelchen des deutschen Vaterlandes (Johann Gottfried Seume, Spaziergang nach Syrakus im Jahre 1802, München 1985, 36).

9 Rudolf Weber, Souvenir, Laibach 1871. In: NMS, Radics-Theatermappe, Kuv. 10, Nr. 18.

Zu allererst muss angemerkt werden, dass die Aufgabe, die Theateralmanache bzw. -journale[10] zu belegen und anhand der erhaltenen Exemplare ihre Rolle in der Theatergeschichte zu rekonstruieren, noch immer ein Desiderat der Kultur- und Theatergeschichte ist. Der Hauptgrund liegt an der Tatsache, dass diese Publikationen verstreut, unvollständig und meistens nur schwer auffindbar sind. Obwohl sie ein- oder zweimal pro Jahr in regelmäßigen Zeitabschnitten erschienen und somit wesentliche Merkmale der Periodizität aufweisen, werden sie als Periodika nicht erfasst und sind in den Bibliotheken oder Museen nicht entsprechend verzeichnet, was die Suche nach den Primarquellen zusätzlich erschwert. Ferner sind die Theater-Journale trotz zahlreicher historischer Hinweise in diversen Lexika aus dem 19. Jahrhundert heute oft unbekannt und bleiben auch aus diesem Grund von den Forschern vielmals unberücksichtigt.

Bereits in dem im Jahr 1839 herausgegebenen „Deutschen Theater-Lexikon" findet man konkrete Indizien für diese damals weitgehend bekannte Veröffentlichungsform, wobei hervorgehoben wird, dass keine Kunst und Wissenschaft so viel ausschließlich für sie bestimmte Almanache aufzuweisen habe wie das Theater, und dass jedes bedeutende Theater in Deutschland einen solchen Almanach kenne.[11] Die Theateralmanache wurden als Werke definiert, die alljährlich erscheinen und den Zeitraum einer bestimmten Saison erfassen. Sie sind dazu bestimmt, den jeweiligen Personalbestand der deutschen Bühnen, Mitteilungen über Repertoire, Personalveränderungen, Todesfälle und überhaupt alle wichtigen Vorkommnisse zu verzeichnen. Ende der 1880-er Jahre wurde in einem weiteren „Theater-Lexikon" auf den hohen Stellenwert der von Souffleuren herausgegebenen Theateralmanache hingewiesen.[12] Aus diesem Grund ist es geradezu merkwürdig, dass die Quellenangaben in diversen neueren theatergeschichtlichen Abhandlungen meistens nicht auf die Souffleur-Publikationen verweisen – die einzige (vorläufige) Bibliographie deutschsprachiger Almanache aus dem 18. und

10 Als Begriffe, die in den Titeln bzw. Untertiteln vorkommen, finden wir neben Almanach auch noch „Jahrbuch, Kalender, Taschenbuch, Souvenir oder Journal" (vgl. Paul S. Ulrich, Abonnement Suspendu der Unterirdischen Gedächtnisstützen. Souffleur-Journale und -Almanache, Quellen der deutschen Theatergeschichte des 18. und 19. Jahrhunderts (vgl. Miriam Göbel (Hg.), Aktuelle Tendenzen der Theaterforschung, Berlin 1996, 83–101, hier 83).

11 Robert Blum/Karl Herolßsohn/Hermann Marggraff (Hgg.), Allgemeines-Theater Lexikon, oder: Eine Encyklopädie alles Wissenswerthen für Bühnenkünstler, Dilettanten und Theaterfreunde, Bd. 1, Leipzig 1839, 53.

12 Adolf Oppenheim/Ernst Gettke (Hgg.), Deutsches Theater-Lexikon. Eine Encyklopädie alles Wissenswerthen der Schauspielkunst und Bühnentechnik, Leipzig 1889, 26.

19. Jahrhundert wurde 1994 veröffentlicht und umfasst ungefähr 1.200 Titel, wobei die deutsche Bühne in Krain gar nicht berücksichtigt wurde.[13]

Der einzige Weg, den der Erforscher der lokalen Theatergeschichte, wie das bei der Laibacher Bühne der Fall ist, angesichts der geschilderten Quellenlage einschlagen kann, ist das Sammeln und Auswerten der erhalten gebliebenen lokalen Theater-Journale, die im Vergleich mit deutschen Bühnen im deutschen Sprachraum noch viel seltener dokumentiert sind. In Ljubljana hat man nämlich in der Vergangenheit das Sammeln und die bibliographische Erschließung von Theateralmanachen vernachlässigt, mehr noch, sie galten als sammlungsunwürdig. Nur ein einziger Theateralmanach, verfasst vom Souffleur Ignaz Engelhardt im Jahre 1863, konnte bisher durch die elektronische Suche in den Bibliothekskatalogen (OPAC-Datenbank; http://www.cobiss.si/) in der Slawischen Bibliothek in Ljubljana ermittelt werden.[14]

Des Weiteren stößt man bei der Suche nach Theater-Journalen und -almanachen noch auf zwei weitere Hindernisse. Erstens lassen sich die Theateralmanache inhaltlich in zwei Gruppen teilen, die man voneinander trennen muss: In solche, die universal sind und das ‚gesamte' Theaterwesen erfassen (z. B. der erste Universalalmanach, der in Gotha von 1775 bis 1800 erschienene „Theater-Kalender"), und in solche, die sich mit einem Theater bzw. einer Theatergesellschaft befassen und von Souffleuren (gelegentlich auch von Schauspielern, Billeteuren, Kassierern, Inspizienten, Theaterbibliothekaren oder Theaterdienern) im Selbstverlag, unabhängig von der jeweiligen Theaterorganisation, veröffentlicht und vertrieben wurden.[15] Zweitens muss man sich vor Augen halten, dass es im 18. und 19. Jahrhundert keine Besonderheit war, aus eigener Initiative bei einer Druckerei diverse Drucke in einer geringen Auflage in Auftrag zu geben (die fälligen Druckkosten

---

13 Paul S. Ulrich, A Preliminary Bibliography of German-Language Theatre Almanacs, Yearbooks, Calendars and Journals of the 18th and 19th Centuries. In: Maske und Kothurn 35/4 (1994), 3–141. Der Berliner Theaterforscher Paul S. Ulrich ist einer der wenigen, der sich mit dieser Thematik näher beschäftigt. Er hebt in seinen Texten eindeutig hervor, dass das deutsche Theater nicht nur in deutschsprachigen Ländern gespielt wurde, sondern auch an Orten mit einer größeren Anzahl deutschsprachiger Bevölkerung. Er grenzt dieses Gebiet geographisch ein, und zwar von Ost bis West zwischen Moskau und San Francisco und von Nord bis Süd zwischen Helsinki und Sarajewo. Bis jetzt hat die Theaterwissenschaft auch noch keine genaue Liste der Orte erstellt, in denen deutschsprachiges Theater gespielt wurde. Sowohl die Anzahl der Orte als auch eine genaue Zahl der herausgegebenen Almanache sind deswegen noch immer unbekannt (vgl. Ulrich, Abonnement Suspendu, 86).

14 Vgl. Ignaz Engelhardt, Laibacher Theater-Almanach für das Jahr 1863, Laibach 1863.

15 Vgl. Ulrich, Abonnement Suspendu, 87.

selbsttragend), welche nicht im Buchhandel angeboten, sondern von den Auftraggebern selbst vertrieben wurden. Darüber hinaus standen den Akteuren verschiedenste weitere Möglichkeiten zur Verfügung, das Theaterunternehmen in der Öffentlichkeit zu popularisieren. Eine der verbreitesten war der Druck diverser theaterbezogener Materialien wie Theaterzettel als Werbung für die Aufführungen im Theater, Veröffentlichungen des Zettelträgers und anderen Theaterpersonals oder Veröffentlichungen des Souffleurs. Zu der letztgenannten Gruppe gehören die Souffleur-Journale oder -Almanache, die nicht im Buchhandel erhältlich waren und deren Preis der Käufer selbst bestimmte, Veröffentlichungen von Gedichten und anderen Texten, die vom Souffleur selbst geschrieben wurden, und Kopien von theaterbezogenen Texten (Notenunterlagen, Quodlibets etc.).[16]

In Ljubljana haben sich sowohl die Theaterzettel, d.h. die gedruckten Ankündigungen all *dessen, was ein Theater dem Publikum bekannt machen muss*[17], als auch die verschiedensten Veröffentlichungen des Theaterpersonals erhalten. Von den Souffleur-Journalen wurden bis dato keine von den Souffleuren selbst verfassten Werke eruiert, sondern nur die zur ersten Gruppe gehörenden Texte. Allerdings ist Vorsicht geboten, denn bereits Ende des 18. Jahrhunderts sind in der Krainer Hauptstadt die ersten Theater-Journale bzw. -almanache erschienen, die sich jedoch von den Souffleur-Journalen wesentlich unterscheiden. Sie berichteten über die gesamteuropäische Theaterlandschaft und brachten überwiegend Berichte, Kritiken und Rezensionen der aufgeführten Stücke. Aus dem Jahre 1798 stammt eine gedruckte Theaternachricht, in der das Erscheinen des ersten Laibacher Theaterjournals angekündigt wird und aus der klar ersichtlich ist, dass die Laibacher Theaterlandschaft über die europäische Entwicklung gut unterrichtet war und dass man die Absicht hatte, ein tief fundiertes, sogar der Theaterkritik gewidmetes Theaterorgan herauszugeben wie auch das Publikum über das Geschehen auf der lokalen Laibacher Bühne zu informieren. Die Idee entsprach der damaligen geistigen Atmosphäre: Für die bürgerliche Gesellschaft, die sich im 18. Jahrhundert parallel zur Hofgesellschaft etablierte, spielte die Unterhaltung (mit Belehrung) eine außerordentliche Rolle: Man besuchte Konzerte und Aufführungen, und es wurden im aufklärerischen Geist Zeitungen gegründet, gedruckt und gelesen. Um mit der schnellen Entwicklung Schritt zu halten und stets auf dem neuesten Stand zu sein, war es notwendig, die neuen medialen Möglichkeiten wahrzunehmen und sie zum eigenen Vorteil zu nutzen. Dem entsprach auch die Gründung einer Theaterzeitung in Ljubljana. Dieser Schritt zeugt davon, dass man in der

16 Vgl. Ulrich, Pankratius Brüllers Vermächtnis, 167.

17 Vgl. Blum/Herolßsohn/Marggraff, Allgemeines-Theater Lexikon, Bd. 7 (1842), 239.

Krainer Hauptstadt zunehmend den westlichen Tendenzen[18] der damaligen Zeit folgte. Aus der Ankündigung dieses neuen Theaterorgans erfährt man, dass sich die Theatergesellschaft entschlossen habe, über das Theatergeschehen im lokalen und regionalen Kontext zu berichten und wöchentlich einmal ein Theaterjournal über die aufgeführten Stücke vom 1sten Jener [1. Januar] *1799 auszugeben.*[19] Heute liegen im Slowenischen Nationalmuseum lediglich zwei Nummern dieser Publikation vor, und zwar beide aus dem Jahr 1799.[20]

Die erwähnten Theater-Journale umfassten drei bis vier Seiten und waren mit ziemlicher Sicherheit eine Inspiration für die Ausgaben der Souffleur-Journale. So wie auch anderswo in Europa herausgegebene Journale umfassten die Laibacher Souffleur-Publikationen von vier bis 23 Seiten. Sie widmeten sich aber nicht Auseinandersetzungen mit dem Repertoire der Bühne oder gar kritischen Besprechungen der künstlerischen Werke, denn ihre wichtigste Funktion war, die Theaterbesucher dazu zu bewegen, dem im Theater tätigen Personal durch kleine finanzielle Zuwendung Anerkennung und Lob zu erweisen.

Die Laibacher Theater-Journale wurden durch Zufall bei der Erschließung und Katalogisierung des Nachlasses des begeisterten Theaterforschers Peter von Radics (1836–1912) sowohl im Slowenischen Staatsarchiv[21] als auch im Slowenischen Nationalmuseum, in der sog. „Radics-Theatermappe" gefunden. Die bisherigen Recherchen haben insgesamt 33 Theater-Journale mit lokalem Charakter an den Tag gebracht, die zwischen 1797 und 1893 herausgegeben wurden.[22] Die meisten

18 Mehr dazu in Johannes Frimmel/Michael Wögerbauer (Hgg.), Kommunikation und Information im 18. Jahrhundert. Das Beispiel der Habsburger Monarchie, Wiesbaden 2009.

19 NMS, Radics-Theatermappe, Kuv. 10 (Nachricht, 1798).

20 Vgl. ebd. In den 1950-er Jahren entfaltete sich zwischen den Wissenschaftlern Dušan Ludvik (1914–2001) und Alfonz Gspan (1904–1977) ein langer Diskurs, in dem behauptet wurde, dass solche Journale in Ljubljana bereits im Jahr 1787 erschienen seien. Dabei stützte sich Gspan auf das Verzeichnis des verkauften Inventars aus dem Nachlass der Familie Costa an die damalige St. Petersburger öffentliche Bibliothek (Bibliothèque Impériale Publique St. Peterburg, heute: Gosudarstvennaja Publičnaja Biblioteka Saltykova-Ščedrina), welches von Ludvik bei seinen Forschungen übersehen wurde. Darin wurde verzeichnet, so Gspan, dass sich unter den Dokumenten auch die „Theater-Nachrichten von 1787 angefangen" befinden (vgl. zu dieser Polemik Žigon, Zgodovinski spomin Kranjske, 252–254).

21 Arhiv Republike Slovenije (fortan AS) 984, Nachlass Peter Paul von Radics, Faszikel 13, Mappe LI–LIII.

22 Im Slowenischen Staatsarchiv wurden zwei und im Nachlass von Peter von Radics im Slowenischen Nationalmuseum zunächst 30 Theater-Journale gesichtet; erst später

Journale wurden von den Souffleuren ediert, wogegen nur drei Exemplare nach derzeitigem Forschungsstand von ihren Kolleginnen, den Souffleusen, zusammengestellt und herausgebracht wurden. Ungefähr die Hälfte der Heftchen ist am Ende einer Spielzeit erschienen (17), weitere 16 nachgewiesene Souffleur-Journale wurden zum Jahreswechsel herausgegeben. Im Nachlass Radics' werden 48 Glückwünsche und Neujahrs-Abschiede von Zettelträgern, Logenschließern, Requisiteuren und Dekorateuren und im Slowenischen Staatsarchiv weitere vier solche Drucke aufbewahrt.[23] Alle Drucke des Theaterpersonals, ausgenommen die Souffleur-Journale, sind einseitig bedruckt. Es handelt sich um kleine Zettelchen, aus denen gewöhnlich Dankreden oder Abschiedsgedichte zu entnehmen sind. Sowohl diese Drucke als auch die Souffleur-Journale wurden aus praktischen Gründen meistens im Oktav-Format gedruckt, damit man sie leicht in die Tasche stecken konnte, um sie überallhin mitzunehmen und zu lesen.

Die Rolle und Funktion der Angestellten in einem Theaterunternehmen

Leonhard Bauer, Souffleur auf der Bühne in Ljubljana, ließ 1864 in seinem allen Freunden und Gönnern der dramatischen Kunst gewidmeten „Theater-Almanach" folgende beredte und ausnehmend bildreiche Zeilen abdrucken: *Wenn Leute vom Theater reden, / Gedenken meiner selten sie. / Und doch bin ich weit mehr vonnöthen, / Als Direktion und die Regie. / Als Regisseur die Stirne falten, / Und Dieß und Jenes ordnen an – / Das ist nicht schwer: Zusammenhalten / Das Ganze, darauf kommt es an. / Der Directeur vertheilt die Rollen / Und glaubt, damit sei's abgethan – / Doch wenn die Herrn nicht lernen wollen, / Was ohne mich wohl wär' es dann? – / Um eis'gen Pol, im hohen Norden, / Soll ein Magnetgebirge steh'n, / Die Schiffer wissen's aller Orten / Und danach ihre Schiffe geh'n;/ Wie der Magnet dort in der Mitte, / Sitz' ich in meines Kastens Bauch – / Die oben lenken ihre Schritte / Nach mir und meiner Worte Hauch.* […] */ Ich könnt noch vieles Euch berichten / Von meinem Amtes Wichtigkeit, / Doch tadelt man, wenn die Geschichten / Des*

---

wurde noch ein ähnlicher Druck aus dem Jahre 1864 ermittelt. Dieser befand sich unter den von Radics gesammelten und wahrscheinlich teilweise auch an ihn gerichteten Glückwünschen und Neujahrs-Abschieden der Theaterangestellten (vgl. NMS, Radics-Theatermappe, Kuv. 15). Es ist ferner davon auszugehen, dass in diversen Nachlässen, z.B. in denen der Laibacher Drucker, noch weitere Theater-Journale zu finden sind, die bis dato aber noch nicht eruiert werden konnten.

23 Vgl. AS 13, Višja gledališka direkcija v Ljubljani, Sch. 10, Faszikel 17 (Voščilnice raznašalcev gledaliških listov).

Dichters werden allzubreit;/ D'rum frag' ich nur: die erste Sache / Der Bühne, ist's der Directeur?/ Der Inspizient? ha ha, ich lache! / Ich bin's, der Bauer, der Souffleur.[24]

Da es sich hier wahrscheinlich um eine vorformulierte Textvorlage handelt, die vom Laibacher Souffleur benutzt wurde, ist es als besonders kreativ einzuschätzen, dass er seinen eigenen Nachnamen, Bauer, sehr gelungen in die letzte Strophe eingebaut hat. Dazu ist noch zu konstatieren, dass sich in den zitierten Reimen, die durch einen ausgeprägten Sinn für Selbstironie gekennzeichnet sind, ein wichtiger Aspekt der Theater-Realität der damaligen Zeit verbirgt: Das deutschsprachige Theater des 18. und 19. Jahrhunderts kann man sich ohne Souffleure nicht vorstellen, denn ohne sie wäre es schlechterdings nicht funktionsfähig gewesen. Ein Souffleur, der sich in einem kleinen Kästchen mitten auf der Bühne versteckt aufhielt und den Schauspielern den Rollentext flüsternd zusprach[25], war aus zwei Gründen unentbehrlich: Erstens, weil er mit der herkömmlichen Praxis zu brechen hatte, die seinerzeit schon von Gottsched als Problem geortet und ihn infolgedessen zu einer Theaterreform inspiriert hatte. In diesem Geiste wurde die berühmte Gestalt der deutschsprachigen Stegreifkomödie, der Hans Wurst, von der Bühne verbannt und mit ihm auch jegliche Improvisation. Im 18. Jahrhundert war nämlich der besagte Hans Wurst jene Figur, die immer dann einzuspringen hatte, wenn die Not am größten war, d.h. wenn der Schauspieler seinen Text vergaß. Wie wir wissen, hat mit dieser Strenge und dem einseitigen Eingreifen Gottscheds Lessing später zu Recht aufgeräumt, obwohl das unnachgiebige Eingreifen Gottscheds seinerzeit tiefere Gründe in der bitteren Theaterpraxis hatte. Das zweite ausschlaggebende Moment für das Wirken eines Souffleurs ist auf die Errichtung ständiger Bühnen zurückzuführen. Im Jahr 1717 gründete Friederike Caroline Neuber (1697–1760) die „Neuber'sche Komödiantengesellschaft" und trug dadurch maßgeblich zur Anerkennung des Berufsstandes der Schauspieler bei. Das Theater im 18. und 19. Jahrhundert (auch die Theatergesellschaft der Neuberin) existierte überwiegend als Privatunternehmen und erfüllte sowohl eine wirtschaftliche als auch unterhaltende Funktion, was im Klartext bedeutet, dass es imstande sein musste, seinem Publikum immer wieder neue Theaterstücke zu zeigen. Auch aus diesen Gründen musste es mit nur wenig Proben auskommen und die Schauspieler und Schauspielerinnen mussten sich notgedrungen auf die Souffleure als *unterirdische*

---

24 Leonhard Bauer, Laibacher Theater-Almanach für das Jahr 1864, Laibach 1864, unpag. In: NMS, Radics-Theatermappe, Kuv. 10, Nr. 8.

25 Vgl. Ph. J. Düringer/H. Barthels (Hgg.), Theater-Lexikon. Theoretisch-practisches Handbuch für Vorstände, Mitglieder und Freunde des deutschen Theaters, Leipzig 1841, 1004.

Gedächtnisstützen verlassen können.[26] Dadurch wurden die Souffleure als Rettungsanker bei etwaigem Textvergessen in der Tat unentbehrlich.

Angesichts dieser Entwicklung legten sowohl die Theatergruppen selbst als auch ihre Direktoren großen Wert darauf, die Texte auf der Bühne wortgetreu wiederzugeben. Der Weg für den neuen Beruf im Theater, den des Souffleurs, war somit geebnet. Die bitter nötige, obwohl undankbare Aufgabe eines Souffleurs oder einer Souffleuse bestand darin darauf zu achten, dass die Schauspieler und Schauspielerinnen auf der Bühne genau den vom Zensor und Direktor festgelegten Text sprachen.[27] Der Souffleur las mit leiser Stimme den Text Wort für Wort vor, während er zugleich das Spiel auf der Bühne genau verfolgte und an jenen Stellen, wo der Schauspieler Unsicherheit merken ließ, seine Stimme erhob.[28]

Das Aufgabenfeld der Souffleure umfasste also zwei ambivalente Funktionen: Einerseits signalisierten Souffleure den Darstellern ihre Einsätze und halfen ihnen, über Hänger hinwegzukommen, andererseits trugen sie auch Verantwortung dafür, dass jene die Anweisungen des Direktors und des Regisseurs respektierten und befolgten. Somit waren sie nicht nur Helfer in der Not, sondern im Theater auch eine Art Autorität. In diesem Sinn wird in den „Theater-Gesetzen", die für die unter der Direktion von Carl Stelzer stehenden Bühnen[29] galten und 1859 beim Laibacher Drucker Josef Blasnik[30] gedruckt wurden, im Paragrafen 12 ausdrücklich festgehalten, dass eine willkürliche Kürzung sowie eigenmächtige

26 Vgl. Ulrich, Pankratius Brüllers Vermächtnis, 157.

27 Vgl. Paul S. Ulrich, The 19th Century Souffleur-Journal in Brünn. Example of a Tradition Largely Ignored in Theatre Research. In: Horst Fassel/Paul S. Ulrich/Otto G. Schindler (Hgg.), Deutsches Theater im Ausland vom 17. zum 20. Jahrhundert, Berlin 2007, 123–145, hier 123–126.

28 Rudolf Schroeter, Das Liebhabertheater. In: Spemanns goldenes Buch des Theaters. Eine Hauskunde für Jedermann, Berlin-Stuttgart 1902, 1216–1217, hier 1216.

29 Zu diesem Zeitpunkt stehen keine weiteren Angaben zur Verfügung, an welchen Bühnen Stelzer Ende der 1850-er und Anfang der 1860-er Jahre tätig war. Es steht jedoch fest, dass er Anfang der 1870-er Jahre als Regisseur am Temeswarer Theater agierte, sich 1871/72 um die freigewordene Stelle des Theaterdirektors beworben hatte und diese dann auch einige Jahre bekleidete (vgl. Franz Metz, Die Oper als Institution im Südosten Europas unter besonderer Berücksichtigung der Banater Musikzentren Temeswar, Arad und Orawitza. In: Musikgeschichte in Mittel- und Osteuropa 4 (1999), 46–62).

30 Mehr zu Blasnik in: Mira Miladinović Zalaznik, Der Laibacher Drucker und Verleger Josef Blasnik. In: Mira Miladinović Zalaznik/Maria Sass/Stefan Sienerth (Hgg.), Literarische Zentrenbildung in Ostmittel- und Südosteuropa: Hermannstadt/Sibiu, Laibach/Ljubljana und weitere Fallbeispiele, München 2010, 345–355.

Zusätze oder Veränderungen in den Soufflierbüchern nicht gestattet seien und mit einer Geldstrafe in Höhe von 2 Gulden österreichischer Währung zu bestrafen wären.[31] Auch deswegen sahen die Souffleure ihrem weiteren Schicksal mit Skepsis entgegen. Sie gehörten zum hochgebildeten Personal mit ausgeprägten Menschenkenntnissen, man erwartete von ihnen *Geistesgegenwart in verwickelten Fällen* und hob insbesondere hervor, dass einen Souffleur, wenn er selbst kein Schauspieler sei, *erst lange Erfahrung und Routine tüchtig machen.*[32] Der Laibacher Souffleur Gustav Sachs veröffentlichte deswegen in seinem Theater-Journal einige Gedanken hinsichtlich der beruflichen Position des Souffleurs im Vergleich zu jener des Schauspielers und schlussfolgerte bissig: *Ein Souffleur ist der beneidenswerthe Mensch auf Gottes weitem Erdboden* [...] *Überhaupt ist der Souffleur bei weitem besser daran, als der Schauspieler; denn ein Souffleur, mag er auch noch so schlecht sein, schlechter als der Schauspieler ist er nie! – Der Souffleur hat die schönsten Aussichten – auf der Bühne; im Leben hat er nur eine, und die ist miserabel! Denn sie führt ihn nämlich zu der gewissen Überzeugung: Dass er eigentlich gar keine Aussicht hat!*[33]

Ähnlich wie die Souffleure beklagten auch alle anderen *unsichtbaren* Personen im Theater wie Requisiteure, Billeteure oder Zettelträger ihr bitteres Los – teilweise ermuntert von den soufflierenden Kollegen, teilweise weil sie sich ihrer unentbehrlichen Rolle im Theaterunternehmen bewusst waren, obwohl sie vorwiegend im Schatten aller anderen standen und weder von den Schauspielern und der Direktion noch vom Publikum wahrgenommen und beachtet wurden. Als Beweis dieser Behauptung sei hier die Passage aus dem „Allgemeinen Theater-Lexikon" angeführt, worin ausdrücklich hervorgehoben wird, dass die Requisiteure die nötigen Requisiten beschaffen, bereithalten und im Requisitenbuch führen sollten. Im Weiteren wird jedoch unmissverständlich darauf verwiesen, dass es angebracht

---

31 Carl Stelzer, Theater-Gesetze für die unter der Direktion des Carl Stelzer stehenden Bühnen, Laibach 1859, 7. In: NMS, Radics-Theatermappe, Kuv. 20, Nr. 3. Es bleibt noch darauf hinzuweisen, dass man die „Souffleur-Journale" keinesfalls mit dem „Souffleurbuch" verwechseln darf, worin die vom Regisseur oder Zensor angeordneten Streichungen, Korrekturen und Änderungen eingetragen wurden – bis jetzt wurde in Ljubljana kein einziges Exemplar eines Souffleurbuches gefunden.

32 Düringer/Barthels (Hgg.), Theater-Lexikon, 1004.

33 Gustav Sachs, Theater-Almanach des landschaftlichen Theaters in Laibach. Souvenir zum neuen Jahre 1870, Laibach 1870, 19. In: NMS, Radics-Theatermappe, Kuv. 10, Nr. 16; vgl. auch die etwas modifizierte Version dieses Textes in: Theater-Journal zum neuen Jahre 1887, Laibach 1887. In: AS 984, Nachlass Peter Paul von Radics, Faszikel 13, Mappe LII.

sei, *für Nachlässigkeit in Beschaffung und Bereithaltung der R*[equisite] [...] *ungewöhnlich strenge Strafen festzulegen, da Fehler in dieser Beziehung oft zu den größten Störungen und Unterbrechungen Veranlassung geben.*[34]

Leichter hatten es die Billeteure, welche man aufgrund ihrer Aufgaben auch Logenschließer nannte. Ihre Obliegenheit bestand darin, *die Billets einzunehmen und dem Inhaber derselben den darauf bezeichneten Platz anzuweisen.*[35] Die Logenschließer waren für das Aufschließen der Logen und für die Ruhe in den Logengängen während der Vorstellung zuständig, aber auch für die Kommodität der Logenbesitzer, z. B. für das Aufbewahren von Kleidungsstücken oder das adäquate Herrichten des Platzes, wie das *die gewohnte Bequemlichkeit des Logen-Abonnenten erheischt*[e].[36]

Im Unterschied zu den bereits genannten Angestellten innerhalb des Theatergebäudes übernahmen die Zettelträger außerhalb dessen die äußerst wichtige Aufgabe im Bereich der Werbung. Sie fungierten als Verbindungsglied zwischen den Theaterbesuchern und der Theatergesellschaft und hatten die Verpflichtung, für eine möglichst große Verbreitung der Theaterzettel zu sorgen, und zwar *durch Anschlag, durch Niederlegung an öffentliche Orte, durch eine bestimmte Anzahl frei zu verteilender Zettel, z. B. an der Tages-Casse zu befördern.* Sie waren außerdem dazu verpflichtet, *der Direktion eine* [...] *bestimmte Zahl* [von Theaterzetteln] *zur freien Disposition, z. B. für die Mitglieder des Theaters etc., abzuliefern.*[37] In diesem Sinne trugen sie die Mitverantwortung für schlecht besuchte Aufführungen und ernteten Lob für die gut besetzten. Auf diese Weise handelten sie bis zu einem gewissen Grad als Agenten, die das interessierte Publikum zum Theaterbesuch animierten und dafür begeisterten.[38]

---

34 Blum/Herolßsohn/Marggraff (Hgg.), Allgemeines-Theater Lexikon, Bd. 6 (Neue Ausgabe, 1846), 181.

35 Ebd., Bd 1 (Neue Ausgabe, 1846), 327.

36 Düringer/Barthels (Hgg.), Theater-Lexikon, 673.

37 Ebenda, 1070.

38 Das Ziel ihres Berufes sahen die Zettelträger darin, das Publikum zufrieden zu stellen wie im Abschied eines Laibacher Zettelträgers aus dem Jahr 1871 zu lesen ist: Es eilt die Zeit, und wechselnd flieh'n die Stunden, / Es ruht auf uns ein wankendes Geschick; / Schnell ist die heit're Gegenwart entschwunden, / Und nichts als die Erinnerung bleibt zurück, / Sie mahnt ihn an die schönsten aller Stunden, / Die er in ihrer Mitte hat gefunden. // Nicht minder schwer ist es dem Zettelträger / Aus seiner Gönner Mitte jetzt zu zieh'n; / Wo sich des allerschwersten Amtes Pfleger / Zufriedenheit erwarb durch sein Bemüh'n; / Und stets wird achtungsvoll der Gönner denken, / Die ihn mit ihrer Gunst beschenken (Franz Fürst, Abschied des Zettelträgers im Jahre 1871, Laibach 1871. In: NMS, Radics-Theatermappe, Kuv. 15, Nr. 10).

Wie aus den Archivquellen hervorgeht, ließen alle Theaterangestellten in mehr oder weniger regelmäßigen Zeitabschnitten ihre dem Publikum gewidmeten Texte drucken. Doch von besonderer Wichtigkeit sind hierbei die Souffleur-Journale, die nicht nur einseitig bedruckt wurden (wie z.B. eine Glückwunschkarte zum Neujahr), weil es sich in diesem Fall um periodisch erscheinende Publikationen informativer und unterhaltender Natur handelt.

Die Kenntnisse, das Bildungsniveau und die Sorgen und Nöte der Souffleure

Im „Allgemeinen Theater-Lexikon" definiert man die fortdauernde Tätigkeit der Souffleure als *ein notwendiges Uebel*[39], das nur durch ihre Geschicklichkeit und Raffinesse gemildert werden könne: *Die Geschicklichkeit besteht nun zuvörderst in einem großen Interesse an der Sache, in deutlicher und doch leiser Aussprache, in Kenntniß lebender und todter Sprachen und in der Beurtheilungskraft, ob eine vom Schausp. übersprungene Stelle unbeschadet wegbleiben, oder zum Verständniß des Ganzen derselbe wieder darauf zurückgebracht werden muß. Wichtig ist für ihn eine genaue Kenntniß der Persönlichkeit aller, ihrer Gewohnheiten und Schwächen, und die Erfahrung in den Proben, wo der Schausp. nicht ganz sicher ist. Häufig findet man vortreffliche S.e, die früher selbst Schausp. waren und dieses Factum scheint für die Behauptung zu sprechen, dass dem S. ein gewisses dram. Talent inne wohnen müsse, wenn er allen Anforderungen seines Amts entsprechen will. Mangelhaft ist seine Dienstleistung, wenn er, die Augen unverwandt auf das Buch geheftet, nur abliest, keinen der Darsteller ansieht, wenn er sprechen soll, nicht winkt, wenn jemand aufzutreten hat, überhaupt nicht mit ganzer Seele im Buche und doch auch bei dem ist, was auf der Bühne geschieht. – Dagegen hat er sich zu hüten, den Eindruck, den er von komischen Szenen empfängt, durch Lachen zu verrathen und dadurch die Schausp. in Verlegenheit zu bringen.*[40]

Die Souffleure waren nicht nur künstlerisch begabt, sondern mussten gute Menschenkenntnis, dramatisches Talent, schauspielerische Begabung und einen Sinn für Regie – alles aus ihrem versteckten Kästchen heraus – besitzen. Häufig waren sie, je nach Fähigkeit und Eignung, für die Vorbereitung[41] von Briefen, die als Requisiten dienten, für die Anfertigung von Szenarien oder für das Kopieren

---

39 Blum/Herolßsohn/Marggraff (Hgg.), Allgemeines-Theater Lexikon, Bd. 7 (1842), 12.

40 Ebenda.

41 Das Niederschreiben von Briefen, Verträgen u. s. w. gehörte des Öfteren zum Aufgabenfeld der Souffleure, was bedeutet, dass sie alles, was laut auf der Bühne vorgelesen wurde, anfertigen mussten. Die Schauspieler mussten dagegen den zu lesenden Text

der Textvorlagen verantwortlich.[42] Ferner haben sie nicht selten als Schauspieler, Sänger, Chorsänger und Inspizienten agiert. Nicht selten fungierten sie als so genannte Theateragenten, die als Vermittler zwischen Theater und Darsteller sowie Theater und Schriftsteller wirkten.[43]

Trotzdem wurde den Souffleuren meistens kein öffentlicher Respekt gezollt. Ganz im Gegenteil, sie befanden sich ständig in einem notgedrungenen Interessenkonflikt: Einerseits wünschten sich die Zuschauer, dass man leiser soufflierte und die Stimmen der Akteure dadurch nicht übertönte, andererseits hatten die Akteure äußerst subjektive Vorstellungen davon, wann der Souffleur einzuspringen hatte. So beklagten Souffleure des Öfteren ihre prekäre professionelle Lage und ließen in den Theater-Journalen solche Gedichte abdrucken: *Unter allen Ständen auf dieser Erden / Ist keiner verknüpft mit so viel Beschwerden /* [...] */ Verborgen im Kasten, der grausigen Hülle, / Muß täglich er spenden die Worte in Fülle; / Doch wenn seine Stimme zu leise erklingt, / Dann wehe dem Armen, dann ruft der Acteur, / Mein Gott! Heute schläft, glaub ich, unser Souffleur. / Doch ist er zu laut, dann hört er die Klagen / Der Gönner, und darf doch die Gründe nicht sagen, / Die ihn bewegten: d'rum sehen sie ein, / Es kann in dem ganzen menschlichen Leben, / Kein härteres Amt, als das jenige geben, / Der zweier Herren Diener muß sein.*[44]

---

auswendig lernen, doch wurden einschlägige Passagen, etwa in Briefen oder Verträgen, auch auf dem Papier festgehalten, damit die Authentizität vorgetäuscht werden konnte.

42 Blum/Herolßsohn/Marggraff (Hgg.), Allgemeines-Theater Lexikon, Bd. 7 (1842), 12.

43 Estzer Kovács/Paul S. Ulrich, Die Souffleure im deutschsprachigen Theater des 19. Jahrhunderts, unter besonderer Berücksichtigung der Souffleure im Raum des heutigen Rumäniens und Ungarns. In: Horst Fassel/Małgorzata Leyko/ Paul S. Ulrich (Hgg.), Polen und Europa. Deutschsprachiges Theater in Polen und deutsches Minderheiten-Theater in Europa (Thalia Germanica 6), Lodz-Tübingen 2005, 148–176, hier 169.

44 Gustav Sachs, Abschieds-Journal zum Beschluss der Theater-Saison 1870, Laibach 1870, unpag. In: NMS, Radics-Theatermappe, Kuv. 10, Nr. 17). Die zitierten Zeilen wurden jedoch nicht vom Laibacher Souffleur Sachs selbst verfasst, sondern dieses Gedicht wurde noch mindestens in sechs weiteren Theater-Journalen (in Innsbruck, Meiningen, Plauen, Wien, und zweimal in der Wiener Neustadt) im Zeitraum von 1835 bis 1876 abgedruckt (vgl. Kovács/Ulrich, Die Souffleure im deutschsprachigen Theater, 160). Gelegentlich wurde das Gedicht auch betitelt (z.B. Jeremiade eines Souffleurs), was ein im Theatermuseum der Österreichischen Nationalbibliothek (Sig. 241004–A The) aufgefundenes Exemplar aus Košice (Kaschau), heute in der Ostslowakei bezeugt (Friedrich Hänsel, Theater-Journal, Kaschau 1857).

Die in der Mitte des Proszeniums im Kasten hockende Schlüsselpersönlichkeit[45] des Theaters fühlte sich also immer wieder äußerst missverstanden und betrauerte bitterlich, spätestens am Ende der jeweiligen Saison, in den Abschiedsjournalen ihr Los – von Niemandem (weder von den Schauspielern noch von dem Publikum) respektiert und angenommen zu werden.

Die Form der Souffleur-Journale und die Vernetzung des Theaterpersonals

Die Form und Struktur der bis dato gefundenen Souffleur-Journale weist ein zur damaligen Zeit allgemein akzeptiertes und gängiges Muster auf. Wo immer sie herausgegeben wurden (entweder in Ljubljana, Wien oder anderswo), brachte man einleitend ein ein- oder mehrstrophiges Gedicht (meistens über die Sorgen und Plagen eines Souffleurs) und verzeichnete danach den Personalbestand wie auch das Repertoire der lokalen Bühne.[46] Während an einigen Bühnen Souffleure gerne Anekdoten aus dem eigenen Theatererleben dem Publikum preisgaben, gibt es bei den in Ljubljana erhalten gebliebenen Quellen keine Hinweise; hier stammten solche Texte nie aus der eigenen Feder der Souffleure, da es sich dabei vielmehr meistens um kurze Erzählungen mit belehrender Note handelte, die sich nicht mit dem lokalen Theatergeschehen befassen.

Es ist davon auszugehen, dass Souffleure die Rahmentexte (Gedichte und Anekdoten) für ihre Journal-Ausgaben aller Wahrscheinlichkeit nach mit den Standeskollegen ausgetauscht haben. Dadurch ist es zu einem Wissenstransfer[47] bzw. zu einer gewissen Vernetzung gekommen, welche ähnlich wie die heutigen ‚Netzgesellschaften' bzw. ‚sozialen Netzwerke' funktionierte. Die neuen Formen und Praktiken sind nämlich über verschiedene Wege nach Ljubljana gekommen. Vornehmlich waren es die Theaterdirektoren und -regisseure, die nach einer gewissen Zeit das Theater wechselten und damit von Ort zu Ort zogen. Sie haben die Herausgabe der Souffleur-Journale sicherlich unterstützt, erstens weil diese die Funktion der umfangreicheren Theateralmanache übernahmen (so einen Almanach kannte Ljubljana beispielsweise nicht), aber auch weil diese den Werbezwecken und der Popularisierung ihres Unternehmens dienten. Ob auch das

45 Das Souffleurkästchen an der Rampe in der Mitte des Proszeniums war meistens aus starkem Blech in halbrunder Muschelform angefertigt (vgl. Düringer/Barthels (Hgg.), Theater-Lexikon, 1003).

46 Seltener wurden auch noch Personalabgänge und Gäste festgehalten, während die letzten Seiten mit Anekdoten, Quodlibets und weiteren Gedichten gefüllt wurden.

47 Vgl. Kortländer, Begrenzung – Entgrenzung, 1–19.

Theaterpersonal sich stets auf Wanderung befand und des Öftern die Theatergesellschaft wechselte, kann zu diesem Zeitpunkt weder bestätigt noch verneint werden, da sowohl in der zugänglichen Sekundärliteratur als auch in den Laibacher Primärquellen keine biographischen Daten zu den Souffleuren und zum im Hintergrund stehenden Theaterpersonal vorliegen. Es ist festzuhalten, dass die Souffleur-Journale relativ schnell in das lokale Theatergeschehen integriert wurden: Das älteste überlieferte Journal in Ljubljana stammt aus dem Jahr 1797[48], d. h. es ist rund 25 Jahre nach den ersten lokalen Almanachen in Wien erschienen und hat die Wiener Form seinen Bedürfnissen völlig angepasst.

Die Souffleure auf der deutschsprachigen Bühne sind allerdings nicht von allein auf die Idee gekommen, eigene Journale herauszugeben, sondern wurden höchstwahrscheinlich von den Schauspielern, Regisseuren oder Kapellmeistern dazu inspiriert; diese gaben stets Benefizveranstaltungen, um ihr eigenes Einkommen zu fördern.[49] Das muss für die Souffleure ein Stimulus gewesen sein, die diesem Vorbild folgten, indem sie die Idee der Benefiz-Veranstaltungen etwas modifizierten: Mit ihren selbst verfassten Veröffentlichungen dankten sie ihrem Publikum für etwaige finanzielle Zuwendungen im Voraus. Somit trugen der Austausch zwischen den Souffleuren und deren Vernetzung nachhaltig zur Verbesserung des Lebensunterhaltes bei.

Es erscheint als besonders interessant, dass die Publikationen der Souffleure auch vom anderen Personal begrüßt wurden, denn auch dieses machte sich die Idee der Benefiz-Ausgaben zu Eigen.[50] Dabei war das Theaterpersonal nicht besonders innovativ und machte sich bezüglich der inhaltlichen Zusammenstellung der

---

48 Das Journal trägt den Titel „Verzeichniß aller in Laibach unter Führung des Herrn Konstantin v. Paraßkovitz auf dem Landschaftlichen Theater aufgeführten Lust-, Schau-, Sing- und Trauerspiele von 24. Sept. 1796 bis Aschermittwoch 1797“ (vgl. NMS, Radics-Theatermappe, Kuv. 10, Nr. 1) und bringt auf der ersten Seite statt einer Vorrede „ein zehnstrophiges Gedicht über die Leiden der Souffleure, das hier mit dem Zitat aus der zweiten Strophe dargelegt sei: Du weißt ja, werther Leser! Doch / Die Bühne hat ganz vorn ein Loch / Mit einem hohlen Deckel; / Darunter sitzt ein Ding, wie ich, / Am Rand des Lochs befinden sich / Zwei Lichter, Buch und Glöckel“.

49 In den jeweiligen Verträgen mit den Schauspielern wurden die Anzahl der Benefizaufführungen sowie die Höhe der Erträge festgelegt. Der Theaterdirektor war darüber hinaus gesetzlich verpflichtet, die Wohltätigkeitsveranstaltungen zu geben, beispielsweise um das Geld für die Armen zu sammeln (vgl. Ulrich, Pankratius Brüllers Vermächtnis, 162).

50 In den Laibacher Theater-Journalen wird auf der Titelseite oft der Satz abgedruckt: Der Reinertrag statt Benefize für die Souffleuse (Louise Walleckk, Theater-Journal zum neuen Jahre 1893, Laibach 1893, 1. In: NMS, Radics-Theatermappe, Kuv. 10, Nr. 25) oder es wird lediglich in Form eines Mottos indirekt auf die finanzielle Not des Theaterpersonals hingewiesen wie z. B.: „Mit ‚Geld‘ in der Hand, / Kommt man durchs

Texte auch keine Mühe: Man gab sich entweder mit dem Kopieren oder mit leichten Veränderungen der Souffleur-Texte zufrieden und verteilte unter den Theatergönnern einseitig gedruckte Zettelchen, meistens nur mit einem einzigen Glückwunsch- oder einem Abschiedsgedicht. So lieh sich ein Zettelträger ihn selbst ansprechende Reime oder ganze Gedichte aus einem der existierenden Souffleur-Journale. Dabei konnte es passieren, dass ein Gedicht, wie das unten zitierte, in Form eines Pokals, in Ljubljana zweimal veröffentlicht wurde –von einem Souffleur und von einem Zettelträger:

Theure Gönner! Für Euch blinket
Dieser freundlich heitere Pokal.
Nehmt ihn an; er faßt die Zahl
Aller Wonne, die Euch winket.
Durch der Jahre weiten Raum
Nicht nur wachend, auch im Traume
Werden Euch der Schöpfers Freuden
In dem reichsten Maß zu Theil;
Ringt Ihr selbst in herben Leiden
Sprießet Euch daraus nur Heil!
Jede neue Sonne
Schaffe neue Wonne.
Unter Scherzen
Fern von Schmerzen
Fülle Lust
Eure Brust.
Weise
Würze die
Freuden,
Weise
Kürze die Leiden,
Darum scheucht d. Sorgen
Fern vom Lager jeden Morgen;
Nur der Freude sei stets offen
Aufgethan das heitre Thor des Lebens.
Dürft' ich, theure Gönner! nicht vergebens
Meiner Wünsche Wirklichkeit verhoffen!
Wer wäre außer mir – wohl glücklicher allhier.[51]

ganze Land" (Gustav Sachs, Abschieds-Journal zum Beschluss der Theater-Saison 1870, Laibach 1870, unpag. In: NMS, Radics-Theatermappe, Kuv. 10, Nr. 17).

51 Weber, Souvenir, 2; vgl. auch. Franz Fürst, Zum neuen Jahre 1869. In: NMS, Radics-Theatermappe, Kuv. 15, Nr. 38.

Der unbekannte Verfasser dankte seinem Publikum nicht nur mit Worten, sondern überreichte den Theaterbesuchern symbolisch auch noch einen Kelch: das Layout des Pokal-Gedichtes, das allem Anschein nach sehr beliebt gewesen war, ist in den Journalen, die zwischen 1828 und 1900 von Reval (Tallinn) bis Straßburg erschienen sind, mehr als dreißigmal verwendet worden.[52]

Fazit

Die Praktiken des Theaterpersonals und vornehmlich der Souffleure und deren Theater-Journale auf der Laibacher deutschen Bühne im 19. Jahrhundert lassen sich mühelos in den europäischen Kontext einbetten. Anhand der Archivquellen konnte belegt werden, dass man auf den deutschen Bühnen in allen Teilen Europas die gleichartig überlieferten Methoden benutzte, um das Publikum für sich zu gewinnen, was von einem regen Kultur- und Wissenstransfer zeugt. Die Informationen und die neuen Formen der medialen Kommunikation innerhalb eines Theaterunternehmens sind nach Ljubljana über diverse Kanäle gekommen, meistens dank der Mobilität der Theaterangestellten, die mitunter (nach einigen Saisons) die Bühne wechselten und in das Theater, in welchem sie dann ihre Tätigkeit fortsetzten, neue modi procedendi mitbrachten.

Die Theaterangestellten verfolgten mit der Herausgabe ihrer Publikationen mindestens drei Ziele, welche aufgrund der untersuchten Archivmaterialien folgende Schlussfolgerungen zulassen: Zum einen können die Souffleur-Journale als eine Art Berichterstattung über das Geschehen auf der Laibacher Bühne verstanden werden, welche der permanenten Information des Publikums dienten. Zum Zweiten wurde dadurch das Theater zum wichtigen Treffpunkt der bürgerlichen Gesellschaft erhoben und der Theaterbesuch, wie bereits von Lessing im aufklärerischen Geist postuliert, als eine der wichtigsten Unterhaltungs- und Bildungsformen popularisiert. Dies untermauerte die unentbehrliche und bedeutende Rolle des Theaterpersonals im Theatergeschäft erheblich. Zum Dritten hatten sich die Herausgeber, unabhängig davon, ob es sich bei den Drucken um umfangreichere Souffleur-Journale oder lediglich um kleine Zettelchen handelte, auf diese Weise eine Möglichkeit eröffnet, aus dem Schatten ihres Daseins herauszutreten und einige zusätzliche Groschen zu verdienen. Es steht fest, dass das Laibacher Theaterpersonal sehr wohl und sehr gut über die Praktiken auf den

52 Ulrich, Abonnement Suspendu, 83–101, hier 87f. Bei allen in den Theater-Journalen veröffentlichten Texte, es sei denn die einleitenden Gedichte oder die Anekdoten, fehlt ausnahmslos die Quellenangabe, was die Bestimmung zur eindeutigen Provenienz der Gedichte behindert (vgl. auch. Ulrich, A Preliminary Bibliography, 3–8).

Bühnen im Ausland unterrichtet war und das erworbene Wissen erfolgreich in die eigene Theaterrealität integrierte.

Erst weitere Forschungen werden die Frage beantworten können, wie die Texte von einer Bühne zur anderen tatsächlich kursierten. Nach dem heutigen Stand der Recherche kann die Behauptung gewagt werden, dass es dafür eine gemeinsame Quelle mit vorformulierten Texten und Gedichten gab, mit denen man jeweils nach eigenem Gutdünken die Seiten der lokalen Theater-Journale füllte. Sowohl die Souffleur-Journale als auch die minimalistischen Druckerzeugnisse des sonstigen Theaterpersonals können nicht nur für ihr Vermächtnis gehalten werden, sondern stellen zugleich eine zuverlässige Fundgrube an Informationen über die deutschsprachige Theaterlandschaft im 19. Jahrhundert in Krain dar, deren Erforschung noch aussteht.

Neda Donat

Der Deutschunterricht in der Bucht von Kotor unter österreichisch-ungarischer Herrschaft

In der Bucht von Kotor, die seit 1918 zu Montenegro gehört, wechselten sich in der Vergangenheit viele Herrscher ab, die die Gründung von Mittelschulen in einem Gebiet mehr oder weniger förderten, das eigentlich auf eine lange Schultradition zurück blicken kann. Schon im 13. Jahrhundert, als die Stadt Kotor (Cattaro) ein eigenes Statut besaß, existierte eine Grammatikschule.[1] Im Jahr 1420 kam Kotor unter die Venezianer, die, weil sie der Bildung breiterer Bevölkerungsschichten nicht zugetan waren, diese Schule am Anfang des 16. Jahrhunderts schlossen. Obwohl die lokale Bevölkerung nichts unversucht ließ[2], kam es zu keiner Wiedereröffnung der Schule, da sie die Venezianer finanziell nicht unterstützen wollten; deshalb schickten reiche Stadtbürger ihre Kinder zur Ausbildung nach Rom und Padova.

Am Ende des 18. Jahrhunderts wurde von zwei Geistlichen eine private Schule gegründet, die nach einigen Jahren jedoch wieder geschlossen werden musste, als deren Gründer im Bistum von Kotor Funktionen übernahmen. Die Grammatikschule erlosch somit zu gleicher Zeit erneut, als die Venezianische Republik im Jahr 1797 fiel.

Während der ersten Herrschaft Österreichs in der Bucht von Kotor (1797–1805) wurde keine Mittelschule gegründet, wie sich die Einwohner erhofft hatten.[3] Die Bucht war zu dieser Zeit administrativ unabhängig von der Regierung in Zara (Zadar) und unterstand direkt der Hofkanzlei in Wien, weshalb sich die Bevölkerung an die österreichischen Behörden wandte, die deren Ansuchen um eine Schulgründung prüfte. Nach der kurzen österreichischen und russischen Herrschaft kam Kotor im Jahr 1807[4] unter die Herrschaft von Frankreich, das mehr Interesse an Schulen

1 Im antiken Griechenland bezeichnete man den Lehrer „Grammatikos“ und in der römischen Republik „Grammaticus“.

2 Einen Teil des nötigen Geldes und einen Palast schenkten der Stadt der Kotoraner Kanoniker Bolica und seine Mutter. Den Rest der erforderlichen Mittel sollte Papst Clemens XI. bereit stellen, was er aber nicht getan hat.

3 Nach dem Präliminarfrieden von Leoben vom 18. März 1797 hat Österreich u. a. Istrien, Dalmatien, die Inseln der Kvarner-Bucht und die Bucht von Kotor bekommen.

4 Die Russen haben die Bucht von Kotor am 5. März 1806 übernommen. Die Franzosen herrschten hier ab August 1807.

zeigte. General Marmont initiierte die Gründung einer Kommission, die sich mit der Frage der Eröffnung von Schulen in der Bucht von Kotor beschäftigte. Die französische Regierung stimmte dem Vorschlag der Kommission zu, in Kotor ein öffentliches Gymnasium zu gründen, was im Januar 1811 auch geschah, doch wurde auch diese Schule mit dem Abzug der Franzosen nach nur drei Jahren (Januar 1814) geschlossen.[5] Nach acht Monaten der ‚Volksherrschaft', während der die Bucht von Kotor und Montenegro vereinigt waren, wurde die Bucht gemäß dem Beschluss der Allianzmächte im Jahr 1814 wieder ein Teil der österreichischen Monarchie. Diese zweite Zugehörigkeit zum Habsburgerreich dauerte von 1814 bis 1918, als die Bucht ein Teil des Königreiches der Serben, Kroaten und Slowenen wurde.[6] Die Amtssprachen waren bis zum Jahr 1918 Deutsch und Italienisch, doch wurden die Amtsbücher in den Institutionen (Gericht, Post, Schulen, Gemeinde) nur in italienischer Sprache geführt[7], auch die Jahresberichte bis zum Schuljahr 1898/99 wurden in Italienisch herausgegeben. In der Bucht kann man aber auch Beispiele dafür finden, dass einzelne Bürger Einfluss auf das Lernen bestimmter Sprachen hatten. So hatte z.B. der Kapitän Tripo Kamenarović, ein angesehener Bürger von Dobrota (damals ein Teil von Kotor) der Stadtgemeinde sein ganzes bewegliches und unbewegliches Eigentum unter der Bedingung hinterlassen, dass in der Nautischen Schule auch die englische Sprache eingeführt werde, was auch im Schuljahr 1879/80 geschah.[8] Ein ähnliches Beispiel gibt es auch für die Seefahrtschule in Srbina.

Die Erforschung der Geschichte der Mittelschulen in der Bucht wird durch die Tatsache erleichtert, dass die Jahresberichte der Schulen viel früher gedruckt wurden als im so genannten alten Montenegro, und dass die Schuldokumentation zum großen Teil erhalten geblieben ist. Luko Zore, Direktor des Gymnasiums in Kotor, hatte im Schuljahr 1872/73 das Drucken von Jahresberichten initiiert[9], und auch die Nautische Schule hat Jahresberichte herausgegeben, die zusammen mit jenen des Gymnasiums im Historischen Archiv von Kotor aufbewahrt werden. Der älteste, bis jetzt gefundene Jahresbericht der Nautischen Schule stammt aus dem Schuljahr 1882/83.

---

5 Jahresbericht des Gymnasiums in Kotor für das Schuljahr 1939/40, 3–5.

6 Špiro Milinović, Podaci o istoriji Morinja i okolnih mjesta, Morinj 1974, 43.

7 Am Anfang der zweiten österreichischen Herrschaft im Jahr 1814 war die Bucht der Landesregierung in Zadar unterstellt. Anfang 1816 wurden die Bucht von Kotor und Dubrovnik ein Teil von Dalmatien, das als österreichische Provinz direkt Wien unterstellt war, mit Italienisch als Amtssprache.

8 Tonka Carić, Engleski jezik u nastavi u našem pomorskom školstvu, Beograd 1998, 20.

9 Jahresbericht dieses Gymnasiums für das Schuljahr 1939/40, 7.

Im Unterschied zum Gymnasium in Cetinje, in das auch Schülerinnen schon im Jahr 1907 eingeschrieben wurden, besuchten das Gymnasium in Kotor bis zum Schuljahr 1910/11 nur Schüler; erst von da an konnten es auch Mädchen besuchen, wenn es im Ort keine anderen Mädchenschulen gab, doch blieb die Zahl der Schülerinnen auf 5 Prozent begrenzt.[10] In der Zeit davor (1873/74–1910/11) konnten Mädchen nur als private Schülerinnen eingeschrieben werden, d.h. sie konnten am Ende des Schuljahres jeweils Prüfungen für die einzelnen Klassen ablegen.

Außer der langen Tradition der gymnasialen Ausbildung ist auch die Tradition der Nautischen Schulen lang. In der Bucht gab es nämlich schon im 16. Jahrhundert private nautische Schulen in Perast, Kotor, Prčanj, Dobrota, Herceg Novi und Topla, deren bekannteste jene in Perast war.[11] Die erste staatliche Nautische Schule in Kotor wurde im Jahr 1850 eröffnet.

Deutschunterricht in den Mittelschulen in der Bucht von Kotor

Über das älteste Gymnasium in Montenegro (in seinen heutigen Grenzen) ist nicht viel geschrieben worden. Zum 100-jährigen Jubiläum des Gymnasiums im Jahr 1965 wurde eine Festschrift verfasst, die aber erst 1973 erschien.[12] Dieses Gymnasium wurde im Januar 1865 eröffnet, nachdem der Beschluss von Kaiser Franz Joseph[13] Ende September 1864 der Gemeinde Kotor zugestellt worden war[14]: 15 Schüler schrieben sich ein, die ersten Lehrer, Dr. Jakov Hardalo und Valtazar Kosić, stammten aus Dubrovnik; Ante Belamarić hingegen war aus Šibenik. Die Noten der Schüler waren im ersten Schuljahr relativ schlecht. Die Schulleitung behauptete, dies gehe darauf zurück, weil der Unterricht in serbo-kroatischer Sprache gehalten werde, einer Sprache, die die Schüler angeblich nicht gut verstünden. Deshalb schlug man als Unterrichtssprache Italienisch vor, zumal zu der Zeit die anderen Gymnasien in Dalmatien nicht das Privileg hatten, den Unterricht in der Muttersprache der Schüler zu halten. Im zweiten Halbjahr des Schuljahres 1867/8 wurde Serbo-Kroatisch wieder die Unterrichtssprache, wofür sich S. M. Ljubiša,

10 Im ersten Jahr wurde ein Mädchen eingeschrieben und in den Folgejahren waren es zwischen drei und vier.

11 Carić, Engleski jezik, 10.

12 Vojislav Boljević-Vuleković, Gimnazija „Stefan Mitrov Ljubiša“ in Kotor 1865–1965, Kotor 1973.

13 Beschluss vom Kaiser Franz Joseph Nr. 16797, vom 27. September 1864.

14 Es war vorgesehen, dass einen Teil der Kosten die Stadt und den anderen Teil der Staat trägt.

Abgeordneter der Bucht im Wiener Reichsrat, eingesetzt hatte.[15] Im Schuljahr 1872/73 wurde das Gymnasium zum ersten mal um eine fünfte Klasse erweitert, und drei Jahre später, im Schuljahr 1875/76, hatte es dann alle acht Klassen mit insgesamt 127 Schülern, d.h. es brachte die erste Generation von Maturanten hervor. Von den zehn zur Matura angemeldeten Kandidaten haben neun bestanden.[16]

Kaiser Franz Joseph[17] besuchte das Gymnasium am 3. Mai 1875, elf Jahre nachdem es durch seinen Beschluss gegründet worden war. Am Eingang wurde er auf Serbo-Kroatisch, Italienisch und Deutsch von drei Schülern begrüßt, wogegen sich Conte Emil Smechia des Deutschen bediente. Der Kaiser besichtigte im Anschluss alle Klassen, die Lehrerkabinette und die Schulbibliothek. In den Annalen der Schule steht, dass er beim Verlassen des Gymnasiums gesagt habe: *Ich danke, Herr Director, ich bin vollkommen zufrieden.*[18]

Das Oberrealgymnasium in Kotor wurde 1880 in ein klassisches verwandelt, da man meinte, ein klassisches Gymnasium würde der historischen Erfahrung und der ‚Zivilisation' der Bucht eher entsprechen (Das klassische Gymnasium existierte bis zum Schuljahr 1924/25, als es schrittweise in ein Realgymnasium rückverwandelt wurde).[19] Im August 1887 wurden durch einen Erlass des Bildungsministers Baron Gautsch einige höhere Gymnasien in der österreich-ungarischen Monarchie abgeschafft, und auch jenes in Kotor sollte der Schließung unterliegen. Eine Delegation, bestehend aus angesehenen Stadtbürgern reiste nach Wien und übergab dem Kaiser ein schriftliches Ansuchen. Nach der Audienz ordnete der Kaiser an, dass das Gymnasium wieder alle acht Klassen haben dürfe, worauf es mit dem Schuljahr 1891/92 wieder mit höheren Klassen eröffnet wurde; im Schuljahr 1894/95 führte das Gymnasium wieder alle acht Klassen. Während des Ersten Weltkrieges gab es vom 1. September 1914 bis zum Schuljahr 1916/17 keinen Unterricht. Die Lehrer wurden in jener Zeit anderen Mittelschulen in Dalmatien zugeteilt. Der Unterricht begann wieder im Schuljahr 1917/18, und die meisten Lehrer kehrten in das Gymnasium zurück.[20]

---

15 Jahresbericht dieser Schule für das Schuljahr 1939/40, 5–6.

16 Jahresbericht dieser Schule für das Schuljahr 1952/53, 4.

17 Anlässlich des Besuches des Kaisers in Kotor sollen für ihn besondere Möbel angefertigt worden sein. Interessant ist, dass der Kaiser während seines Besuches ein Dokument in kyrillischer Schrift unterschrieben hat, welches heute in der orthodoxen Kirche des Hl. Nikolaus in der Altstadt von Kotor aufbewahrt wird.

18 Jahresbericht dieser Schule für das Schuljahr 1875/76, 56.

19 Jahresbericht dieser Schule für das Schuljahr 1939/40, 8–9, und 1952/53, 5.

20 Jahresbericht dieser Schule für 1939/40, 9–10.

Da für die ersten Jahre des Bestehens des Gymnasiums nicht die komplette Schuldokumentation erhalten ist, kann nicht mit Gewissheit gesagt werden, wie die Lehrpläne und -programme in den ersten sieben Jahren ausgesehen haben. Weil die Bucht von Kotor zu jener Zeit ein Teil der österreichisch-ungarischen Monarchie war, ist anzunehmen, dass nach Programmen gearbeitet wurde, die für die Gebiete des Kaisertums Österreich galten. Die Gymnasialreform aus dem Jahr 1849 (im gleichen Jahr wurde das Ministerium für Cultus und Unterricht gegründet) sah ein Gymnasium mit acht Klassen vor, unterteilt in zwei Zyklen, je vier in der Unter- und Oberstufe. Die Fächer teilte man in Pflichtfächer und nichtpflichtige, über die jedes Kronland des Kaiserstaates selbständig entscheiden durfte. Das galt für die Unterrichtssprache, lebende Sprachen, Kalligrafie, Stenografie, Zeichnen, Musikunterricht und Gymnastik.

Laut dem ersten gedruckten Jahresbericht für das Schuljahr 1872/73[21] war es vorgesehen, dass Deutsch von der III. bis zur VIII. Klasse, je drei Stunden wöchentlich, gelehrt wird.[22] Im Schuljahr 1875/76, als das Gymnasium zum ersten Mal die achte Klasse hatte, wurden auch die Unterrichtsprogramme für alle acht Klassen veröffentlicht.[23] Das Programm für Deutsch war sehr kurz gefasst – für jede Klasse zwei Zeilen, unter der Angabe des benutzten Lehrbuches; Literatur wurde in der VII. und VIII. gelehrt. Aus dem Programm ist zu schließen, dass die Grammatik-Übersetzungsmethode zur Anwendung kam. Bestimmte Grammatikeinheiten wurden anhand von Texten aus den benutzten Lesebüchern behandelt. Die dritten und vierten Klassen benutzten das Lesebuch von F. Ahn, die anderen Klassen das Lesebuch von J. Mozart. Laut dem Jahresbericht für das Schuljahr 1876/77 hatten die Schüler von der I. bis VIII. Klasse 18 Stunden Deutsch (19 Stunden Italienisch, 48 Stunden Latein und 28 Stunden Griechisch). Deutsch hatte also ungefähr den gleichen Status wie die italienische Sprache. Das Programm für das Schuljahr 1876/77 ist nur aus wenigen Hinweisen zu erschließen: Die Lehre für die dritte Klasse bestand in *Morphologie (Macun). Übungsbuch (Lipež) 3 Stunden.* Mit Literaturunterricht begann man in der VII. Klasse, und für die VIII. Klasse fand Erwähnung, welche Autoren zu bearbeiten waren – Goethe und Schiller ohne Hinweis, welche von ihren Werken zum Zug kommen sollten. In den Unterlagen sind auch die benutzten Lehrbücher angeführt.

Die Lehrpläne wurden im Verlaufe der Jahre zu Ungunsten der deutschen Sprache korrigiert, denn das Schuljahr 1880/81 sah den Plan von 15 Deutschstunden

21 Die Jahresberichte wurden bis 1906 in Dubrovnik und Zadar gedruckt, als in Kotor die Druckerei „Bokeljska štamparija" geöffnet wurde.

22 Vgl. Erster Jahresbericht des Gymnasiums in Kotor für das Schuljahr 1872/73.

23 Dritter Jahresbericht des Gymnasiums in Kotor für das Schuljahr 1875/76, 38–44.

von der I. bis zur VIII. Klasse vor, aber 21 Stunden Italienisch und gar 50 Stunden Latein.[24] Auch 30 Jahre später, im Schuljahr 1911/12, blieb die Zahl der Deutschstunden gleich, Italienisch war weiterhin auf dem Vormarsch mit sogar 26 Wochenstunden.[25] Dieser Lehrplan galt von 1909 bis 1918. Schon in den ersten Jahren des Bestehens des Gymnasiums fehlten Deutschlehrer, denn im ersten gedruckten Jahresbericht wurde veröffentlicht, dass u. a. auch Stipendien an Kandidaten vergeben würden, die als Deutsch- und Philosophielehrer arbeiten wollten, denn diese Stellen waren in Dalmatien am wenigsten besetzt. Aus dem gleichen Jahresbericht geht hervor, dass im abgelaufenen Schuljahr der Schulinspektor für Deutsch, Herr Pavšić, das Gymnasium besucht habe und den Deutschunterricht positiv bewertet habe.[26] Den Schulberichten in den Jahren 1872/73 bis 1912/13 ist zu entnehmen, dass 19 verschiedene Lehrer Deutsch unterrichtet haben. Es ist schwer zu sagen, ob sie dafür entsprechend ausgebildet waren, denn neben ihren Namen wird in den Jahresberichten nicht angeführt, was sie studiert hatten. Unter den Deutschlehrern waren auch zwei Doktoren philologischer Fächer: Henrik Grbavčić und Petar Kolendić. Die Lehrer wechselten also einander oft ab, was sich negativ auf die Unterrichtskontinuität ausgewirkt haben dürfte, auch ist nicht bekannt, welche Benotungskriterien sie anwandten. Eines ist aber sicher: Schon in den 1870-er Jahren wurde die Wichtigkeit des Lernens von Fremdsprachen erkannt. Obwohl der Lehrplan das Erlernen von vier Fremdsprachen (Italienisch, Deutsch, Latein und Griechisch) in den Klassen III. bis VIII. vorsah, erhielt das Gymnasium den Auftrag, noch zwei moderne Sprachen (Französisch und Englisch) als fakultative Fächer anzubieten. Aus der statistischen Übersicht ist zu ersehen, dass sich schon im Schuljahr 1874/75 bereits 24 Schüler (I. bis VI. Klasse[27]) entschlossen, zusätzlich auch Französisch zu lernen.[28]

Wie schon erwähnt, bekam das Gymnasium die VIII. Klasse im Schuljahr 1875/76, zehn Jahre nach seiner Gründung. Die erste Reifeprüfung wurde 1876 abgehalten, doch steht im Jahresbericht nicht, welche Fächer geprüft wurden, sondern nur, dass zehn Kandidaten zur Prüfung angetreten sind. Für das nächste Jahr wird angeführt, dass fünf Schüler die Matura bestanden haben und in sechs Fächern geprüft worden sind, davon in fünf Sprachen: Serbo-Kroatisch, Latein, Griechisch, Italienisch und Deutsch. Die Aufgabe in Deutsch war: *Beschreibung*

24 Jahresbericht des Gymnasiums in Kotor für das Schuljahr 1939/40, 9.
25 Jahresbericht des Gymnasiums in Kotor für das Schuljahr 1911/12, 54.
26 Erster Jahresbericht des Gymnasiums in Kotor für das Schuljahr 1872/73, 60–66.
27 Das Gymnasium hatte im Schuljahr 1873/74 nur sechs Klassen.
28 Jahresbericht dieser Schule für das Schuljahr 1873/74, 63–64.

der Stadt Kotor.[29] In einigen der Folgenjahre (1877/78–1884/85) wurde bei der Matura eine Übersetzung aus dem Serbo-Kroatischen ins Deutsche geschrieben. Die Texte wurden den Lesebüchern für Serbo-Kroatisch für die Klassen IV. bis VI. entnommen. In den Schuljahren 1888/89 bis 1905/06 wurden bei der Matura in Deutsch wieder Aufsätze geschrieben. Die Themen lauteten z.B.: *Beschreibung der Stadt Kotor und der Umgebung*[30]; *Welchen Männern hat die Geschichte den Beinamen des Grossen beigelegt und warum?*[31]; *Maria Theresias Verdienste um Oesterreich*[32]; *In der Eintracht liegt die Macht!*[33]; *Glück macht Freunde, Unglück prüft sie*[34]; *Josef II als Mensch und Regent*[35]; *Wie wurde das Mittelalter zur Neuzeit?*[36] und *Der Helden Name ist in Erz und Marmorstein sowohl nicht aufbewahrt als in des Dichters Liede*[37].

Die Matura-Arbeiten aus dem Gymnasium sind zwar nur zum Teil erhalten, befinden sich aber in perfektem Zustand. Von der ersten Matura sind sechs Arbeiten in Mathematik vorhanden, wogegen die ältesten Matura-Arbeiten in Deutsch, die im Historischen Archiv in Kotor zu finden sind, aus dem Schuljahr 1889/90 stammen (11 Arbeiten). Das Thema lautete: *Den wahren Freund erkennt man in der Noth.* Die Arbeiten sind nach Fächern geordnet und nach den einzelnen Jahren archiviert. Weitere Matura-Arbeiten in Deutsch sind für folgende Jahre erhalten: 1890, 1896, 1898, 1899, 1901, 1902, 1903, 1904, 1905 und 1906.[38] Deutsch wurde bei der Matura zum letzten Mal im Schuljahr 1906/07 geprüft; damals traten zehn Kandidaten an. In den Schuljahren 1907/08 bis 1912/13 traten die Schüler nur mehr in Serbo-Kroatisch, Latein und Griechisch an.[39] Demzufolge wurde Deutsch bei der Maturitätsprüfung 30 Jahre lang in den Schuljahren 1876/77 bis 1906/07 als eine von vier Sprachen geprüft. Die Zahl der Kandidaten lag zwischen vier im Schuljahr 1877/78 und 17 im Schuljahr 1901/02.[40]

---

29 Jahresbericht dieser Schule für das Schuljahr 1876/77, 64.
30 Im Schuljahr 1888/89.
31 Im Schuljahr 1894/95.
32 Im Schuljahr 1896/97.
33 Im Schuljahr 1900/01.
34 Im Schuljahr 1901/02.
35 Im Schuljahr 1903/04.
36 Im Schuljahr 1905/06.
37 Im Schuljahr 1906/07.
38 Historisches Archiv Kotor, fond LXIV, F – XXIV–XXVII.
39 Vgl. Jahresberichte für die Schuljahre 1907/08 bis 1911/12.
40 Vgl. Jahresberichte für die Schuljahre 1875/76 bis 1906/07.

Die Bibliothek des Gymnasiums ist fast so alt wie das Gymnasium selbst und wurde auf die Initiative des Schuldirektors Luko Zore gegründet, der diese Funktion am Anfang des zweiten Halbjahres 1871/72 übernahm. Im ersten Jahr ihrer Gründung besaß sie 362 Bücher, die teils Geschenke, teils Ankäufe des Gymnasium waren. Hierzu gehörten z. B. „Geschichte der römischen Literatur" Teil I (W. S. Teuffel), „Lateinische Grammatik" (Zumpt), „Griechische Geschichte" (E. Curtius), „Griechische Grammatik" (Krüger), „Geschichte der griechischen Literatur" (Th. Bergk) usw.[41] Während in den ersten Jahren nach ihrer Gründung die meisten Bücher der Bibliothek in deutscher, italienischer und lateinischer Sprache verfasst waren, stieg die Zahl der Bücher in Serbo-Kroatisch ab dem Schuljahr 1893/94. Die Bibliothek hatte ihre regelmäßigen Sponsoren, u. a. die Kaiserliche Akademie der Wissenschaften in Wien, die 1884/85 dem Gymnasium 415 Bücher schenkte. Seit der Gründung der Lehrerbibliothek im Schuljahr 1871/72 wuchs die Zahl der Bücher ständig und umfasste im Schuljahr 1877/78 schon 1.160 Bücher. Die Schülerbibliothek wurde erst 15 Jahre später (1886/87) gegründet und besaß im ersten Jahr nur 65 Bücher, hauptsächlich in Serbo-Kroatisch.

Während des Ersten Weltkrieges wurden beide Bibliotheken beschädigt, denn das Schulgebäude diente als Armeekrankenhaus.[42] Die Nachschau in der Gymnasialbibliothek ergab, dass sich dort auch heute noch eine große Zahl von außerordentlich wertvollen Ausgaben von Lexika und Fachlehrbüchern befinden, von denen manche vor mehr als 150 Jahren gedruckt wurden, wogegen belletristische Titel nur vereinzelt vorrätig sind. Die Bibliothek besitzt außerdem alte Bücher in lateinischer, französischer und englischer Sprache.[43] Die meisten Bände betreffen die Naturwissenschaften, d.h. Mathematik, Physik und Biologie. Die Bibliothek besaß auch die neuesten Lexika, Wörter- und Lehrbücher sowie pädagogische Literatur wie z.B. das „Handbuch der Erziehungs- und Unterrichtslehre für höhere Schulen" (München, 1898) mit Anweisungen, wie man Mathematik, Physik, Geographie, Naturkunde, Chemie, Kunst, Musik und Sport zu unterrichten habe.

41 Jahresbericht dieser Schule für das Schuljahr 1872/73, 52.

42 Boljević-Vuleković, Gimnazija, 111–113.

43 Hier sind einige Titel, die sich heute noch in der Gymnasiumsbibliothek in Kotor befinden:

Die Nautische Schule in Kotor

Über die Nautische Schule in Kotor wurde in Fachpublikationen eine große Zahl von Studien veröffentlicht, die auf 20 Jahresberichte sowie einen Teil der Schuldokumentation (1867/68–1895/96) zurückgehen. Das reichhaltige Material hierzu befindet sich ebenfalls im Historischen Archiv in Kotor. Für die Eröffnung der Schule waren zwei Gründe entscheidend: in der österreich-ungarischen

---

1. Meyers Konversations-Lexikon, 4. Auflage, Leipzig 1885 (Stempel: IR. Scuola Nautica Cattaro), 1–16, es fehlt Band 8.
2. Meyers Konversations-Lexikon, 4. gänzlich umgearbeitete Auflage, Leipzig 1888 (Stempel: IR. Scuola Nautica Cattaro), 1–16, es fehlt Band 8.
3. Methode Toussaint-Langenscheidt, Muret-Sanders enzyklopädisches Wörterbuch Englisch-Deutsch, I, II, IV, Berlin 1900.
4. Meyers Großes Konversations-Lexikon, sechste neubearbeitete und vermehrte Auflage, Leipzig und Wien 1904 (Stempel: Biblioteka C.K. nautičke škole Cattaro), 8 Bücher + Nr. 22 (Jahres-Supplement 1909–1910).
5. Johan Leonard Frisch, Französisch Deutsches Wörterbuch, I, II, III, (Stempel: IR. Scuola Nautica Cattaro).
6. Jahrbuch der Naturwissenschaften 1913–1914, Freiburg im Breisgau 1914, 7 Bücher: 1907, 8 bis 1913–1914, (Stempel: Narodna Republika Crna Gora, Viša realna gimnazija).
7. Brehms Tierleben, Leipzig 1884, 2 Bücher.
8. Karl Woermann, Geschichte der Kunst aller Zeit und Völker, Leipzig und Wien 1905, Zweiter Band.
9. Handbuch der Erziehungs-und Unterrichtslehre für höhere Schulen, München 1898.
10. Dr. Joseph Ph. Herr, Lehrbuch der Höheren Mathematik, Wien 1872.
11. Dr. Eduard Heis, Schlüssel zur Sammlung von Beispielen und Aufgaben aus der allgemeinen Arithmetik und Algebra, Köln 1873.
12. Friedrich Albert Lange, Geschichte des Materialismus.
13. Dr. Anton Fritsch, Die Vögel Europas, Prag 1870.
14. Friedrich Nietzsche's Werke, Band V, Leipzig 1906.
15. Karl Friedrich Süpfle, Aufgaben zu Lateinischen Stilübungen, Karlsruhe 1866.
16. Kurt von Eberbach, Rasenspiele, ohne Jahresangabe (fünf Bücher).
17. August Heller, Geschichte der Physik, Stuttgart 1882.
18. Dr. C. Hartwich, Die menschlichen Genussmittel, Leipzig 1911.
19. Dr. V. Erler, Aufgaben aus der Mathematik, Jena 1867.
20. Englisch für Deutsche, I–VI, Methode Mertner, Psych. technischer Spracherwerb auf mechanisch- suggestiver Grundlage.
21. Dr. Wilhelm Fiedler, Analytische Geometrie der Kegelschnitte, Leipzig 1878.
22. E.F. Gorup-Besanez, Lehrbuch der organischen Chemie, Braunschweig 1876.
23. W. Sandt, Album der Erinnerungen, Prag 1855.
24. Theodor Bachmann, Lehrbuch des Kirchenrechtes, Wien 1853.

Monarchie gab es zu wenige Schiffsoffiziere, und Kotor wies eine lange Tradition in der nautischen Bildung auf.

Die Schule wurde mit kaiserlicher Urkunde vom 24. September 1849 gegründet, der Unterricht begann allerdings erst Ende März 1850. In den ersten drei Jahren existierte sie nur als öffentliche 1-jährige Nautische Schule, worüber der Lehrplan und das Programm nicht bekannt sind. In den Schuljahren von 1853/54 bis 1878/79 hingegen funktionierte sie als 2-jährige Schule mit Italienisch als Fremdsprache. Ab dem Schuljahr 1879/80 bis 1895/96 wurde sie zur 3-jährigen Unterrichtsanstalt ausgebaut mit Italienisch als Unterrichtssprache (5 + 4 + 3) und Englisch (4 + 3 + 3) als Fremdsprache. In dieser Zeit waren Deutsch und Serbo-Kroatisch keine obligaten Fächer, sondern nur Wahlfächer.

In den Schuljahren von 1896/97 bis 1918/19, d.h. bis zum Ende des Ersten Weltkrieges, existierte sie als 5-jährige Nautische Schule. Dieser dritte Lehrplan sah zum ersten Mal den Deutschunterricht als Pflichtfach vor, mit je drei Stunden in der ersten und zweiten Vorbereitungsklasse und in der ersten und zweiten Fachklasse, sowie zwei Stunden in der dritten Fachklasse.[44] Serbo-Kroatisch war nicht nur Pflichtfach in allen Klassen, sondern auch Unterrichtssprache für alle Fächer in den Vorbereitungsklassen und in den so genannten Fachklassen für Religion, Englisch, Deutsch und Geschichte; der Fachunterricht in den höheren Klassen wurde weiterhin in Italienisch gehalten.[45] Italienisch und Deutsch wurden mithin in den Vorbereitungsklassen und in den Fachklassen gelehrt, Englisch hingegen nur in den Fachklassen. Obwohl der Lehrplan für das Schuljahr 1904/05 etwas modifiziert wurde, haben sich am Lehrprogramm und an den benutzten Lehrbüchern nichts geändert.

Die erste explizite Liste der vorgeschriebenen Lehrbücher ist im Jahresbericht für das Schuljahr 1908/1909 zu finden.[46] In den zwei Vorbereitungsklassen wurde das in Wien gedruckte Lehrbuch von Scherzer („Lehrbuch für Nautische Schulen für Anfänger“) und in den Fachklassen wurden Lehrbücher von Josip Kobenzl und Franjo Marn benutzt (Gymnasiallehrbücher). Wenn man die Nautische Schule und das Gymnasium vergleicht, stellt man fest, dass die gleichen Lehrbücher in Gebrauch waren.[47] Es ist zu erwähnen, dass in der V. Klasse auch für den Englisch-Unterricht ein deutsches Lesebuch zum Zug kam: „Nader-Würzner,

44 Carić, Engleski jezik, 19.
45 Jahresbericht der Nautisch-Handelsakademie in Kotor für das Schuljahr 1939/40, 3–6.
46 Jahresbericht der Nautischen Schule in Kotor für das Schuljahr 1908/1909, 46.
47 Jahresbericht des Gymnasiums für das Schuljahr 1900/01, 40.

Englisches Lesebuch". In den Jahren 1896/97 bis 1901/02[48] wurden die Deutschstunden erstaunlicherweise nicht von Germanisten gehalten, doch ab dem Schuljahr 1901/02 bis 1910/11 hat ein ausgebildeter Deutschlehrer, Vilim Gross, den Unterricht übernommen.[49] Diese personelle Konstellation optimierte zweifellos den Deutschunterricht.

Die Schüler hatten auch die Gelegenheit, ihre Deutschkenntnisse anzuwenden, denn im Februar 1902 hat der Verwaltungsrat des Österreichischen Lloyd in Triest beschlossen, Schülern der höheren Klassen der Nautischen Schulen während der Sommerferien gegen ein Entgelt für Verpflegung in Höhe von einer Goldkrone täglich ein Praktikum auf Dampfschiffen, die im Mittelmeer verkehren, anzubieten; interessierte Schüler mussten allerdings eine Empfehlung des Schuldirektors vorlegen.[50] Aus dem Jahresbericht der Nautischen Schule für das Jahr 1903/04 ist zu entnehmen, dass im vorhergehenden Sommer 14 Schüler der ersten und zweiten Fachklasse auf Dampfschiffen des Lloyd ein Praktikum absolvierten. Diese Praktika war für die Schüler von großer Bedeutung, denn damals stand ihnen noch kein Schulschiff zur Verfügung (Erst ab 1922 hatten die Schüler dieser Schule die Pflicht, während der Sommerferien einen Monat auf dem Schulschiff „Vila Velebita" zu verbringen).

Deutsch war im Schuljahr 1900/01, fünf Jahre nach seiner Einführung, auch bei der Matura neben Serbo-Kroatisch, Mathematik, Nautik, Italienisch und Englisch erstmals eines der sechs schriftlichen Prüfungsfächer. Das Thema des Aufsatzes lautete: „Beschreibung einer einst unternommenen Reise oder eines Ausfluges".[51] Nachdem V. Gross den Deutschunterricht übernommen hatte, änderten sich die Aufgabenstellungen bei der Matura. Im Schuljahr 1901/1902 etwa, als es nur drei Kandidaten gab, lautete das Thema: „Beschreibung meines Geburtsortes" (in Briefform).[52] In den Folgejahren hatten die Schüler bei der Matura in Deutsch Übersetzungen aus dem Serbo-Kroatischen zu machen. Obwohl es sich um eine Fachschule handelte, wurden in dem Fall jedoch keine Fachtexte übersetzt, sondern nur Texte allgemeiner Natur.

Die Schule besaß auch eine Bibliothek, in der sich eine große Zahl von Fachbüchern und -zeitschriften in deutscher Sprache befand. Aus den Jahresberichten geht jedes Schuljahr hervor, dass die Bibliothek ihren Bestand an Fachliteratur

48 Es unterrichteten Pekas Gregorio, Mathematik- und Physiklehrer, Momčilović Georgije, Zekan Josip, Pfarrer, und Jedlovski Eduard.

49 Vgl. Jahresbericht für das Schuljahr 1910/11.

50 Jahresbericht dieser Schule für das Schuljahr 1901/02, 32.

51 Programm der Nautischen Schule in Kotor für das Schuljahr 1900/01, 36.

52 Programm der Nautischen Schule in Kotor für das Schuljahr 1901/02, 36.

in deutscher Sprache anreichern konnte. So waren z.B. von den 40 im Schuljahr 1900/01 angekauften Titeln 25 auf Deutsch. Im Schuljahr 1908/09 wurden sogar 69 Titel angeschafft, von denen nur wenige als Geschenke eingingen. Der Großteil wurde gekauft: Von den insgesamt 69 Titel waren 30 auf Deutsch, vorwiegend Fachliteratur wie Johannes Tews: „Moderne Erziehung" usw. Welches Spektrum dabei eine Rolle spielte, zeigen zwei von den 88 im Schuljahr 1910/11 angeschafften Titel: „Französische Grammatik" von Adolf Bechtel und „Zur Methodik des neusprachlichen Unterrichtes" von Max Walter.[53] Die Lehrerbibliothek besaß außer Deutsch-Lehrbüchern auch einige Deutsch-Wörterbücher.[54]

Die Nautische Schule frequentierten vergleichsweise nur wenige Schüler: In den Schuljahren 1850/51 bis 1863/64 gingen nur zwei bis acht Schüler in die I. Klasse. Ab 1865, als diese Schule dem Gymnasium angeschlossen wurde, vergrößerte sich die Zahl der Schüler in der I. Klasse auf 3 bis 19[55], und so blieb es bis zum Beginn des Ersten Weltkrieges. Die Schule bestand von 1850 bis zum Anfang des Schuljahres 1914/15 ohne Unterbrechung; bis 1916/17 war sie geschlossen. In jener Zeit diente das Schulgebäude militärischen Kommanden, wogegen Lehrer, die nicht in den Kriegsdienst eingerückt waren, sowie einige Schüler an die Nautische Schule in Dubrovnik transferiert wurden. Die Wiedereröffnung der Schule in Kotor erfolgte im Oktober 1917, doch begann das Schuljahr 1918/19 erst am 8. Dezember 1918 im Rahmen des neuen Staates der Serben, Kroaten und Slowenen. Der neue Lehrplan sah nun nicht mehr das Erlernen von Deutsch vor, sondern in den Jahren bis 1921 Italienisch, Französisch und Englisch. Ab dem Schuljahr 1921/22 bis zur Gegenwart lernten die Schüler in der Nautischen Schule Englisch und Italienisch. In der Geschichte dieser Schule wurde Deutsch mithin nur für einen kürzeren Zeitraum, vom Schuljahr 1896/97 bis 1918, unterrichtet. Dank der gut geschulten Lehrer und der zugänglichen Fachliteratur in Deutsch waren alle Bedingungen für einen modernen Sprachunterricht gegeben.

---

53 Programm der Nautischen Schule in Kotor für das Schuljahr 1910/1911, 19.

54 Im Katalog werden folgende Wörterbücher angeführt: I. Filipović, Novi rječnik hrvatskog i njemačkog jezika, Zagreb 1869; Frank Williams, A new pocket-dictionary of the englisch and german language, Brunswick 1854; Johann L. Frisch, Französisch-deutsches Wörterbuch, Leipzig 1872; B. Šulek, Hrvatsko-njemački-italijanski rječnik I i II dio, Zagreb 1874; F. A. Weber, Neues vollständiges Wörterbuch der italienischen und deutschen Sprache, Leipzig 1880.

55 Jahresbericht der Nautischen Schule in Kotor für das Schuljahr 1900/1901, 3–6.

Die Seefahrtsschule in Srbina

Die Schule öffnete im Jahr 1858 in Srbina, einem kleinen Ort in der Nähe von Herceg Novi und ging auf die Initiative von zwei reichen Kaufleuten zurück, die aus der Gegend stammten, und von Frau Laketić. Ursprünglich voneinander getrennt, wurden die drei Stiftungen dann miteinander vereint. Der eine der Kaufleute war Jovan Bošković, ein reicher Händler aus Smyrna (Izmir/Türkei), geboren in Topla bei Herceg Novi. Er hat schon im Jahr 1826 in seinem, in italienischer Sprache verfassten Testament, dass er im österreichischen Konsulat in Smyrna unterschrieben hat, einen bedeutenden Teil seines Vermögens seinem Heimatort gewidmet mit dem Wunsch, dass damit eine Schule gegründet werde, in der Serbisch und Italienisch zu lehren seien.[56] Marko Kvekić, ein bekannter Reeder aus Triest (auch in der Nähe von Herceg Novi geboren) und Vater von Darinka Petrović, der Ehefrau des montenegrinischen Fürsten Danilo, hatte den letzten Willen umzusetzen.[57] Đuro Đurović, der zweite der drei Stifter, hat in seinem im Jahr 1838 in Triest verfassten Testament u. a. den Wunsch geäußert, dass mit seinem Vermögen in Herceg Novi eine staatliche Schule gegründet werde, in der Serbisch, Italienisch und Deutsch gelehrt werden solle.[58] Frau Laketić schließlich, die aus Srbina stammte, hinterließ im Jahr 1847 der Gemeinde ihr Haus mit dem Wunsch, dass ihre Hinterlassenschaft mit den Stiftungen von Bošković und Đurović vereint werden möge.[59]

Die Schule wurde am 31. Januar 1858 eröffnet[60] und war bis 1914 in Betrieb, als sie von den österreichischen Behörden geschlossen und ihr Eigentum konfisziert wurde. Trotz Widerstands von Seiten der Obrigkeit existierte sie 56 Jahre, obwohl diese private Schule für die öffentlichen nautischen Schulen in Österreich-Ungarn eine Konkurrenz darstellte. Die private Einrichtung hatte eine Abteilung für Nautik und seit 1867 auch eine Abteilung für Sprachen. Die Sprachabteilung hätte bereits 1858 geöffnet werden sollen, was aber aus Lehrermangel nicht zustande

56 Zitiert nach Jovan S. Nakićenović, Nekoliko detalja o osnivanju i radu Pomorske zakladne škole u Herceg Novome. In: Boka 4 (1972), 204.

57 Ignatije Zloković, Srpska pomorska zakladna škola u Srbini. In: Godišnjak Pomorskog muzeja u Kotoru, br. VII (1958), 234.

58 Jahresbericht dieser Schule für das Schuljahr 1885/86, 7.

59 Nakićenović, Nekoliko detalja, 205.

60 Der erste Lehrer und Schuldirektor, Mato Mrša, wurde in England zum Kapitän geschult. Als Kapitän des Triester Segelschiffes Liverpool-Pocket, segelte er im August 1843 auf seiner Reise von Triest nach Peru um das Kap Hoorn, das unter österreichischer Flagge war. Dafür erhielt er vom österreichischen Kaiser Ferdinand einen Brilliantring.

kam. Laut dem Statut der Schule hatte nur die Gemeinde Herceg Novi das Recht, die Lehrkräfte vorzuschlagen.

Zum Unterschied zu anderen nautischen Schulen, in denen Italienisch die Unterrichtssprache war, erfolgte hier der Unterricht in der Muttersprache der Schüler, während Italienisch und Deutsch als Fremdsprachen erlernt wurden. Die nautische Abteilung wurde 1875 zwar eingestellt, doch arbeitete die Schule mit der Abteilung für Sprachen unter gleichem Namen bis 1914 weiter.[61]

Laut dem Jahresbericht für das Schuljahr 1884/85 lehrte man in der Schule neben Serbisch zwei Fremdsprachen: Italienisch und Deutsch je vier Stunden wöchentlich in der ersten und zweiten Klasse. Unter den Archivalien, die die Geschichte der Schule dokumentieren, befindet sich auch ein handgeschriebenes Unterrichtsprogramm über alle Fächer, die im Schuljahr 1881/82 gelehrt wurden. Das Programm für Deutsch ist identisch mit demjenigen, das im Jahresbericht für das Schuljahr 1884/85 veröffentlicht worden ist. Welche Lehrbücher benutzt wurden, ist mit Sicherheit nur für das Schuljahr 1881/82 sowie für die Schuljahre 1884/84 und 1885/86 festzustellen, in denen Ausgaben von Lipež und Kobenzl Verwendung fanden.

Wie schon erwähnt, lehrte man in dieser Schule drei Fremdsprachen: Italienisch, Französisch und seit 1875 auch Deutsch, das Dr. Milan Jovanović unterrichtete. Dieser war ein serbischer Schriftsteller, der von Berufs wegen eigentlich Arzt war und mit einer deutschen Frau verheiratet gewesen sein soll. Zwischen den Schuljahren 1876/77 und 1903/04 unterrichteten verschiedene Personen Deutsch: Nikola Mihajlović[62], Dušan Jovanović (ebenso Mathematik, Physik, Italienisch und Sport)[63] und Milosav Đurasović (auch Mathematik, Physik, Italienisch und Sport). Đurasović, der aus Herceg-Novi stammte und in Wien und Graz Naturwissenschaften und Mathematik studiert hatte, wodurch er wahrscheinlich sehr gut Deutsch konnte[64], lehrte Deutsch bis 1903/4; danach stellte er dieses Unterrichtsfach offenbar ein.[65] Für die Zeit bis zum Ausbruch des Ersten Weltkrieges ist nicht klar, wer die Deutschstunden hielt, wenn die Schüler überhaupt Fremdsprachen zu lernen hatten, denn für diese Jahre ist bei keinem einzigen der in den Quellen genannten Lehrer vermerkt, ob und welche Fremdsprache er unterrichtete.[66] Unter

61 Carić, Engleski jezik, 12.
62 Nakićenović, Nekoliko detalja, 209.
63 Dušan Mandić, Sto dvadeset peta godina od osnivanja hercegnovske Pomorske zakladne škole. In: Osnovna škola „Milan Vuković“, Herceg-Novi 2008, 32.
64 Zloković, Srpska pomorska zakladna škola, 246.
65 Jahresbericht des Gymnasiums in Herceg Novi für das Schuljahr 1929/30, 8.
66 Jahresbericht des Gymnasiums in Herceg Novi für das Schuljahr 1929/30, 9.

dem Archivmaterial aus dieser Schule befindet sich auch ein handgeschriebenes Klassenbuch für die I. und II. Klasse aus dem Schuljahr 1882/83, mit Noten der Schüler in den einzelnen Fächern, die ziemlich mäßig ausfielen. Die vergebenen Noten reichten von 1 bis 7, wobei die Note 7 die schlechteste war. Diese Note ist in keiner anderen Schule in Kotor zu finden und scheint im Klassenbuch nur einmal auf.

Die Schulbibliothek besaß viele geschenkte und angekaufte Bücher und Zeitschriften in serbischer und italienischer Sprache, doch gab es auch einige Bücher in Russisch und Deutsch. Die wenigen Bücher in Deutsch wurden laut den zwei erhaltenen Jahresberichten der Schule auf Anweisung des k. u. k. Bildungsministeriums geschickt, darunter die Bücher von Josef Krahl „Wappentableau", Franz Krones' „Österreichs Geschichte" sowie Franz Weller's „Die kaiserlichen Burgen und Schlösser".[67] Nach dem Ende des Ersten Weltkrieges scheiterte der Versuch, die Schule wieder zu eröffnen, doch wurde im selben Gebäude 1919 ein Gymnasium mit vier Klassen eingerichtet.

Die Handelsschule für Mädchen in Kotor

Die Private Handelsschule für Mädchen in Kotor geht auf das Jahr 1901 zurück. Da die Kosten allein vom Schulgeld zu decken waren, hatten die Mädchen nur wenige Fächer mit insgesamt 12 Wochenstunden. Während der Unterricht von 1901 bis April 1909 im Gebäude der Nautischen Schule stattfand, bekam die Schule im April 1909 eigene Räumlichkeiten in einem neu gebauten Haus in der Altstadt von Kotor. Der Plan sah in dieser 3-jährigen Schule das Lernen von drei Fremdsprachen vor: Italienisch in der Vorbereitungsklasse sowie in der ersten und zweiten Klasse (insgesamt acht Stunden) und Deutsch in der ersten und zweiten Klasse (je drei Stunden), sowie Französisch in denselben Klassen (je zwei Stunden wöchentlich). Der Unterricht erfolgte grundsätzlich in Serbo-Kroatisch, doch wurde den Sprachlehrern empfohlen, sich an die Schülerinnen ausschließlich in Italienisch, Deutsch und Französisch zu wenden.[68] Französisch lernten die Mädchen im Schuljahr 1904/05 zuerst als Wahlfach, welches 1906/07 zum Pflichtfach wurde, nachdem es alle Schülerinnen der I. und II. Klasse gewählt hatten. Daraus geht hervor, dass auch die Wünsche der Schülerinnen, Eltern und der Gesellschaft Berücksichtigung fanden. Dahinter stand offenbar das Einsehen, wie wichtig moderne Sprachen in der Ausbildung der Mädchen seien. Hierdurch

67 Jahresbericht dieser Schule für das Schuljahr 1885/86, 20.

68 Jahresbericht dieser Schule für das Schuljahr 1908/1909, 18.

erhielten sie nicht nur eine breite Allgemeinbildung vermittelt, sondern auch eine gewisse fachliche Ausbildung.

Im Jahresbericht für das Schuljahr 1911/12 sind etwas modifizierte Programme zu finden, die bis zur Schließung der Schule im Jahr 1914 Gültigkeit behielten.[69] In der Vorbereitungs- und in der ersten Klasse lernten die Schülerinnen allgemeinen Sprachunterricht und in der zweiten Klasse auch Geschäftskorrespondenz, doch nur einfachere und kürzere Geschäftsbriefe. Die Schule besaß für den Fachunterricht auch Übungsformulare für den Geschäftsverkehr z. B. die „Mustersammlung der Übungsformulare für den Geschäftsverkehr zum Schulgebrauch" (Verlag Pichler in Wien).[70] In den für die Jahre 1908/09 bis 1913/14 vorhandenen Jahresberichten werden nur zwei Lehrbücher von H. Scheidela erwähnt. Die deutsche Sprache war in der Bucht von Kotor auch in schulischen Aktivitäten präsent. Anlässlich des 60-jährigen Regierungsjubiläum von Kaiser Franz Joseph im Schuljahr 1908/09 wurde am 2. Dezember 1908 eine Schulfeier organisiert, bei der eine der Schülerinnen auf Deutsch „Habsburgs Mauern" von K. Simrock rezitierte.[71]

Aus finanziellen Gründen verfügte die Private Handelsschule für Mädchen in Kotor über keine eigenen Lehrer, sondern Lehrer aus dem Gymnasium und von der Nautischen Schule bestritten den Unterricht. Während des Bestehens der Schule (1901–1914) wurde Deutsch von Vilim Gross und Rajmund Peručić (beide Lehrer an der Nautischen Schule[72]), von Zorka Danilo[73], Dr. Henrik Grbavčić (Lehrer aus dem Gymnasium[74]) und von Marija Vrbica, einer privaten Lehrerin, gelehrt.[75] Rajmund Peručić hatte in Wien Deutsch, Englisch und Serbo-Kroatisch studiert, hat in der Nautischen Schule in Kotor von 1902 bis 1932 gearbeitet, wo er Englisch, Serbo-Kroatisch und, wenn nötig, auch Deutsch und Italienisch unterrichtete. Der ehemalige Student der Wiener Universität hatte seine Englisch-Ausbildung in Oxford erhalten.[76] Die Lehrmittel kamen meistenteils aus Deutsch-

69 Vgl. Jahresberichte für das Schuljahr 1912/13 und 1913/14.
70 Jahresbericht dieser Schule für das Schuljahr 1908/1909, 27.
71 Jahresbericht dieser Schule für das Schuljahr 1908/1909, 4–15.
72 Jahresbericht dieser Schule für das Schuljahr 1910/1911, 20–21.
73 Jahresbericht dieser Schule für das Schuljahr 1911/1912, 5.
74 Jahresbericht dieser Schule für das Schuljahr 1912/1913, 5.
75 Jahresbericht dieser Schule für das Schuljahr 1913/1914, 5.
76 Carić, Engleski jezik, 25.

land und Österreich-Ungarn. Die Schule besaß für den Deutschunterricht vier Wandbilder von Eduard Hölzel, die die vier Jahreszeiten darstellten.[77]

Den erhaltenen Jahresberichten ist zu entnehmen, dass das österreichische Ministerium für Cultus und Unterricht in Wien die Tätigkeit der Handelsschulen in verschiedenen Ländern verfolgte (vor allem in Europa, aber auch in Amerika) mit dem Ziel, die Lehrpläne und Studienprogramme zu verbessern.[78] Weil die Frage der Unterrichtsqualität in Handelsschulen von internationaler Wichtigkeit war, lag dem Ministerium daran, dass die Lehrkräfte an Handelsschulen regelmäßig an Fortbildungen teilnehmen. Zu diesem Zweck wurde in den 1880-er Jahren die „Internationale Gesellschaft zur Förderung des Unterrichtes in Handelsschulen" mit Sitz in Bern gegründet, die jedes Jahr einen internationalen Kongress abhielt, der aus zwei Teilen bestand: Fortbildung in Handelsfachsprache und Methodik des Fremdsprachenunterrichtes. Die Fortbildung fand während der Sommerferien statt, damit Lehrer daran teilnehmen konnten. Jenen Kongress, der im September 1910 in Wien stattfand, frequentierte auch Vilim Gross, langjähriger Deutschlehrer in der Nautischen und der Handelsschule. Einer der Vortragenden, Julius Subak, hielt zuerst eine Vorlesung, bei der er die Grammatik-Übersetzungsmethode benutzte, und dann eine zweite, die die direkte Methode des Sprachunterrichtes betraf, um den Kongressteilnehmern den Unterschied zwischen diesen zwei Methoden des Sprachunterrichts verständlich zu machen. Schon damals herrschte die Einsicht vor, dass ein Lehrer, der eine Fremdsprache in der Handelsschule unterrichtete, nicht nur über philologisches Wissen verfügen müsse, sondern sich auch in Fachsprachen auszukennen habe, was ein moderner Ansatz war. Nach den Vorträgen lernten die Teilnehmer Wien kennen: Firmen, Fabriken, Museen und Handelsschulen. Sie waren auch bei der Eröffnung einer Ausstellung von Lehrmitteln in Handelsschulen zugegen. All dies verfolgte den Zweck, damit die Lehrer für den modernen Sprachunterricht so gut wie möglich ausgerüstet waren.[79]

Die Handelsschule hatte auch eine Bibliothek. In der Lehrerbibliothek befand sich eine größere Zahl von Fachbüchern in Deutsch für verschiedene Fächer, und jährlich wurden neue Fachbücher und Zeitschriften bestellt, besonders in deutscher Sprache. Das Buch „Das kommerzielle Bildungswesen in Österreich" (Dlabač/Gelcich)[80] besaß die Schule schon 1910, d.h. im Jahr des Erscheinens. In

77 Jahresbericht der privaten Handelsschule für Mädchen in Kotor für das Schuljahr 1908/1909, 26–27.

78 Jahresbericht dieser Schule für das Schuljahr 1910/1911, 3.

79 Program Nautičke škole in Kotor für das Schuljahr 1910/1911, 3–12.

80 Jahresbericht dieser Schule für das Schuljahr 1910/1911, 25.

der Bibliothek konnte man auch Johannes Tews „Moderne Mädchenerziehung"[81], die Internationale Zeitschrift für kaufmännisches Unterrichtswesen, Pommeret-Küster's „Sprachunterricht durch Anschauungsmethode Pernot"[82], Kreibig's „Kaufmännische Arithmetik für zweiklassige Handelsschulen" usw. finden.[83]

Die Handelsschule für Mädchen wurde 1914 geschlossen und nach dem Ersten Weltkrieg nicht wieder eröffnet. Da den Deutschunterricht angesehene Lehrer hielten, denen Fachliteratur zur Verfügung stand und sie auch die Möglichkeiten hatten, sich in Wien in Allgemein- und Fachsprachen fortzubilden, ist davon auszugehen, dass es in dieser Schule sehr gute Bedingungen für einen hochwertigen Unterricht gab.

Zusammenfassung

Die Untersuchung hat gezeigt, dass Deutsch in der Bucht von Kotor an vier Schulen gelehrt wurde: im Gymnasium, in der Nautischen Schule und in der privaten Handelsschule für Mädchen in Kotor und der Privatschule in Srbina. Im Gymnasium setzte der Deutsch-Unterricht wahrscheinlich schon mit der Gründung im Jahr 1865 ein, zuerst ab der III. Klasse und später von der IV. bis VIII. Klasse je drei Stunden wöchentlich. Deutsch war weiters auch Maturafach. In der Nautischen Schule wurde Deutsch erst 1896/97 eingeführt, als man begann, nach dem neuen Lehrplan für 5-jährige Nautische Schulen zu arbeiten, der je drei Stunden Deutsch in den ersten vier Klassen und zwei Stunden in der fünften Klasse vorsah. Ähnlich sah es in der Handelsschule für Mädchen aus, wo Deutsch eine der drei Fremdsprachen war, die gelehrt wurden, und zwar von den gleichen Lehrern wie in der Nautischen Schule und im Gymnasium. Deutsch war auch eine von drei Fremdsprachen in der Seefahrtsschule in Srbina, die von der Gemeinde Herceg Novi betrieben wurde. Das hohe Niveau des Deutschunterrichtes wird durch die Tatsache unterstrichen, dass eine bestimmte Zahl der Schüler aus den Mittelschulen in der Bucht von Kotor in deutschsprachigen Ländern studierte. Zufolge den umfangreichen Forschungen von Momčilo D. Pejović, der die Bildung der Jugend im Ausland untersuchte[84], hat ein Teil dieser Schüler in Wien studiert (eine der bekanntesten Universitäten im damaligen Europa), aber auch in Graz. Viele studierten auch in Deutschland, etwa in München, Berlin, Leipzig, Jena, Heidelberg,

81 Jahresbericht dieser Schule für das Schuljahr 1909/1910, 21.

82 Jahresbericht dieser Schule für das Schuljahr 1911/1912, 17.

83 Jahresbericht dieser Schule für das Schuljahr 1912/1913, 18.

84 Momčilo D. Pejović, Školovanje Crnogoraca u inostranstvu 1848–1918, Podgorica 2000.

Stuttgart, Tübingen und Halle.[85] Die Tatsache, dass die Schüler schon im ersten Studienjahr in der Lage waren, den Vorlesungen in deutscher Sprache zu folgen, bezeugt, dass sie adäquate Deutsch-Kenntnisse besaßen.

Die aufs Gymnasium eingeschriebenen Schüler stammten aus verschiedenen Gebieten und Kontinenten: aus der Bucht von Kotor, aus Montenegro, Dalmatien, Niederösterreich, Tirol, Steiermark und Ungarn, aber auch aus der Türkei, Russland, Italien, Tschechien, Bosnien, Bulgarien, Amerika, Ägypten und Afrika und hatten demzufolge verschiedene Muttersprachen. Bis zur Matura schaffte es allerdings nur ein kleiner Teil der Schüler. Gemäß einer Liste, die die Namen der Abiturienten für die Jahre 1895–1914 enthält, stammten etwa drei Viertel der Schüler aus der Bucht von Kotor und ein Viertel aus anderen Gebieten Österreich-Ungarns, z.B. aus Bar (Antivari), Petrovac, Budva (Budua) oder aus Dalmatien. Nur vereinzelt gab es auch Schüler aus dem so genannten alten Montenegro, d.h. aus Cetinje. Dort gab es zwar seit 1880 ein Gymnasium, aber dieses war bis zum Schuljahr 1902/03 nur ein 4-jähriges Gymnasium, an dem der erste Matura-Jahrgang erst im Jahr 1910 bestand. Wer studieren wollte, musste also das Gymnasium in Kotor besuchen. Bei einigen Schülern sind als Geburtsorte auch entferntere Städte vermerkt, z.B. Odessa, Budapest, Triest, Josefstadt. In der gleichen Liste wird angeführt, was die Schüler studiert haben. Dabei dominieren vier Studienfächer: Medizin, Jura, Philosophie und Theologie. Im ersten Jahrzehnt des 20. Jahrhunderts kommt noch ein Studiengang Landwirtschaft hinzu, doch studierten einzelne Schüler auch Malerei, Veterinärmedizin und technische Fächer.

Die deutsche Sprache spielte von der zweiten Hälfte des 19. Jahrhunderts bis zum Ende des Ersten Weltkrieges im Bildungswesen in der Bucht von Kotor folglich eine nicht unbedeutende Rolle, denn sie ermöglichte das Studieren in deutschsprachigen Ländern und somit das Kennenlernen vom Leben in westlichen Staaten. Diese Studenten haben mit ihren Erfahrungen und ihrem Wissen auf verschiedene Art und Weise später das gesellschaftliche Leben ihrer Herkunftsländer beeinflusst.

85 Ebenda, 280.

Karin Almasy

Die nationale Frage und die Schule: Maribor/Marburg zwischen 1848 und 1861

Wir fühlten uns weder als Deutsche noch als Slowenen, weil sich bis zum 1848er Jahr überhaupt niemand um die Nationalität geschert hat und Sprache war für uns nur ein Mittel, um uns untereinander und mit anderen zu verständigen.[1]

Einleitung

Das 19. Jahrhundert ist das Zeitalter der Herausbildung neuer, d.h. nationaler Identifikationskategorien und der beginnenden Aufteilung der Welt in Nationalstaaten. Nationen und nationale Identitäten sind bei weitem nicht so alt, wie es Nationalisten gerne behaupten, sind auch keine vorgegebenen, fixen primordialen Kategorien, sondern werden erst im Laufe des 19. Jh. ‚erfunden': Die Nationalität bekommt eine Bedeutung zugeschrieben, die sie so zuvor nie hatte, wird zur ‚Herrensignifikante'[2] und sollte ältere Identifikationskategorien wie Religion, regionale Herkunft (Stadt, Dorf, Region), Gebundenheit an ein Herrscherhaus, an eine soziale Klasse usw. in den Hintergrund drängen bzw. übertrumpfen.

Im Revolutionsjahr 1848 kommen nationale Fragen im Zusammenleben von Deutschen und Nichtdeutschen erstmals zur Sprache, und das nationale Bewusstsein der Slowenen wird erstmals auf breiterer Basis ‚wachgeküsst' (Dabei darf man ‚breit' nicht im Sinne eine Massenmobilisierung verstehen; das ‚Fieber' befiehl einige junge Gebildete, Gymnasiasten, Studenten, Geistliche, Bürger etc.). Mit der Niederschlagung der Revolution werden diese neuen Ideen zur Zeit des Neoabsolutismus unterdrückt und stellen scheinbar kein Thema dar. Für den Zeitraum ab 1861 bzw. 1867 und insbesondere für die späten Jahrzehnte der Habsburgermonarchie, als ein freieres Verfassungsleben, eine rege Zeitungsproduktion, die

---

1 Josip Vošnjak, Spomini, Ljubljana 1905, 16. [Alle Übersetzungen aus slowenischen Quellen, wenn nicht anders angegeben, von K.A.]

2 Albrecht Koschorke, Wie werden aus Spannungen Differenzen? Feldtheoretische Überlegungen zur Konfliktsemantik". In: Heinz Fassmann/Wolfgang Müller-Funk/Heidemarie Uhl (Hg.), Kulturen der Differenz. Transformationsprozesse in Zentraleuropa nach 1989. Transdisziplinäre Perspektiven, Wien 2009, 271–286.

Gründung von Vereinen, Parteien etc. die Thematisierung nationaler Ideen viel freier und umfangreicher ermöglicht, treten die nationalen Spannungen wieder auf den Plan.[3] Gleichzeitig liegt für HistorikerInnen eine Fülle von Quellen vor, anhand derer sich diese ‚Nationalitätenkonflikte' gut erforschen lassen, was auch die rege Publikationstätigkeit zu diesem Thema in diesem Zeitrahmen belegt.

Der frühen Periode der beginnenden nationalen Differenzierung wird hingegen meist wenig Scheinwerferlicht zuteil. Bestimmendes Charakteristikum für die Zeit des Neoabsolutismus ist sowohl das Fehlen einer Verfassung, demnach eines freien politischen Lebens und einer freien Presse, als auch das Fehlen bereits verfestigter nationaler dichotomer Kategorien. Die breite Bevölkerung blieb hartnäckig lange ‚flexibel' bzw. nationalpolitischen Fragen gegenüber indifferent.[4] Nicht-nationale Handlungen und Einstellungen sind oftmals schwieriger zu rekonstruieren als nationale oder nationalistische: Der Versuch, die Nicht-Existenz bzw. die noch geringfügige Bedeutung des Nationalen, bzw. die „nationale Flexibilität" zu belegen, ist oft wesentlich komplizierter.[5]

Die Stadt Marburg (Maribor)[6] ist insofern ein interessanter Untersuchungsgegenstand, da die Stadt – obwohl regionales Zentrum – durchaus ‚die Provinz' darstellt und bis 1918 stets als [deutsche] *Insel inmitten der Slavenwelt*[7] galt d.h. sich in ihrem öffentlichen bürgerlich-städtischen Leben durch die deutsche Umgangssprache von ihrem slowenischen Umland unterschied.

---

3 Siehe zu den slowenisch-deutschen Nationalitätenkonflikten in der Untersteiermark v. a. die Arbeiten von Janez Cvirn, Trdnjavski trikotnik. Politična orientacija Nemcev na Spodnjem Štajerskem (1861–1914), Maribor 1997 und ders., AUFBIKS! Nacionalne razmere v Celju na prelomu 19. v 20. Stoletje, Celje 2006.

4 Vgl. Pieter Judson, Guardians of the Nation. Activists on the Language Frontiers of Imperial Austria, Cambridge 2004, 5.

5 Karin Almasy, Wie aus Marburgern ‚Slowenen' und ‚Deutsche' wurden. Ein Beispiel zum Beginn der nationalen Differenzierung in Zentraleuropa zwischen 1848 und 1861, Masterarbeit. Graz 2013 (Eine komprimierte Fassung soll 2014 beim Grazer Universitätsverlag erscheinen).

6 Der zeitgenössische Quellenbegriff dieser Zeit war allein „Marburg", da im Untersuchungszeitraum 1848–1861 noch fast durchgehend auch in slowenischen Quellen der deutsche Ortsname in Gebrauch war („v Marburgu", „v Marburgi", daneben auch die verballhornte Form „Marprog") und der slowenische Name „Maribor" erst ab Mitte des 19. Jahrhunderts allmählich aufkam und überhaupt erst 1910 amtlich wurde. Demnach ist es eigentlich anachronistisch, diese Stadt zwischen 1848 und 1861 „Maribor" zu nennen.

7 Franz Maurer, Reise durch Bosnien, die Saveländer und Ungarn, Berlin 1870, 40.

Nachdem es nur eine sehr eingeschränkte Presselandschaft bzw. in Marburg noch überhaupt keine Zeitung gab (in der Zeit des Neoabsolutismus erschienen neben zwei Kirchenblättern allein die Bleiweis'schen *Kmetijske in rokodelske novice* in slowenischer Sprache) und noch keine freie politische Diskussion möglich war, beschränkten sich etwaige nationale Forderungen fast ausschließlich auf Sprachforderungen und das Schulwesen. Die Frage der Schulbildung war für jede Nationalbewegung eine entscheidende, weil es *offensichtlich* [ist], *dass sich der Weg zur modernen Nation nie auftat, ehe nicht folgendes erreicht war: a) eine wesentliche Erweiterung des Schulnetzes und eine Intensivierung des Schulbesuchs, b) die Einbeziehung national relevanter Inhalte* [z. B. eines nationalen Literaturkanons und auch der Lieder] *in den Unterricht – insbesondere in den höheren Schulen.*[8] Und: *Unter den Trägern des nationalen Lebens standen zudem die Lehrer in der vordersten Linie.*[9] Das trifft in großem Maß auch auf die slowenische Nationalbewegung zu, da sie sich primär auf die sprachliche Gemeinschaft berief, weshalb der Frage der Unterrichtssprache in den Schulen insbesondere von slowenischer Seite in den Mittelpunkt gerückt wurde. Bereits Davorin Trstenjak (1817–1890), einer der eifrigsten Vorkämpfer für Slowenisch in den Marburger Schulen, fasste retrospektiv die Bedeutung des Schul- und Bildungsthemas in den 1850-er Jahren folgendermaßen zusammen:

Doch diese Zahl [der national gesinnten Slowenen in Marburg] *war zu gering, als dass sich das Slowenentum im öffentlichen Leben Geltung verschaffen hätte können, Politisches gab es im Bach'schen Absolutismus ohnehin nichts, deshalb hat sich das ganze nationale Wirken nur auf die Ausbildung in der Muttersprache beschränkt.*[10]

Der vorliegende Beitrag will anhand des Beispiels des Klassischen Gymnasiums in Maribor zum einen aufzeigen, dass im Zeitraum 1848–1861 dem Unterrichtsgegenstand Slowenisch eine zumindest gleich wichtige, wenn nicht sogar eine viel wesentlichere Rolle für die slowenische Nationalbewegung zukam, nämlich für die Herausbildung einer eigene Elite und Intelligenz unter den Slowenen, die Slowenisch auf hohem Niveau benutzen konnten und sich als Slowenen verstanden.

---

8 Miroslav Hroch, Das Europa der Nationen: Die moderne Nationsbildung im europäischen Vergleich, Göttingen 2005 (= Synthesen. Probleme europäischer Geschichte 2), 103.

9 Helmut Engelbrecht, Geschichte des österreichischen Bildungswesens. Erziehung und Unterricht auf dem Boden Österreichs. Band 4, Von 1848 bis zum Ende der Monarchie, Wien 1986, 295.

10 Davorin Trstenjak, Prineski k zgodovini dušnega prerojenja Slovencev na Štajerskem, IV. Matija Prelog. In: Zora, Nr. 4 und 5 (1872), 65.

Zum anderen soll anhand des kleinen Städtchens Marburg ein Ausflug in das Schulsystem und die verschiedenen Schultypen der 1850-er Jahre unternommen und aufgezeigt werden, dass es noch kaum ein verfestigtes nationales Bewusstsein und demnach auch noch kaum bzw. keine nationalen Spannungen gab.

Vorausgeschickt sei, dass das Schulwesen in der Habsburgermonarchie große regionale Unterschiede und eine Kluft zwischen theoretischem Anspruch und Realität aufwies, denn es bestanden noch große Mängel bei den Besuchszahlen, den materiellen Voraussetzungen, der Lehrerbesoldung und -ausbildung. Die Reformen und Bemühungen des Staates zielten demnach darauf ab, die allgemeine Qualität zu verbessern. Durch die revolutionären Ideen kam es 1849 zu einer großen Schulreform, in der das Schulsystem radikal reformiert und in jener Form herausgebildet wurde, wie wir es bis heute im Wesentlichen kennen. Im „Organisations-Entwurf" wurden die Gymnasien im heutigen Sinne, die Matura als Abschlussprüfung und ein (naturwissenschaftlicher) Fächerkanon eingeführt, die Schulpflicht auf acht Jahre ausgedehnt und das allgemeine Niveau deutlich gehoben.

Durch die Niederschlagung der Revolution und die Abschaffung der Verfassung wurde von der eingeleiteten Schulpolitik, die auf revolutionären Ideen basierte, nicht abgewichen; insbesondere das höhere Schulwesen erlebte einen großen Aufschwung, doch rückte man vom Grundprinzip der Gleichberechtigung der Nationalitäten ab, auch wurden diese Forderungen erst nach und nach verwirklicht. Inwiefern durch die ungleiche Herausbildung normierter Schriftsprachen einfach die praktischen Voraussetzungen für eine sprachliche Gleichberechtigung noch nicht gegeben waren, d.h. ob die Zentralregierung in Wien im Rahmen des Möglichen versuchte, die Qualität zu heben oder ganz im Gegenteil einen *starken deutschnationalistischen Druck*[11] ausübte – ist eine seitdem breit und kontrovers diskutierte Frage.[12]

11 Stane Okoliš, Zgodovina šolstva na Slovenskem, Ljubljana 2009, 70.

12 Vgl. dazu: Helmut Rumpler, Zentralistische Reichspolitik oder Germanisierung? Zum nationalpolitischen Gehalt der Politik der Wiener Regierung gegenüber Illyrien-Krain von der Revolution 1848 zum Neoabsolutismus. In: Helmut Rumpler/Arnold Suppan (Hg.), Die Geschichte der Deutschen im Bereich des heutigen Slowenien 1848–1941, Wien 1988, 63–84; Gerald Stourzh, Die Gleichberechtigung der Volksstämme als Verfassungsprinzip 1848–1918. In: Adam Wandruszka/Peter Urbanitsch (Hg.), Die Habsburgermonarchie 1848–1918. Die Völker des Reiches III/2, Wien 1980, 975–1206; Engelbrecht, Geschichte des österreichischen Bildungswesens, 28 und Vlado Schmidt, Zgodovina šolstva in pedagogike na Slovenskem, Ljubljana 1988.

Es kam zunächst zu einer verstärkten Utraquisierung der Mittelschulen, d.h. zu einer verstärkten Förderung der nichtdeutschen Landessprachen als Unterrichtsfach (ganz im revolutionären Geist sollte in den Grundschulen der Unterricht in der Muttersprache der Kinder abgehalten werden), wohingegen Deutsch meist Unterrichtssprache in den höheren Schulen blieb. In den utraquistischen Volksschulen am Land wurde zweisprachig unterrichtet, wobei der zweiten Landessprache eher die Rolle einer Hilfssprache zukam, die solange benutzt wurde, bis die Kinder ausreichend Deutsch beherrschten. Ein beliebter und gangbarer Weg war es, in den höheren Schulen und Klassen in vielen Fällen, zunächst leichter zu unterrichtende Lehrgegenstände (Religion, Geografie, Geschichte) auf Slowenisch unterrichten zu lassen. Generell galt im 19. Jahrhundert: Je höher die Bildung und je größer die jeweilige Stadt, desto eher wurde auf Deutsch unterrichtet; vor allem am Land und im benachbarten Krain setzte sich im Laufe des 19. Jahrhunderts aber nach und nach Slowenisch als Unterrichtsprache durch.

Die utraquistischen Volksschulen

Die Quellenlage für Maribor bezüglich der utraquistisch geführten Volksschulen lässt den Schluss zu, dass die jeweilige Qualität des Unterrichts im utraquistischen Unterricht nur so gut oder schlecht war wie der jeweilige Lehrer. Sowohl ein nationalslowenischer „Spaziergänger durch Maribor“[13] als auch ein Artikel mit eindeutig deutscher Perspektive[14] beschreiben die Windische Pfarrschule in der Grazer Vorstadt und die Pfarrschule der Magdalena-Vorstadt von zwei sehr unterschiedlichen Standpunkten, sind sich aber in der Beurteilung des utraquistischen Unterrichts gänzlich einig: Die eine Schule ‚hui‘, die andere ‚pfui‘. In der Windischen Vorstadtpfarre in der Grazer Vorstadt nordöstlich der Altstadt fanden sie vortreffliche Verhältnisse vor: Sogar *in den Liedern* [wird] *die Gleichberechtigung der Nationalitäten mit viel Tact gehandthabt.*[15] Božidar Raič, der unbestritten auch damals schon ein national-slowenisches Bewusstsein hatte, beschreibt die Schulvisitation so:

---

13 R[aič]. B[ožidar], Potnikove misli in opazke hodé iz Maribora po ovinkih v Maribor. In: Kmetijske in rokodelske novice, Ljubljana, neunteilig ab: Jg. 18, Nr. 35, 01.09.1860, 345. Dieser Wanderbericht ist auch die einzige der untersuchten Quellen aus dem Untersuchungszeitraum, in der der Autor bereits tatsächlich von „Maribor“ und nicht von „Marburg“ oder „Marprok“ spricht.

14 Correspondent für Untersteiermark, Nr. 48 vom 11.9.1862 (Die erste Zeitung, die in Maribor, später unter dem Namen Marburger Zeitung, erschien).

15 Correspondent für Untersteiermark, Nr. 48 vom 11.9.1862.

Man fragte sie vernünftig aus, sie antworteten flüssig, schön nach den Büchern slowenisch-deutsch; jeder Schüler wusste dieselbe Aussage auf Slowenisch und auf Deutsch zu erzählen und ihre Bedeutung zu erklären, sei es ein Slowene oder ein Deutscher, ebenso tadellos verlief das Rechnen slowenisch bei den Slowenen und deutsch bei den Deutschen; auch das Singen hatte die Jugend wirklich schön geübt, die unschuldigen Kinderchen sangen wie Engelchen [...] *Was ich beurteilen kann, ist der Unterricht so gut gestaltet, wie es sich nur denken lässt, und so sollte er in jeder Vorstadtschule unter den heutigen Umständen sein, daher sicherlich eine mustergültige Vorstadtschule. Da muss es nicht verwundern, wenn vernünftige deutsche Herren auch ihre Kinder in die Vorstadt schicken, damit sie Slowenisch lernen.*[16]

Ein „Correspondent" aus der Untersteiermark mit eindeutig deutscher Perspektive ist ebenso begeistert über den Utraquismus in der Windischen Vorstadtschule:

Wir freuen uns gegenüber den verschiedenen Gerüchten einer ausschließlichen Slovenisierung der Schulen aus eigener Überzeugung mit gutem Gewissen constatiren zu können, daß an der W.[indischen] *Vorstadtschule dem nicht also der Fall, sondern beiden Nationalitäten in jeder Hinsicht vollkommen gleiche Rechnung getragen sei. Wir fanden die größtentheils trefflichen Schulbücher auf einer Seite mit deutschen und auf der anderen Seite mit slovenischen Texten gedruckt und hörten mit großem Vergnügen, wie deutsche Schüler das Slovenische und umgekehrt, die slovenischen das Deutsche mit ziemlicher Fertigkeit übersetzten. Auf diese Weise wird beiden Theilen eine große Wohlthat erwiesen und die deutschen Stadtkinder in die Lage gesetzt, mit der slovenischen Landbevölkerung seiner Zeit im Handel und Wandel ohne Dazwischenkunft eines Dolmetschers verkehren zu können, während sich die Slovenen durch die Erlernung der deutschen Sprache ihr besseres Fortkommen für die Zukunft sichern.*[17]

Bemerkenswert an diesen Quellenbeispielen ist, dass beide Autoren, obwohl sie bereits nationale Standpunkte einnehmen, mit dem zweisprachigen Schulmodell an sich und der konkreten Umsetzung in der Windischen Vorstadtpfarre zufrieden sind. Aus der Magdalena-Vorstadt-Schule am anderen Drau-Ufer hingegen wurde berichtet:

Als wir in die erste Klasse kamen und uns setzten, sprach der Herr Dekan einige Begrüßungsworte an die Kinder und dann betete man auf Deutsch, was zwei Drittel nicht verstand, weshalb sie einen Teil auch falsch aussprachen. Der Herr Pfarrer begann die christliche Lehre abzufragen und versuchte es zuerst bei den kleinen

16 R[aič]. B[ožidar], Potnikove misli in opazke, 345.

17 Correspondent für Untersteiermark, Nr. 48 vom 11.9.1862.

Mädchen [...] und zwar auf Deutsch; normalerweise bekam er nicht die richtige Antwort, außer von jenen, die in der Vorstadt zu Hause waren und auch Deutsch verstanden. Auf die Frage: „Wie viel Gott haben wir" (sic), sagte nach langem Ausfragen eine kleine Schülerin schüchtern: „eins". [...] Lange ging es in dieser Weise fort, [...] bis der Herr Dekan sagte: „Jetzt erzählt noch ein bisschen auf Slowenisch, ihr alle seid ja Slowenen, und lernt in unserer Sprache die christliche Lehre [...]". Schlecht wurde nur geantwortet, weil sie es wohl nicht gelernt hatten, und überhaupt keine slowenischen Bücher hatten. So haben sich die lieben Kinder bemüht und sich ein Jahr oder länger unnötig gequält, und ich glaube nicht, dass sie eine klare Vorstellung davon hatten, was sie hätten lernen sollen, weil sie nur mit Hindernissen zu kämpfen hatten, ohne dass sie vernünftig die christliche Lehre gelernt hätten. Alles andere erledigte man mehrheitlich auf Deutsch [...] Kurzum: In der ganzen Klasse war alles, wie es nicht hätte sein dürfen, und nicht nur dieses Jahr, sondern sicher, seitdem der jetzige Herr Schullehrer hier ist. Das ist keine Lehrstätte, das ist eine Quälstätte.[18]

Man kann aus diesem Beispiel den Schluss ziehen, dass schon damals die Qualität des jeweiligen Unterrichts von den individuellen Fähigkeiten des jeweiligen Lehrers abhing; eine utraquistische Volksschule war so gut oder so schlecht wie ihr Lehrer.

Schulvisitationen in der Marburger Hauptschule

Schulvisitationsberichte über die Marburger Hauptschule zeugen von einer anderen Schwierigkeit: Es war offensichtlich ein erhebliches Problem, kompetente und im Slowenischen ausgebildete Lehrkräfte zu finden. Ein ausführlicher Bericht – man könnte sagen: ein zweckgeleiteter ‚Reisebericht' des Schulrates Johann Hermann (1800–1890) in die Provinz – hat sich aus dem Jahr 1851 erhalten, als jener für die steiermärkische Landesschulbehörde u. a. auch der *Unterreal- und Hauptschule zu Marburg* und selbiger in Celje (Cilli) einen Besuch abstattete. Darin gibt Hermann, in seiner Funktion als Vertreter der staatlichen Schulpolitik, die Empfehlung ab, *an den Hauptschulen zu Cilli und Marburg künftig nur solche Lehrer anzustellen, die der deutschen und slowenischen Sprache mächtig sind* und *diesen doppelten Sprachunterricht in den Concurs-Ausschreibungen der Lehrerstellen für die benannten Hauptschulen zur Bedingung der Anstellung zu machen.*[19] *In allen Klassen solle zukünftig der Unterricht slowenisch und deutsch ertheilt werden;*

18 R. B. Potnikove misli in opazke, 345.

19 „Bericht über die Visitation [...]", in: StLA, k. k. Landesschulbehörde 1850–54, Faszikel 3, Stammzahl 494, Aktennummer 275.

momentan seien aber die meisten Lehrer des Slowenischen nicht so mächtig, dem nachkommen zu können. Dies *sey die Ursache des geringen Fortganges der Schüler überhaupt, insbesondere der slowenischen in der deutschen Sprache.*[20] Die Lage scheint sich binnen eines Jahrzehnts nicht wesentlich geändert zu haben: Auch in einem Schulvisitationsakt von 1860 findet sich immer noch das Bedauern, dass es leider sehr schwierig sei, *Lehrindividuen zu finden, welche nebst der übrigen Lehrbefähigung auch eine hinlängliche Kenntniß der slowenischen Sprache hätten, um in derselben Unterricht ertheilen zu können.* Außerdem wird empfohlen:

> *Zu solchen Fällen muss dann, nicht zum Gedeihen des Unterrichts, ein anderer Hauptschullehrer die slowenische Sprache in der Unterrealschule lehren, während je ein Unterrealschullehrer in seiner Classe suppliren muss. Die slowenische Sprache nebst einigen andern leichteren Gegenständen z. B. das Schönschreiben, die Geographie könnten dann dem Aushilfslehrer überlassen werden, für welchen Posten immer eine genügende Auswahl an geeigneten Individuen vorhanden sein dürfte.*[21]

Man kann festhalten, dass sich der Schulrat schon allein aus Interesse an einem effektiven und erfolgreichen Schulsystem für den Einsatz des Slowenischen einsetzte. In solchen Visitationsberichten sind keinerlei Hinweis dafür zu finden, der Staat bzw. die (ab dem Konkordat die mit der Bildungsaufsicht beauftragte) Kirche hätten ‚von oben' versucht, den Fortschritt des Slowenischen zu behindern oder zu unterdrücken: Vielmehr wird der langsame Fortschritt des Slowenischen durch einen Mangel an geeigneten Kandidaten bedauert.

Die zukünftigen Lehrer

Auch zukünftige Volksschullehrer wurden in Marburg ausgebildet: Zunächst wurden sie in den so genannten (zunächst nur dreimonatigen, später einjährigen) Präparandenklassen an der Hauptschule unterrichtet. Aus erhaltenen Verzeichnislisten dieser Präparanden können einige Schlüsse über diesen Unterricht gezogen werden, wenn man etwa die Listen aus den Jahren 1848 und 1858 vergleicht: Während es vor dem „Organisations-Entwurf" noch gar keine klassischen Schulfächer (klarerweise auch keinen Schulgegenstand Slowenisch) gab, findet sich im Verzeichnis von 1858 bereits das Schulfach Slowenisch. Von den 25 Präparanden dieses Jahrganges hatten nur acht in dieser Spalte keine Note eingetragen, woraus sich folgern lässt, dass diese Kandidaten keinen Slowenisch-Unterricht erhalten haben, diese Sprache wohl nicht beherrschten und sie infolge auch nicht

20 Ebda. [Unterstreichung im Original].

21 StLA, Lavanttaler Schulakten, K9. Unterreal- und Haupt- und Mädchenschule.

selbst unterrichten haben werden. Demzufolge waren aber zwei Drittel der in der ‚deutschen' Stadt Marburg ausgebildeten Volksschullehrer des Slowenischen mächtig und wurden für eine zukünftige Erteilung des Slowenisch-Unterrichts ausgebildet. In diesem Zusammenhang lobt Schulrat Hermann in seinem Visitationsbericht 1851 ausdrücklich und ausführlich den slowenischen Geistlichen Davorin Trstenjak:

Eine sehr angenehme Uiberraschung wurde mir in Marburg bei einer Vorlesung des die Religionslehrkanzel des Untergymnasium supplimierenden Professors Terstenjak, welche er bei den Präparanden aus der Psychologie hielt. Wie ich mir dachte, daß die Gegenstände mit den Präparanden behandelt werden sollen, nämlich immer mit Beziehung auf die Kinder sind mit Versetzen der Kandidaten in die Schule, so fand ich meine Idee durch diesen noch jungen Mann an der Psychologie ausgeführt. Dieser sollte nur zum Präparandenunterrichte verwendet werden; übergäbe man ihm fünf oder sechs Gegenstände, so würden aus seiner einjährigen Präparandenbildung weit bessere Lehrer hervorgehen, als aus anderen zweijährigen; und ich halte es daher für meine Amtspflicht, die löbliche Landesschulbehörde und das solche Unterrichtsministerium zu bitten, diesen Mann so viel möglich zur Bildung der slowenischen Präparanden zu benutzen. Für Deutsche eignet er sich nicht, weil seinem Deutsch ein ziemlich derber slowenischdeudscher [sic] *Dialekt und im Fluße der Rede mancher, ein deutsches Ohr unangenehm berührender Sprachfehler anklebt. Trstenjak's Verdienst ist es auch, daß in Marburg so viele /: 15:/ Präparanden zusammengekommen sind; er schrieb dort- und dahin, und einem jungen Menschen für das Schulfach zu gewinnen und suchte Kosttage für die ärmeren Präparanden.*[22]

Erneut wird der Vorwurf, der Staat habe versucht, die Entwicklung des Slowenischen zu behindern und dem slowenischen Lehrpersonal Steine in den Weg zu legen, durch Schulrat Hermann entkräftet. Ein weiterer Beweis dafür, dass dem Staat die Hebung des Standards an den Schulen und deshalb auch der zweiten Landessprache Slowenisch ein Anliegen war, findet sich zehn Jahre später. 1861 wurden die Präparandenklassen aufgelassen, die Lehrerausbildung gehoben und in Maribor eine zweijährige Lehrerbildungs-Anstalt gegründet, die in ihren Statuten auch wieder explizit Sprachkenntnisse zur Bedingung der Anstellung zukünftiger Volksschullehrer macht:

Beim Sprachunterrichte soll vorerst darauf gesehen werden, daß die Präparanden selbst sowohl die slowenische als auch die deutsche Sprache rein und correkt

22 „Bericht über die Visitation […]", in: StLA, k. k. Landesschulbehörde 1850–54, Faszikel 3, Stammzahl 494, Aktennummer 275; beigelegter Visitationsbericht des Schulraths Hermann. [Unterstreichung im Original].

reden und schreiben, daher sie im mündlichen und schriftlichen Gedankenausdruck fortgeübt werden sollen. [...] und dabei die slowenische und deutsche Sprache in zweckentsprechender Weise gleichzeitig zu behandeln haben. [...] Die Kandidaten müssen sich die Fähigkeit aneignen, die Lehrgegenstände in slowenischer und deutscher Sprache zu behandeln.[23]

Der Unterrichtsgegenstand Slowenisch am Marburger Gymnasium

Die ersten Slowenisch-Lehrer am Marburger Gymnasium waren charakteristischerweise katholische Geistliche: Jurij Matjašič und Davorin Trstenjak erteilten ab dem 1848/49 für die slowenischen Schüler zunächst noch in der eigenen Privatwohnung kostenlosen Slowenisch-Unterricht; kurz darauf wurde jener am Gymnasium, und zwar in deutscher Unterrichtssprache geführt, damit auch ‚Deutsche' daran teilnehmen konnten.[24] Aufgrund des regen Interesses wurde der Unterricht 1849/50 von zwei auf drei Wochenstunden erweitert. 1852 wurde die Weiterführung des Unterrichts genehmigt, allerdings nicht mehr von den beiden Religionslehrern Matjašič und Trstenjak (in den Quellen „Georg Mathiaschitsch" und „Martin Terstenjak") abgehalten, sondern eine eigene Supplentenstelle dafür geschaffen, welche der Weltpriester Božidar Raič [in den Akten „Matthias Reich"] im März 1853 antrat.

Daraus ist zum einen ersichtlich, dass die erste Initiative für Slowenisch-Unterricht von slowenischen Geistlichen ausging (erst ab 1857 kommt erstmals nicht-geistliches slowenisches Lehrpersonal aufs Gymnasium) und zum anderen, dass bald eine besoldete Lehrstelle geschaffen wurde, die an die Stelle der unbesoldeten Privatinitiative trat. Dies scheint ein bedeutender Wendepunkt zu sein, denn anstatt die beiden Religionslehrer ‚nebenbei' und unentgeltlich mit Slowenisch-Stunden weitermachen zu lassen, wird von der Landesschulbehörde eine eigene besoldete Stelle geschaffen. Darüber, wie man sich diesen ersten Slowenisch-Unterricht in den 1850-er Jahren am Marburger Gymnasium vorstellen muss, geben uns zwei ehemalige Gymnasiasten in ihren Erinnerungsschriften Auskunft. Josip Sernec erinnert sich folgendermaßen:

---

23 Statthalter-Entwurf für die zweijährige Lehrerbildungsanstalt in Marburg. In: StLA, Lavanttaler Schulakten, K. 9. Marburg Stadt.

24 Vgl. Trstenjak, Prineski k zgodovini, 65 und Jan Šedivý, Profesoriji klasične gimnazije v Mariboru. In: Časopis za zgodovino in narodopisje, Maribor 1970, Nr. 1, 70–111, hier: 76f.

Ich wurde, obwohl ich sagte, Slowenisch nur schlecht zu können, in die Slowenischstunden für Slowenen gesteckt, während die Deutschen, die Slowenisch lernten, eigene Stunden hatten.

Meine Slowenischkenntnisse waren aber derart mangelhaft, dass es in der ersten Zeit bei den schriftlichen Aufgaben fast kein Wort gab, das nicht wegen Fehlern einmal, oder auch zweimal rot unterstrichen war, weil ich von der slowenischen Grammatik keine Ahnung hatte. Dennoch beurteilte mich Professor Majciger, und später nach ihm sein Nachfolger, im Slowenischen nicht nach meinem schlechten Wissen, sondern nur nach meinem Lernfortschritt, so dass ich schon im ersten Semester [...] *ein „recht befriedigend" bekam; und später bekam ich nie etwas Schlechteres, so dass ich trotzdem der Vorzugsschüler meiner Klasse blieb. Auf diese clevere Weise erreichten meine Professoren, dass ich gerne Slowenisch lernte und wirkten damit auch auf mein Denken in nationaler Hinsicht ein.*[25]

Sein Klassenkollege Anton Šantel bestätigt die fehlenden Vorkenntnisse beim Eintritt ins Gymnasium und schildert außerdem den Mangel geeigneter slowenischer Lehrbehelfe und Schulbücher:

Majciger begann den Unterricht mit einer Ansprache, aus der mir noch die Worte „Es ist eine schöne Sprache" in Erinnerung geblieben sind. Danach lernten wir genau wie im Lateinischen Substantive und Adjektive zu deklinieren. Bei mir war das durchaus am Platz, da ich vorher von einer slowenischen Grammatik noch nie etwas gehört hatte.

Ein Lehrbuch gab es nicht. Als Lektüre waren die Bleiweis-Texte [Artikel aus den Novice] für die ersten vier Klassen üblich. In der fünften bis siebten Klasse las man Texte von Miklošič [wohl das Schulbuch „Slovensko berilo za peti gimnazijalni razred" des berühmten Slawisten Fran Miklošič], *und für die achte Klasse gab es überhaupt noch keine Lektüre.* [...] *Wie im Lateinunterricht übersetzten wir auch aus diesen Texten ins Deutsche, und das hatten wir alle nötig, weil auch die anderen in der Volksschule nicht so viel slowenisch gelernt hatten.*[26]

Die beiden Anekdoten machen deutlich, dass im Untersuchungszeitraum der Frage des Unterrichtgegenstandes Slowenisch eine ganz entscheidende Rolle zukam, da eine ganze Generation junger Slowenen überhaupt erst slowenisch Lesen und Schreiben lernen musste und dass die entsprechenden Mittel und

25 Josip Sernec, Spomini, Ljubljana 1927. Neuauflage mit einem Nachwort von Janez Cvirn (Hg.), Celje 2003, 3.

26 Anton Šantel, Grenzenlos zweisprachig. Die Erinnerungen des Keuschlersohnes Anton Šantel (1845–1920) an seine Kindheit in Leutschach und Jugend in Maribor (Herausgegeben und mit Anmerkungen versehen von Klaus-Jürgen Hermanik und Christian Promitzer; dt. Übersetzung von Andrea Haberl-Zemljič), Graz 2002, 139f.

Voraussetzungen (z. B. Lehrbücher) für einen slowenischen Sprachunterricht noch nicht in ausreichendem Ausmaß vorhanden waren.

‚Nationales' Kampffeld Gymnasium?

‚Nationale' Konflikte am Gymnasium sind für den Betrachtungszeitraum so gut wie keine überliefert; lediglich auf der Lehrerkonferenz am 31. Juli 1860 (gegen Ende des Betrachtungszeitraumes) soll ein ‚nationaler' Streit unter der Lehrerschaft ausgebrochen sein. Hintergrund war der kaiserliche Erlass von August 1859, der den Erlass von 1854, worin Deutsch als Unterrichtssprache an allen Gymnasien festgeschrieben worden war, revidierte.[27] Das Marburger Gymnasium wurde vom Ministerium im Januar 1860 aufgefordert, nach böhmischem Vorbild einen Entwurf zu erarbeiten, wie in Zukunft der Deutsch- und der Slowenisch-Unterricht am Gymnasium gestaltet werden solle. Die Lehrer Raič, Lipež und Majciger setzten sich dafür ein, dass Slowenisch ein verpflichtender Lehrgegenstand für alle (auch die nichtslowenischen) Schüler und Slowenisch Unterrichtssprache in Religion, Geschichte, Geographie und Naturkunde im Untergymnasium werden solle. Der Vorschlag wurde abgelehnt, und Rajč und Lipež wurden im Sommer mit der Begründung entlassen, dass beide seit Jahren die eigentlich notwendige Lehrerprüfung für den slowenischen Sprachunterricht nicht abgelegt hatten. Lipež ging nach Wien, um die besagte Prüfung abzulegen, und wurde später an der Realschule in Zagreb (Agram) Lehrer; Rajč wurde als Kaplan in die Pfarre St. Barbara südlich von Ptuj versetzt.[28] Dieser Vorfall kann als ‚Nationalitätenkonflikt' klassifiziert werden, wobei seine Bedeutung eventuell nachträglich überhöht wurde: In populärwissenschaftlichen Werken kann man die Angabe finden, auch Davorin Trstenjak sei gefeuert worden. Diesen Vorwurf entkräftet Trstenjak selbst, als er in einem Artikel aus dem Jahr 1872 meinte, er (und Matjašič) sei(en) *der schweren Unterrichtstätigkeit müde gewesen.*[29] Trstenjak erbat sich einen Krankenstand für das Schuljahr 1860/61 und kehrte auf seinen Posten nicht mehr zurück; Bischof

---

27 Erfreut zeigten sich ob dieses Erlasses auch die Bleiweis'schen Novice, die eine ganze Reihe „Stimmen über den kaiserlichen Befehl, der die Unterrichtssprache in den verschiedenen Ländern unseres Kaiserreiches festlegt" zu Wort kommen ließ, z. B. Matija Majer Ziljski am 19.11.1859, Jg. 17, Nr. 47, 370f.

28 Vgl. Šedivý, Profesoriji klasične gimnazije, 87f und Božidar Raič, Slovenščina in srednje učilišče v Mariboru. In: Novice, 14.7.1860, Jg. 18, Nr. 28, 228.

29 Trstenjak, Prineski k zgodovini, 65.

Slomšek versetzte ihn stattdessen als Pfarrer nach Št. Jurij pri Celju (St. Georgen bei Cilli).[30]

Es finden sich aber auch einige Beispiele gegen die Behauptung, dass es im Betrachtungszeitraum am Gymnasium einen Nationalitätenkampf gegeben habe: Ab 1861 wurden die Namen der slowenischen Schüler in slowenischer Orthographie geschrieben. Gymnasiast Šantel erinnert sich:

Im ersten Halbjahr der vierten Klasse geschah noch etwas Wichtiges. In Österreich wurde die Februarverfassung von Schmerling [Februar 1861] *wirksam. Anscheinend stand damit im Zusammenhang, daß sich die slowenischen Professoren in der Lehrerkonferenz dafür einsetzten, daß die Namen der slowenischen Schüler in slowenischer Orthographie geschrieben wurden, da sich bis dahin deutsch, also z. B. Wratschko, Wesiag, Kmetitsch usw. geschrieben wurden. Wie es scheint, gab es gegen diese Forderung keine größeren Widerstände, da der Direktor diesbezüglich eine Eingabe machte, die positiv entschieden wurde.*[31]

Dass diese symbolträchtige Sichtbarmachung des Slowenischen ohne große Widerstände beschlossen wurde, spricht dagegen, dass die nationalen Gräben zwischen den Lehrern tief gewesen seien.

Ein weiterer Umstand zu Beginn der 1860-er Jahre spricht gegen die Existenz tiefer nationaler Gräben: Die Schulstatistik des Jahres 1861 führt den Freigegenstand „Slovenisch für Deutsche" an, der von 67 der 116 als ‚Deutsche' verzeichneten Schülern besucht wurde. Das bedeutet, dass mehr als die Hälfte der ‚deutschen' Schüler freiwillig Slowenisch gelernt hat[32]; 1860 waren es hingegen erst 12.[33] Diese Zahl hat sich laut der Schulstatistik des Jahres 1863 sogar noch erhöht: Da finden sich bei 114 Deutschen 84 Schüler, die den Freigegenstand Slovenisch besuchten.[34] Noch ein weiteres Beispiel sei angeführt. 1860 beging man anlässlich des 100-jährigen Geburtstages von Friedrich Schiller in vielen deutschen Städten so genannte Schillerfeiern, die gemeinhin in der Literatur als

---

30 Vgl. Šedivý, Profesoriji klasične gimnazije, 82.

31 Šantel, Erinnerungen, 195.

32 Vgl. Programm des kaiserl. königl. Gymnasiums in Marburg. Veröffentlicht von der Direction am Schlusse des Schuljahres 1861, 58.

33 Vgl. Programm des k. k. Gymnasiums in Marburg. Veröffentlicht von der Direction am Schlusse des Schuljahres 1860, 33.

34 Ich nehme an, dass es sich hierbei um denselben Freigegenstand handelt, da Slowenisch für die Slowenen Pflicht- und nicht Freigegenstand war. Vgl. Programm des kaiserl. königl. Gymnasiums in Marburg. Veröffentlicht von der Direction am Schlusse des Schuljahres 1863.

Großdemonstrationen des Deutschtums[35] bezeichnet werden. Das Marburger Gymnasium feierte diesen Anlass durch *eine Deklamation Schiller'scher Dichtungen im Originale und in slovenischen Uebersetzungen ausgeführt von den Schülern*, durch *deutsche und slovenische Chorgesänge*, und man forderte die Schüler auf, für diesen Festtag eigene *poetische Versuche* einzureichen. Es wurden in diesem Wettbewerb zwei Sieger gekürt und mit einer Gesamtausgabe der Schiller'schen Werke belohnt: ein Sieger für das schönste deutsche und einer für das schönste slowenische Gedicht.[36] Einen gewissen deutsch-kulturellen Anstrich wird diese Feier zweifelsohne gehabt haben, dennoch kann bezweifelt werden, dass hier ein erbitterter Nationalitätenkampf stattgefunden habe.

Ein letztes Beispiel soll verdeutlichen, dass noch keine verfestigten monolithischen nationalen Blöcke bestanden, die sich feindlich gegenüberstanden oder gar bekämpften: Das Gymnasium führte bereits in den 1850-er Jahren Statistiken seiner Schüler, in denen ihre *Nationalität* bzw. *Muttersprache* vermerkt wurde. Fast jedes Jahr aber wird diese Kategorie in den Schuljahresberichten anders benannt; so spricht ein Schulbericht von *Nationalität* (1854), einer schlicht von *Sprache* (1855), ein späterer (1861) von *Muttersprache*. Allein die terminologischen Schwankungen in der Benennung der Kategorien zeugen davon, dass es noch keine verfestigten dichotomen nationalen Blöcke gab. Bemerkenswert ist diesbezüglich auch, dass es nicht nur zwei Optionen (*Deutsche und Slovenen*) gab, sondern auch noch die dritte Kategorie der *Utraquisten* (in manchen Jahren *Deutsch-Slovenen* genannt). Die Zahl dieser Zwischenkategorie nimmt im Lauf der Jahre ab, d.h. zwei dichotome nationale Blöcke sind im Entstehen begriffen und eine Zwischenkategorie stellt immer weniger eine Option dar. Sehr aufschlussreich ist in diesem Zusammenhang die Erinnerung Anton Šantels daran, wie diese Listen zustande kamen:

Eines Tages kam Direktor Lang in unsere Klasse mit einem Haufen Papier und fragte jeden einzelnen in alphabetischer Reihenfolge nach seiner Muttersprache. (Bis dahin hatte es keine Menschenseele gekümmert, ob jemand Slowene oder Deutscher war, da die Existenz des Slowenischen einfach ignoriert wurde. [...]*). Als ich an die Reihe kam, stotterte ich etwas davon, daß ich Deutsch und Slowenisch gleich gut beherrsche.*

[Pavel] *Turner, der neben mir saß, stieß mich unter der Bank an und flüsterte mir zu: „Du bist ein Slowene, du bist ein Slowene!" Dann fragte mich Direktor Lang:*

35 Z.B. Tamara Griesser-Pečar, Maribor/Marburg an der Drau. Eine kleine Stadtgeschichte, Wien-Köln-Weimar 2011, 162.

36 Vgl. Programm des k.k Gymnasiums in Marburg. Veröffentlicht von der Direction am Schlusse des Schuljahres 1860, 39.

„In welcher Sprache haben Sie zuerst gebetet?" Darauf antwortete ich: Slowenisch", und so schrieb er es ein.[37]

Diese Statistiken und wie sie zustande kamen, sind ein weiterer Beleg für die These, dass im Schulwesen als Spiegel für die gesamte Gesellschaft im Neoabsolutismus nationale Fragen noch keine bzw. erst eine minimale Rolle gespielt haben dürften.

Conclusio

Die Zeit des Neoabsolutismus wird oft in sehr dunklen Farben gezeichnet – eine Beurteilung, die das Schulwesen dieser Zeit nicht verdient hat: Die Revolution wirkte nach und hatte einige günstige Veränderungen bewirkt. Die Sprachen- und Schulpolitik des Neoabsolutismus hat zweifelsohne zur Entwicklung, Festigung und Verbreitung des Schrift-Slowenischen – einer Grundbedingung für die Formierung einer Nationalbewegung – beigetragen. Man kann von einer ersten entscheidenden Entwicklungsphase des Slowenischen sprechen, von einer weiten Verbreitung des Slowenischen als Unterrichtssprache und vor allem von der Herausbildung einer eigenen Intelligenz, einer jungen slowenischen (und nicht mehr ausschließlich geistlichen) Bildungselite. Viele wichtige Namen unter den steirischen Slowenen sind mit dem Marburger Gymnasium verbunden: Sie waren entweder Schüler, Lehrer oder im Laufe ihres Lebens beides; sie waren nationalbewusste Geistliche, spätere politisch tätige Agitatoren der slowenischen Nationalbewegung und slowenische ‚Erfolgsbiografien', die sich aus ärmlichsten Verhältnissen zu hoher Bildung hochkämpften und z.B. als Lehrer, Vereinsgründer, Zeitungsleute oder Politiker künftige Generationen bildeten und prägten und die vielfach wichtige Beiträge zur slowenischen Sprachwissenschaft oder Kulturlandschaft leisteten. Auch finden wir in den Kreisen des Marburger Gymnasiums dieser Zeit gebildete und dem Slowenischen aufgeschlossen gegenüber stehende ‚Deutsche'.

Anhand des Beispiels des Marburger Schulwesens lassen sich keine Hinweise darauf finden, dass der Staat oder seine Vertreter aktiv in irgendeiner Weise versucht hätten, das Slowenische zu unterdrücken – im Gegenteil, in vielen Maßnahmen trat der Staat als Förderer der slowenischen Sprachentwicklung auf; außerdem konnten wenig bis keine Hinweise für nationale Gräben oder verfestigte und gar verfeindete Blöcke zwischen deutschen und slowenischen Professoren

37 Šantel, Erinnerungen, 195.

und Schülern gefunden werden, die in irgendeiner Weise mit den Konflikten späterer Jahrzehnte vergleichbar wären. Viele Quellenbeispiele zeugen vielmehr von einem friedlichen, wenn auch eindeutig asymmetrischen Miteinander.

Peter Vodopivec

Die Intelligenz in den Gebieten des heutigen Slowenien zwischen Wien und den Heimatländern um 1900

Die wirtschaftliche und soziale Lage in den Gebieten des heutigen Slowenien um 1900

Die Ergebnisse der Volkszählung vom Jahre 1900 waren für die slowenische Öffentlichkeit ein ‚echter Schock'. Sie zeigten, dass Krain, das einzige von den mit Slowenen besiedelten österreichischen Ländern, das wegen der großen Mehrheit der Slowenisch sprechenden Bevölkerung von der Regierung als slowenisches Land anerkannt wurde, unter allen österreichischen Ländern den höchsten Negativsaldo der Bevölkerung aufwies. Innerhalb von vierundsechzig Jahren (1846–1910) nahm die Bevölkerung in Krain um nur 11,3 Prozent zu. Das bedeutet, dass in Bezug auf den natürlichen Zuwachs mehr als 130.000 Menschen ‚verschwanden'. Die Ergebnisse im gesamten von den Slowenen besiedelten Raum waren nicht wesentlich besser. In der österreichischen Reichshälfte nahm die Bevölkerung in den Jahren 1846–1910 um 57,5 Prozent zu, während nach den Berechnungen von Fran Zwitter die Zahl der Slowenen um nur 18,8 Prozent angestiegen war.[1]

Die Hauptursache für den langsamen Bevölkerungszuwachs unter den Slowenen war die Auswanderung. Dieses Umstands waren sich damals schon die Zeitgenossen bewusst. Während die höher entwickelten Länder im westlichen Teil der Habsburgermonarchie nach 1896 eine kurze wirtschaftliche Konjunktur verzeichneten, blieben die Gebiete mit slowenischer Bevölkerung eine wirtschaftlich passive, von den entwickelten Regionen unterhaltene Peripherie des Staates. Durch katholische Genossenschaften und Sparkassen, durch die Verbesserung der Bildung und die Hebung des allgemeinen kulturellen Niveaus auf dem Lande eröffneten sich der Modernisierung der Landwirtschaft zwar neue Möglichkeiten, doch blieben die Erträge im Verhältnis zu den landwirtschaftlich höher entwickelten österreichischen Ländern weiterhin mehr als bescheiden. Auch in der Entwicklung der Industrie und des Gewerbes wurden nach 1890 bedeutende

1 Peter Štih/Vasko Simoniti/Peter Vodopivec, Slowenische Geschichte, Gesellschaft – Politik – Kultur, Graz 2008, 296–297.

Fortschritte erzielt, doch der Abstand zu den höher entwickelten österreichischen Regionen und zu Böhmen wurde dennoch immer größer. Die wirtschaftlichen Aktivitäten blieben trotz des Vorhandenseins einiger größerer Betriebe, Banken und Aktiengesellschaften, die mit ihren Investitionen und wirtschaftlichen Aktivitäten die Grenzen der einzelnen Länder sprengten, bis zum Untergang der Monarchie zu einem Großteil auf jene Länder beschränkt.

Ljubljana (Laibach) war vor dem Ersten Weltkrieg zwar inoffiziell die kulturelle und politische Metropole der Slowenen, aber keineswegs der wirtschaftliche Mittelpunkt der slowenischen Siedlungsgebiete. Das bedeutendste Geschäfts- und Wirtschaftszentrum für die Länder mit slowenischer Bevölkerung blieb nach wie vor Triest, das nach 1891, nachdem es den Status eines Freihafens eingebüßt hatte, mit dem Hinterland enger verbunden war als vorher, doch war das Triester Hinterland von Triest wirtschaftlich im Allgemeinen abhängiger als umgekehrt. Für die Bevölkerung des Hinterlandes war Triest der nächstgelegene große Markt und zugleich die Stadt unbegrenzter unternehmerischer und Arbeitsmöglichkeiten. Der Hafen, der mitsamt der umliegenden Industrie in erster Linie vom Handel und von Geschäftsbeziehungen sowohl mit Wien als auch mit den industriell hochentwickelten Teilen der Monarchie und mit dem Ausland lebte, übte auf die wirtschaftliche Entwicklung des Hinterlandes keinen besonderen Einfluss aus. Das Gebiet zwischen dem Fluss Drau und dem Adriatischen Meer behielt somit trotz der sich schnell verändernden Sozialstruktur und der Zunahme der städtischen Bevölkerung bis zum Untergang der Donaumonarchie einen mehrheitlich bäuerlichen Charakter. Im Jahr 1910 lebten auf dem von den Slowenen besiedelten Gebiet noch 67 Prozent der Bevölkerung auf dem Lande. Neben Triest hatten hier nur fünf Städte mehr als 10.000 Einwohner, und zwar Ljubljana mit ein wenig mehr als 41.000 Einwohnern, Maribor (Marburg), Görz (Gorizia, Gorica), Klagenfurt und Villach.[2]

Die Rolle der österreichischen Universitäten und der Gebildeten

Unter solchen Umständen spielten die Gebildeten, deren Anzahl auch in den letzten Jahrzehnten vor dem Ersten Weltkrieg schneller anwuchs als die der Unternehmer und Kaufleute, im öffentlichen und politischen Leben sowie in der slowenischen nationalen und kulturellen Bewegung eine führende Rolle. Für die slowenische Nationalentwicklung und -bewegung war es entscheidend, dass sich

2 Ebenda, 300–301.

in mehr als sieben Jahrzehnten, d.h. in ungefähr dreieinhalb Generationen von 1840 bis zum Ersten Weltkrieg, neben der Slowenisch sprechenden Mehrheit auf dem Lande mit Hilfe von Schulen und Universitäten eine ausreichend starke Schicht des so genannten Bildungsbürgertums herausgebildet hatte, das zur wichtigsten aktiven Kraft der slowenischen Nationalpolitik wurde. Slowenische Intellektuelle bildeten sich vorwiegend an österreichischen Universitäten – in Wien, Graz, und seit Ende des 19. Jahrhunderts auch in Prag (Praha). Auf die anstrebenden Berufe bezogen, waren bis gegen Ende des 19. Jahrhunderts am zahlreichsten die Studenten der Theologie und der Rechte. Allmählich wuchs auch die Zahl der ‚Philosophen' und Mediziner an, ab 1870 auch der Techniker und Naturwissenschaftler. Um das Jahr 1910 konnten die größten Optimisten feststellen, dass die slowenische Intelligenz über eine berufliche Zusammensetzung verfügte, die sie für die vitalsten Angelegenheiten des nationalen Lebens nötig hatte, d.h. über Fachleute für die meisten Gebiete, die für die weitere nationale Bildung und Entwicklung die Voraussetzung waren. Der slowenischen Gesellschaft fehlte es, worauf Vasilij Melik wiederholt hingewiesen hat, an dem so genannten Wirtschaftsbürgertum, denn die Zahl größerer Unternehmer, Händler und Geschäftstreibenden war in den Gebieten mit slowenischer Bevölkerung nämlich verhältnismäßig bescheiden. Soweit überhaupt vorhanden, hat das Wirtschaftsbürgertum die slowenische Nationalbewegung weder unterstützt noch war es ihr gewogen.[3]

Laut Angaben von Vasilij Melik studierten bis Ende der 1880-er Jahre an den österreichischen Universitäten und Hochschulen jährlich zwischen 200 und 400 slowenische Studenten, in den Jahren 1889–1895 stieg die Anzahl der Studierenden auf 400–500 an, in den Jahren 1900–1910 auf zwischen 650 (1900) bis auf mehr als 870 (1910). Im Jahr 1913 sollen es (zusammen mit den Studierenden an den Kunstakademien) fast 1.000 gewesen sein. Etwa zwei Drittel aller slowenischen Universitäts- und Hochschulstudenten studierten in Wien[4], das die slowenischen Studierenden aus mehreren Gründen anzog: auf der einen Seite als

---

3 Vasilij Melik, Slovenci pred prvo svetovno vojno. In: Vasilij Melik, Slovenci 1848–1918, Razprave in članki, Ljubljana 2002, 677–679. In deutscher Sprache auch: Peter Vodopivec, Grundzüge der slowenischen Geschichte und der österreichisch-slowenischen Beziehungen vom 18. bis zum 20. Jahrhundert. In: Andreas Brandtner/Werner Michler (Hgg.), Zur Geschichte der österreichisch-slowenischen Literaturbeziehungen, Wien 1998, 13–14.

4 Vasilij Melik/Peter Vodopivec, Die slowenische Intelligenz und die österreichischen Hochschulen 1848–1918. In: Karlheinz Mack/Richard Plaschka (Hgg.), Wegenetz des europäischen Geistes (Bd. 2), Wien 1987, 136–142.

Hauptstadt der Monarchie mit dem Ruf einer offenen, kosmopolitischen Großstadt, auf der anderen Seite wegen der renommierten Universität und Hochschulen, die ihre Türen den Studenten der slawischen und besonders der südslawischen Völker großherzig offen hielten. Zugleich war man in den Studentenkreisen der Überzeugung, dass Wien für slowenische und andere slawische Studenten auch sonst eine freundlichere Stadt sei als das ‚deutsch-chauvinistische' Graz und sogar freundlicher als das böhmische Prag, wo niemand den materiellen Schwierigkeiten der Studenten so richtig Beachtung geschenkt haben soll, wie sich einige Studenten 1912 in der nationalradikalen Laibacher Studentenzeitschrift „Omladina" beschwerten.[5] Andererseits soll es in Wien verhältnismäßig leicht gewesen sein, kostengünstige Studentenwohnungen und gastfreundliche Studentenwirtinnen zu finden, auch soll es mehr Möglichkeiten für studentische Arbeit, Stipendien und Nachhilfestunden gegeben haben. Darüber hinaus fanden slowenische Studenten in der österreichischen Metropole auch eine bedeutende Stütze in den verhältnismäßig zahlreichen slowenischen Akademikern, die in Wiener Behörden und Kulturinstitutionen arbeiteten.

Die Metropole und die Provinz: die Fremde und die Heimat

Es braucht ziemlich viel Einbildungskraft, um sich den sozialen und kulturellen Unterschied zwischen der slowenischen kleinstädtischen und ländlichen Umwelt, wo die slowenischen Studenten (größtenteils bäuerlichen und kleinstädtischen Ursprungs) herkamen, und der österreichischen Metropole als vor dem Ersten Weltkrieg einzigen echten österreichischen Großstadt vorzustellen. Den wichtigsten Schriftsteller der slowenischen Moderne, Ivan Cankar (1876–1918), hat Wien 1896, als er zum ersten Mal dorthin kam, völlig in seinen Bann gezogen. In den Briefen an seinen Bruder Karl gab er seiner Begeisterung über die Wiener *Pracht* gebührenden Ausdruck: über Paläste, Denkmäler und Parks, aber auch Galerien und Theater. Bereits im ersten Monat nach seiner Ankunft in der Hauptstadt ging er sowohl ins Burgtheater als auch ins Volkstheater, wobei ihm Hermann Sudermanns „Theaterstücklein" in der Burg weniger gefiel, während er Georg Hirschfelds Schauspiel „Die Mütter" herzerschütternd fand. *Die Begeisterung der Wiener dafür* sei verständlich, doch wenn das Stück *in Ljubljana gespielt worden wäre*, würde es nach Cankars Meinung *glorreich durchfallen, weil es nicht so viel Lärm und äußere Effekte, wie unser Publikum sie braucht,* enthalte.[6]

---

5 Omladina, glasilo narodno-radikalnega dijaštva, VIII (1911–12), 138.

6 Izidor Cankar (Hg.), Pisma Ivana Cankarja, Prvi del, Ljubljana 1948, 22.

Nach 1899 und der Niederlassung Cankars in Ottakring hielt sich seine Wien-Begeisterung jedoch in Grenzen. Er beschrieb Ottakring als einen *dunklen, grausamen Ring der Großstadt*, als einen *unlustigen Ort*, voller *Grauen, Sünde und Verzweiflung*.[7] In diesem Licht betrachtet, war Wien für Cankar, worauf Helmut Rumpler in seinem Vortrag „Wien um 1900 und heute im Hinblick auf die Slowenen" bereits 1989 hingewiesen hat, unstreitig *eine große Kultur- und wegen der Beziehungen zur Arbeiterbewegung auch politische Erfahrung*. Cankar trat zwar in keinen engeren Kontakt mit den Vertretern der Wiener Moderne, doch begleitete und erlebte er intensiv das Kultur- und Kunstleben in der österreichischen Metropole, das Schaffen einzelner österreichischer Autoren und die Veröffentlichungen in etlichen Zeitschriften.[8] Wien war für ihn als *Künstler mit slowenischen Wurzeln*, wie es Cankar selbst 1907 formulierte, auch *eine großstädtische Wüste*, während seine Heimat in der Tat erheblich weniger weltmännisch und viel einfacher war, aber immerhin eine Heimat im Süden, in Krain. Es stimmt wohl, worauf der Literaturhistoriker Matjaž Kmecl hingewiesen hat, dass Cankar sein fast zehnjähriges Leben in Wien in der Tat eine *kosmopolitische Distanz zu seiner* [slowenischen] *Heimat* ermöglicht hatte.[9] Andererseits blieb die Haupt- und Residenzstadt, wie Cankar es selbst wiederholt geäußert hatte, bis zu seiner endgültigen Rückkehr nachhause, für ihn die ‚Fremde'.[10]

Das Erleben und die Bezeichnung der österreichischen Metropole als Fremde und des heimischen Landes mit dessen Hauptstadt als Heimat war naturgemäß kein ausschließliches Charakteristikum Cankars. Bogumil Vošnjak (1834–1911), später zum einflussreichen slowenischen liberalen Politiker avanciert, hielt es 1909 in einem den angehenden slowenischen Studenten gewidmeten Almanach fest, dass die an der Wiener Universität studierenden slowenischen Studenten nicht

7 Alenka Jenšterle-Doležal, Fenomen mesta v opusu Ivana Cankarja in Zofke Kveder. In: Jezik in slovstvo, Nr. 5–6 (2010), 59–60.

8 Ebenda, 60.

9 Helmut Rumpler, Dunaj okrog leta 1900 in danes z ozirom na Slovence. In: Glasnik Slovenske Matice, Nr. 2 (1989), 44.

10 Cankar äußerte es nach seiner Rückkehr aus Wien nach Ljubljana entweder mündlich oder hielt wiederholt fest, dass er jahrelang in der Fremde lebte. Wien hatte er als Fremde auch bei anderen Gelegenheiten bezeichnet, so z. B. in seinem Artikel über die Ausstellung slowenischer Impressionisten in Wien 1904, die, wie er anmerkte, die erste entschlossene Schau unserer Künstler in der Fremde sei. Vgl. Ivan Cankar, Slovenski umetniki na Dunaju. In: Slovan, Mesečnik za književnost, umetnost in prosveto, Nr. 6 (1904), 185. Der Artikel des Lyrikers Oton Župančič über die gleiche Ausstellung in der gleichen Nummer von Slovan trägt dagegen den Titel Naši slikarji v tujini (Unsere Maler in der Fremde). (Ebenda, 182–184).

davon sprachen, *nach Hause oder nach Süden* zurückzukehren, sondern sie sprachen von ihrer Rückkehr in die *Heimat. Unsere Schüler* [Studenten] *werden in der fremden Stadt nicht zu Fremden,* stellte er fest, *doch treibt sie eine unabwendbare Kraft gegen Süden, gegen Heim, wo die Landschaft anders ist und auch alle anderen Lebensbedingungen anders sind. Es sind verhältnismäßig wenige, die als geistig Entwurzelte aus der Universitätsstadt zurückkehren* [...].[11] In der Diktion Vošnjaks bedeutete *geistig entwurzelt* eigentlich *national* entwurzelt. Slowenische Studenten stellten ihre Heimkehr nicht als Rückkehr aus der Metropole in die Provinz dar, sondern als eine Rückkehr aus der Fremde in die heimische Nationalumgebung. Das mehrjährige Verweilen in der österreichischen Metropole, wo man sich mit Kroaten, Serben, Tschechen, aber auch Ruthenen traf und Kontakte pflegte, hat bei den meisten das Gefühl der nationalen Zugehörigkeit eher gestärkt als geschwächt. Man war sich dessen bewusst, dass man sich auf die eigene nationale *Sozialfunktion* und auf die Bedeutung seiner Zugehörigkeit zur eigenen nationalen Intelligenz besinnen sollte, also einer Schicht, die für die Nationalentwicklung am wichtigsten war, worauf sie auch von studentischen Blättern immer wieder und mit Insistenz hingewiesen wurden. Wien wurde wegen der Verschärfung der nationalen Gegensätze in der Monarchie und wegen der Ausdehnung der deutschen nationalen Bewegung auf die Universität Ende des 19. und Anfang des 20. Jahrhunderts in den Augen von slowenischen und anderen slawischen Studenten somit immer unfreundlicher und fremder, und zwar viel mehr, als es in den Augen ihrer Vorgänger gewesen war. Daher gestaltete sich auch die Heimkehr nach dem abgeschlossenen Studium um einiges leichter.

Ähnlich wie slowenische Studenten bezeichneten auch andere slawische und sogar ihre deutsch sprechenden Landsleute ihre Heimländer bzw. Länder mit slowenischer Bevölkerung als Heimat, wenn sie, sei es aus Wien, sei es aus anderen Städten oder Ländern der Monarchie zurückkehrend, nachhause kamen. So zum Beispiel kehrte der in Gorje bei Bled (Veldes) in Krain geborene Josef Freiherr von Schwegel, der nach dem absolvierten Studium an der Orientalischen Akademie in Wien als österreichischer Diplomat zunächst in Alexandria in Ägypten, danach in Istanbul und als hoher Beamter im Außenministerium tätig war, nach dem Rücktritt seines Gönners, des Außenministers Andrássy, im Jahr 1879 ohne nennenswertes Bedauern nach Ljubljana zurück, wo er zum Abgeordneten der Großgrundbesitzerkurie im Krainischen Landtag wurde. Diese Funktion ermöglichte ihm einen weiterhin ständigen Kontakt mit der Metropole. Gleichzeitig meinte er, er habe sich in das Krainer politische Leben mit dem Wunsch integriert,

11 Dijaški almanah narodno-radikalnega dijaštva za leto 1908/1909, Ljubljana 1908, 147.

seiner *engeren Heimat* zu dienen und dadurch möglichst viel zu deren kultureller und wirtschaftlicher Entwicklung beizutragen.[12]

Die großstädtische Offenheit und die heimische Enge

Die dargestellte Bezeichnung der Länder als „Heimat" oder „engere Heimat" bedeutet naturgemäß noch nicht, dass unter den Gebildeten und Städtern aus dem Süden Zisleithaniens ein selbstgenügsamer Patriotismus vorgeherrscht und es unter jenen keine kritischen Männer gegeben habe, die sich über die bescheidenen politischen und Kulturverhältnisse in den Städten und auf dem Lande, wo sie lebten, beschwert und die nicht auf die Rückständigkeit im Raum zwischen Drau und Adria im Vergleich zu den sich schneller entwickelnden Gebieten Cisleithaniens hingewiesen hätten oder sich über die geistige und kulturelle Enge in den Städten und Landeshauptstädten im Süden Cisleithaniens kritisch geäußert hätten. *Wir sind klein und so geraten wir uns in die Haare*, schrieb 1897 in seinem Brief an einen der wenigen damaligen slowenischen Weltmänner jener Zeit, an Paul Turner derjenige, der nach seinem mehrjährigen Verweilen in Großbritannien, Deutschland, Ungarn und Wien heimkehrte – der Dichter, Priester und Stadtarchivar in Ljubljana Anton Aškerc. Doch stellte auch er fest, als er Turner über die slowenischen liberal-katholischen Streitigkeiten und die *jämmerliche* slowenische Politik in der Untersteiermark berichtete, dass *jämmerlicher noch als die slowenische doch die Weltpolitik* sei.[13] Unter den Städten und Ländern mit slowenischer Bevölkerung gab es in Hinblick auf den unternehmerischen Geist und das politische sowie kulturelle Klima offensichtliche Unterschiede, die nicht zu übersehen waren. Als sich Anfang des 20. Jahrhunderts slowenische Liberale, angeführt vom Laibacher Bürgermeister Ivan Hribar (1851–1941), erneut für die Gründung der Universität in Ljubljana einsetzten, stellte sich der angesehene Jurist (damals noch ein Liberaler, später Sozialdemokrat) Heinrich Tuma dieser Anregung entgegen, indem er feststellte, dass Ljubljana *noch sehr kleinbürgerlich* und *borniert* sei. Aus diesem Grunde schlug er die Gründung einer italienisch-slowenischen Universität in dem *rasch anwachsenden Geschäftsemporium* Triest vor, wo die Italiener ebenfalls eine eigene Universität verlangten. Er war davon überzeugt, dass erst die Gründung einer *utraquistischen* Universität in einer wirtschaftlich so lebendigen Stadt wie Triest eine angebrachte *Konkurrenz* zwischen

---

12 Baron Joseph Schwegel, Spomini in pisma/Erinnerungen und Briefe, Ljubljana 2007, 96, 285.

13 Darko Friš/Mateja Matjašič Friš, Turner Pavel, Objava arhivskih dokumentov, Viri 6, Heft 1, Maribor 2005, 102, 99.

den Italienern, Slowenen und Kroaten anregen könne. Jene hätten in einer neu gegründeten bilingualen, italienisch-slowenischen Hochschule *ihre Bildungs- und intellektuellen Kräfte effektiver vereinen können, als wenn sich jeder für sich hätte behaupten müssen.*[14]

In der slowenischen Presse und in den Niederschriften slowenischer Intellektueller vor dem Ersten Weltkrieg trifft man im städtischen Diskurs im Süden der cisleithanischen Reichshälfte der Monarchie auf den Begriff Provinz kaum. Der Dichter Oton Župančič (1878–1949) berichtete in der 1904 in Ljubljana erscheinenden Monatszeitschrift für Kultur „Slovan“ darüber, dass die „Neue Freie Presse“ in Wien anlässlich der Ausstellung slowenischer impressionistischer Maler in der österreichischen Residenz begeistert *von der Entdeckung und der Frische des Talents der österreichischen Kunstprovinz* berichtet habe, wobei er feststellte, dass slowenische Künstler, die *daheim* wegen ihrer Anlehnung an französische und deutsche Künstler als ‚Münchner‘ bzw. ‚Pariser‘ verlacht würden und so auf Ablehnung stießen, auf diese Weise wenigstens in der Fremde (d.h. in Wien) *jene Anerkennung bekamen,* die ihnen zuhause nicht zuteil werde.[15] Auch einige slowenische Intellektuelle haben die Umstände und Institutionen in den Ländern und Städten, wo sie vor dem Esten Weltkrieg aufgewachsen waren, in ihren Memoiren, die sie in der Zeit zwischen den beiden Kriegen oder nach dem Zweiten Weltkrieg niederschrieben, als „provinziell“ bezeichnet. Andere dagegen, wie z.B. der Kunsthistoriker Vojeslav Mole (1886–1973), der nach der Matura in Novo Mesto (Rudolfswerth in Unterkrain) Kunstgeschichte in Wien, Krakau und Rom studiert hatte, betonten, dass sich die *Provinzialschulen* (Mittelschulen), die sie als Halbwüchsige besucht hatten, von *den anderen österreichischen Schulen* nicht wesentlich unterschieden hätten.[16] Ivan Cankar wurde, wie seine Biographen schreiben, erst während seines Wiener Aufenthalts, als er die Verhältnisse daheim aus einer gewissen Distanz beobachten konnte, zu einem *scharfen* Kritiker slowenischer politischer Parteien und des aufsteigenden slowenischen Bürgertums, der politischen Janusköpfigkeit, der demagogischen Volkstümlichkeit und des sich rücksichtslos durchsetzenden Kapitalismus.[17]

Für junge slowenische Gebildete war die Entscheidung darüber, was nach dem abgeschlossenen Studium in Wien oder an den anderen österreichischen Universitätszentren zu tun und wie schnell heimzukehren sei, noch in den Jahrzehnten vor dem Ersten Weltkrieg ziemlich schwierig, denn diese Entscheidung

---

14 Henrik Tuma, Iz mojega življenja. Spomini, misli in izpovedi, Ljubljana 1937, 297–301.
15 Župančič, Naši slikarji v tujini, 183.
16 Vojeslav Mole, Iz knjige spominov, Ljubljana 1970, 17.
17 Jenšterle-Doležal, Fenomen mesta, 60.

war nicht nur mit der individuellen Begeisterung über die großstädtische Wiener Offenheit oder mit der Unzufriedenheit mit der heimischen (provinziellen) Enge verbunden, sondern auch mit ihrer Berufswahl. Architekten, Naturwissenschaftler und Techniker hatten angesichts des Mangels an entsprechenden Fachinstitutionen zuhause zweifelsohne mehr Möglichkeiten für ihre berufliche Entwicklung in Wien und anderen größeren österreichischen Städten. Von drei slowenischen Architekten, Joseph Plečnik (1872–1957), Max Fabiani (1865–1962) und Ivan Jager (1871–1959), die in Wien bei Otto Wagner studiert hatten, wurde vor dem Ersten Weltkrieg nur Fabiani in seiner Heimat schöpferisch tätig. Joseph Plečnik wirkte in Wien und Prag, wogegen Jager, von der ‚Heimat' enttäuscht, zu Beginn des 20. Jahrhunderts nach China und von dort nach Amerika auswanderte.

Der Laibacher Bürgermeister Ivan Hribar meinte noch im Jahr 1902, dass auch das Maschinenbaustudium für junge Slowenen völlig unangemessen sei, da es für Maschinenbauingenieure im slowenischen ethnischen Gebiet keine rechte Beschäftigung gebe. Als der spätere Begründer des Faches Elektrotechnik an der Laibacher Universität (in den Jahren 1928–1929 auch Rektor), Milan Vidmar (1885–1962), nach seinem Realgymnasiumabschluss den Entschluss gefasst hatte, sich an die Höhere Technische Schule in Wien immatrikulieren zu lassen, hat der oben erwähnte Hribar dessen Vater entschieden abgeraten, indem er behauptete, der junge Vidmar würde als Maschinenbauingenieur nach dem Studienabschluss *bloß irgendwo in Maribor eine Arbeit finden, und auch das noch in einer großen Molkerei*, denn anderswo würde er für die Ausübung des Berufs eines Maschinenbauingenieurs keine Möglichkeit bekommen. Nach Hribars Meinung wäre es viel gescheiter gewesen, wenn der von der Technik voreingenommene Milan lieber das Baufach studieren würde und sich vom Bauamt der Stadt Ljubljana anstellen ließe. Vidmars Mutter, die dem Wunsch ihres Sohnes, Technik zu studieren, ebenfalls widersprach, wünschte sich dagegen, ihr Sohn möge Philosoph oder Jurist werden, da er somit weit weniger Schwierigkeiten mit einer Anstellung habe. Der Vater jedoch war viel bescheidener, denn ihm hätte genügt, wenn sein Sohn nach der Matura eine Beschäftigung bei der Eisenbahn oder in der Postverwaltung anstrebte. Milan traf seine eigene Entscheidung und wurde nach dem Studium der Technik an der Wiener Technischen Hochschule nicht nur zu einem der erfolgreichsten slowenischen Schachspieler, sondern auch zu einem international anerkannten Fachmann für Elektrotechnik. Seine ersten wissenschaftlichen Artikel verfasste er in einem kleinen Fabrikszentrum in Weiz bei Graz, wo er in der dortigen Maschinenbaufabrik eine erste Arbeit fand. Sein erstes wissenschaftliches

Buch verfasste er ohne größere Schwierigkeiten während des Ersten Weltkrieges in Ljubljana.[18]

Die Einflüsse der Metropole und das Eigenleben der Provinz

Auch andere junge Fachleute wie Historiker, Sprachwissenschaftler, Juristen und Philosophen, die nach ihrem Studienabschluss wissenschaftlich arbeiten wollten, stießen nach ihrer Heimkehr oft auf nicht wenige Schwierigkeiten. Die Gründung der Universität in Ljubljana war seit 1848 eine der Forderungen des slowenischen Nationalprogramms gewesen, doch stieß sie in Wien auf wenig Verständnis. Deshalb konnten sich bis zum Zerfall der Doppelmonarchie innerhalb der Länder mit slowenisch sprechender Bevölkerung nur die Museen fachlichen bzw. wissenschaftlichen Tätigkeiten systematisch widmen. Experten verschiedener Fachrichtungen versammelten sich überdies in Fachvereinen, im Umkreis von Fachzeitschriften und populären Fachdrucken.

Die zentrale slowenische wissenschaftliche Vereinigung war die 1864 in Ljubljana gegründete „Slovenska Matica", die ihr Jahrbuch Anfang der 1880-er Jahre in eine regelmäßig erscheinende, periodische wissenschaftliche Publikation umwandelte. In den letzten Jahrzehnten des 19. und Anfang des 20. Jahrhunderts sind auf diesem Wege die ersten fachlichen Leitwerke der Sprachwissenschaft, Literaturgeschichte und Geschichte in Slowenisch erschienen, die einerseits als Frucht jenes Wissens zu verstehen sind, das sich ihre Autoren in Wien und in anderen österreichischen Universitätszentren angeeignet hatten, andererseits aber auch schon Ergebnis ihrer eigenen selbständigen wissenschaftlichen Arbeit waren.[19]

Einige unter den Fachmännern sind nach ihrem Studienabschluss und ihrer Heimkehr mit ihren Universitätsprofessoren in Kontakt geblieben, indem sie immer wieder in die Metropole reisten, um sich dort mit jenen zu treffen oder ihre Forschungen zu vertiefen. Mit dem zahlenmäßigen Anwachsen der slowenischen Gebildeten vergrößerte sich in den letzten Jahrzehnten des Bestehens der Monarchie die Zahl derjenigen Fachleute slowenischer Herkunft, die sich entweder in Wien und anderswo in Österreich durchzusetzen wussten oder die nach ihrem Studienabschluss in der Metropole blieben, weil sie dort eine gute Arbeit fanden. Dennoch blieben diese mehrheitlich in Verbindung mit der heimischen Herkunft und widmeten sich der Erforschung der slowenischen und slawischen Sprach- und Literaturwissenschaft wie auch der Geschichte. Eine ungewohnte Ausnahme

18 Milan Vidmar, Spomini, Prvi del, Maribor 1964, 95, 76.

19 Melik/Vodopivec, Die slowenische Intelligenz, 151–153. Vodopivec, Die Grundzüge der slowenischen Geschichte, 15–16.

diesbezüglich war der berühmte Physiker Josef Stefan (1835–1893), der in seiner Jugend melancholische slowenische Verse schrieb, nach seiner Einstellung an der Wiener Universität jedoch zum deutsch schreibenden und sprechenden österreichischen Wissenschaftler mutierte.

Im Laibacher Musikleben setzte sich die „Philharmonische Gesellschaft" durch, die unter der Direktion ihres Leiters, eines in den 1860-er Jahren aus Wien nach Ljubljana zugezogenen Pianisten, Komponisten und Musiklehrers Josef Zöhrer (1841–1916), Ende des 19. und im ersten Jahrzehnt des 20. Jahrhunderts einen wichtigen schöpferischen Aufschwung verzeichnen und im größeren österreichischen Musikraum an Ansehen gewinnen konnte.[20] Zöhrer ließ sich in die nationalen Streitigkeiten nicht involvieren und stellte dem Laibacher Publikum die neuen symphonischen Werke der Komponisten Brahms, Bruckner, Dvořak und Tschaikowski vor. Im Jahr 1908 wurde neben der „Glasbena Matica", die ebenfalls Konzertveranstaltungen organisierte, auch die „Slowenische Philharmonie" gegründet, deren erster Dirigent der namhafte böhmische Komponist Vaclav Talich wurde. Der in Slovenj Gradec (Windischgraz) geborene Hugo Wolf, der von den Cillier Deutschen als deutscher Komponist verherrlicht und deswegen von den slowenischen Komponisten abgelehnt wurde, machte sich einen Namen mit seinen Liedern. Von den slowenischen Komponisten, die neuen Strömungen in der Musik nahe standen, präsentierte sich in Graz, Wien und in einigen anderen österreichischen Städten mit Erfolg der Autor des ersten slowenischen Balletts „Možiček" („Das Männlein", 1901) Josip Ipavec.[21] Das Musiktheater in Ljubljana führte neben den Opernaufführungen heimischer Autoren auch die Opern Rossinis, Bizets, Verdis, Wagners und Gounods auf, selbstverständlich unter der Berücksichtigung der vorhandenen Möglichkeiten und Fähigkeiten seines Vokal- und Instrumentalensembles.

Wien war demnach zwar ein wichtiges Zentrum des Einflusses, doch entwickelte die ‚Provinz' ihr eigenes Leben, das keine einfache Kopie des Lebens in der Metropole war: Die ‚Provinz' habe, wie Helmut Rumpler meint, ihre eigene, komplementäre Funktion im System der Wechsel-Beziehungen in der österreichischen Reichshälfte gehabt. Wien sei demnach zwar der Angelpunkt im Zentrum dieser Beziehungen geblieben, doch hätten die Provinzstädte, so sehr sie versuchten, es der Metropole in Architektur, Kultur, Mode und Lebensweise gleich zu tun, in ihrer Auseinandersetzung mit der Metropole doch im Einklang mit der eigenen

---

20 Primož Kuret, Zöhrerjeva doba v Filharmonični družbi. In: Janez Cvirn et al. (Hgg.), Slovenska kronika XIX. stoletja 1861–1883, Ljubljana 2003, 96–97.

21 Igor Grdina, Ipavci. Zgodovina slovenske meščanske dinastije, Ljubljana 2001, 361–421.

geistigen Kraft und Tradition ihr eigenes Profil und eine eigene Vision der Zukunft erstellt.[22]

Das schrittweise Entfernen des Südens der Monarchie von der österreichischen Metropole

Dieses Profil war in den letzten Jahrzehnten vor dem Ersten Weltkrieg jedoch durch unsichere nationale und politische Verhältnisse gekennzeichnet, die auf den sich verschärfenden nationalen Beziehungen und auf der Zunahme der slowenischen Nationalbewegung beruhten. Der slowenische politische ‚Schauplatz' erfuhr unter dem Einfluss Wiens und der in Österreich sich verbreitenden Bewegungen und Ideen in den slowenischen Ländern nämlich eine Spaltung. Der Wandel der katholischen Politik Anfang der 1890-er Jahre führte zur Radikalisierung von Standpunkten der Ideologen slowenischer katholischer Bewegung, die sich mit ihrer Frage, *Wie soll die katholische Kirche in Österreich politisch wirken?* direkt an ihre Wiener Gesinnungsgenossen wandten. Anfänglich setzten sie sich sogar für die Gründung einer einheitlichen katholischen Partei der österreichischen Staatshälfte ein, wodurch es zu einem Ende des bisherigen ‚nationalen' Bündnisses des slowenischen katholischen Lagers mit den slowenischen Liberalen kam. Janez Evangelist Krek (1865–1917), der Begründer der slowenischen christlich-sozialen Bewegung, kam in Wien in Berührung mit den christlich-sozialen Ideen und gewann im letzten Jahrzehnt vor dem Ersten Weltkrieg durch seine praktische wirtschaftliche und politische Arbeit ein derartiges Ansehen, wie es bis dahin keinem anderen slowenischen Politiker gelungen war. Auch Krek überlegte sich eine Zeitlang, ein slowenisches politisches Bündnis mit den österreichischen christlichen Sozialen einzugehen, doch nachdem diese in der politischen Krise, hervorgerufen durch die Entscheidung der Regierung, im Gymnasium Celje (Cilli) slowenische Parallelklassen einzuführen, 1893 die deutschen Nationalisten unterstützt hatten, ließ man in der slowenischen katholischen Partei den Gedanken an eine übernationale Verbindung mit den österreichischen Katholiken fallen und widmete sich ganz der Bildung des eigenen slowenischen Nationalprogramms.[23]

Unter dem ideenreichen Einfluss der österreichischen Sozialdemokratie stand nach ihrer Gründung im Jahr 1896 auch die Entwicklung der „Jugoslovanska socialna demokratska stranka" (Jugoslawische Sozialdemokratische

22 Rumpler, Dunaj okoli leta 1900, 42–43.

23 Janko Pleterski, Katoliška ali socialna, narodna ali ljudska stranka, Koncepcije katoliške ljudske demokracije 1890– 1918. In: France M. Dolinar/Joža Mahnič/Peter Vodopivec (Hgg.), Cerkev, kultura in politika 1890–1941, Ljubljana 1993, 21–33.

Partei), die mehrheitlich die slowenische Arbeiterschaft erfasste und darüber hinaus ebenfalls ein eigenes Nationalprogramm entwarf. Der zahlenmäßig kleine, sozialdemokratische intellektuelle Kern wurde Anfang des 20. Jahrhunderts durch eine Gruppe von jungen Intellektuellen gestärkt, die in Prag studiert und sich dort für die Ideen ihres Professors Tomas G. Masaryk begeistert hatten.[24] Die meisten Schwierigkeiten mit der Suche ideologischer Vorbilder und Gesinnungsgenossen in Wien und anderswo in Österreich hatten die slowenischen Liberalen, denen, was das soziale Weltbild anbelangte, Karl Vogelsang und Karl Lueger näher standen als deutsche oder westeuropäische liberale Anführer und Ideologen. Sie lehnten hingegen die österreichischen Deutsch-Liberalen wegen deren deutschnationaler Ausrichtung gänzlich ab. Junge slowenische Gebildete aller politischen Richtungen trafen während ihres Studiums in Wien und Prag zum ersten Mal auf den neuzeitlichen Antisemitismus, was langfristig auch die Bildung des slowenischen Antisemitismus beeinflusste, der in den letzten Jahrzehnten des 19. und in den ersten Jahrzehnten des 20. Jahrhunderts zum festen Bestandteil auch des slowenischen Diskurses um Politik und Kultur wurde.[25]

Obwohl sich die nationalen Beziehungen in der Monarchie immer mehr zuspitzten und sich der Druck zum eindeutigen Nationalbekenntnis auf allen Ebenen steigerte, lebte die Mehrheit der slowenisch sprechenden Bevölkerung bis zum Zerfall der Monarchie nicht nur in ihrem eigenen, sondern auch im deutschen, italienischen und ungarischen Kulturkreis. Das slowenische Bürgertum war daher zwei-, mitunter sogar dreisprachig. Infolgedessen wurde am Hintergrund der Stärkung der slowenischen Nationalbewegung und der Verbreitung des slowenischen Nationalbewusstseins die Provinz der Monarchie mit slowenischer Bevölkerung immer slowenischer, wobei sich die slowenische Politik auf ihrer Suche nach Verbündeten seit Ende des 19. Jahrhunderts immer mehr von Wien ab- und den Südslawen immer mehr zuwandte – den Kroaten, Serben und (im liberalen und sozialdemokratischen Lager) sogar den Bulgaren.

Der Kreis der Gebildeten, der sich in den Jahren vor dem Ersten Weltkrieg immer mehr am nicht-deutschen Europa, d. h. am Westen und den westeuropäischen Metropolen orientierte, war dabei verhältnismäßig klein. Den Aufforderungen von national radikalen Studenten, die Gebildeten, welche ihren geistigen Horizont erweitern und der forma mentis österreichischer Universitäten entspringen wollten, mögen sich in den Westen begeben, nach Möglichkeit nach Paris, um sich

---

24 Irena Gantar Godina, Masaryk in masarykovstvo pri Slovencih, Ljubljana 1987.

25 Marko Štepec, Antisemitizem, Evropa in Slovenci. In: Peter Vodopivec (Hg.), Slovenci v Evropi, Historia 5, Ljubljana 2003, 64 und 85.

dort ‚neue Ideen' anzueignen, folgten nur Einzelne. Unter den gebildeten Liberalen erregte im Jahr 1909 die Jahrhundertfeier der Gründung der Illyrischen Provinzen eine gewisse Aufmerksamkeit, welche die Legende von Napoleons Sympathien für Slowenen nährte und auch die Überzeugung stärkte, dass die Franzosen während ihrer vierjährigen Regierung auf dem Gebiet mit slowenischer Bevölkerung Anfang des 19. Jahrhunderts für diese mehr getan hätten als die Habsburger alle Jahrhunderte zuvor. Der mit den Slowenen besiedelte Süden der Monarchie kapselte sich somit langsam von der österreichischen Metropole ab und beschritt einen selbständigen Weg, der zur Gestaltung eines eigenen National-Profils und einer eigenen National-Zukunft führte, wobei die Mehrheit der slowenisch sprechenden Bevölkerung bis hin zum Oktober 1918 an eine Verwirklichung weder dieses Profils noch dieser Zukunft außerhalb der Grenzen des österreichischen Kaisertums dachte.

Olivia Spiridon

Die Darstellung von ‚Provinz' in deutschsprachigen Kalendern aus dem Süden der Habsburgermonarchie um 1900

Der Kalender aus Kleinstädten im Süden der Habsburgermonarchie ist zum einen als eine Übernahmeerscheinung aus der ‚Mitte' zu sehen und zum anderen als Ergebnis eines Anpassungsprozesses an lokale bzw. regionale Notwendigkeiten. Als Druckerzeugnis in jährlichem Takt nimmt er über verschiedene Mechanismen wie monatliche, religiöse oder landwirtschaftlich relevante Übersichten zeitstrukturierende Funktionen wahr und trägt durch den bereits im Titel angedeuteten Verbreitungsgebiet auch zur Strukturierung des Raumes bei. Der Kalender informiert und unterhält sein Publikum in regelmäßigem Rückblick, meistens ohne es sonderlich zu beanspruchen, und reagiert mit seinen praktisch ausgerichteten Informationen auf den lokalen Informationsbedarf. Mit der enthaltenen Erbauungs- und Unterhaltungsliteratur und seinem oft bescheidenen aufklärerischen Selbstverständnis gehört auch der Kalender zu den „Lesestoffen der Kleinen Leute",[1] die in Südosteuropa aufgrund spezifischer Entwicklungen zeitversetzt erscheinen.

In einem ersten Schritt wird nach Voraussetzungen für die steigende Dynamik in der Entstehung und Entwicklung von Schriftlichkeit in den südlichen Regionen der Donaumonarchie gefragt, und zwar in der Batschka und im Banat. Verschiedene Kalendertypen als Produkte ihrer Lebenswelten werden in ihrer Entwicklung ab den 1860-er Jahren und bis nach 1900 präsentiert sowie parallel dazu verschiedene Typen von Kalender-Herausgebern. Im Fokus eines weiteren Schrittes steht der Beitrag der Kalender zur Raumbeschreibung, die je nach Kalendertyp unterschiedlich ausfällt, wodurch Kalendertexte in den Mittelpunkt der Betrachtung rücken und Semantisierungen des vertrauten Lebensraums als

1 Die Studie von Rudolf Schenda unter anderem zum Geschäft mit Druckerzeugnissen, ihrem Vertrieb und der Rolle der Zensur ermöglicht einen Vergleich zu Entwicklungen in Südosteuropa, auf die noch eingegangen wird. Rudolf Schenda, Die Lesestoffe der Kleinen Leute. Studien zur populären Literatur im 19. und 20. Jahrhundert. München 1976.

„Provinz" illustrieren – sowohl relational zu einer je nach Zeitpunkt unterschiedlich imaginierten Mitte als auch durch Strategien der räumlichen Umdeutung und Raumverzerrung.

Entwicklung von Druckzeugnissen im Süden der Habsburgermonarchie

In einer Untersuchung zur populären Literatur im 19. und 20. Jahrhundert weist Rudolf Schenda auf Verdichtungsorte des Geschäfts mit Druckerzeugnissen hin, wie beispielsweise Reutlingen am Anfang des 19. Jahrhunderts, und führt die gewerbliche Spezialisierung dieser Branche auf den steigenden Lesebedarf zurück. Praktische Bücher, Predigten und als unsittlich gebrandmarkte Unterhaltungsliteratur wurden produziert und durch Hausierer vertrieben.[2] Kleine Produzenten und große Druckereien fabrizierten Lesestoffe nebeneinander, wobei der Wettbewerb zwischen ihnen streckenweise sichtbar wird, wie anhand der Abwanderung ostfranzösischer Produzenten als Folge des Konkurrenzdrucks durch Pariser Druckereien illustriert.[3] Diese, aber auch Hausierer, die den Vertrieb solcher Schriften übernahmen, wurden zum Gegenstand der behördlichen Kontrolle, die sich in Form von prohibitiven Gesetzen, Zöllen und Zensur äußerte.[4] Sowohl Befürchtungen von Seiten der Herrschaft als auch die Proteste bürgerlicher Konservativer aus Angst vor der Verbreitung umstürzlerischer Gedanken durch populäre Schriften trugen im 19. Jahrhundert zur ‚Zähmung' der Lesestoffe durch Aufforderungen zur konsequenten Überwachung der Druckerzeugnisse bei. Den marktorientierten Produzenten blieb nichts übrig als auszuweichen: *Nichts Aktuelles, nichts Persönliches, nichts Engagiertes, nichts Demokratisches, nichts ausschließlich Unterhaltendes – was blieb dann noch als Volkslektüre außer dem nichtssagenden Gemischgemasch der Wochenblätter und Jahreskalender?*[5]

Zum einen beobachtet man anhand der Ausführungen Rudolf Schendas zur Entwicklung der populären Literatur eine steigende Dichte an Druckerzeugnissen durch unternehmerisch gesteuerte Angebote als Reaktion auf die Nachfrage nach Lesestoffen. Zum anderen kam es zu Steuerungsversuchen durch behördliche Kontrolle sowie durch Eingriffe der Deutungseliten (beispielsweise durch

2 Schenda, Lesestoffe, 12.

3 Ebenda, 47.

4 Schenda, Lesestoffe, Kapitel: Materialien zu einer Geschichte des Buchhandels am Oberrhein, 42–54, und Kritik und Zensur der populären Lesestoffe im Vormärz, 55–77.

5 Ebenda, 73.

Gründung von Büchervereinen[6]), die als Kontrollinstanzen von den Gemeinden aus gedacht waren.

Auch im Banat ist die Entstehung von Druckerzeugnissen in einem Verzahnungsprozess zu sehen, in dem Herrschaft und Unternehmertum involviert sind. Von 1769 bis 1848 wurde im Banat auch aufgrund der einmal milder, einmal strenger waltenden Zensur zweimal die Erlaubnis erteilt, eine Druckerei zu betreiben.[7] Nach 1848 existierten neben einer k. k. Filial-Staatsdruckerei noch zwei weitere private Druckereien in Temeswar (Timişoara), und in den 1850er Jahren tauchten in den Banater Kleinstädten nach und nach weitere kleine Druckereien auf, die mit der Zeit modernisiert wurden: Noch vor 1850 erhielten Groß-Betschkerek (Zrenjanin) und Pantschowa (Pančevo) das königliche Privilegium zur Herstellung von Druckerzeugnissen, zwischen 1850–1860 entstanden Druckereien in Lugosch (Lugoj) und Werschetz (Vršac), die alle unter dem strengen Blick der von der Polizei im Banat ausgeübten Zensur funktionierten.[8] Der steigende Bedarf nach Zeitungen führte zu ihrer Entstehung in Orten, die noch keine Druckereien besaßen. Weitere Druckereien kamen nach und nach hinzu, sodass es um 1890 im Banat etwa 19 Druckereien gab, in welchen 37 deutsche und zwei ungarisch-deutsche Zeitungen hergestellt wurden.[9] Etwa zehn Jahre später konnte man im Banat in 24 Orten 61 Buchdruckereien zählen. Allein in Temeswar gab es 1902 13 Druckereien.[10]

Das Geschäft mit Druckerzeugnissen hatte sich offensichtlich als lukrativ erwiesen, wenn man die Herausbildung eines Netzwerks von Druckereien, Zeitungen und Kalendern in dem von Deutschen bewohnten Süden der Habsburgermorarchie vor Augen hat, die von einem auf diesem Marktsegment spezialisierten Unternehmertum vorangetrieben wurde. Zu erwähnen sind als Betreiber von Druckereien und Herausgeber von Zeitungen und Kalendern Paul Pleitz in Groß-Betschkerek, Karl Traunfellner (Traunfeller)[11], Julius Wunder mit seinen Söhnen in Orawitza (Oraviţa), Reschitz (Resiţa), Weißkirchen (Bela Crkva) und

6 Ebenda, 72.

7 Felix Milleker, Kulturgeschichte der Deutschen im Banat. 1716–1918, Werschetz 1930, 53.

8 Milleker, Kulturgeschichte, 56–60.

9 Ebenda, 60–61.

10 Ebenda, 61.

11 Er errichtete 1852 eine Druckerei in Lugosch, die er ein Jahr später an Johann Wentzely übergab. Anton Peter Petri, Biographisches Lexikon des Banater Deutschtums, Marquartstein 1992, Spalte 1964.

Hatzfeld (Jimbolia), Franz Kaufmann in Hatzfeld[12], Georg und Alois Pirkmayer in Perjamos (Periam)[13], die Brüder Wettel in Werschetz und Temeswar.[14] Milleker erwähnt in seiner Studie zu Buchdruck und Zeitungswesen (1758–1914) weitere Druckereibesitzer u. a. in Groß-Kikinda (Kikinda), Großsanktnikolaus (Sînnicolau Mare), Neu-Arad (Arad nouă), Orawitza, Tschakowa (Ciakova) und Reschitza.[15]

Die deutschsprachige Kalenderproduktion aus den von den sogenannten Donauschwaben bewohnten Gebieten im Süden der Habsburgermonarchie, die in Einzelfällen in den 1860-er Jahren einsetzt, lässt bis nach der Wende zum 20. Jahrhundert aus dem Gesichtspunkt ihrer Konzeption auf drei Kalendertypen schließen.

Der Kalender als Produkt auf dem Markt

Im Falle des am häufigsten vorkommenden Kalendertyps handelt sich um das Produkt einer Druckerei oder einer Verlagsgesellschaft, um die ‚Ware' eines bestimmten Herausgebers, der seinen Lebensunterhalt damit bestreitet und seinen Kalender als Marktprodukt auffasst. Der Kalender als auf dem Markt angebotenes Produkt ist vor dem Hintergrund der wirtschaftlichen Entwicklung der Region zu sehen, der Differenzierung des Warenangebots, die ihrerseits Rückschlüsse über steigende finanzielle Ressourcen der Region erlaubt. Die wirtschaftliche Dynamisierung des dörflich und kleinstädtisch geprägten Südens der Habsburgermonarchie spiegelt sich auch im florierenden Geschäft mit Druckerzeugnissen wider.

---

12 1883 pachtete er eine Druckerei in Hatzfeld, die er 1887 aufgab und von Rudolf Wunder übernommen wurde. Petri, Biographisches Lexikon, Sp. 883, 2129.

13 Milleker, Kulturgeschichte, 63.

14 Franz Julius Wettel kaufte 1910 die Südungarische Buchdruckerei. Er war Herausgeber und Verleger zahlreicher Blätter: „Südungarische Wein- und Ackerbau-Zeitung" (Werschetz 1878, 24 Nrn.), „Südungarische Ackerbau-Zeitung" (Temeswar-Werschetz 1881–1889), „Dettaer Zeitung", später „Dettaer Wochenblatt" (1881ff.), „Neue Werschetzer Zeitung" (Werschetz 1881–1907, zweimal die Woche), „Csakovaer Wochenblatt" (Tschakowa 1882–1902), „Deutsches Tagblatt für Ungarn" (Temeswar 16.12.1900–30.11.1903), „Deutsch-Ungarischer Volksfreund" (Temeswar 1903–1918, Wochenblatt). Der von Wilhelm Wettel in Werschetz herausgegebene „Wettel's Banater Volkskalender" (1907–1913) wird in der „Verlagsanstalt" von Wilhelm Wettel mit dem zusätzlichen Vermerk „Druck von Gebrüder Wettel, Werschetz" herausgegeben. Petri, Biographisches Lexikon, Sp. 2079–2083.

15 Milleker, Kulturgeschichte, 63.

Auf die Marktorientiertheit des Kalenders als ein erfolgreiches Produkt weist seine relativ lange Lebensdauer, d.h. von zwei bis vier Jahrzehnten hin. Einige Paradebeispiele für langlebige Kalender findet man in größeren Provinzzentren wie Temeswar, aber auch in ambitionierten und wirtschaftlich starken Kleinstädten: der „Gross-Becskereker Hauskalender" (1878–1922), dessen Vorläufer, der „Deutsche Hauskalender für den Bürger-, Geschäfts- und Landmann" seit 1851 in Groß-Betschkerek erschienen ist, der „Illustrierte Werschetzer Hauskalender" (Werschetz, 1864–1923), der „Illustrierte Landbote-Kalender" (Temeswar, 1874–1941), der „Südungarische Bauern-Kalender" (Temeswar, 1874–1919), der „Temesvarer gemeinnützige, erheiternde, belehrende Volks- und Haus-Kalender" (1881–1917) oder der „Ungarisch-Weißkirchner Haus-Kalender" (Weißkirchen, 1883–1902). Einige Kalender erschienen erst nach 1900, wie etwa der „Marien-Kalender" (Temeswar, 1904–1941) oder der „Volksfreund-Kalender" aus Weißkirchen (1905–1941).

Mit Blick auf seinen längerfristigen Erfolg ist der Kalender mit über lange Zeitspannen hinweg mit ähnlichen und möglichst konsensfähigen Inhalten gefüllt im Bestreben, ein breites Publikum zu erreichen. Der Kundenkreis des Kalenders definiert sich infolgedessen nicht durch Ausschlussmechanismen, sondern gerade durch Inklusion möglichst breiter Kreise – und dies geschieht an markierter Stelle. Beispielsweise signalisiert der „Illustrierte Werschetzer Hauskalender" auf dem Einband die Bandbreite seiner virtuellen Leserschaft *für den Bürger, Gewerbs- und Landmann. Zum Gebrauch für Katholiken, Protestanten, Griechen und Israeliten.* Bei fehlender ausdrücklicher Nennung der konfessionellen Schichtung des Zielpublikums sugeriert die Formulierung *für jedermann* die erwünschte Ausfächerung der Kundschaft.

Eine ähnliche Spezifizierung nehmen auch andere Kalender vor, wie der „Pancsovaer Kalender" (1899–1915)[16], der „Wahrsager-Kalender Nagy St. Miklos", von dem ab 1879 mindestens vier Jahrgänge erschienen sind, der „Allgemeine Haus- und Familien-Kalender" (1898, 1899) im Verlag von Wettel und Veronits in Werschetz veröffentlicht, der „Dettaer Haus-Kalender für den Bürger, Gewerbs- und Landmann, für Katholiken, Protestanten, Griechen und Israeliten" (1. Jahrgang

16 Erschienen in Pantschowa, erster Jahrgang 1899. Herausgegeben und redigiert von Karl Wittigschlager, Druck und Verlag von C. (sic!) Wittigschlager. Karl Wittigschlager (1860–1930) erbte die Druckerei seines Vaters, der sich um die Mitte des 19. Jahrhunderts in Pantschowa niedergelassen hatte. Petri, Biographisches Lexikon, Sp. 2104–2105. Der Kalender ist bis 1915 nachgewiesen; wahrscheinlich teilte er das Schicksal vieler anderer Kalender und Periodika, die in den Wirren der Kriegs- und Nachkriegszeit aufhörten zu existieren.

1879), der „Bácskaer Kalender" (1. Jahrgang 1881), der „Karansebeser Haus-Kalender" (1895), der Kalender „Perjamos und Umgebung" (erschienen ab 1900). Ähnlich verhält es sich mit dem für das Jahr 1896 nachgewiesenen „Resiczaer Boten", dem in Lugosch gedruckten „Südungarischen Wegweiser" für das Komitat Krassó-Szörény (1901) sowie mit dem sich an die Arbeiterschaft richtenden „Südungarischen Arbeiter-Kalender" (1901–1902). Weitere Merkmale dieser Kalender sind die räumliche Festlegung auf einen Ort und dessen Umfeld oder eine Region. Auf den Säulen einer breiten Leserschaft, regionaler Verbreitung und starrer inhaltlicher Gestaltung scheint sich der Erfolg langlebiger Kalender gestützt zu haben.

Zur Struktur marktorientierter Kalender

Der Blick über eine breitere Zeitspanne (10– 40 Jahrgänge) wie etwa anhand des „Illustrierten Werschetzer Hauskalenders" oder des „Pancsovaer Kalenders" lässt auf Konstanz im Aufbau des Kalenders schließen. Gattungstypisch strukturiert der Kalender das Jahr zeitlich und legt gleichzeitig auf die monatlichen Übersichten verschiedene Folien, wie z.B. religiöse Feiertage und für die Landwirtschaft wichtige Termine. Als Informationsquelle für Verwaltung und Gewerbe gedacht, als jährlich aktualisiertes Nachschlagewerk für eine Stadt oder eine größere Gemeinde und ihre Umgebung setzt er alljährlich mit Monatsübersichten und Notizblättern ein, worauf die Genealogie des Herrscherhauses, Übersichten über ausgewählte Staaten und Regenten, ungarische Fürsten und Könige sowie einige wenige Meldungen über herausragende politische und gesellschaftliche Ereignisse folgen.

Einen Schwerpunkt des Kalenders bildet der administrativ-informative Teil, der in verschiedenen Kalendern und über lange Zeitspannen unverändert bleibt: 40 der 179 Seiten des „Pancsovaer Kalenders" (1899–1900) enthalten z.B. Informationen über Ministerien, zentrale und lokale Behörden und Ämter (Staatsanwaltschaft und Gerichte, Kirchengemeinden, Vereine, Zeitungen, Banken, Kreditverbände, Hilfsverbände, Ärzte, Musiklehrer, Listen der Pancsovaer Handels- und Kaufleute sowie Unternehmen). Darüber hinaus findet man Informationen über Postbestimmungen, ein Verzeichnis der Jahrmärkte und einen Werbeteil von über 50 Seiten.

Nach 1900 steigt die Dichte von Informationstexten über die wichtigsten Ereignisse im Jahr, wie das Beispiel des „Gross-Kikindaer Illustrierten Familien Kalenders" (1900–1901) illustriert. Die Nachrichten werden nach wie vor an das Verbreitungsmedium Kalender angepasst, d.h. enthalten im Rückblick erstellte Zusammenfassungen wichtiger politischer Ereignisse wie z.B. über den russisch-japanischen Krieg, Darstellungen europäischer Herrscherdynastien, grafische Darstellungen von ökonomischen Sachverhalten (z.B. im „Südungarischer Bauern-Kalender" eine vergleichende Übersicht der Staatsverschuldung).[17]

Der zur Unterhaltung gedachte Lesestoff variiert in den verschiedenen Kalendern und wird gegen Ende des 19. Jahrhunderts außerdem zunehmend ausgebaut. Im „Pancsovaer Kalender" nimmt die unterhaltende Lektüre einen vom Ausmaß und Wert vernachlässigbaren Platz ein, doch bieten manche Kalender vergleichsweise viele Lesetexte, wie „Der Illustrierte Werschetzer Hauskalender". Die Herausgabe eines Kalenders über eine lange Zeitspanne oder der Vergleich älterer Kalender (um 1880) mit neueren (nach 1900) macht die Entwicklung der Lese- und Nachrichtenkultur in diesem Verbreitungsmedium sichtbar. Der „Illustrierte Werschetzer Hauskalender für den Bürger, Gewerbs- und Landmann" bringt über die Jahre mehr Lesestoff, bleibt jedoch thematisch konstant und scheint streng an den Horizont der ländlichen und kleinstädtischen Leserschaft angepasst zu sein. Darin findet man Kriminal- und Liebesgeschichten, Humoresken, Skizzen aus dem Dorfleben und Dorfgeschichten – auch wenn ein realistisch gezeichnetes Dorfleben fehlt und keine spezifische gesellschaftliche Problematik in Verbindung mit Dorf und Bauer aufgeworfen wird. Auch die mit religiös-erbaulichen Inhalten gefüllten Kalender (z.B. die Jahrgänge 1904–1919 des „Marien Kalenders" aus Temeswar) enthalten wie auch die anderen marktorientierten Kalender leichte Lesestoffe, kuriose und auch einige wenige bedeutende Nachrichten aus der ganzen Welt.

Darstellung der Provinz in marktwirtschaftlich orientierten Kalendern

Wie wird Provinz im marktorientierten Kalender dargestellt? Der Kulturraum Provinz wird meistens dichotomisch gedacht mit seinem Gegenpart Metropole, wobei dieses Gegensatzpaar von der Imagologie, der Mythentheorie und semiotischen Raumuntersuchungen als Natur versus Kultur, Zentrum versus Peripherie, Fortschritt versus Rückständigkeit und Mediokrität, Geborgenheit versus Unsicherheit, Tradition versus Innovation (manchmal auch umgekehrt) beschrieben wurde.[18] Der Raum „Provinz" ist Ergebnis von Übersetzungsprozessen von zunächst nicht

17 Jg. 24, 1898, erschienen in Temeswar.

18 Siehe weiterführende Literatur bei Matjaž Birk, Kulturräume „Provinz" und „Metropole" in „Blätter aus Krain" (Laibach/Ljubljana, 1857–1865). In: Deutschsprachige Öffentlichkeit und Presse in Mittelost- und Südosteuropa (1848–1948). Hg. v. Andrei Corbea-Hoisie/Iona Lihaciu/Alexander Rubel, Iaşi-Konstanz 2008, 223–227.

räumlich funktionierenden ethischen und politischen Beziehungen in räumliche[19] wie z.B. in Form einer abstrakteren Topologie von ‚oben' versus ‚unten'.

Provinz ist in diesen Kalendern entweder als Raum amtlicher Kommunikation präsent (in Abhängigkeit vom Verwaltungszentrum Budapest im Sinne eines Verwaltungsbezirks) oder als lokale Informationsplattform über Ämter, aber auch über private, für den Alltagsbedarf relevante Einrichtungen. Im „Illustrierten Werschetzer Hauskalender"[20] findet man eine Übersicht des *königlichen ungarischen verantwortlichen Ministeriums* auf dem Stand von November 1892 mit einer Liste von Ministern, ihren Sprechern, Sprechzeiten und den jeweiligen Adressen. Im gleichen Kalender wird auch ein *Verzeichniss aller Gemeinden des Temeser Comitats, deren Notäre und Seelenzahl* veröffentlicht, das dem Leser ein Bild seines Verwaltungsbezirks ermöglicht. Der „Groß-Becskereker Haus-Kalender" veröffentlichte Jahr für Jahr eine Liste mit dem Personalstand des Torontaler Komitats, in die die zuständigen Oberstuhlrichter, Richter, Kanzlisten, Bezirksärzte für jeden Stuhlbezirk und die davon abhängigen Gemeinden aufgenommen wurden. Einen überregionale Übersicht ermöglichten hingegen die in jedem Kalender gedruckten Verzeichnisse bedeutenderer Jahrmärkte. Auf diese Weise erhielt der Kalenderleser einen Einblick in seine Lebenswelt als Verwaltungseinheit und hatte die Möglichkeit, das Wissen über seine Region strukturiert aufzunehmen.

Besonders aussagekräftige Bilder dieser kleinen, in Kalendern widergespiegelten Lebenswelten ermöglichen Werbeinserate, deren Wichtigkeit für die Legitimität des Kalenders als Informationsmedium durch ihre außerordentlich hohe Anzahl deutlich wird: Oft machen sie die Hälfte des Kalenders aus. Im „Groß-Becskereker Haus-Kalender" aus dem Jahr 1906 (Jg. 56, ohne Seitenangabe) findet man im Werbeteil ein Inserat in eigener Sache, in dem die Kalendermacher auf die hohe Auflage und Wirkungsbreite ihres Kalenders hinweisen, was seine Eignung *zu Ankündigungen jeder Art möglichst billig berechnet* ausmache. Die Werbungen weisen auf die Tauschdynamik der Umgebung und die Vernetzung des Randes mit der Mitte im Geschäftsalltag hin: Oft werben Unternehmen aus den Zentren Budapest oder Wien oder aus weiteren Metropolen wie Prag oder gar Paris für ihre Produkte, was zum einen auf das positive Bild der ‚Mitte' als Produktionsort und zum anderen auf die Kaufkraft der potenziellen lokalen Kunschaft hinweist.

Der in diesen Kalendern sich äußernde ‚Rand' reflektiert selten über seine Randlage oder über die ‚Mitte' explizit. Es wird weder Differenz zur ‚Mitte'

19 Sylvia Sasse, Poetischer Raum. Chronotopos und Geopoetik. In: Raum. Ein interdisziplinäres Handbuch, Stuttgart 2010, 294–308, 302.

20 Jahrgang 29, 1893, ohne Seitenangabe.

präsentiert noch werden Grenzlinien gezeichnet, die Transgressionen und dadurch entstehende Dynamisierungsprozesse zur Folge haben könnten. Auseinandersetzungen zwischen ‚Rand' und ‚Mitte', d.h. Ausschließungsverfahren des Zentrums oder Abwertungsprozesse der Peripherie (auch durch Übersetzung in räumliche Metaphern wie ‚innen-außen' oder ‚oben-unten') kommen kaum vor. Lediglich bei der Reklame scheint die ‚Mitte' als Produktionsort von Waren ausdrücklich mit einer positiven Bewertung in Verbindung zu stehen.

Nur selten ist der Verbreitungsraum des Kalenders Gegenstand von Nachrichten jenseits der amtlichen, unternehmerischen und alltagsnotwendigen Information (wie z.B. anläßlich der Einweihung eines Kossuth-Denkmals in Hatzfeld[21] oder der Überschwemmung durch die Donau in Rudolfsgnad im Jahr 1906).[22] Nachrichten aus der Region sind selten enthalten, und wenn, erscheinen sie isoliert und vernetzen sich nicht zu einem System regionaler Nachrichten und erlangen hiermit noch keinen Status bewusster Reflexion über Raum oder Zugehörigkeiten mit deren emotionalen Implikationen.

Zeichen eines Bewusstseins provinzieller Lebensführung könnte man ex negativo anhand einer Analyse von Unterhaltungstexten dadurch nachweisen, dass diese konsequent in ihrer Handlung Realitäten aufgreifen, die jenseits der regionalen Grenzen zu verorten sind, in einer diffus definierten Mitte – sei es die Hauptstadt oder weiter entfernte Metropolen als Handlungsorte oder als Kulissen zeitgeschichtlicher Ereignisse. In der Ferne scheint sich etwas abzuspielen, während die vertrauten Räume für literarische Darstellungen noch nicht ‚salonfähig' sind. Die emotionale Erzählung „Verlassen. Eine Geschichte noch vor Groß-Wien" von Max Rumpler[23] über das Schicksal einer armen Frau und ihrer zwei Kinder in der Weihnachtszeit des Jahres 1870 spielt bezeichnenderweise in Wien neben dem Stephansdom, in einer Szenerie, die sich explizit als ‚Mitte' zu erkennen gibt.

Spuren der Bedeutung des Provinziellen werden in Kalendern manchmal sichtbar, jedoch ausdrücklich nicht thematisiert, weder als rückständiges Randgebiet noch als Ort kreativen Potenzials, wie Provinz manchmal auch gedacht wird. Dies wirft die Frage auf, ob im Falle von Provinz im Sinne des Provinziellen nicht ein elitäres Konstrukt der ‚Mitte' vorliegt, das in der Provinz selbst zu diesem Zeitpunkt weder interessiert noch reflektiert wird.

---

21 Groß-Becskereker Haus-Kalender, 1906, 56. Jg., 9.

22 Ebenda, 1907, 57. Jg., 5.

23 Erschienen im „Illustrierten Werschetzer Hauskalender" 1893, 47–51.

Herausgeber marktorientierter Kalender: das Beispiel Emerich Cserniczek

Das Vordringen des Kalenders in ländlich geprägte Regionen wie das Banat oder die Batschka geschieht infolge der Gründung von Buchdruckereien und des Geschäfts mit Druckerzeugnissen. In seiner Übersicht über neu entstandene Gewerbezweige im Vergleich zur Ansiedlungszeit der Deutschen nennt Nikolaus Hepp in seiner 1930 veröffentlichten Darstellung von Palanka an erster Stelle eine Buchdruckerei, ohne jedoch weitere, genauere Angaben zu machen.[24]

Das folgende Beispiel eines Kalenderherausgebers wirft ein erhellendes Licht auf das Kommunikationsbedürfnis auf lokaler Ebene und die Reaktionsmöglichkeiten auf die neue Nachfrage mit unternehmerischen Projekten. Eine ganze Reihe von Kalendern, die in den Jahren um 1910 nachgewiesen und von denen jeweils einzelne Jahrgänge überliefert sind, stammt aus der Hand des Druckereibesitzers und Verlegers Emerich Csernicsek aus Batschka Palanka: „Emerich Csernicsek‘s Bácskaer Volks-Kalender“, „Emerich Csernicsek‘s Bajaer Haus Kalender“, „Emerich Csernicsek‘s Sirmiaer Bote“, „Emerich Csernicsek‘s Bácskaer Bilder-Kalender“, „Emerich Csernicsek‘s Bácskaer Landwirt-Kalender“ und der „Volkskalender“, alle aus demselbenVerlag.

Zusätzlich findet man Emerich Csernicsek ab etwa 1905 und bis 1918 auch als Herausgeber und Chefredakteur mehrerer Blätter: der Bácskaer „Volkszeitung“[25] und seiner Beilage, des „Sonntagsboten“[26], des „Volksblattes“[27], der „Wacht“[28] und der „Woche“.[29] Csernicseck war *Herausgeber, Haupt- und verantwortlicher*

24 Nikolaus Hepp, Die Geschichte der Deutschen Ansiedlung der drei Schwestergemeinden Palanka bis zur Gegenwart, Vrbas 1930, 155.

25 Bácskaer Volkszeitung. Organ für Fortschritt, Volksbelehrung, Volkswirtschaft und gesellschaftliches Leben. Erschien wöchentlich in Zombor zwischen 1906 und 1918.

26 Das Blatt enthielt, wie auch die „Bácskaer Volkszeitung“ lokale Nachrichten und Inserate, darüber hinaus auch Belletristik. Der „Sonntagsbote“ erschien zwischen 1907–1912 in Zombor.

27 Untertitel und Inhalt sind identisch mit denen der Bácskaer Volkszeitung. Erschienen zwischen 1906 und1912 in Neusatz in wöchentlichem Rhythmus.

28 Erschienen zwischen 1905–1918 in Palanka.

29 Die „Woche“ erschien in Palanka ab 1906 zunächst mit dem Untertitel „Haus- und Familienblatt. Organ für Fortschritt, Volksbelehrung, Volkswirtschaft und gesellschaftliches Leben“ und von 1910 bis 1912 mit dem gleichen Untertitel wie die anderen Zeitungen Csernicseks: „Organ für Fortschritt, Volksbelehrung, Volkswirtschaft und gesellschaftliches Leben“. Dieser Untertitel wurde 1912 bis 1918 aufgegeben, wonach die Zeitung, wie alle anderen Blätter des Verlegers, aufhörte zu existieren.

Redakteur, Eigentümer und Drucker dieser deutschsprachigen Blätter, obwohl er selbst nie Deutsch lernte. Die Erinnerungen eines ehemaligen Mitarbeiters, den er als Student während der Sommerferien saisonal beschäftigte, zeigen einen geschäftigen Unternehmer, der sich an den Informations- und Lesebedarf seiner Region mit erstaunlicher Wendigkeit anpasste.[30] Er bediente einen weiten Kundenkreis, indem er 1903, nach Gründung der Druckerei „Imre Csernicsek" in Palanka, ein Netz von Mitarbeitern schuf, das die von mehreren Sprachen geprägten Marktsegmente bediente. Für seine deutschsprachigen Blätter beschäftigte Csernicsek deutschsprachige Mitarbeiter wie Nikolaus Hepp, Anton Fuchs sowie, während der Ferienzeit, auch Studenten. Diese gestalteten die Zeitungen und lenkten sie (z.B. die Palankaer Zeitung „Die Wacht") politisch in Richtung der „Deutschen Partei" und des „Kulturbundes", *fast im Gegensatz zum Willen des Herausgebers*.[31] Mit solchen Nebensächlichkeiten befasste sich Csernicsek offensichtlich nicht allzu lange, denn er gab auch ungarische, serbische und kroatische Zeitungen heraus. Die ungarischen Zeitungen dienten vor allem der Unterbringung von Inseraten. Die ungarischen Blätter „Palankai Hirek", „Baja és Videke", „Bacskai Hirek", „Vilagosság", die „Straža" in Serbisch und die kroatische Zeitung „Narodne Novine" fochten zeitweise gegeneinander, obwohl Csernicsek überall als Herausgeber und Hauptredakteur waltete. Die „Straža" war zeitweise ein *Kampfblatt heißsporniger serbischer Patrioten, die über die deutsche Bevölkerung Gift und Galle spien*, und zwischendurch fungierte sie als „Amtsblatt" für behördliche und notarielle Kundmachungen.[32] Mit so vielen Druckerzeugnissen, die er seriell herausgab und die inhaltlich fast identisch waren und nur in der Titelgebung eine geografische Zuordnung erhielten, passierte es Csernicsek, dass er zu Weihnachten einen Artikel über Ostern unter dem Titel „Hristos voskrese" [Christus ist auferstanden] veröffentlichte, und es kam auch vor, dass in einem deutschsprachigen Kalender der Aschermittwoch auf einen Dienstag fiel.[33] Csernicseks „Wacht" warb als einzige deutsche Zeitung in jugoslawischer Zeit gleichzeitig für drei Parteien, sodass der Herausgeber manchmal in seiner Redaktion Scherben zusammenkehren musste.[34] Kein Wunder, dass ihm kleine Fehler, die die Korrektoren übersahen, nichts mehr

30 Josef Reiter, Die Wacht. In: Erinnerungen aus Palanka. Hg. v. Adalbert Karl Gauß, Freilassing 1958, 114–119, 115.

31 Ebenda, 116.

32 Ebenda, 118.

33 Ebenda.

34 Ebenda, 116.

ausmachten, und dass ein studentischer Beitrag mit dem Titel „Ergo bibamus" [Drum lasst uns trinken!] dann als „Ergo babimus" erschien.[35]

Das Beispiel von Emerich/Imre/Mirko Csernicsek, wie er sich je nach sprachlichem Kontext nannte, macht die Marktorientierung des Druckereibesitzers und Herausgebers sichtbar. Er griff die Nachfrage nach Lesestoffen, lokalen Informationen und Nachrichten auf und bediente den Ehrgeiz von Kleinstädten und Marktflecken, die mit einem eigenen Blatt im Wettbewerb zu Nachbarorten auftrumpften, und ließ sich ihn bezahlen. Dazu setzte er für ein lokalpatriotisch aktiviertes, jedoch unpretenziöses Publikum seriell gleiche Inhalte in die Welt, die er durch wenige ortspezifische Informationen ihrem Absatzort anpasste. An der Gestalt des Kalendermachers wird zudem die interaktive, ethnische Grenzen übergreifende Seite des Tuns sichtbar, d.h. das Machen, das am Praxisbegriff orientierte Reflektionen von Kultur aktiviert. Bezeichnenderweise wird Csernicsek als Nicht-Deutscher in den Gemeindedarstellungen von Palanka nicht erwähnt.[36]

Ein gewinnorientierter Unternehmer wie Emerich Csernicsek intensivierte durch sein Handeln die lokale Kommunikation, doch kaprizierte er sich nicht (wie seine Kalender zeigen) in aufklärerischem Geist den Bildungshorizont seiner Leser zu verändern, sondern bediente risikofrei und absatzsicher das bereits bestehende Informationsbedürfnis seiner Kundschaft. Darin ist auch die Ehrlichkeit des im Rückblick informierenden Kalenders zu sehen, der seine Leserschaft nicht lenkt, sondern dort abholt, wo sie sich befindet – und da spielt das Wissen des Unternehmers um sein Zielpublikum eine wichtige Rolle. Bezeichnenderweise kommt das Bewusstsein von Provinz in diesen Kalendern nur indirekt und nebensächlich zum Ausdruck.

Erste Ansätze zur Vermittlung einer räumlichen Identität in Kalendern

Ab 1890 ist vereinzelt die Entstehung einiger Kalender zu beobachten, in denen eine bewusste Auseinandersetzung mit dem bekannten lokalen Raum erfolgt. Dabei sind Ansätze zur Entstehung einer räumlichen Identität durch Präsentation von Wissen um Raum und die bewusste Erschließung von Raum zu beobachten. Über das Differenzierungsmerkmal „wirtschaftliche Entwicklung" bietet der

35 Ebenda, 118.

36 Beispielsweise in den umfassenden und reich bebilderten Bänden „Palanka an der Donau. Eine Dokumentation unserer verlorenen Heimat im Batscher Land", Bd. 1 und 2, Sindelfingen 1986 und 1992.

150 Seiten starke „Südungarische Bergwerkskalender"[37] aus Reschitza ein frühes Zeugnis und ein einzigartiges Bild. Die darin vorgefundene reichhaltige Information über die im Vergleich früh industrialisierte Region des Banater Berglandes (im Besonderen durch Repräsentation von Designaten und Bezugsobjekten) trägt zur Schaffung einer intersubjektiv vergleichbaren allgemeinen Bezugs- und Orientierungsbasis für das ‚Erfassen von Welt' bei, die die Herausbildung von lokal kodierten Gruppenidentitäten unterstützt bzw. erleichtert.[38] Hier kommt Raumbewusstsein als Wissen über die Region und auch als emotional markierte Raumverbundenheit zum Ausdruck.

Der Raum kommt im „Südungarischen Bergwerkskalender" vielseitig zur Sprache: zum einen als Bezugsobjekt zur lokalen wirtschaftlichen Entwicklung im Beitrag „Das Eisenwerk von Reschitza" (ohne Autorenangabe, S. 17–40), als historische Landschaft im Beitrag „Ein Ausflug zur Burgruine Karassov" von Peter Brosteanu (S. 41–45), in einer an lokalen Besonderheiten angepassten Erzählung „Bergmanns Glück. Original-Novelle aus dem Reschitzaer Leben" von Oscar Beran (S. 46–52).[39] Interessant ist darüber hinaus die im Vorwort des Kalenders formulierte Gegenüberstellung zwischen den in der Region üblichen, in diesem Aufsatz bereits beschriebenen Kalendern, und dieser Neuerscheinung.

In diesem *Montanischen Kalender*, heißt es in dem anonym verfassten Vorwort, sei die *Zusammenstellung der Daten* […] *seiner Eigenartigkeit wegen* viel schwieriger gewesen im Vergleich zu anderen, im Wesentlichen sich gleich bleibenden Kalendern. Dies war ein Grund für die Herausgeber, wegen der auftretenden Lücken und Fehler um Nachsicht zu bitten; aus einem *dringenden Bedürfnisse heraus* sei dieser *erste montanische Kalender in Ungarn* erschienen.

In dem über zwanzig Seiten langen Beitrag „Das Eisenwerk Reschitza" fällt nicht nur die Bemühung um einen dichten Informationsgehalt auf, denn die Quellen werden zudem in einer Fußnote genannt: *die Broschüre über das Eisen- und*

37 „Südungarischer Bergwerkskalender" aus dem Jahr 1892 für Katholiken, Protestanten, Griechen und Israeliten, erschienen in Reschitza, Jg. 1, gedruckt im Verlag der Buchdruckerei-Genossenschaft „Hungaria".

38 Peter Weichhart, Raumbezogene Identität. Bausteine zu einer Theorie räumlich-sozialer Kognition und Identifikation, Stuttgart 1990, 46–47.

39 Anton Peter Petris Eintrag greift zur Schreibweise Oskar Josef Beran. Er war 1899 Notar im Südbanat, minderheitenpolitisch engagiert und Verfasser der Schrift Zur Lösung der Nationalitätenfrage in Ungarn (Weißkirchen 1899), daher auch in Untersuchungshaft. Beran war Autor von Ortsbeschreibungen zu Temeswar und Herkulesbad und auch eines ‚kulturhistorischen Romans' (Die Madjaren, ihr Leben und Kämpfe vor 1000 Jahren, Weißkirchen 1896). Petri, Biographisches Lexikon, 118.

Stahlwerk Reschitza von Peter Brosteanu, dann die Beschreibung der südungarischen Gesellschaft (S. 17). Der Text fokussiert vielmehr auf die Entwicklung der Produktionsinfrastruktur als auf die Gesellschaft, die sich im Zuge ihrer Entstehung formierte. Er thematisiert jedoch im ersten, mit dem Untertitel *Geschichtliches* versehenen Teil die Ansiedlung von Deutschen katholischer Konfession aus der Steiermark, Kärnten und dem Salzkammergut im Jahr 1776 im Kontext der Bergbaugeschichte aus den „Banater Gebirgen" (S. 18). Dabei nimmt der Wirtschaftsraum „Banater Bergland" auf einer mentalen Karte Gestalt an, in der er mit dem Zentrum Wien als Impulsgeber für die lokale wirtschaftliche Entwicklung in Bezug gebracht wird. In diesem Zusammenhang wird Maria Theresia in ihrer Rolle als Auftraggeberin des Baus der ersten beiden Hochöfen im Jahr 1771 erwähnt (S. 18).

Ähnliche Beispiele sind im kurzlebigen „Südungarischen Arbeiter-Kalender"[40] zehn Jahre später zu finden, z.B. im Beitrag „Etwas über die Bergwerke Südungarns. Historische Skizze" von Anton Krischer (S. 47–52), in dem 2000 Jahre Geschichte aufgerollt werden und ein Schwerpunkt auf die administrativen Maßnahmen durch Maria Theresia gelegt wird (S. 48). Dadurch wird Wien zur ordnungsgebenden Instanz für das in der Zeit der Türkenkriege durch den Wiener Hof als Verwaltungseinheit ins Leben gerufene „Temeser Banat". Die Geschichte der Eisenerzförderung wird als langwierig und voller Brüche dargestellt, wobei der Autor die nachhaltige Entwicklung als Folge der neuen Herrschaftsverhältnisse präsentiert: *[…] gewiß ist es jedoch, daß die Epoche des regelmäßigen Bergbaues erst nach dem Friedensschlusse von Passarovits, d.i. erst nach dem Jahre 1718 begonnen hat und zwar war es im Jahre 1722, daß der Dognácskaer Bergbau auf Befehl des damaligen Landeskommandierenden Feldmarschall Graf Mercy wieder aufgenommen wurde* (S. 51). Als eines der ältesten Bergwerke der Region wird Dognácska von den bekannten Anfängen bis zu seinem Verfall beschrieben, mit detaillierten Passagen versehen und zusätzlich von einer Abbildung begleitet: „Dognácska (die Ruine der Eisenhütte)" (S. 50). Die Aufnahme von Zeichnungen stellt im Vergleich zu dem etwa zehn Jahre älteren „Südungarischen Bergwerkskalender" eine Neuerung dar und macht auch Fortschritte des Buchdruckermetiers sichtbar. Der Text besticht bei der Aufzählung der verschiedenen Erze sowie bei der Berücksichtigung der veränderten Nachfrage nach verschiedenen Metallen mit Folgen für die Erzförderung durch fachliche Kompetenz. Streckenweise ist der

40 „Südungarischer Arbeiter-Kalender für das Jahr 1902. Mit mehreren Illustrationen". Herausgegeben vom Verlage des „Volkswille", Temeswar, Jg. 2, Druck der „Union"-Buchdruckerei und Verlagsanstalt.

an den Tag gelegte Lokalpatriotismus angesichts der Einzigartigkeit der Region und deren wirtschaftlicher Schlagkraft nicht zu übersehen, wie gerade bei der Beschreibung des Bergwerks Dognácska: *Die nachfolgenden Türkenkriege haben wohl zeitweise den Bergbau unterbrochen, indeß sehr bald nach dem Belgrader Frieden 1739 wurden die Arbeiten wieder stramm aufgenommen und mit besonderem Glücke fortgesetzt; indem 1740 die später so berühmt gewordene Simon-Judas-Zeche ein ungeheueres Stockwerk von 130 Meter Tiefe erreichte und 1740 bis 1784 einen Reingewinn von nahezu 3 Millionen Gulden lieferte, mit silberhältigen Kupfererzen angefahren wurde, dessen Ausbeute durch mehr als 40 Jahre eine wahre Blüthe für Dognácska war* (S. 51).

Durch Repräsentationen von Raum in Form von Text und auch von Bild präsentiert diese Kalendergeneration Ansätze zur Herausbildung historischer und kultureller sowie auch von in der Alltagskommunikation gelebter und menschlich erarbeiteter Zugehörigkeitsräume; sie werden zu Medien des Ausdrucks von territorialen Bindungen der Menschen, die neben den kognitiven Aspekten in Form von Wissen um Raum vor allem emotionale in den Vordergrund rücken. Die Kalenderherausgeber und -mitarbeiter sind meistens nicht mehr zu ermitteln, doch handelt es sich mutmaßlich um lokale Eliten, höhere Angestellte mit beachtlichem Fachwissen im Bereich Minenwesen und Erzförderung sowie Lehrer oder ambitionierte Lokalhistoriker. Über die emotionale Bindung und personale Identifikation mit dem Raum tragen sie dazu bei, einen aktiven Zugehörigkeitswillen anzuerziehen und Gruppenkohärenz auszubilden.

Kalender mit minderheitenpolitischer Zielsetzung

Um 1900 kommt es zu einer weiteren Differenzierung innerhalb der Kalenderlandschaft vor dem Hintergrund bereits etablierter Entwicklungen: Der gesteigerte Informationsbedarf sowie die Herausbildung von neuen Lesegewohnheiten in Verbindung mit Umstellungen in der Freizeitgestaltung erhöhen den Stellenwert von Schriftlichkeit auch in Form von Zeitungen und Kalendern. Parallel zur gut nachvollziehbaren technologischen Entwicklung in der konkreten Form häufiger Gründungen von Druckereien[41] erhöht sich die Anzahl der Druckerzeugnisse, zu denen an der Wende zum 20. Jahrhundert auch ein neuer Kalendertyp hinzugezählt werden kann. Nun werden Kalender zu identitätsstiftenden Projekten, die von regionalen minderheitenpolitisch engagierten Eliten herausgegeben und mit politisch relevanten Inhalten gefüllt werden.

41 Milleker, Kulturgeschichte, Kapitel: Buchdruck und Zeitungswesen 1728–1914, 53–63.

Ein aussagekräftiges Beispiel führt nach Werschetz ins Banat, eine Stadt, die im Zuge der Dynamisierung minderheitenpolitischen Denkens eine wichtige Rolle spielt: Die Stadt war im ausgehenden 19. Jahrhundert[42] Gründungsort der „Vereinigung deutscher Hochschüler aus den Ländern der ungarischen Krone" sowie der „Ungarländischen Deutschen Volkspartei" 1906, und zwar infolge jahrzehntelanger Beziehungen zu in Wien aktiven Minderheitenpolitikern wie Edmund Steinacker. Kein Wunder, dass sich Brennpunkte minderheitenpolitischen Engagements in solchen Orten mit hoher wirtschaftlicher Leistungskraft und kultureller Ausstrahlung entwickelten. Werschetz war mit ca. 25.000 Einwohnern (13.000 Deutsche, 8.000 Serben und 2.600 Ungarn) eine durch ihren Weinbau bekannte wohlhabende Stadt und auch ein Ausstrahlungsort für Druckschriften, von wo aus sich Drucker bereits in den 1880-er Jahren u. a. nach Detta (Deta), Csakova oder Lugosch ausgebreitet haben. Die Stadt besaß im Jahr 1898 sechs Druckereien und vier deutsche Blätter, was sie an zweiter Stelle nach Temeswar platzierte.[43] Bemerkenswert ist die langlebige Zeitung „Werschetzer Gebirgsbote. Organ für Politik, Land- und Volkswirtschaft und öffentliches Leben"[44] über mehr als acht Jahrzehnte sowie der „Illustrierte Verseczer Hauskalender".[45] In Werschetz wurden außerdem auch Beilagen für Orte ohne Zeitung gedruckt, wie um 1860 der „Weißkirchner Anzeiger" als Beilage zum „Werschetzer Gebirgsboten".[46]

Allerdings wagten es langlebige Blätter aus Werschetz wie der „Werschetzer Gebirgsbote" und die „Neue Werschetzer Zeitung" (1881–1907) *kurz vor der Jahrhundertwende nur selten* [...] *den deutschen Standpunkt zu vertreten.*[47] Um 1900 änderte sich die Lage. Zeitungen gaben den Ton an – etwa das 1897 gegründete „Deutsche Tagblatt für Ungarn" in Temeswar, kurz darauf gefolgt von Kalendern

42 Werschetz (Versecz-Vršac). Kommunale Entwicklung und deutsches Leben der Banater Wein- und Schulstadt. Verfasst und zusammengesetzt von Helmut Frisch, Wien 1982, 75.

43 Werschetz (Versecz-Vršac). Kommunale Entwicklung, 399–400.

44 Der „Werschetzer Gebirgsbote" erschien zwischen 1857–1941 zuerst zweimal, dann dreimal wöchentlich. Alexander Krischan, Die deutsche periodische Literatur des Banats. Zeitungen. Zeitschriften. Kalender 1771–1971. Bibliographie, München 1987, 45. Mit dem Kommentar versehen: „Bedeutendstes Blatt der Banater Provinz mit der längsten Laufzeit".

45 Er erschien zwischen 1865 und 1922. Krischan, Die deutsche periodische Literatur des Banats, 63.

46 Werschetz (Versecz-Vršac). Kommunale Entwicklung, 398; Krischan, Die deutsche periodische Literatur des Banats, 45.

47 Werschetz (Versecz-Vršac). Kommunale Entwicklung, 75.

„Der Banater deutsche Volks-Kalender"[48], der „Deutsche Volkskalender für die Länder der ungarischen Krone"[49] bis hin zu dem ab 1912 erscheinenden „Schwäbischen Hausfreund" Adam Müller-Guttenbrunns in Temeswar (1912 und mit einigen Lücken nach 1918 bis 1923). In diesen Kalendern registriert man parallel zur Veränderung der Mitarbeiterzusammensetzung eine zunehmende Intensivierung der Diskussion über lokale, regionale und überregionale Ordnungen in dem Sinne, dass politisch bzw. kulturpolitisch Aktive in diesen Kalendern vermehrt präsent sind. Dadurch zeichnen sich im Umfeld dieser Zeitungen und Kalender auch Konflikte mit ungarischen Behörden ab, von denen unten noch die Rede ist.

Kalenderherausgeber

Mit derartigen Periodika kristallisiert sich auch ein neuer Typ des Kalenderherausgebers heraus, der auf eine Intensivierung der Kommunikation im Bereich Minderheitenpolitik im von Deutschen bewohnten Süden der Habsburgermonachie hinweisen. Das im Folgenden aufgegriffene Beispiel des Kalenderherausgebers und Zeitungsmannes Wilhelm Wettel zeigt den Kalender inmitten von Verzahnungsprozessen von medialer Entwicklung auf lokaler Ebene und von Ausdifferenzierungen regional und überregional wirkender Institutionen und Organisationen, die sich die Prägung einer ethnischen und parallel dazu auch räumlichen Identität zum Ziel setzen. Das Beispiel Wilhelm Wettel weist außerdem auf den Beitrag des Kalenders zu einer Organisation und Systematisierung des Zugriffs auf spezifische – in diesem Fall minderheitenpolitisch relevante – Informationen hin.

Der aus Werschetz stammende Verleger und Publizist Wilhelm Wettel hat zu den Mitbegründern der „Ungarländischen Deutschen Volkspartei" gehört und gründete ein Jahr davor, 1905, in Werschetz den „Südungarischen Generalanzeiger

48 Der „Banater deutsche Volks-Kalender" erschien nur in einem Jahrgang (1901) im Verlag der Gross-Kikindaer Zeitung in Großkikinda, da sein Herausgeber, Arthur Korn, durch seine aktive, auf lokaler Ebene beschränkte Tätigkeit als Herausgeber und Journalist in Konflikt mit den ungarischen Behörden geriet.

49 Der „Deutsche Volkskalender für die Länder der ungarischen Krone" (nach 1920 unter der neuen Bezeichnung „Deutscher Volkskalender") erschien zwischen 1904 und 1948, mit einigen Lücken zwischen 1941–1946 durch unterschiedliche Herausgeber (Gregor Brenner und Franz Ferster, Peter Kuhn, J. Stein und R. Benzinger, Jaksch Müller, Viktor Orendi-Hommenau u. a.) und an verschiedenen Orten (Weißkirchen, Temeswar und Perjamosch).

für Stadt und Land"[50], gab von 1907 bis 1913 (ebenfalls in Werschetz) „Wettel's Banater Volkskalender" heraus. Wettel war vermutlich der Bruder oder ein Verwandter von Franz Julius Wettel. Dieser gehörte zur völkisch gesonnenen Prominenz in Werschetz als Buchhändler, Buchdrucker, Inhaber der zweiten Buchdruckerei in Werschetz ab 1880, Herausgeber zusammen mit dem 1906 in Werschetz verstorbenen Buchdrucker Josef Veronits der „Neuen Werschetzer Zeitung" ab 1880[51], als Mitbegründer des völkischen „Deutschen Tagblatts für Ungarn", das 1897 ins Leben gerufen wurde, sowie als Inhaber der „Südungarischen Buchdruckerei" in Temeswar. Er war ebenfalls Mitbegründer der „Ungarländischen Deutschen Volkspartei" und stand mit dem Reichstagsabgeordneten Edmund Steinacker, der durch minderheitenpolitische sowie journalistische Tätigkeit einen wichtigen Beitrag zur Schaffung überregionaler Zentren deutscher Minderheitenpolitik im Banat und in der Batschka leistete[52], schon früh, nämlich 1881, in Verbindung.[53] Franz Julius Wettel geriet wie viele andere minderheitenpolitisch Aktive als ‚Pangermane' immer wieder in Konflikt mit den ungarischen Behörden.[54]

In diesem Prozess der Netzwerkbildung entstehen neben Zeitungen auch Kalender, wie der bereits erwähnte „Wettel's Banater Volkskalender", auch angesichts der von Steinacker vertretenen Ansicht, dass gerade die deutsche ländliche Bevölkerung aus der politischen Lethargie erweckt werden müsse. Wilhelm Wettel orientierte sich allerdings an den Bedürfnissen der lokalen Kundschaft der Banater Provinzstadt, d.h. sein Kalender enthielt, wie damals üblich, leicht verdauliche Lesestoffe, einige Nachrichten, Amtliches und eine hohe Anzahl von Werbeinseraten. Trotz der am Gewinn orientierten Einstellung des Unternehmers

50 Laut Petri erscheint das Blatt zwischen 1905 und 1917. Petri, Biographisches Lexikon, Sp. 2083; Werschetz (Versecz-Vršac). Kommunale Entwicklung, 398.

51 Werschetz (Versecz-Vršac). Kommunale Entwicklung, 398.

52 Günter Schödl, Am Rande des Reiches, am Rande der Nation: Deutsche im Königreich Ungarn (1867–1914/18). In: Deutsche Geschichte im Osten Europas. Land an der Donau. Hrsg. von Günter Schödl, Berlin 1995, 407.

53 Werschetz (Versecz-Vršac). Kommunale Entwicklung, 75.

54 Gegen den unter diesem Pseudonym oder unter Beatus Streiter bekannten Franz Julius Wettel wurde 1902 in Ungarn prozessiert, nachdem er für die Perjamoscher „Bürger-Zeitung" einen Aufsatz über die Auswanderung der Banater Schwaben schrieb. Er wurde zu drei Monaten Haft und einer Geldstrafe verurteilt, dann „auf 99 Jahre" aus Temeswar ausgewiesen. Ein weiterer Prozess drohte ihm, als er in Adam Müller-Guttenbrunns Kalender „Der schwäbische Hausfreund" (1916) den Artikel „Ein Dokument der Banater Schwaben" veröffentlichte. Die Regierung ordnete die Niederschlagung dieses Verfahrens an, sodass dieser der letzte Presseprozess gegen Deutsche im Ungarn vor 1920 war. Petri, Biographisches Lexikon, Sp. 2081.

Wilhelm Wettel druckte er gleichzeitig einprägsame Beiträge mit mobilisierendem Charakter, allerdings nur wenige, denn offensichtlich war ihm die politische Passivität seiner Kundschaft bewusst, wodurch er den Kalender als Gewinnquelle nicht gefährden wollte.

Auf ähnliche Vernetzungen in Verbindung mit Herausgebern von Zeitungen und Kalendern weisen auch andere Beispiele hin. Arthur Korn, der Herausgeber des „Banater deutschen Volks-Kalenders" in Groß-Kikinda (Banat), aktivierte 1901 in seinem Kalender ein Netzwerk von Persönlichkeiten, die sich kulturpolitisch für die Belange der deutschen Minderheit engagierten: den Dichter Josef Gabriel den Älteren, den im Banat noch weitestgehend unbekannten und zu dem Zeitpunkt kulturpolitisch wenig engagierten Adam Müller-Guttenbrunn, den Herausgeber des „Weißkirchner Volksblatts" ab 1896 Jakob Schümichen sowie Edmund Steinacker. Nach der Ausweisung Korns wegen *pangermanischer Umtriebe* hörte der Kalender auf zu existieren, doch blieb Korn von der Schweiz und später Deutschland aus kulturpolitisch aktiv und veröffentlichte 1903 in München das Buch „Die Deutschenverfolgung in Ungarn: zur Aufklärung des deutschen Volkes" im Bestreben, über den fehlenden Schutz der deutschen Minderheit in Ungarn zu informieren.

Als Herausgeber eines Kalenders fungierte auch Adam Müller-Guttenbrunn, dessen Vorbereitungen zur Herausgabe seines in Temeswar ab 1912 erscheinenden Kalenders „Der Schwäbische Hausfreund" institutionelle Fortschritte hinsichtlich der Vernetzung „donauschwäbischer" kulturpolitisch interessierter Eliten illustrierten, auf die der Schriftsteller und Publizist ertragreich zurückgriff. 1911 erwähnt er in seinem Tagebuch die vorbereitenden Arbeiten an einem Kalender, den er in seiner Rolle als Vermittler von historischem Wissen, aber auch im Dienst der Sprachpflege unter den magyarisierten Schwaben sieht, und vermerkt: *Aber was man gern tut, dafür findet sich auch Zeit, und seitdem die Jugend in Ungarn kein deutsches Lesebuch mehr in die Hände bekommt, ist solch ein Jahrbuch dringend nötig.*[55] Guttenbrunn, der sich an die Spitze des Deutsch-ungarischen Kulturrates stellen ließ[56], gelingt es, für seinen Kalender Mittel vom Verein für das Deutschtum im Ausland anzuwerben.[57]

---

55 Adam Müller-Guttenbrunn, Der Roman meines Lebens. Aus dem Nachlass zusammengestellt von seinem Sohne, Leipzig 1927.

56 Müller-Guttenbrunn, Roman meines Lebens, 278. Der Kulturrat, zu dem die Deutsch-ungarische Schulstiftung gehörte, vergab Stipendien an Deutsche aus dem mit dem Ziel der Schaffung einer schwäbischen Elite.

57 Ebenda, 278.

Darstellung der Provinz in minderheitenpolitisch engagierten Kalendern

Dieser Kalendertyp als Vermittler von Identitätsangeboten zur Aktivierung eines politischen Bewusstseins der deutschen Minderheit spiegelt den Prozess der Erarbeitung einer mit Sinn ausgestatteten Region wider. Auch durch häufiges Auftreten lokaler und regionaler Eliten unter den Kalenderautoren registriert man mehr Interesse für den eigenen Lebensraum, während immer seltener Texte aus Kalendern aus dem deutschen Binnenraum übernommen werden. Folglich steigen das Interesse und der Bedarf an Wissen über die Region. Dabei geht es weniger um einem Verschriftlichungprozess von Kommunikationssegmenten, die vorher nur mündlich bestanden, sondern um die Erfindung von Inhalten für eine bestimmte Region und sogar um die Fingierung mündlicher Kommunikation zur über räumliche Elemente generierten Identität, wie im Folgenden anhand einiger Beispiele gezeigt werden soll. Der Raum wird in Kalendern zu Bewusstsein gebracht und wird Gegenstand der Modellierung und Projektionsfläche für Identifikationsarbeit.

In den auf minderheitenpolitische Ziele ausgerichteten Kalendern beobachtet man eine intensivere Beschäftigung mit lokalen Räumen. Die bisher erwähnten Kalender bringen in von mündlicher Kommunikation geprägten Gemeinschaften eine zusätzliche Menge an schriftlicher Kommunikation u. a. über Raum. Ausgehend von Luhmanns Fragestellungen über den Zusammenhang der Rolle schriftlicher Kommunikation zu den Verbreitungsmedien sowie Auswirkungen auf über Kommunikation fabrizierte und reproduzierte Gesellschaften[58] erweist sich der Blick auf Kalender in übersichtlichen Lebensräumen als ertragreich. Die in Kalendern festgestellten Spuren von Oralität bleiben nicht zufällig erhalten, sondern sorgen für einen langsamen Übergang zur Schriftlichkeit in vorwiegend nur mündlich kommunizierenden Gemeinschaften. Durch Oralität wirkt die neue, schriftliche Kommunikationsform weiterhin vertraut. Die starke orale Ausprägung ist anhand verschiedener Textmerkmale nachweisbar: der mangelnden Präzision in der Ausdrucksweise, der Form von sehr allgemeinen ungenauen Informationstexten, der Formelhaftigkeit des Ausdrucks und nicht zuletzt der Nutzung der Rhythmik und Versform zur intensiveren erfolgreicheren Einprägung – Merkmale, die auch Luhmann Verbindung mit Verbreitungsmedien aufzählt.[59]

58 Niklas Luhmann, Einführung in die Theorie der Gesellschaft. Hg. v. Dirk Baecker, Heidelberg 2005, darin Kapitel Kommunikationsmedien, 87–180.

59 Ebenda, 115.

Der orale Stil spielt außerdem eine zentrale Rolle bei der Etablierung des Autors als Autorität. Durch Verwendung der gesprochenen Sprache und von dialektalen Formen inszenieren Kalenderautoren Vertraulichkeit zur bäuerlich und kleinstädtisch geprägten Leserschaft. Es etablieren sich geradezu ‚pastorale' Beziehungen zwischen Autor und Leser als effektive Instrumente spiritueller Lenkung.[60]

Gerade Kalender mit offensichtlichen Lenkungsabsichten im Sinne der Herausbildung einer völkischen Gesinnung beim Leser bemühen sich durch ihr sprachliches und stilistisches Erscheinungsbild, ein Grenzgebiet zwischen Mündlichkeit und Schriftlichkeit zu besetzen, um Vorteile für beide Seiten zu gewinnen: Auf der einen Seite wird durch Schriftlichkeit Systematik gewonnen, Stabilisierung der Information sowie Lieferung von Bewertungsrastern. Die Lenkung der Adessaten verändert sich dadurch, dass die in mündlicher Kommunikation erforderliche physische Anwesenheit des Kommunikationspartners nun nicht mehr erforderlich ist. Auf der anderen Seite verhelfen die Nutzung vertrauter dialektaler Formen und die Inszenierung von Oralität zur Etablierung eines vertrauten Verhältnisses des Lesers zu den Kalenderautoren. Neben Vertrautheit inszeniert gesprochene Sprache und Dialekt jedoch auch Differenz. Der lokale Raum wird über sprachliche Besonderheiten ausdifferenziert, wobei seine Besonderheit in der Andersartigkeit zu sehen ist. Auf diese Weise erfolgt die Aufwertung des lokalen Raums auch über Sprachpraxis.

Im „Südungarischen Bauern-Kalender" von 1898 stößt man u. a. auf das Mundartgedicht „Die Herrische", in dem die Räume des Ländlichen und Städtischen einander unversöhnlich gegenübergestellt werden. Das Bild des Dorfes schält sich als Negativabdruck des Stadtbildes heraus und wird als moralisch integer, anständig sowie als Ort körperlicher Tüchtigkeit und Gesundheit dargestellt, wobei gerade auch die eingesetzte Dorfsprache als Differenzierungsmerkmal zwischen Dorf und Stadt fungiert. Die simple Moral wird am Ende des Gedichts zusammengefasst und ist auf der Folie der von der Heimatliteratur Ende des 19. Jahrhunderts propagierten Selbstzufriedenheitsbildern in beschränken Räumen zu lesen: *Es bescht is e Bauer bleib drhem,/ Als Schuschtr bei deim Leescht/ Un bischt zufriede halt mit dem,/ Was glernt hascht un d' weescht.*[61] Ähnliche Zeugnisse vom Dorfleben und in der vertrauten Sprache des Dorfes verfasst, die eine

60 Nikolaus Rose geht auf verschiedene Strategien der Autorisierung von Autoritäten ein sowie auf Faktoren, die das Regime des Selbst beeinflussen. In: Identity, Genealogy, History. In: Questions of Cultural Identity. Ed. Stuart Hall und Paul du Gay, London 2007 (erste Auflage 1996), 128–150, 132.

61 Südungarischer Bauern-Kalender für das Jahr 1898. Illustriertes Jahrbuch für Jedermann. Besonders wohlmeinender, unterhaltender Hausfreund und Ratgeber für den

vermehrte Aufmerksamkeit auf lokale Räume signalisieren, erscheinen häufig in Kalerndern.[62]

Spuren von Oralität findet man auch in populärwissenschaftlichen Texten mit landeskundlichem Charakter, in denen der Raum in einigen einprägsamen Zügen beschrieben und durch stark vereinfachte historische, ethnografische oder sprachgeschichtliche Inhalte mit identitätsstiftender Bedeutung versehen wird. Landesbeschreibungen enthalten Herkunftsnarrative, in denen heroische Bilder der Ansiedlungszeit der identitären Beliebigkeit der Gegenwart in einem anklagenden Ton gegenübergestellt werden: „Bessere Zeiten" von Johann Anheuer[63], „Etwas über unsere Heimat – das Banat" von Franz Julius Wettel[64], „Die Türkennoth im Banat"[65] und „Temesvár. Historisch-onomatologische Skizze"[66], beide von von B. Str. (d.i. Franz Julius Wettel), „Allerlei von unseren schwäbischen Voreltern" von Raimund Friedrich Kaindl[67], „Die Schwäbische Türkei" von Ella Triebnigg[68], um einige Beispiele zu nennen.

Zeichnen sich populärwissenschaftliche landeskundliche Texte durch übersichtliche, aber ungenaue Darstellungen aus, fallen in der aussparenden Gestaltung von Gedichten wiederkehrende formelhafte Ausdrücke auf. Geografische Merkmale des Landschaft (Marosch, Donau, Heide), einprägsame Bilder der kulturellen Aneignung des Raumes durch „Schwert" und „Blut", im Schnelldurchlauf erzählte Geschichte beginnend mit der „Wildnis" und „Öde" bis hin zum „blühenden Gefield" erleichtern den emotionalen Bezug zum Umland.[69]

Auch durch ein konzertiertes Werben für minderheitenpolitisch aktive Blätter wird über den geographischen Raum ein Netz ausgebreitet, das Wissen um Raum

---

Landmann, Kaufmann, Gewerbetreibenden und für das bürgerliche Haus, hg. v. Karl v. d. Haide, Temesvár 1898, 44.

62 Bezeichnenderweise werden die Dichter oft aus der Region selbst rekrutiert, wie die folgenden Beispiele zeigen: Das Mundartgedicht „Das Orakel" von Josef Gabriel im „Deutschen Volkskalender für die Länder der ungarischen Krone" 1904, Jg. 1, 40 und das Gedicht von Franz Feld „in Franzfelder Mundart": Lied. In: Deutscher Volkskalender für die Länder der ungarischen Krone 1906, Jg. 3, 53.

63 In: Banater deutscher Volks-Kalender 1901, Jg. 1, 54–55.

64 Deutscher Volkskalender für die Länder der ungarischen Krone, 1905, Jg. 2, 24–27.

65 Ebenda, 48–52.

66 Deutscher Volkskalender für die Länder der ungarischen Krone, 1906, Jg. 3, 68–72.

67 Der schwäbische Hausfreund, 1913, Jg. 2, 58–64.

68 Der schwäbische Hausfreund, 1916, Jg. 5, 68–71.

69 „Deutschbanater Lied" von Adolf Wettl. Erschienen in: Banater Deutscher Volks-Kalender, 1901, Jg. 1, 59; Arthur Korn, Unser Heimatboden. In: Deutscher Volkskalender für die Länder der ungarischen Krone 1904, Jg. 1, 84–86.

hervorbringt. In „Wettel's Banater Volkskalender" 1910, 3. Jg. erscheint auf dem Einband der Text: *Für Abonnenten des Südungarischen Generalanzeigers gratis*; im „Deutschen Volkskalender für die Länder der ungarischen Krone" (1909) wirbt der „Deutschungarische Volksfreund" um Leser. Kreuz und quer werden Leseempfehlungen für deutsche Zeitungen ausgesprochen.[70] Dramatisch gesteigert wird die Aufforderung zur Aneignung eines minderheitenbewussten kulturpolitischen Rüstzeugs durch Verweis auf die Existenz von Zeitungsbeiträgen, die in *Hetzblättern* aus der Hauptstadt Budapest gegen *uns Deutsche* veröffentlicht wurden.[71] Dabei sind Umdeutungsprozesse des Raumes durch Inbezugsetzen zu einer Mitte zu beobachten, wobei zwei Strategien zur Aufwertung der vertrauten Lebenswelten zum Einsatz kommen: Die erste verfolgt die Darstellung des vertrauten Raumes als ‚Provinz' durch Ausblendung des Machtzentrums Budapest und durch Bezugnahme zu Wien als legitime Mitte, was in zahlreichen Gedichten und Erzählungen geschieht, in denen der Raum als geschichtsträchtig und durch seine Entstehungsgeschichte legitimiert dargestellt wird. Mittels Zeitraffung und Perspektivierung und über eine ganze Reihe von Synekdochen wird im Gedicht von Arthur Korn „Unser Heimatsboden"[72] Regionalgeschichte im Schnelldurchlauf aufgerollt:

Als die grosse Kaiserin/ Rief mit klugem, weisen Sinn,/ In das Land die Schwaben;/ Fanden sie hier Schilf und Sumpf,/ Urwald und mit Stil und Stumpf/ Galt es auszuroden.// Türken und Barbarenbrut/ Musste erst mit deutschem Blut/ Aus dem Land man jagen;/ Dann kam erst noch Wolf und Bär,/So fiel es den Ahnen schwer/ Hier den Boden ackern.// Aber deutscher Wille kriegt'/ Und mit treuem Fleiss besiegt'/ Er für seinen König/ Alles, so wie er's gedacht;/Heute lacht der Aehren Pracht,/ Heut ist's unterthänig.

In streckenweise regelmäßigen Trochäen, mit einigen Fehlern in der Kadenz und mit unsauberem Reim, werden einige wenige Bilder aufgerufen. Auffallend ist,

70 Wie beispielsweise für den Deutsch-Ungarischen Volksfreund aus Temeswar, die Südungarische Bürgerzeitung aus Perjamos, den Westungarischen Grenzboten aus Preßburg, „ein Tagblatt, das mutig eintritt für Recht und Gerechtigkeit", des Weiteren für den Südungarischen Generalanzeiger aus Werschetz, die Südbacser Zeitung aus Cservenka, „die stark in der Bacska gelesen wird", das Deutsche Volksblatt für Syrmien aus Ruma.

71 Merks! In: Deutscher Volkskalender für die Länder der ungarischen Krone, 1909, Jg. 6, 41.

72 Erschienen im Banater deutschen Volks-Kalender, 1901, Jg. 1, 54.

dass diese auch in vielen anderen Texten ähnlich vorkommen[73]: Die dargestellten Ereignisse im vertrauten Raum („Heimatsboden") werden chronologisch abgerufen, die Kaiserin als Impulsgeberin eines Zivilisierungsprozesses, den die „Schwaben" willig und tüchtig in die Tat umsetzen, steht an markierter Stelle im ersten Vers. Durch den Sieg der ‚Zivilisation' über dir ‚Natur' entsteht der menschlich erarbeitete Zugehörigkeitsraum mit hoher emotionaler Bindung. Die im Zeitraffer entstandene Narration von der Heimat in Gedichtform ist teleologisch gemeint. In der letzten Strophe legitimiert die geleistete Arbeit das Recht auf Heimat und damit, auch wenn im Text nicht ausdrücklich formuliert, auf rechtlichen Schutz: *So besiegt vom deutschen Fleiss/ So gedüngt mit Blut und Schweiss/ Ist der theure Boden;/ Darum hängt mit Leib und Seel'/ An des Landes Kronjuwel,/ Am Banat – der Schwabe.*

Auf der symbolischen Karte, die dieses Gedicht zeichnet, wird die Rolle der Kaiserin als Zentrum der Monarchie in den Vordergrund gerückt, wobei Budapest als zum Berichtszeitpunkt gültiges Machtzentrum vollständig ausgeblendet wird.

Einen ähnlichen Prozess beobachtet man auch in Erzählungen, wie in Wilhelm Wettels „Die Kolonisten. Historische Erzählung aus der Zeit der Einwanderung der Deutschen in's Banat"[74] oder in Adam Müller-Guttenbrunns Romanen der Trilogie „Von Eugenus bis Josephus". Einen Gravitationspunkt des Romans „Barmherziger Kaiser" z.B. bildet die Einwanderin ins Banat Theresia Pleß, die Inhaberin eines Wirtshauses in Temeswar. Um diese zentrale Figur entsteht ein zusammenhängender Raum Mitteleuropas: Das Banat als blühende Provinz mit seinen Beziehungen zu Wien und zu Schwaben. Theresia Pless reist nämlich häufig nach Wien, um das Neueste der Branche ins ferne Banat zu importieren, pflegt zudem rege Beziehungen zu ihrer Heimat Schwaben und ist erste Anlaufstelle für Einwanderer aus dem Deutschen Reich. Der Roman präsentiert einen eng vernetzten Raum, der überschaubar und vertraut erscheint, doch sind Manipulationsstrategien am Raum zu beobachten, der verzerrt wird, wie am Beispiel der jährlichen Geschäftsreisen der Wirtin ersichtlich, die kurz und bequem aus dem Banat direkt nach Wien führen. Ungarn wird von Guttenbrunn, dessen gespanntes Verhältnis zu den ungarischen Behörden bekannt ist, bezeichnenderweise von seiner fiktionalen, in wenigen, scharfen Zügen entworfenen Landkarte fast ausschließlich ausgeklammert. An einigen Stellen wird Ungarn vergegenwärtigt, doch negativ konnotiert, etwa wenn es heißt, man bräuchte im Banat in Wien

73 Beispielsweise in Adolf Wettls Gedicht „Deutschbanater Lied" aus dem Banater deutschen Volks-Kalender, 1901, Jg. 1, 59, oder im Gedicht „Trost" von Franz Julius Wettel aus Wettel's Banater Volkskalender, 1907, Jg. 3, ohne Seitenangabe.

74 In: Wettel's Banater Volkskalender, 1909, Jg. 3, 37–64.

ausgebildete Juristen, um sie erfolgreich gegen rechtliche Missstände in Ungarn einzusetzen.

Die erhöhte Aufmerksamkeit für lokale Räume geht mit einem Prozess der Herausbildung einer Banater Regionalliteratur einher, die im minderheitenpolitischen Kontext an der Wende zum 20. Jahrhundert auch durch eine zweite Strategie der Aufwertung der Region einhergeht: die Selbstdarstellung als aufmüpfige Provinz gegenüber dem Zentrum Budapest. Dies thematisiert Adam Müller-Guttenbrunn in seinen Romanen durch die narrative Ausgestaltung von Konflikten zwischen der ländlichen Banater Bevölkerung deutscher Ethnie und Vertretern des ungarischen Staatsapparates oder des katholischen Klerus als ‚Agenten' der Madjarisierung. Beispiele bieten viele Romane und Erzählungen, darunter „Götzendämmerung, Der kleine Schwab oder Meister Jakob und seine Kinder". Im Roman „Die Glocken der Heimat" z. B. verfolgt ein Handlungsstrang den Rechtsstreit zwischen dem Bauern Jörgl Haffner und dem Wasserbauingenieur Vilmos Gergely in Karlsdorf an der Donau.[75]

Auch in Kalendern soll der Widerstand gegen die Magyarisierungspolitik anerzogen werden. In einem vertrauten Umgangston richtet sich der mobilisierende Titel „Merk's" an die Leser und vermittelt Verhaltensrichtlinien hinsichtlich zukünftiger Wahlen. Der mit „ein Volksfreund" unterzeichnete Text enthält die Aufforderung, nur solche Repräsentaten ins Parlament, in die Komitats- und Gemeindevertretungen zu wählen, die sich für die Interessen der Deutschen einsetzen: *Wählen wir bei den künftigen Reichstagswahlen nur solche Männer in das Abgeordnetenhaus, die wir kennen, und von denen wir wissen, dass sie auch vorher für unsere deutsche Schule und unser deutsches Volkstum warm eingetreten sind* [...] *und die stark genug sind, in der Schule und in der Gemeinde die Durchführung jener Rechte zu fordern, die uns im Nationalitätengesetze vom Jahre 1868 verbürgt sind!*[76]

Die Vermittlung solcher Verhaltensstandards trägt zur Prägung des Bildes einer aufmüpfigen ‚Provinz' bei. Im gleichen Zusammenhang stehen auch häufige Veröffentlichungen eines Fragments aus dem 44. Gesetzesartikel aus dem Jahre 1868, dem sogenannten Nationalitäten-Gesetz, das den Minderheitenschutz garantiert.[77] Der den Gesetzestext begleitende Kommentar erscheint unverändert

75 Adam Müller-Guttenbrunn, Die Glocken der Heimat. Hg. v. Hans Weresch, Freiburg 1977, 33–34, 53ff.

76 In: Deutscher Volkskalender für die Länder der ungarischen Krone, 1909, Jg. 6, 40–41.

77 Der Titel des Textes bleibt dabei über viele Jahre unverändert: Nationalitäten-Gesetz (44. Gesetzesartikel vom Jahre 1968) und unsere Muttersprache. In: Banater Deutscher Volks-Kalender, 1901, Jg. 1, 63–66; Deutscher Volkskalender für die Länder der

über Jahre hinweg als versteinerte Forderung nach Minderheitenschutz und weist indirekt Herausgeber und Mitarbeiter des Schriftstücks als Kenner und Verteidiger legitimen Rechts aus. *Was Recht und Gesetz ist, das wollen wir kennen und auf dem Boden unserer vaterländischen Gesetze stehend, wollen wir uns auch die vom demselben verbürgten Rechte nicht verkümmern lassen, denn dass* [sic!] *ist unser eminentes kulturelles Interesse.*[78]

Ausblick

Mit dem Wegfall der Bezugszentren Wien und Budapest nach dem Ersten Weltkrieg ist in den Medien der deutschen Minderheit aus dem nun geteilten Banat ein Reorganisationsprozess der räumlichen Identität zu beobachten. In Guttenbrunns Kalender „Der schwäbische Hausfreund" in den Jahrgängen 1921–1923 wird ein anheimelnder Rückzug in die Geborgenheit regionaler Welten inszeniert. Im Kalender wird an der Rekonstruktion des Banats gearbeitet, wobei es im Kontext der Staatenordnung der Nachkriegszeit nicht als Provinz am Rande eines anderen Staates ins Gespräch gebracht wird, sondern als selbstbewusste Region, deren Selbstorganisationsformen – so der vermittelte Eindruck – sich auf Hochtouren herausbilden. Symptomatisch dafür sind die Beiträge über den Deutsch-Schwäbischen Kulturverband.[79] Der nach Kriegsende gegründete Verband wird als Organisationsform der Deutschen aus dem Banat präsentiert, wobei die Festigung einer kollektiven Identität als eine der zentralen Zielsetzungen formuliert wird: Man dürfe nicht vergessen *daß wir alle, die als Deutsche im Banate leben, zusammengehören, durch das Band des Blutes, der Abstammung, des gemeinsamen Schicksals.*[80] Die dem Verband unterstellten Jugend- und Frauenvereine, Dilettantenvorstellungen sowie die Schulstiftung stellen minderheitenspezifische identitätsmobilisierende Organisationsformen der Region dar, denn *jede Erscheinung unseres nationalen Lebens, jede völkische Betätigung, alles, was unserem schwäbischen Volkscharakter entspricht* [...] *soll seine Äußerung im Kulturverband finden.*[81] Zusätzlich leistet die im Anhang des Textes veröffentlichte alphabetische Liste der

ungarischen Krone, 1904, Jg. 1, 87–89 sowie in den Jahren 1905: 86–89, 1906: 101–104, 1907: 90–93.

78 Banater Deutscher Volks-Kalender, 1901, Jg. 1, 63–66.

79 Der schwäbische Hausfreund 1921, Jg. 9, 49–51, Der schwäbische Hausfreund von 1923, Jg. 11, 48–51.

80 Ebenda, 49.

81 Ebenda, 49.

Orte, in denen Ortsgruppen angesiedelt sind, sowie der Ortsgruppenvorstände[82] einen Beitrag zur kulturräumlichen Repräsentation des Banats; zwei Jahre später wird sie erneut veröffentlicht.[83] Der Deutsch-Schwäbische Kulturverband wird anschaulich in Analogie zum menschlichen Organismus präsentiert: Er gleiche dem *Kopfe des Körpers*, der *jede Erscheinung des nationalen Lebens, jede völkische Betätigung* widerspiegle, und die Ortsgruppen *sind vergleichbar mit dem menschlichen Körper*.[84] Die Autonomie der Region kommt dabei durch systematisches Weglassen des neuen Zentrums Bukarest und durch implizites Ablehnen der Rolle der Region als ‚Provinz' nur indirekt zum Ausdruck.

Vor dem Hintergrund einer sich verdichtenden Schriftlichkeit in Gebieten im südlichen Teil der Habsburgermonarchie, die Batschka und das Banat, stand das in Kalendern an der Wende zum 20. Jahrhundert präsentierte Bild der Provinz im Mittelpunkt der Betrachtung. Drei verschiedene Kalendertypen bzw. sich wandelnde Kalenderkonzepte, verschiedene Profile von Kalenderherausgebern sowie von -mitarbeitern zeichnen ein sich entwickelndes Verständnis über den vertrauten lokalen oder regionalen Raum relational zu einer je nach Zeitpunkt unterschiedlich imaginierten Mitte.

Das Bewusstsein von Raum verändert sich in den verschiedenen Kalendertypen. Wird der Raum in frühen, nach 1860 überlieferten Kalendern noch nicht zum Reflexionsgegenstand, verzeichnet man in den Jahren unmittelbar vor der Jahrhundertwende ein zunehmendes Interesse an Raumbeschreibungen und an einem differenzierten Wissen über die Region, was sowohl eine kognitive als auch eine emotionale Auseinandersetzung mit dem eigenen Lebensumfeld auslöst. Schließlich wird illustriert, wie das heiß anlaufende Medium Identität, das um 1900 intensive Kommunikation auch in Kalenderform auslöst, u. a. auch auf dem Grundstein Raumbewusstsein baut.

---

82 Ebenda, 50–51.

83 Die Kulturarbeit in Volksgruppen. In: Der schwäbische Hausfreund 1923, Jg. 11, 48–51.

84 Michael Kausch, Der deutsch-schwäbische Kulturverband. In: Der Schwäbische Hausfreund 1921, Jg. 9, 49–51, 49.

Abb. 1: Südungarischer Arbeiterkalender für das Jahr, Jg. 2(1902) Temeswar.

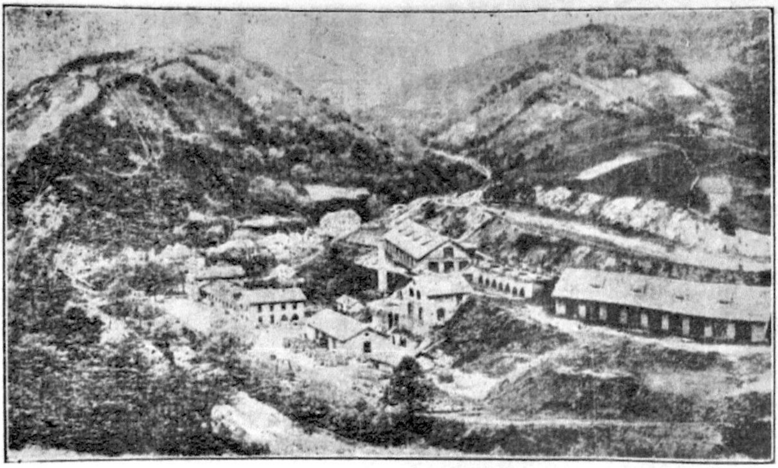

Dognácska. (Die Ruine der Eisenhütte.)

Abb. 2: Etablierung von Lesegewohnheiten. Werbungen für deutschsprachige Blätter.

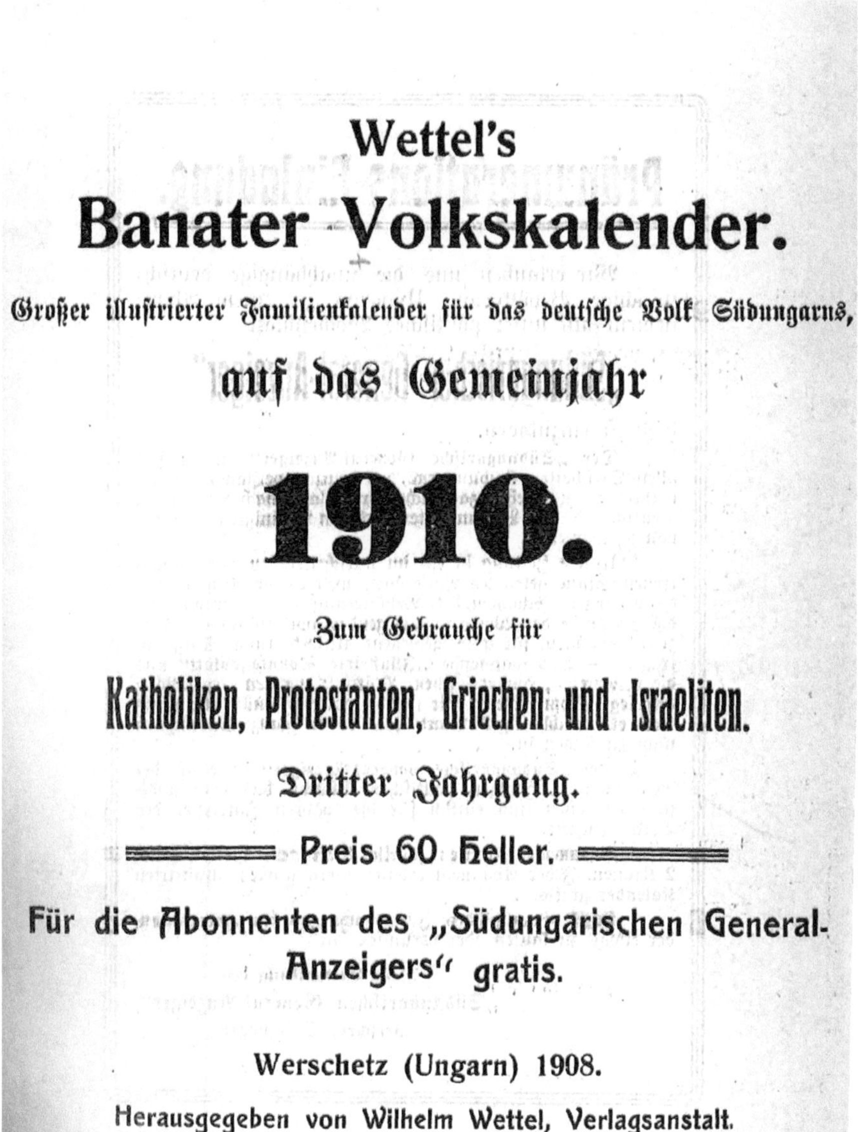

Wettel's

Banater Volkskalender.

Großer illustrierter Familienkalender für das deutsche Volk Südungarns,

auf das Gemeinjahr

1910.

Zum Gebrauche für

Katholiken, Protestanten, Griechen und Israeliten.

Dritter Jahrgang.

Preis 60 Heller.

Für die Abonnenten des „Südungarischen General-Anzeigers" gratis.

Werschetz (Ungarn) 1908.

Herausgegeben von Wilhelm Wettel, Verlagsanstalt.

Abb. 3: Deutscher Volkskalender für die Länder der ungarischen Krone 1909.

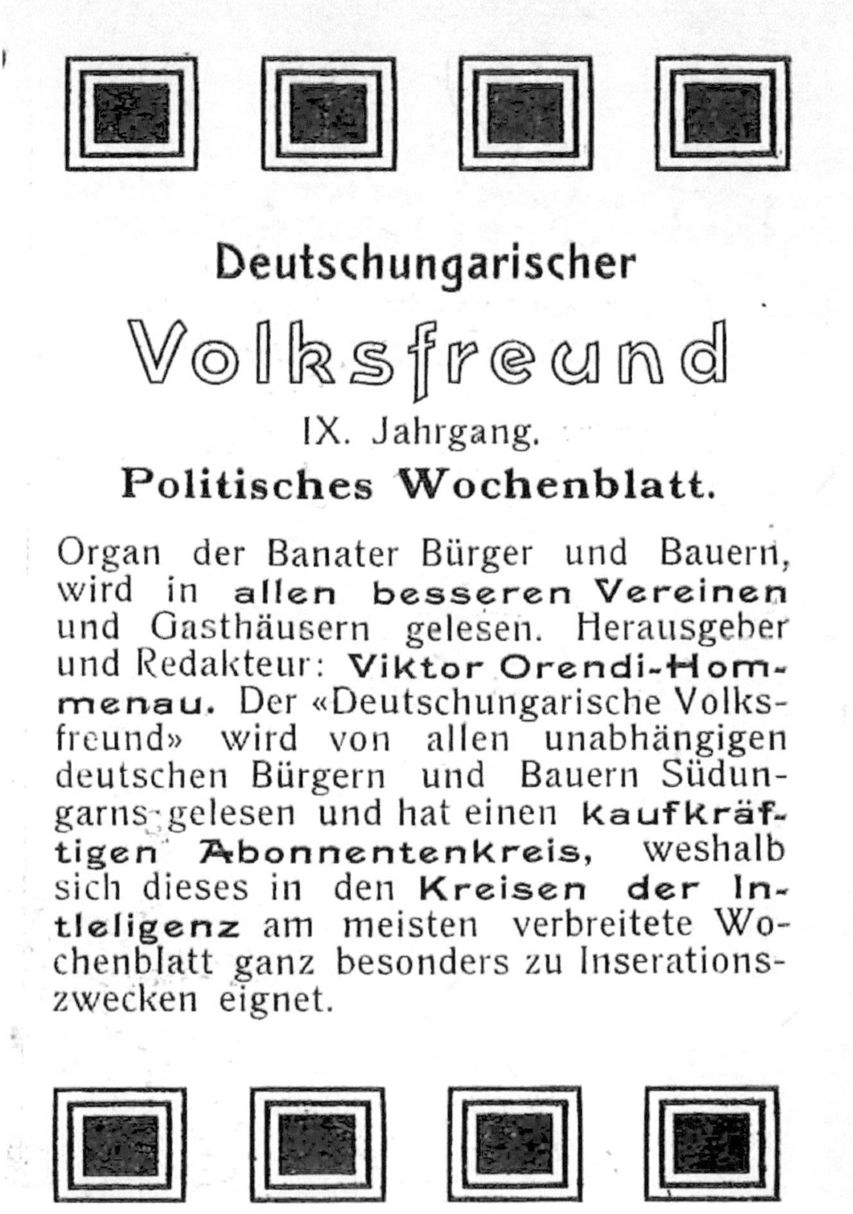

Deutschungarischer

Volksfreund

IX. Jahrgang.

Politisches Wochenblatt.

Organ der Banater Bürger und Bauern, wird in **allen besseren Vereinen** und Gasthäusern gelesen. Herausgeber und Redakteur: **Viktor Orendi-Hommenau.** Der «Deutschungarische Volksfreund» wird von allen unabhängigen deutschen Bürgern und Bauern Südungarns gelesen und hat einen **kaufkräftigen Abonnentenkreis,** weshalb sich dieses in den **Kreisen der Inteligenz** am meisten verbreitete Wochenblatt ganz besonders zu Inserationszwecken eignet.

Liste der Autorinnen und Autoren

Karin Almasy
Master of Arts, Institut für Translationswissenschaften an der Universität Graz; karin.almasy@uni-graz.at

Juliane Brandt
PhD, Institut für deutsche Kultur und Geschichte Südosteuropas München; juliane.brandt@ikgs.de

Neda Donat
PhD, Universität für Tourismus und Hotelmanagement Kotor; ndonat@t-com.me

Maja Godina Golija
PhD, Ao. Univ. Prof., Inštitut za slovensko narodopisje, Znanstvenoraziskovalni center Slovenske akademije znanosti in umetnosti (ZRC SAZU) Ljubljana und Leiterin von Raziskovalna postaja ZRC SAZU Maribor; Maja.Godina@zrc-sazu.si

Harald Heppner
PhD, Ao. Univ. Prof., Institut für Geschichte an der Universität Graz; harald.heppner@uni-graz.at

Eva Kowalská
PhD, Dr.sc.,Historisches Institut der Slowakischen Akademie der Wissenschaften in Bratislava; kowalskask@yahoo.com

Maja Lozar Štamcar
PhD, Musealrätin, Kustodin für Möbel, Uhren, Lichtkörper und Metall, Narodni muzej Slovenije, Ljubljana; maja.lozar@nms.si

Johann Georg Lughofer
PhD, Doz., Oddelek za germanistiko z nederlandistiko in skandinavistiko Filozofske fakultete Univerze v Ljubljani; JohannGeorg.Lughofer@ff.uni-lj.si

Igor Maver
PhD, o. Univ.-Prof., Oddelek za anglistiko in amerikanistiko Filozofske fakultete Univerze v Ljubljani; igor.maver@guest.arnes.si

Mira Miladinović Zalaznik
PhD, o. Univ.-Prof. i. R., Oddelek za germanistiko z nederlandistiko in skandinavistiko Filozofske fakultete Univerze v Ljubljani; mira.miladinovic-zalaznik@guest.arnes.si

Miha Preinfalk
PhD, Doz., ZRC SAZU, Zgodovinski inštitut Milka Kosa Ljubljana; mpreinfalk@zrc-sazu.si

Irmgard Sedler
PhD, Direktion der Museen der Stadt Kornwestheim; Irmgard_Sedler@kornwestheim.de

Stefan Sienerth
PhD, Hon.-Prof., ehem. Leiter des Instituts für deutsche Kultur und Geschichte Südosteuropas München; stefan.sienerth@web.de

Olivia Spiridon
PhD, Mitarbeiterin am Institut für donauschwäbische Geschichte und Landeskunde (IdGL) in Tübingen, Olivia.Spiridon@idgl.bwl.de

Peter Vodopivec
PhD, o. Univ.-Prof. i. R., Inštitut za novejšo zgodovino, Kongresni trg 1, SI-1000 Ljubljana; peter.vodopivec@guest.arnes.si

Tanja Žigon
PhD, Doz., Oddelek za prevajalstvo Filozofske fakultete Univerze v Ljubljani, Aškerčeva 2, SI-1000 Ljubljana; tanja.zigon@ff.uni-lj.si

Neue Forschungen zur ostmittel- und südosteuropäischen Geschichte
New Researches on East Central and South East European History
Recherches nouvelles sur l'histoire de l'Europe centrale et orientale

Herausgegeben von Harald Heppner und Ulrike Tischler-Hofer

Band 1 Harald Heppner / Zsuzsa Barbarics-Hermanik (Hrsg.): Türkenangst und Festungsbau. Wirklichkeit und Mythos. 2009.

Band 2 Tamara Scheer: Zwischen Front und Heimat. Österreich-Ungarns Militärverwaltungen im Ersten Weltkrieg. 2009.

Band 3 Daniela Schanes: Serbien im Ersten Weltkrieg. Feind- und Kriegsdarstellungen in österreichisch-ungarischen, deutschen und serbischen Selbstzeugnissen. 2011.

Band 4 Nicolae Bocşan / Ion Cârja: Die Rumänische Unierte Kirche am Ersten Vatikanischen Konzil. 2013.

Band 5 Tamara Scheer: „Minimale Kosten, absolut kein Blut". Österreich-Ungarns Präsenz im Sandžak von Novipazar (1879-1908). 2013.

Band 6 Indira Duraković: Serbien und das Modernisierungsproblem. Die Entwicklung der Gesundheitspolitik und sozialen Kontrolle bis zum Ersten Weltkrieg. 2014.

Band 7 Harald Heppner / Mira Miladinović Zalaznik (Hrsg.): Provinz als Denk- und Lebensform. Der Donau-Karpatenraum im langen 19. Jahrhundert. 20145

www.peterlang.com

www.ingramcontent.com/pod-product-compliance
Ingram Content Group UK Ltd.
Pitfield, Milton Keynes, MK11 3LW, UK
UKHW041826290926
8980IPUK00002B/80

9 783631 665695